[管理学论丛]

股东之间利益冲突研究
——根源、作用和治理

Management Monographs

THE RESEARCH ON CONFLICT OF INTERESTS AMONG SHAREHOLDERS

杨松　王婧　王立彦／著

北京市社会科学理论著作出版基金资助

图书在版编目（CIP）数据

股东之间利益冲突研究：根源、作用和治理/杨松，王婧，王立彦著．—北京：北京大学出版社，2007.10
（管理学论丛）
ISBN 978 - 7 - 301 - 12805 - 3

Ⅰ. 股… Ⅱ. ①杨… ②王… ③王… Ⅲ. 股份有限公司 - 股东 - 研究 Ⅳ. F276.6

中国版本图书馆 CIP 数据核字（2007）第 153854 号

书　　　　名：	股东之间利益冲突研究——根源、作用和治理
著作责任者：	杨　松　王　婧　王立彦　著
策划编辑：	朱启兵
责任编辑：	张　燕
标准书号：	ISBN 978 - 7 - 301 - 12805 - 3/F · 1727
出版发行：	北京大学出版社
地　　　　址：	北京市海淀区成府路 205 号　100871
网　　　　址：	http://www.pup.cn
电　　　　话：	邮购部 62752015　发行部 62750672　编辑部 62752926
	出版部 62754962
电子邮箱：	em@pup.pku.edu.cn
印　刷　者：	三河市新世纪印务有限公司
经　销　者：	新华书店
	650 毫米 × 980 毫米　16 开本　22 印张　331 千字
	2007 年 10 月第 1 版　2007 年 10 月第 1 次印刷
印　　　　数：	0001—4000 册
定　　　　价：	46.00 元

未经许可，不得以任何方式复制或抄袭本书之部分或全部内容。
版权所有，侵权必究
举报电话：010 - 62752024　电子邮箱：fd@pup.pku.edu.cn

前言

最近一年多来,社会各界和媒体都在热议企业的社会责任话题。谈到企业的社会责任(corporate social responsibility,CSR),与另一个概念"利益相关者"(stakeholders)密切联系。人们强调企业固然是股东的,但也必须注重利益相关者的利益,包括员工、客户、供应商,以至于所在社区。仔细琢磨,利益相关者之间的利益会完全一致吗?回答显然是"不一定"。应该说,讨论利益相关者并进一步引申至社会责任,是研究公司问题必将达到的一个深度课题。

本书的研究对象,主要针对股东之间的关系和利益。

从一般意义上讲,股东将自己的资金投入到同一家公司中,大家的经济利益当然是一致的。可是在我国,公司股东之间的异质性非常突出,从一开始就埋下了因利益不同而斗争的导火索。可以说,完整意义上的股东一致利益,一天都没有存在过。对此,我们可以从股东的组成、股东利益的具体体现以及股东利益的实现方式加以分析。

首先看股东的组成和股东的地位:

股东的组成 \ 股东的地位	控股股东	非控股股东
流通股股东	A	B
非流通股股东	C	D

再看股东利益的具体体现及其实现方式:

股东利益的具体体现	股东利益的实现方式
投资收益	内部:通过公司自身获得
经营规模扩大	
产业拓展	
控制权	
股票价差	外部:通过股票市场获得

将上述股东和股东利益的几个特征联系起来就可以很清楚地看到,即使在同一家公司,各种股东对于股东利益的体现和实现途径,存在着非常大的差异。这是由于,我国目前的资本市场存在以下基本事实:

第一,公司股本不但有流通和非流通之分,而且还被"染色"为国家股、国家法人股、企业法人股、内部职工股、社会个人股、外资股等。这种种差异,导致对同一公司之股本的多纬度割裂:"出身"不同、取得成本不同、股本利益不同、股本代表人及代表人的利益不同、交易市场不同、交易规则不同、交易方式不同、利益取得方式不同、表决权份额与股权份额不对应,等等。换句话说,作为同一家公司的持股人,所有者之间存在太多的差异,所以不一定构成利益共同体。

第二,股东利益的实现方式不同。流通股股东的资本收益既来自公司会计利润,还来自股票交易差价;非流通股股东则无法获得来自股票交易差价的资本利得,但却拥有通过利用公司控制权(甚至违规违法操纵公司)而获得的特别收益。由于公司特定行为带给所有股东的利益和后果并不一致甚至相反,他们当然谈不上同心同德,更不会有共同行为。

第三,股东同股不同权。在权益资本结构方面,中国上市公司的普遍现象是大股东控制、一股独大、控制股东所持股份为非流通股。暂且不论这种现象的形成原因及其经济后果,对于持有非流通股的控制股东来说,其利益主要是来自公司在资本市场格局以外的行为,甚至是来自违背资本市场常理和逻辑的行为。从而,这些公司本质上不可能自愿遵循资本市场规则。

第四,上市公司所处的制度环境存在着巨大的性质和量级差异。这些差异包括国别差异、特别行政区差异、中央属和地方属差异、省区市际差异、法律环境差异、挂牌市场差异、同一市场内的交易者资格和交易货币差异、注册地是否为开发区及开发区类别和级别差异、执行财务会计制度和税收制度差异,等等。换句话说,作为"统一"资本市场的主体要素,近1 400家上市公司并不都是同质制度环境中的个体,从而也就不会构成同质母体。从这个母体中随机抽取任何一个样本,都不一定具有对母体的代表性。

写作本书是从研究课题开始起步的,进而杨松和王婧先后完成了博士论文的写作和答辩，最后综合形成以上市公司股东利益冲突为研究主题的本书。这可以说是公司治理的一个专题，也可以说是从一个视角切入对公司治理进行深度研究。

本书第一部分从理论、模型和实证等三个方面讨论股东之间利益冲突与公司价值；第二部分研究上市公司决策与内部监督机构的内生性；第三部分探讨在考虑股东之间利益冲突的情况下，财务报告在资本市场上的作用和会计准则的制定等会计理论问题，并应用统计分析、OLS回归和敏感性分析等方法，研究上市公司股东之间利益冲突与会计盈余信息量的关系；第四部分分析中国证券市场转折之年(2005—2006)发生的股权分置改革。

初稿成形后，我们用了相当长的一段时间通过教学和研究进行修改、充实，并在2006年申请得到北京市社会科学理论著作出版基金资助。本书关于股东之间利益冲突与公司治理的整合部分，有北京大学郑志刚博士论文的贡献；关于股权分置改革中的对价内容部分，有北京大学黄柯硕士论文的贡献。在此表示感谢。同时，对于曾经在资料方面给我们以热心支持的学界同人，谨致以诚挚的谢意。

敬请读者阅读后向我们提出批评、评论或建议。

谨识
2007年春于北京大学

第一章 导论 /1
第一节 股东与股份公司 /1
第二节 股东之间利益冲突——全球的视角 /6
第三节 中国上市公司股东之间的利益冲突 /21
第四节 分析问题的框架 /37
本章小结 /40

第一篇 股东之间利益冲突与公司价值

第二章 股东之间利益冲突与企业制度成本 /45
第一节 企业合约理论 /45
第二节 企业所有权理论 /48
第三节 股东的异质性——一个模型 /50
第四节 代理成本和集体决策成本 /52
第五节 对一些经济现象的新解释 /57
本章小结 /60

第三章 股东之间利益冲突与国企改革 /62
第一节 公司上市 /63
第二节 有限责任公司 /65
第三节 职工持股 /70
第四节 管理层收购 /75
第五节 "郎顾之争"与企业产权改革 /81
本章小结 /85

第四章 股东之间利益冲突与公司价值 /86
第一节 相关文献综述 /86
第二节 理论模型 /90
第三节 实证研究 /93
本章小结 /108

第二篇　股东之间利益冲突与公司董事会、监事会的内生性

第五章　董事会行为基础和股东利益代表主体　/121
　第一节　董事会制度的历史沿革　/121
　第二节　董事会职能及其构成模式的实践基础
　　　　　与效率分析　/123
　第三节　董事会构成及行为的理论基础
　　　　　与实证研究回顾　/133
　本章小结　/145

**第六章　上市公司决策、内部监督机制
　　　　　与股东控制特征　/146**
　第一节　董事会现状及国际比较　/146
　第二节　监事会现状　/158
　本章小结　/161

第七章　公司决策与内部监督机构内生性研究设计　/163
　第一节　异质股东的不同控制方式　/164
　第二节　企业经营特征的影响　/169
　第三节　董事会构成与公司业绩　/172
　第四节　实证研究设计　/173
　本章小结　/176

第八章　异质股东、公司决策与内部监督机制　/177
　第一节　大股东的控制欲望　/177
　第二节　股权流动性、市场抑制作用
　　　　　与内部监督弱化　/178
　第三节　股权性质与独立监督抵制作用　/180
　第四节　实证研究　/181
　本章小结　/187

第九章　股东制衡、公司决策与内部监督机制　/195
　第一节　监督补偿与搭便车　/195

第二节　我国上市公司内部控制权之争　/197
第三节　我国上市公司内部监督权的选择　/197
第四节　实证研究　/199
本章小结　/205

第三篇　股东之间利益冲突与公司治理

第十章　公司业绩和决策与内部监督机构构成的相互影响　/219
第一节　代理理论的分析　/219
第二节　我国上市公司的实践　/220
第三节　实证研究　/222
本章小结　/226

第十一章　股东之间利益冲突与会计盈余信息含量　/230
第一节　股东之间利益冲突与会计理论　/230
第二节　会计盈余和股票收益　/234
第三节　实证研究　/237
本章小结　/240

第十二章　股东之间利益冲突与公司外部治理　/246
第一节　股东之间利益冲突与外部审计　/246
第二节　股东之间利益冲突与公司控制权市场　/250
第三节　股东之间利益冲突与法律对中小股东权益的保护　/253
本章小结　/259

第十三章　股东之间利益冲突与公司治理的整合　/260
第一节　模型框架　/260
第二节　公司治理及其整合　/262
第三节　内部和外部控制系统的整合　/269
本章小结　/272

第四篇 股权分置改革中的股东之间利益冲突

第十四章 股权分置下的A股市场 /277
第一节 股权分置的起源 /277
第二节 解决股权分置的必要性 /279
第三节 从国有股减持到A股含权 /284
本章小结 /287

第十五章 股权分置改革 /288
第一节 股改方案和对价 /288
第二节 激烈的利益博弈 /301
第三节 股权分置改革对利益相关者的影响分析 /308
本章小结 /311

结束语 /313

参考文献 /321

图表目录

表 1-1	美国机构投资者占企业资产的比例	13
表 1-2	中外上市公司控股情况比较	23
表 1-3	美、日、中上市公司第一大股东的持股情况	26
表 1-4	沪市 2001 年和 2002 年担保情况比较	34
表 3-1	2002 年深、沪股市由职工组织控股的公司	71
表 3-2	经营业绩与内部员工股股份的相关程度	75
表 3-3	实施 MBO 上市公司每股经营活动产生的净现金流(元)	80
表 3-4	MBO 上市公司的收益、派现等情况	81
表 4-1	数学模型符号一览表	90
表 4-2	企业多元化经营的定义	99
表 4-3	数据删除和缺失情况(三年总计)	100
表 4-4	因变量表	105
表 4-5	市价资产比率的描述性统计量	105
表 4-6	第二大股东至第十大股东的 Herfindal 指数的定义	106
表 4-7	H2_10 INDEX 指数的描述性统计量	106
表 4-8	净资产收益率的定义	106
表 4-9	净资产收益率的描述性统计量	107
附表 4-1	研究变量表	110
附表 4-2	描述性的统计量	112
附表 4-3	Pearson 相关系数分析结果	113
附表 4-4	股东之间利益冲突与公司价值的回归结果	114
附表 4-5	因变量敏感性分析的 OLS 回归结果	115
附表 4-6	解释变量敏感性分析的 OLS 回归结果(1)	116
附表 4-7	解释变量敏感性分析的 OLS 回归结果(2)	117
附表 4-8	去掉 TOP1_2 项,对 TOP1 进行分段 OLS 回归的结果	118
表 6-1	2000 年、2001 年我国董事会规模比较	148

表 6-2	日本、美国的资产规模与董事会规模	148
表 6-3	第一大股东性质对董事会规模的影响	148
表 6-4	第一大股东持股比例对董事会规模的影响	148
表 6-5	董事长任职年限统计	150
表 6-6	董事长任职年限特征	150
表 6-7	董事长来源	150
表 6-8	第一大股东持股比例对董事长来源的影响	150
表 6-9	董事长领薪情况	151
表 6-10	两职情况	152
表 6-11	第一大股东持股比例与两职状态	153
表 6-12	董事会与高管重合度	153
表 6-13	第一大股东持股比例对董事会与高管重合度的影响	154
表 6-14	独立董事设立时间分布	155
表 6-15	独立董事规模及任职年限分布	155
表 6-16	政策对独立董事规模的影响	156
表 6-17	股东性质与独立董事规模	156
表 6-18	独立董事报酬来源	157
表 6-19	监事会规模	158
表 6-20	监事会规模与独立董事规模	158
表 6-21	股东性质对监事会规模的影响	159
表 6-22	监事长与董事长薪酬来源对比	159
表 6-23	监事会构成	160
表 6-24	监事专业背景	160
表 6-25	董事与监事学历水平对比	161
表 6-26	董事与监事平均年龄对比	161
表 6-27	董事与监事平均持股水平对比	161
表 7-1	我国的股权结构	168
表 7-2	控制变量表	174
附表 8-1	研究变量表	188
附表 8-2	内部董事规模	189
附表 8-3	不同股权性质的内部董事规模比较	189

附表 8-4	股权集中度	189
附表 8-5	股权控制状态	189
附表 8-6	不同股权性质的第一大股东持股比例	189
附表 8-7	Pearson 相关系数分析结果	190
附表 8-8	假说 1 的 OLS 回归结果	191
附表 8-9	假说 2 的 OLS 回归结果	192
附表 8-10	假说 3 的 OLS 回归结果	192
附表 8-11	敏感性分析结果	193
附表 8-12	大股东作用的进一步分析	194
附表 9-1	研究变量表	207
附表 9-2	第一大股东与其他股东董事比例比较	207
附表 9-3	股东性质对关系董事比例的影响	208
附表 9-4	第一大股东持股比例与其委派董事比例的关系	208
附表 9-5	法人股股东持股比例与其委任董事比例的关系	208
附表 9-6	国家股股东持股比例与其委任董事比例的关系	208
附表 9-7	Pearson 相关系数分析结果	209
附表 9-8	假说 1 的 OLS 回归结果	211
附表 9-9	假说 2 的 OLS 回归结果	211
附表 9-10	假说 3 的 OLS 回归结果	212
附表 9-11	假说 4 的 OLS 回归结果	213
附表 9-12	假说 3、假说 4 的敏感性分析	213
附表 9-13	假说 1、假说 2 的敏感性分析	214
附表 9-14	独立董事受监事会影响的 OLS 回归结果	215
附表 9-15	监事会与独立董事相互影响的 OLS 及 2SLS 回归结果	216
附表 10-1	研究变量表	227
附表 10-2	Pearson 相关系数分析结果	228
附表 10-3	假说 1 与假说 2 的 OLS 回归结果	228
附表 10-4	董事会构成与业绩的 2SLS 回归结果	229
附表 11-1	研究变量表	241
附表 11-2	2000—2002 年沪、深市场的描述性统计量	241
附表 11-3	2000—2002 年沪、深市场盈余—收益 OLS 回归结果	242

附表 11-4	研究变量表	243
附表 11-5	2002年研究变量的描述性统计量	243
附表 11-6	OLS回归的结果	244
附表 11-7	敏感性分析的OLS回归结果(1)	244
附表 11-8	敏感性分析的OLS回归结果(2)	245
附表 11-9	敏感性分析的OLS回归结果(3)	245
表 12-1	"五大"2001年度收入构成	247
表 12-2	各国(地区)股东权利的比较	254
表 14-1	股本结构情况统计表	280
表 15-1	复合型对价方案详细列表	299
表 15-2	股改企业对价方案的种类统计	300
表 15-3	股改企业的送股对价方案统计	301

图 1-1	财产与权利的分离	5
图 1-2	内部股东持股比例与托宾Q值	12
图 1-3	家族企业的发展阶段与组织形态	14
图 1-4	La Porta 等(1999)关于$F(\alpha)$与α的关系研究	18
图 1-5	Johnson 等(2000a)的模型中S^*与R呈线性关系	19
图 1-6	Friedman 等(2003)关于负债具有抑制或加剧掏空行为的研究	19
图 1-7	2002年中报反映的上市公司资金被占用的情况	29
图 1-8	转型经济国家股东之间利益冲突在公司治理中的地位	38
图 3-1	1994年以来A股上市公司加权平均ROE、加权平均EPS走势	63
图 3-2	截至2006年5月31日港龙、国航、国泰的股权结构	67
图 3-3	截至2006年9月底星辰项目完成后,港龙、国航、国泰的股权结构	69
图 3-4	1994年内部职工控股后美联航的董事会	74
图 4-1	中国式金字塔形控股体系	88
图 4-2	掏空量和第一大股东持股比例的关系	91

图 4-3	掏空量和公司业绩的关系	92
图 4-4	考虑多期因素后掏空量和公司业绩的关系	93
图 4-5	2003年太太药业(600380)实际控制人对上市公司的控制方式	96
图 4-6	2000—2002年沪市月K线图	103
图 5-1	董事会与高管层关系	127
图 5-2	单层框架的监督控制系	128
图 5-3	双层框架的监督控制系	130
图 5-4	中国上市公司监督控制系统	130
图 6-1	2001年中国董事会规模分布	147
图 6-2	监事会规模	158
图 7-1	本章主要研究内容和线索	164
图 11-1	财务会计信息在资本市场上的三种作用	232
图 12-1	N&P审计独立性评价模型	248
图 13-1	博弈的时序	261
图 13-2	存在外部控制系统时博弈的时序	263
图 13-3	存在内部控制系统时博弈的时序	267
图 14-1	上市公司历年股本变动情况(1990—2003)	284
图 15-1	对价方案的具体决定过程及利益相关者	302

第一章

导 论

自20世纪90年代以来,公司治理一直是经济和管理领域——包括实务界和学术界——的热门话题。尽管对于公司治理的定义不一,但人们一般接受玛格丽特·布莱尔(1999)的解释:"狭义地讲,是指有关董事会的功能、结构、股东的权利等方面的制度安排;广义地讲,则是指有关公司控制权和剩余索取权分配的一套法律、文化和制度安排,这些决定公司的目标,谁在什么状态下实施控制,如何控制,风险和收益如何在不同企业成员之间分配等这样一些问题。"显然,公司治理的含义很宽泛。

本书以"股东之间的利益冲突"作为研究主题,可以说是公司治理的一个专题,也可以说是从一个视角切入,对公司治理进行深度研究。毋庸置疑,股东之间的利益冲突,已经成为我国近年来企业改革和资本市场运行中最为突出的问题之一。

作为全书的导论,本章提出和分析股东之间利益冲突的一般问题,以及其在中国上市公司的体现,进而阐释本书分析问题的框架。

第一节 股东与股份公司

一、股东的历史起源

布罗代尔(1993)认为,从词源学角度看,"公司"的本意是父子、兄弟和其他亲戚紧密结合的家族合作形式,是分享面包,分担风险、资金和劳力的联合体。这种公司后来被称之为无限责任公司。以后逐步演变为两合公司,才成为现代意义上的股份公司。公司形式变迁的基本动因,是股东为了降低投资风险。股份公司中股东的风险,相对于投资者在两合公司及无限责任公司中的风险来说,无疑是大大降低了。

股份公司的历史最早可以追溯到13世纪欧洲锡耶纳附近的银矿及图鲁兹等地的磨坊。热那亚的康培尔及毛纳这两种组织形式也被认为是股份公司的先驱之一。近代股份公司雏形发端于17世纪的英国。据豪斯赫尔(1987)记载,英国的东印度公司最初是一种临时性的组织,在1601年2月按合股原则组织了远征队。那时的股东是为每一次航海出资,公司每航行一次就募集一次资本,每次航行结束后就进行结算,资本退还给投资者,获得的利润则按资本的大小在股东之间进行分配。这样每次航海的投资者都有所变化。拥有该公司1 000镑以上资本的股东有500余人,但有决定权的股东数量非常小。1602年建立的荷兰东印度公司是世界上第一个永久性公司,它具有近代公司的一些基本特征:靠募集股本建立,具有法人地位,由董事会领导下的经理人员来经营。但在公司中,有支配地位的是商人寡头,只有主要股东才有可能成为经理,其他股东对于公司的经营毫无影响,只能享受到公司控制者随心所欲决定的分红。①

在近代股份制企业的最初发展阶段,成为股东似乎是对成为合伙人的一种替代选择,目的是为了降低投资的风险。合伙人拥有企业的经营权,必须关注企业的经营过程;股东则已经脱离了具体的经营过程,成为专门关注投资所得的人。人们普遍认为分别成立于1600年和1602年的英国和荷兰的特许贸易公司是现代公司的起源。而现代公司从一开始就存在大股东同其他小股东之间的差别。前者有股东大会的选举权和被选举权,而后者只有看决算书的权力。因此大多数的股东不参与公司的活动,只享有对利益分配的请求权。比如当时在英国的东印度公司,权力集中在股东大会手中,而只有大股东才能参加股东大会。荷兰东印度公司组建时共2 153股,56.9%的股份为阿姆斯特丹商会所有,其余43.1%面向全国招募;公司由大股东组成"主要出资者会"作为公司最高权力机构;由"主要出资者会"选出60名董事组成董事会,作为公司决策机构(梅慎实,2001)。

然而,股份制企业刚出现就和"投机"、"诈骗"等字眼有联系。1720年,英国发生了一场由一家特许贸易公司"南海公司"掀起的股票投机狂潮——史称"南海气泡"的金融诈骗事件。英国议会在1720年通过了《取

---

① 亚当·斯密(1776)将当时的公司分为合组公司和合股公司两类,并论述了股东一开始的投资目的:"股东对于公司业务多一无所知,如果他们没有派别,大抵会心满意足地接受董事会每年或者每半年分配给他们的红利,不找董事的麻烦……这样省事而所冒风险只限于一定的金额,无怪乎许多不肯把资产投资于合伙的人,却向这方面投资。"

缔投机行为和诈骗团体法》，即《气泡法》(Bubble Act)，禁止没有特许状的企业发行股票。并且在1741年将《气泡法》的运用扩大到英国在北美的殖民地。《气泡法》直到1825年才被终止，也就是说，股份制企业这种组织形式在它刚出现的时候就被禁止了105年。股份制企业的缺陷在美国20世纪20—30年代的经济大萧条以及苏联、东欧经济转型国家、东南亚20世纪末的金融危机中都有所表现。

近代股份公司在美国的流行开始于19世纪，小艾尔弗雷德·D.钱德勒(1987)在其史诗般的巨著《看得见的手——美国企业的管理革命》中，对18世纪40年代到19世纪40年代美国现代企业的产生和发展进行了全面的描述，其中我们可以看到美国最早的企业主、投资者和股东等角色的历史演变。商业贸易发展中，商人们在个人资金不能满足需要时，首先利用的是有一定共同经营利益的资本，公众股东是最后的资本来源，这种情况出现在纺织、铁路与运河经营等早期工业化企业中。① 铁路股票的发行带来了近代的投机技巧，造就了第一批全国有名的股票投机商，他们是最早的公众股东并控制了一些铁路公司，但对于公司的长远利益或日常经营状况丝毫不感兴趣，他们控制的公司后来都出现了管理和经营上的问题，不得不进行一系列的合并。直到在19世纪80年代后期以前，其他工业界的人士可以从当地商业银行借到他们所需要的资金，因此这时的股东基本还是关心或从事经营的主要投资者、家族经营者。

从19世纪50年代到19世纪末的时期内，能够在董事会上派有代表并成为董事长和财务主管的投资者类型发生了变化。起初，投资人都是商人、农场主和制造商，他们为了改善其特定城市和区域的经济利益而投资。当发展需要更多资本时，董事长和董事会越来越代表能筹集到资本的一般企业家。与经理和投资者不同，他们对自己的企业没有长远利益，并不打算经由服务的提供来取得收入，而是通过附带的经营，如取得铁路沿线的土地和矿产所有权，以及最常见的操纵股票的价格来盈利。

---

① 1815—1850年美国修筑运河的总经费为1.88亿美元，其中73%是由州政府和地方政府出售公债筹集的资金所提供的，公债由大的商行、银行和运河官员向海外发售。铁路是美国第一批由外部获得大量资本的私人企业。早期的铁路建设资金是向居住于铁路沿线的农场主、商人和制造商募集的，因为铁路的建设可以直接改善他们的经营，因此这种募集更多的是以经营共同受益为前提的，规模和范围都有一定限制。最早的非直接经营利益的外部资金来源于欧洲的货币市场，由很多铁路公司董事长到欧洲的货币市场募集，债券是主要的募集手段。但是到了19世纪40年代末期，上述资金来源都不能满足铁路建设的需要了，这时才开始出现大规模的股票发行。参见小艾尔弗雷德·D.钱德勒：《看得见的手》，商务印书馆1987年版，第101页。

随着股东概念的变化,股东利益的获取方式也发生了变化,企业本身经营利益的重要性开始逐渐降低,企业利润的使用也开始发生变化。私营铁路公司的股票投资至1859年已超过11亿美元,其中将近7亿美元是铁路公司在前10年中累积下来的;到1870年前后,投资者对于经营红利的关注,使得大规模扩建铁路的方案受到质疑,股东追逐的投资利益已经与企业进一步发展产生的经营利益出现偏离。

从股东的历史起源可以看到,股东从一开始就不是同质的,完整意义上的股东一致利益,实际上并不存在。一部分人是出于降低风险以及自身能力的考虑,不愿或难以承担经营责任,因此成为股东而非合伙人或企业主;一部分人则出于扩大经营的目的成为股东。不同的目的以及能力差异,导致股东在公司中居于不同的地位,而真正能够起支配作用的,只能是那些有能力的主要股东。随着公司规模的扩大以及资本市场的活跃,公众股东的范围也越来越广泛,股东的盈利方式也出现了明显的不同,从最初的关注经营收益扩展到关注股利收益以及股票价格变化带来的收益。

二、股份公司中权利的裂变

(一)法人财产权的独立

现代企业的建立首先是一个原始产权与股票所有权的转换过程。股份公司的原始资本来源于全体股东的出资,全体投资者投入资产的总和形成一种特殊的资产——法人财产。在这个转换过程中,投资者让渡了原始产权,取得股份公司的股东资格,依法享有公司法赋予股东的权利与义务。同时,原始产权向股票所有权的转换是不可逆的,鲁道夫·希法亭(1994)指出:"这种资本一经让出,股东便不能再收回。他对这一资本没有要求权,而只是对收益的一个相应部分有要求权。"伴随着原始产权与股票所有权的转换,是股票所有权与公司法人财产权的分离。原始财产注入公司转换为股票所有权之后,出现了两种主体对两种财产控制的运行机制,即股票财产和公司法人财产,相应形成了出资者所有权(也即股票所有权)与公司法人财产权并存的两种独立权利。

古典企业绝对意义上的所有权在股份公司里得到了现代意义的改造。所有权自身裂变为出资者所有权与法人财产权,并且法人财产权中的占有权、使用权、收益权和处分权等权利在股东和公司之间进行了重新分配。股东尤其是普通股股东获得了最终收益权(股息收益权、购股优先权和剩余索取权)以及间接处分权(包括股份转让权、表决权和知情权等),而公司则获取了占有权、使用权、暂时收益权和直接处分权等。实际上就是,股东拥有公司即拥有财产的消极所有权,经营管理层行使公司财产控制权。

(二)股票所有权与公司控制权

图1-1描述了现代公司制度中财产与权利的分离。财产与权利分离的结果,是股东作为公司的所有者可以任意处置其拥有的公司股票,但无权处置公司的资产。公司作为一个在形式上不依赖其所有者而独立存在的法人,可像一个所有者那样占有支配和使用公司资产,享受资产权利,承担民事义务,与其他法人或自然人发生各种关系。

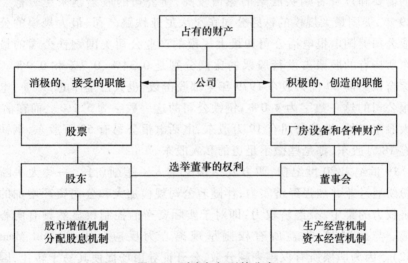

图1-1 财产与权利的分离

从本质上讲,股东大会(或股东会)可以行使公司的一切权利,因此在股票所有权与法人财产权分离的情况下,股票所有权与企业控制权是否也发生了分离,不是一个必然的命题。各个国家的情况是不一样的,需要具体问题具体分析。首先,股权的性质、结构和集中度不同;其次,作为公司决策和监督机构的董事会、监事会的职能和作用不一样;再次,外部审计市场、控制权市场、经理人市场、金融市场、产品市场等市场的发育程度参差不齐;最后,还存在政治、法律、文化等等因素的综合作用。所以在不同的国家里,企业的控制权掌握在谁的手里,由此对企业效率、治理结构的影响如何,需要进一步的探讨。

第二节 股东之间利益冲突——全球的视角

一、从"两权分离"到大股东控制

Berle 和 Means(1932)在其创造性的实证研究中,提出了被称为"控制权与所有权分离"的命题。主要意思是说,由于股份公司中的股权充分分散,企业的控制权已转入管理者的手中。关于股权的分散情况,他们在《现代股份公司与私有财产》一书中描绘了这样一幅情景:"……由于公司发展的需要和投资者购买股票的热情较高,使公司的股票越来越分散。如1929 年,美国最大规模的铁路公司宾夕法尼亚铁路公司、最大规模的公用事业公司美国电报电话公司和最大规模的产业公司美国钢铁公司的最大股东所持有的股票占发行股票的比例分别是 0.34%、0.7% 和 0.9%。即使综合铁路前 20 位大股东 1929 年全部股份数,也只占全体的 2.7%;电话电报公司的这一数字为 4.0%;钢铁公司的这一数字为 5.1%。而在前 20 位大股东之外,铁路公司有 19 万股东,电话电报公司有 50 万股东,钢铁公司有 18 万股东,都是些微不足道的私人股东。"

19 世纪末 20 世纪初,西方发达国家进入了垄断阶段,一些大垄断公司纷纷通过兼并加强经济实力,伴随着公司规模加大和公司资产增加的是经济权力的集中。"经济权力,即对于实际资产的控制权显然具有向心力反应。与此同时,收益所有权则呈现离心力反应"(Berle and Means, 1932)。因为股票所有权越来越分散,公开证券市场促使其易于转让,因此投资者购买股票越来越看中其股票自身升值收益,而不是在古典企业中唯一存在的经营收益。虽然从法律上公司股东大会可以行使公司的一切权利,但是在众多的、分散的股东之间,以合同的形式来明确各自的权利、义务和责任,意味着巨大的合同谈判成本和履约成本,因此股票所有权与公司控制权的分离是必然的。以"两权分离"为起点,20 世纪的大多数时间,学者们的注意力主要集中在经理人员和股东之间的利益冲突上。

到 20 世纪 90 年代,学者们有了新的发现。最初是 Zingale(1994)发现在意大利存在严重的大股东剥夺中小股东的现象。但直到 Shleifer 和 Vishny(1997)著名的《公司治理调查》的文章发表后,股东之间的利益冲突才引起世人的关注。La Porta 等(1999)分析了 27 个国家和地区 1995 年底规模最大的20家上市公司和中等规模的10家上市公司的股权状况。他们发现,与Berle和Means(1932)描述的情况大不相同的是,世界上规模较大的公司普遍存在控制性的股东,且家族控制和国家控制是主要的两种形式,而金融机构控股和股权分散的情况则不是很普遍。控股股东通过金字塔式的控股或参加管理,使控股股东的投票权超过了现金流量权①,这一事实是对"一股一权"原则的违背,是中小股东的权益被剥夺的症结所在。因此他们断言,公司中心的代理问题是限制控股股东对小股东的剥夺,而不是防止职业经理人员建造自己的帝国。东南亚金融危机爆发后,家族控股的公司里股东之间的利益冲突也引起了西方学者的高度重视。Joneson等(2000a)考察了东南亚的情况后指出:1997—1998年东南亚最初受到的经济冲击并不大,但由于在中小股东权益缺乏法律保护的企业遭遇了控股股东大量的掏空行为,不大的经济冲击却酿成了一场巨大的金融危机。马来西亚等国也曾多年保持GDP的高速增长,但那些被掏空的公司在金融危机来临时毫无抵抗力。此后,研究股东之间利益冲突的文献逐渐开始涌现。

二、股权模式的成因

为什么不同的公司有不同的股权模式?对此,学者们从经济、历史和政治、法律等多个视角进行了研究。

(一)经济原因

Demsetz和Lehn(1985)曾以美国为例研究过所有权结构为什么有的分散有的却集中。他们认为影响股权集中度的因素有四个:企业规模(value-maximizing size)、控制的潜力(control potential)、系统性管制(systematic regulation)和企业的不同的潜在快感(amenity potential)。其中前三个因素比较重要。

Demsetz和Lehn(1985)认为,企业规模越大,要保持一定比例所有权的成本越大。而且,由于厌恶风险,大股东只有在较低的可以补偿风险的价格时才会增加其对企业的持股比例。这一增加的资本成本会使大公司

---

① 假设一个实体持有X公司15%的股份,直接拥有Y公司7%的股份,而X公司拥有Y公司20%的股份,则该实体拥有Y公司的现金流量权为10%(0.15×0.20+0.07),而控制了Y公司22%的投票权[min(0.15,0.20)+0.07]。投票权是按照最弱的控制链条来衡量的。

的股东不愿去获得像小公司股东一样高的对公司的持股比例。控制的潜力最可能与企业环境的不稳定性相关,企业环境越是不稳定,股东通过更集中的股权结构对经理人行为予以更严密的控制,获得好处的可能性就更大。关于系统性管制,他们认为美国的管制限制了股东的选择余地,因此减少了行使更有效的控制权而产生的潜在利润。而且,管制还使得规则制定者也可以实施对公司经理的某种补充性监督和惩罚,因此也就减少了股东本身去从事监督活动的必要性。系统性管制的净效应是引起被管制公司的所有权分散化。企业的潜在快感是指影响企业生产的产品类型的能力。个人或家族往往有一些自己的偏好,因此当他们控制某一家企业时,可能会按其偏好生产产品(或提供服务)。他们认为,专业体育俱乐部和大众传媒是两类可能引起股权集中,从而使得控股股东可以满足其个人偏好的行业。不过,Demsetz 和 Lehn 对这一解释变量的合理性并不那么自信。

Demsetz 和 Lehn(1985)根据 1980 年和 1981 年的资料,对美国主要产业中的 511 家企业进行了统计分析,其结果是:控制性潜力与股权集中度正相关;企业规模与股权集中度负相关;公用事业比金融企业的股权结构更多地受管制的影响;传媒企业比其他企业显示出更集中的股权结构。他们没有发现股权集中度与公司利润之间存在任何关系。

(二) 历史和政治原因

Roe(1994,2000)分析了形成美国分散股权模式的历史和政治原因。他认为,美国的政治组织一直是很重要的。美国的联邦制度在较小的局部利益和集中的私人经济权力之间更青睐前者。美国的反政府倾向倾向于抑制另外一种可行的做法,即允许集中的私人经济权力存在,而在华盛顿建立起起抵消作用的国家政治权力(即集中的私人经济权力伴以集中的中央政府)。如果存在一个较强大的中央政府,公众可能会更易于接受强大的私人金融结构。民粹主义分子的忧虑、利益集团的游说和美国的政治结构都会产生一个累积效应,从而反复地导致国会和各州去拆散金融机构和他们的投资组合,以及他们相互结成网络的能力。这些政治决策导致了现代美国公司与众不同的形式:分散的股东和掌握控制权的管理人员。

技术和规模经济所需要的储蓄从家庭向大企业的转移可以不止一种方式。储蓄也可以通过银行、保险公司、共同基金和养老基金等大规模的金融中介机构转移,这些金融中介机构聚集起人们的储蓄并用它们进行投资。金融中介机构可以在大企业中拥有大量的股票份额。在美国,则是证券市场而不是大的中介机构将资本从家庭导向了大的产业。

美国的政治反复地阻止金融中介机构发展到拥有足以在最大型企业中产生影响力的大量股票。美国的法律拆散中介机构、它们的投资组合和它们相互之间的协调能力,这一过程早在19世纪强行拆散美国的第二银行之日就已开始。自此以后,各州都创立了自己单独的银行体系,从而使美国银行体系在发达国家中成为最与众不同的一个。当具有大量持股潜力的其他金融机构出现时,美国法律有时也对它们进行限制。这些金融机构以保险公司为主,在某种程度上也包括共同基金和养老基金。法律并不是全部原因,但却是部分原因。法律抑制了中介机构内部的协调运转,抑制了它们结成金融同盟,并对它们或它们的投资组合进行拆散。这些经常会阻止它们进入工业公司的董事会。

根深蒂固的政治力量能对这些法律的存在作出解释。政治不断地排斥其他可能的选择,这在很大程度上是因为美国对私人经济权力集中的不安。政治所寻求的是大企业的稳定,防止技术的变革过快地扰乱雇员的生活。而且,范围较窄的利益集团,尤其是小城市的银行家们,促进了金融的分散化,从而很少有机构能有效地集中投资。

所有权分散的企业能够生存,是因为它们的组织结构具有适应性,足以解决因技术和资本需求产生的不易控制的大型组织的治理结构问题。

对 Roe 的政治解释存在不同的看法,Coffee(2000)指出,尽管 Roe 认为政治限制了强有力的金融中介机构在美国的发展,但是英国的机构投资者并没有受到监管的限制,然而它们的行为同美国的金融中介机构很相似。Coffee(2000)认为更好的解释是金融中介机构偏好流动性。同美国比较起来,欧洲大陆国家的公司所有权是相当集中的,比如,就德国而言,到1999年底,其89%的上市公司至少有一个占有25%股份的大股东(Coffee,2000)。那么,是什么原因造成了所有权的集中呢?

Roe(1999)认为"社会民主"是造成这种集中的所有权结构模式的主要原因。发达的证券市场与欧洲社会民主的政治传统不一致。集中的所有权和透明性差是这些左翼国家的投资者所采用的防御措施之一,在这些国家,政府通常更注重雇员而不是股东的利益。但是,Coffee(2000)并不同意这种观点,他认为,Roe 的理论很难解释欧洲国家的所有权集中的状况。Roe 的理论基于投资者行为的如下假设:这些国家的投资者试图避免与证券市场发展伴随而来的透明性,因为透明性将使政府增加对公司资产的剥夺,导致投资者利益受到损害。Coffee(2000)认为这种推理的逻辑缺陷是它忽略了社会民主将有动力来增强透明性,如果他们相信集中的控制权是一种重要的防御机制的话。从逻辑上看,左翼政府支持证券市场的发展,因为这将会增强他们对私人部门的控制。这样,人们将会看到,投资者反对证券市场的发展,而左翼政府支持证券市场的发展。然而事实刚好相反。

Coffee(2000)还分析了德日以银行为中心的公司治理的历史和政治原因:这种治理模式最大化了国家对经济的控制,特别是在战时和社会动荡时期。当政者更喜欢以银行为中心的制度,因为银行比证券市场更容易受到国家的控制。可以用政治和法律因素来解释欧洲证券市场的发展缓慢,但是政治解释应该是,需求权力的国家主义者能够把银行作为他们的代理人,而银行一旦处于有利地位后,有自然的理由反对那些争夺其业务的竞争对手的出现。

Bebchuk(1999)、Bebchuk 和 Roe(1999)对集中的股权模式提出了路径依赖观以及股东股权的租金保护模型。这种观点认为机构或制度的演化具有路径依赖特征,从而在很大程度上受到初始状态和先决条件的影响。由于控制权会带来私人利益,将这种股份分别出售给小股东,则由于小股东无法获得控制权收益,他们的出价将会较低;但是如果出售给一个新的大股东,情况则不一样,因为新的大股东会继承控制权收益,他们的出价将会较高。对于原来的大股东而言,他们当然要卖给后者,这样集中的所有权就会继续下去。历史是重要的,因为它限制了制度所能够变化的方式,此时,效率因素不一定起主要作用。欧洲的初始条件是集中的所有权,如果没有外部条件的重要变化,由于路径依赖,这种所有权结构模式将会持续下去。

(三) 法律原因

一般认为,公司的股权模式是受法律对小股东权利保护程度影响的。如果法律及其实施对小股东的保障比较健全,则公司的股权结构将比较分散;反之,则股权结构将比较集中。法律对收购兼并的规定、对关联方的界定以及对强制信息披露的监控和执行、对公司投资额的限定、有关上市的规定等等,都会对股权结构产生影响。

La Porta 等(1997,1998,1999,2000)的研究表明,在流动性高的证券市场与对小股东的某些特定的法律保护之间存在一个很强的统计上显著的关系。分散的所有权仅仅存在于那些特殊的法律环境。因此,如果欧洲的证券市场主要由内部人控制的公司构成,同时如果内部人缺乏动机去保护小股东(因为成本由内部人承担),则集中的所有权模式将会是稳定的。

集中的所有权模式和分散的所有权模式的发展趋势是什么呢?对于这个问题有一个"强收敛观"(Hansmann and Kraakman,2000)。这种观点预测竞争强迫这两种治理机制趋同。当市场全球化以及具有不同治理机制的公司被迫面对面竞争时,由于自然选择和优胜劣汰的作用,最有效率的治理模式将会占统治地位。那么,全世界将会只有一种主要的公司治理模式,从而只有一种主要的所有权模式。这种观点过分强调了效率的因素,而没有考虑到路径依赖或法律因素等。Coffee(2000)提出了一个温和的观点。他认为由于公司上市地点的迁移、法律保护和自我监管替代过程的存在,即使因为政治、法律和公司制度的障碍无法在形式上趋同时,功能趋同也会发生。Coffee(2000)进一步指出,证券行业的自律行为通常是强制性的法律监管的最重要的功能性替代。从历史上看,自我监管不仅是正式的法律规则的替代品,通常也是这些法律规则的先导。这是由于,在正式的法律制度尚无法采纳或执行准则,以支持自我监管所激励的工商活动时,自我监管就必须存在。

此外,公司法律以及与投资者保护法律的制定也存在趋同现象。Pistor 等(2000)分析了 24 个处于经济转型过程中的国家和地区(大部分为欧洲和亚洲的前社会主义国家)的 1991—1994 年股东和债权人权利发展的数据发现:尽管这些国家的初始条件存在很大的差异,但是经过广泛的法律改革,这些国家的正式法律规则存在很强的趋同趋势。法律改革首要的是对经济变化的回应。

三、股东的性质、持股比例与公司价值、业绩

(一) 管理层持股和内部人持股

Morck、Shleifer 和 Vishny(1988)关于 371 个在《财富》500 强中榜上有名的大公司的实证研究发现:管理层持股比重与公司的市场价值之间存在倒 U 型曲线关系:当管理层的持股比例在 0—5% 范围内上升时,托宾 Q[①]随之上升;在 5%—25% 范围内,托宾 Q 随着管理层的持股比例上

---

① 托宾 Q 的定义是公司的市场价值与重置成本的比率。由于公司的重置成本不容易计算,托宾 Q 有好几种近似的算法,参见本书第四章第三节。

升而下降;在大于25%的区间内,托宾Q又随着管理层的持股比例上升而上升。他们认为,公司经理受着两种力量的驱使:一种是经理往往有将公司资源投向有利于他自己效用最大化的本能倾向,这种倾向是与外部股东的利益相冲突的;随着经理拥有公司股权比例的增加,经理与外部股东的利益就趋于一致,这种一致性作为另外一种力量,对公司价值有正数效应。他们认为,在公司管理层拥有不同股权比例点上预测哪种力量占据主导地位是不可能的,因而公司价值与管理层持股之间的关系是一个实证的问题。

McConnell和Serraes(1990)利用1976年的1 173个样本以及1986年的1093个样本证明了Morck、Shleifer和Vishny(1988)的观点,发现托宾Q与内部人所有权之间具有曲线关系:当内部股东所拥有的股权从0开始增加时,曲线向上倾斜,至这一股权比例达到40%—50%时,曲线开始向下倾斜(见图1-2)。但是,McConnell和Serraes没有对这一结果进行理论解释,只是提供了一个实证性的结论。Ofek和Yemack(2000)通过实证研究发现,管理层持股在两种相互对立的力量(董事会增强管理层激励的目标和管理层分散投资组合以降低风险的愿望)的影响下动态变化。在管理层持股较低时,股权激励成功地提高了管理层的激励水平;但持股水平较高的管理层通过出售以前的持股来分散风险,从而抵消了股权激励的影响。

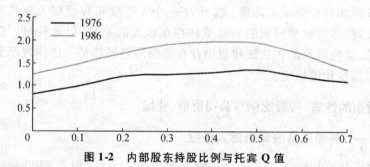

图1-2 内部股东持股比例与托宾Q值

(二)机构投资者持股

机构投资者股东是指以"社会投资人的专业代理投资者"的身份持有股份的主体。美国学者玛格丽特·布莱尔(1999)认为,机构投资者包括银行和储蓄机构、保险公司、共同基金、养老基金、投资公司、私人信托机构和捐赠的基金组织。我国学者姚兴涛(2000)认为,机构投资股东可以归纳为四类:保险公司、养老基金、投资公司和其他形式的机构。不论在国外还是在国内,机构投资股东的力量随着时间的推移,都在迅速壮大。表1-1说明了美国机构投资者占企业资产的比例。

表1-1 美国机构投资者占企业资产的比例

年份	企业资产总市值（10亿美元）	机构投资者资产总市值（10亿美元）	机构投资者占企业总资产的比例(%)
1960	421.2	52.9	12.6
1970	859.4	106.4	12.4
1980	1 534.7	519.9	33.9
1988	3 098.9	1 368.7	44.2
1989	3 809.7	1 710.7	44.9
1990	3 530.2	1 665.9	47.2
1991	4 863.8	2 065.5	42.5
1992	5 462.9	2 423.2	44.4
1993	6 278.5	2 809.4	44.7
1994	8 293.4	3 027.9	36.5
1995	8 345.4	3 889.5	46.6
1996	10 061.0	5 173.3	48.8
1997	12 900.0	6 192.0	48.0

资料来源:梁能主编,《公司治理结构:中国的实践与美国的经验》,中国人民大学出版社2000年版,第8页。

传统观点认为,机构投资者偏好股份的收益性,一旦遇到不利情况,便奉行"华尔街准则",即"用脚投票",不会参与公司的治理。

Pound(1988)从研究机构投资者面临的激励出发,提出机构投资股东与公司绩效关系的三种假设:(1)有效监督假设;(2)利益冲突假设;(3)战略同盟假设。有效监督假设认为,公司绩效与机构投资者持有的股权比例之间有正相关关系。这是因为,机构投资者比众多分散的小股东拥有更多的专业知识,而且在监督经理人所花的费用上有成本优势。利益冲突假设指出,机构投资者和公司间可能存在着其他有盈利性的业务关系,因此他们被迫将票投给经理人。战略同盟假设则指出,机构投资者和经理人员发现他们之间进行合作对双方来说更为有利,但这种合作可能降低机构投资股东监督经理人员所产生的对公司价值的正效应。因此,利益冲突假设和战略同盟假设都预言公司价值和机构投资者持有的股权比例间存在着负相关关系。Pound还在考察代理权竞争时发现,经理人员获胜的可能性随着机构投资者持股比例的增加而增加。

Brickley等(1988)分析了机构在反对敌意收购议案中的投票行为,发现机构对那些可能影响股东利益的议案反对最强烈。

从上述文献看,仅有的研究所提供的关于机构投资股东对公司活动影响效应的证据是互相矛盾的。

(三)家族持股

美国学者Robert Donnelly认为,家族公司的主要特点是,同一家族至少有两代人参与了这家公司的经营管理,并且这种两代人衔接的结果,使公司的政策和家族的利益与目标有相互影响的关系。台湾大学教授黄光国根据企业发展阶段将企业分为四类(见图1-3),即只雇佣亲戚、雇佣外部人员、所有权经营权合一、所有权经营权分离等。根据黄光国的观点,以一个或几个有血缘关系的家族成员作为组织核心,直接控制所有权或经营权的企业,即可称为"家族企业"。① 我们认为:判断家族企业的两个要件是家族的血缘、姻亲关系和公司的控制权归属,两者缺一不可。

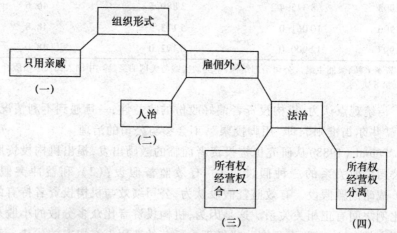

图1-3 家族企业的发展阶段与组织形态

香港学者郎咸平(2001)在研究亚洲的家族企业的治理问题时,发现家族操控东南亚经济所带来的重要启示是:大企业集团的控制股东(家

---

① 上述观点引自孙犁:《家族经营》,中国经济出版社1996年版,第149—150页。

族)有能力去剥削小股东,这样有助于他们自身业务的发展,也是加速亚洲金融风暴的主要原因。他引用 Michael Backman(1999)对这个过程的解释:"东亚企业集团普遍选用金字塔架构:一家家族控股公司位于金字塔的顶端,第二层是拥有贵重资产的公司,第三层包括了集团的上市公司……金字塔的最底层是现金收入及利润高的上市公司。集团向公众发售这些公司的股票,并通过多种内部交易,把底层公司的收益传到金字塔上层的母公司。另一方面,集团又把一些利润较少、品质较差的资产从上层利用高价传到下层。"

郎咸平(2001)的最后总结是:"他们(指家族)布置了错综复杂的持股结构,却有一个共同特点:上市公司永远在结构的最底层。家族在上市公司中股权很小,控制权却被金字塔结构放大。一系列剥削行为由此产生:或者低派股息,或者将上市公司资产低价售给家族公司,或向家族公司高价购买资产。他们创造了一个又一个赚钱的神话,制造了亚洲经济炫目的泡沫,当金融风暴来临的时候,他们筋骨无损,坐看上市公司的倒闭,等待下一轮敛财机会的到来。"

Claessens 等(2000)对 9 个东南亚国家 2 980 个上市公司的研究显示,家族绝对控制是许多东南亚国家企业生产能力过剩和资本使用效率低下的主要原因。

(四) 金融机构持股

金融力量与产业公司的关系经历了诸多变化,人们的认识也存在重大差别。一个重要的事实是不同国家对金融机构股权的法律规定或习惯性安排差异很大。美国从 20 世纪 30 年代以来建立了一套限制金融控制的法规,限制这些金融机构成为工业公司的主要股东,限制它们成为主要股东后股权的行使。1933 年的《格拉斯-斯蒂格尔法》禁止银行持有其他公司的股票。1956 年的《银行持股公司法》禁止银行持有任何一个非银行公司 5% 以上的有投票权的股票。① 此外,对年金基金及保险公司也有限制性很强的法律。银行在工业公司中委派董事的较少,在 Kotz(1978)的一项研究中,57 个研究样本仅有 14 例金融机构向其参股的公司派驻董事代

---

① 1999 年 10 月 22 日,美国国会已就改革银行法例达成协议,正式废除了 66 年一直束缚美国金融界手脚的《格拉斯-斯蒂格尔法》,取而代之的是《金融服务现代化法案》,允许银行、保险公司和证券公司相互渗透,参与彼此的市场竞争。

表。本节在前面解释了这些法律背后的历史和政治的原因。

日本公司中金融机构的地位以"主银行"为特色。Sheard 的研究表明,日本公司的主银行排在公司五大股东之列的占其研究样本的72%,排在第一、二位的占39%。Prowse(1994)发现,在日本公司中既是最大的贷款者也是最大股东的情况占其研究样本的57%。① 另一个特点是银行与产业公司互相持股,但银行持股的比重大于工业公司。日本公司的外部董事不像欧美那么普及,日本更多的是派遣董事,被派遣的董事要从所在公司辞职之后再被派往别的公司去担任董事或监事,但该人必须按派出公司的意图在担任董事或监事的公司行事,否则,派出公司会令其退职,并且再派人代替之。这可能是日本企业对限制董事兼任的一种反应。奥村宏(1996)把这称之为"暧昧的人际关系"。

德国也有类似日本银企关系的"主持银行",但德国银行在工业公司中持股比例相当高,远远超过日本。德国银行的股份投票权来自其直接持股,对投资公司的控制手段是作为股票保管人保管股票,而后者十分重要,德国银行作为保管人持有的股票往往达到一家大公司股份的10%以上。当然,一般也不存在单独一家银行控股的情况(奔驰公司由 Deutsche 银行持股28%而控制是个例外),几家大银行联合就可以达到控股比例。德国的银行主要通过监事会来施加影响,而这一机构类似美国的董事会,它是德国公司治理结构中比较重要的机构。监事会成员中只能有一半由股东选举产生,另一半则由工人代表选举;同时,监事会成员不能是公司的专职雇员。监事会主席必须是股东代表。

在实证研究方面,Weinstein 和 Yafeh(1998)、Kang 和 Stulz(1998)、Morck 和 Nakamura(1999)研究了日本的银行控股企业后的作用,他们发现,被银行控股的企业要比不是银行控股的企业支付较高的银行利息,可能银行向企业抽取了租金,所以没有给企业提供好的公司治理。

四、控股股东行为分析

西方学者首先从东欧和前苏联地区的公司中注意到,在缺乏对中小股东法律保护的国家,控股股东主要有两种行为:掏空和扶持。东南亚金融危机后,学者们发现,东南亚家族控股的公司也遭遇了大量的掏空行为。

---

① 上述材料引自 W.C.凯斯特:《银行在公司董事会中的作用:美国与日本和德国的比较》,载周小川等著:《企业改革:模式选择与配套设计》,中国经济出版社1994年版。

"掏空"(tunnelling)一词最早来自对捷克小股东被剥夺的刻画：控股股东为私利而转移公司的资产和利润。从这个定义可以看出，"掏空"仅仅是众多广义代理问题中的一种，其他诸如管理者不胜任、在公司高层安置亲信、过度投资或投资不足、抵制增值的收购等等均不包括在其中。根据 Johnson 等(2000b)的总结，掏空行为主要有两类。一类是控股股东简单地为了私利通过关联交易而转移公司的资源。这类交易包括赤裸裸的偷盗或欺骗等违法行为，也包括合法地利用有利的转移价格、过度的经营者激励计划、贷款担保或剥夺公司的投资机会等等。另一类掏空行为主要是各种歧视小股东的财务交易，例如恶意增加公司资本，迫使小股东无力认购而使持股比例稀释。① 扶持(propping)与掏空相反，它是指控股股东将自己的私有资源拿出来与广大的中小股东一起分享，满足监管当局的要求和应付暂时的困境，渡过难关后再另做打算。扶持行为也可以分为两类：一类是控股股东简单地通过关联交易而将私有资源转移给上市公司；另一类主要是各种歧视控股股东的财务交易，譬如控股股东不分红等。

La Porta 等(1999)在研究投资者保护和公司价值的关系时，建立了一个数学模型：设控股股东的股权比例为 α，其他中小股东的股权比例之和为 $1-\alpha$，企业的投资总额为 I，投资收益率为 R，控股股东通过各种掏空行为，从收益 $I \times R$ 中"偷走"了 $S \geq 0$ 的比例。掏空行为是有成本的——比如需要打点别人，或存在着抓住后被处罚的可能性等——设为 $C(K,S)$，这里 K 是市场对股东保护的度量，设 $C_S(K,S) > 0$，其中 $C_S(K,S)$ 为 $C(K,S)$ 的一阶导数，则控股股东的价值最大化问题如下：

$$MAX_S U(S; R, K, \alpha)$$
$$= MAX[\alpha R \times I(1-S) + S \times R \times I - C(K,S) \times R \times I] \quad (1\text{-}1)$$

(1-1)式对 S 求一阶导数，并令其为 0，得到：

$$C_S(K,S) = 1 - \alpha \quad (1\text{-}2)$$

上式说明，在 K 一定的情况下，控股股东的持股比例越大，掏空的成本越小。

---

① Johnson 等(2000b)中举出了这样的例子：大众持有奥迪 75% 的股份，曾以每股 145 马克的价格买下一个小股东一小部分股权。这个价格是由奥迪公司的一项评估决定的。两个星期以后，大众以每股 220 马克的价格卖给英格兰—以色列银行 14% 的股权。法院拒绝了小股东的诉求，同时认为大众没有必要披露它与英格兰—以色列银行谈判的内容，因为这样的披露会损害大众公司股票的价值。

由此假定,对控股股东最低的掏空成本为 $S^* = (1-\alpha)/K$,则在发生了对中小股东的掏空行为后,其他股东的价值 $F(\alpha)$ 为:

$$F(\alpha) = (1-\alpha)(1-S^*)R \times I$$
$$= (1-\alpha)[1-(1-\alpha)/K]R \times I \qquad (1-3)$$

La Porta 等(1999)得到的 $F(\alpha)$ 与 α 的关系,见图 1-4。

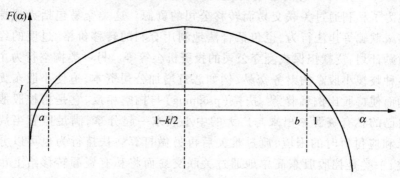

图 1-4　La Porta 等(1999)关于 $F(\alpha)$ 与 α 的关系研究

Johnson 等(2000a)在研究东南亚金融危机时,改进了 La Porta 等(1999)的模型:第一个改进的地方是在掏空行为的成本的假设上,设 $C(S) = S^2/2K$,K 表示弱的公司治理或弱的法律系统,即 K 值越大,掏空的成本越低。这样,掏空的价值为 $S - C(S)$。第二点改进是将掏空行为针对 I,即在投资之前,这时的总投资额为 $I - S$。在作了这样的改进之后,控股股东的价值最大化问题如下式:

$$\text{MAX}_S U(S;R,K,\alpha) = \text{MAX}[\alpha R(I-S) + S - (S^2/2K)]$$

最佳的掏空量 S^* 是下式的解:

$$\partial U/\partial S = 1 - S^*/K - \alpha R = 0$$

由此得到:　　　　　$S^*(R,K,\alpha) = K(1-\alpha R) \qquad (1-4)$

从(1-4)式中可知,随着 K 的上升,掏空量将增加,即对小股东较弱的法律保护加剧了控股股东和小股东的利益冲突。公式(1-4)可以用图 1-5 来表示。

Johnson 等(2000a)的模型虽然把 R 考虑进去了,但是 S^* 与 R 呈线性关系,R 越小,S^* 越大,这个关系不能解释扶持现象,而且他们在作实证研究时,假设企业的业绩是一个固定的数,从而去研究不同法律环境下实际控制人的行为,并没有考虑 R 的因素。

为了解释扶持现象,Friedman 等(2003)把企业的负债 D 的因素考虑

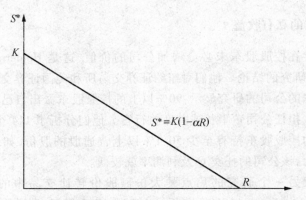

图 1-5　Johnson 等（2000a）的模型中 S^* 与 R 呈线性关系

进去。它们把 R 解释成企业没有负债时的投资收益率，这时企业的利润为：

$$F(S,R) = R(I-S) - D$$

由此，负债改变了控股股东的掏空行为，如图 1-6 所示。

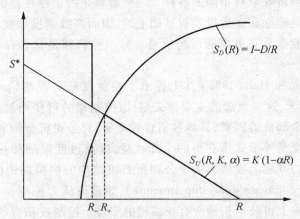

图 1-6　Friedman 等（2003）关于负债具有抑制或加剧掏空行为的研究

从图 1-6 中可以看出，负债具有抑制或加剧掏空行为的效果。Friedman 等（2003）关于 $F(S,R) \geqq 0$ 的假设是指企业不能偿还到期债务就必须破产，这是西方关于破产的标准，对中国市场不适合。况且 Friedman 等（2003）也没有证明 R、D 和企业价值的关系，仅仅讨论了金字塔控股结构和负债率与危机的产生是有显著关系的。

五、控制权的私有收益

公司存在控股股东未必会增加公司的价值,这是 Holderness 和 Sheehan(1988)研究的结论。他们对纽约证券交易所和美国证券交易所拥有绝对控股股东的公司的研究显示,90%以上的控股股东派出自己的直接代表或自己本人担任公司董事长或首席执行官。他们分析了 114 个上市公司,这些公司的控股股东持有至少 50.1% 以上普通股的股份,如果这个控股股东是个人,该公司的托宾 Q 及利润率就较低。

控制权另一个研究的焦点是大份额股份转让交易中的溢价现象。Barclay 和 Holderness(1989)分析了 1978—1982 年间,在纽约证券交易所和美国证券交易所发生的 63 项私下协议的大宗股权交易价格,发现该交易价格要明显地高于消息被宣布后的市场价格,平均溢价水平达到 20%,并且当大份额股份的比例上升时,溢价也越大。他们认为这一溢价反映了控制权的价值。

对这种溢价现象有不同的解释。一种解释是由于存在差别投票权,而公司控制权是建立在多数投票权基础上的,因而高级别投票权股票比限制了投票权的股票具有更高的市场价格。另一种解释是认为存在控制权私有收益。

Grossman 和 Hart(1988)首先提出了控制权私有收益(private benefit control)的概念,这一概念的主要含义是:因控制权的行使而被控制权持有者所占有的全部价值因素,具体包括自我交易、对公司机会的利用、利用内幕消息进行交易等形式所获得的全部收益,以及过度报酬和在职消费等。在这一概念的基础上发展起关于公司所有权结构的护租理论(rent-protection theory of corporate ownership structure),该理论认为控制权私有收益的规模直接影响上市公司初始所有权结构的安排。控制权私有收益大,公司发起人一般倾向于采用集中的所有权结构;控制权私有收益小,公司发起人则倾向于采用分散的所有权结构。与此同时,在集中的所有权结构中,控制性股东更多地采取分离现金流要求权和投票权的做法来争夺控制权私有收益,而这一分离现象在分散所有权结构中较为少见。控制权私有收益实际上也就是一部分股东对其他股东应得收益的一种掠夺,因为公司未来可分配现金流与控制权私有收益之和可以被认为是一个常量,代表公司的收益在进行固定支付后的剩余,因此二者必然此消彼长。控制权私有收益大也就意味着股东可分配现金流少,从而导致一部分股东应得利益受到侵害。

Nicodano 和 Sembenelli(2001)发现,意大利的大额股份的协议转让也存在均值为 27% 的溢价,他们认为这种溢价是因为法律对大股东的限制较小,因而获取私有收益的机会更大。

第三节 中国上市公司股东之间的利益冲突

一、作为实际控制人的国有股东

从 2006 年 1 月 1 日起实施的、经过修订的《中华人民共和国公司法》,第 217 条给出了实际控制人[①]的定义:"实际控制人,是指虽不是公司的股东,但通过投资关系、协议或者其他安排,能够实际支配公司行为的人。"

从实际年报的披露看,实际控制人和终极产权还不一样。终极产权一定要追踪到最后一个控制人,而实际控制人只要能追踪到明白产权的性质就为止了。下面是宝钢股份(600019)2005 年年报的相关部分:

……

(三)股东情况

1. 股东数量及持股情况

单位:股

股东总数 195 467

前十名股东持股情况

[①] 实际控制人的提法,较早是出现在中国证监会《公开发行证券的公司信息披露内容与格式准则第 2 号〈年度报告的内容与格式〉》(2001 年修改稿)第四节第二十五条中:"(三)对公司控股股东(包括公司第一大股东,或者按照股权比例、公司章程或经营协议或其他法律安排能够控制公司董事会组成、左右公司重大决策的股东),若控股股东为法人的,应介绍股东单位的法定代表人、成立日期、主要业务和产品、注册资本、股权结构等;若控股股东为自然人的,应介绍其姓名、性别、年龄、主要经历及现任职务。如报告期内控股股东发生变更,应列明披露相关信息的指定报纸及日期。公司还应比照上述内容,披露该股东的控股股东或实际控制人的情况。"但这里并没有定义什么是实际控制人。在《中国证券监督管理委员会令第 11 号——上市公司股东持股变动信息披露管理办法》第二章第八条中提到了股份控制人的概念:"股份控制人是指股份未登记在其名下,通过在证券交易所股份转让活动以外的股权控制关系、协议或者其他安排等合法途径,控制由他人持有的上市公司股份的自然人、法人或者其他组织。"CCER™ 中国证券市场数据库的《公司治理数据库字典》给出的实际控制人的定义是"第一大股东的最后控制股东"。

股东名称	股东性质	报告期内增减
宝钢集团有限公司	国有股东	858 749 539
上证50交易型开放式指数证券投资基金	其他	-20 637 300
瑞士银行有限公司（UBS LIMITED）	外资股东	-7 335 775
高盛公司（GOLDMAN SACHS & CO.）	外资股东	-1 546 950
易方达50指数证券投资基金	其他	-18 389 142
中国平安人寿保险股份有限公司—传统—普通保险产品	其他	30 000 000
花旗环球金融有限公司（CITIGROUP GLOBAL MARKETS LIMITED）	外资股东	40 158 405
申万巴黎盛利精选证券投资基金	其他	717 410
摩根士丹利国际有限公司（MORGAN STANLEY & CO. INTERNATIONAL LIMITED）	外资股东	-14 491 381
景福证券投资基金	其他	-1 931 136

2. 前十大股东持股比例与持股数量

股东名称	持股比例	持股总数
宝钢集团有限公司	77.89%	13 640 809 539
上证50交易型开放式指数证券投资基金	0.72%	125 753 472
瑞士银行有限公司（UBS LIMITED）	0.61%	107 411 221
高盛公司（GOLDMAN SACHS & CO.）	0.46%	80 125 815
易方达50指数证券投资基金	0.45%	79 377 635
中国平安人寿保险股份有限公司—传统—普通保险产品	0.42%	74 325 132
花旗环球金融有限公司（CITIGROUP GLOBAL MARKETS LIMITED）	0.39%	69 020 695
申万巴黎盛利精选证券投资基金	0.36%	62 722 016
摩根士丹利国际有限公司（MORGAN STANLEY & CO. INTERNATIONAL LIMITED）	0.31%	55 121 016
景福证券投资基金	0.28%	48 163 538

3. 控股股东及实际控制人简介

（1）控股股东情况

股东名称：宝钢集团有限公司

法人代表：谢企华

成立日期：1998年11月17日

注册资本：人民币458亿元

主要经营业务或管理活动：宝钢集团是国家授权投资机构和国家控股公司，主要经营国务院授权范围内的国有资产，并开展有关投资业务：钢铁冶炼、冶金矿产、化工（除危险品）、电力、码头、仓储、运输与钢铁相关的业务以及技术开发、技术转让、技术服务和技术管理咨询业务，外经贸部批准的进出口业务，国内外贸易（除专项规定），商品及技术的进出口服务。

（2）实际控制人情况

公司的实际控制人是国务院国有资产监督管理委员会。

……

中国内地普遍存在国有控股现象。Tian(2002)利用中国内地1998年的数据，与Claessens、Djankov和Lang（2000）（中国香港地区、日本的数据是1996年），Faccico和Lang（2000）（英国、德国的数据是1996—1999年）的数据进行了比较。结果如表1-2所示。

表1-2 中外上市公司控股情况比较

	第一大股东	50%	30%	10%	10%的取舍点			
					中国香港地区	英国	德国	日本
	中国内地							
金融企业	10.9	0.8	2.5	4.4	7.1	32.6	10.4	38.5
外资企业	5.1	0.0	3.1	6.2	—	—	—	—
家族企业	0.0	0.0	0	0	64.7	33.8	71.6	13.1
国有企业	43.9	34.4	37.8	43.8	3.7	0.2	5.2	1.1
其余国内企业	39.2	10.5	27.3	41.2	23.9	0.9	1.2	5.3
其他	0.8	0	3.8	2.4	0	6.3	7.2	0
没有大股东持股比例超过10%、30%、50%的公司		57.2	25.4	2.1	0.6	26.2	4.40	42

从表1-2可知，在中国内地，政府股东是第一大股东的占到全部样本上市公司的43.9%。如果以持股比例为50%以上为控股标准的话，中国内地的政府控股的公司占到34.4%。如果以持股比例为10%以上为控股标准的话，中国的政府控股的公司占到43.8%；按同样的标准，政府控股的公司在香港占全部样本公司的3.7%，英国、德国、日本的这个数据分别是0.2%、5.2%、1.1%。可见国有控股在中国内地是一个普遍的现象。

外国学者关于国有企业的看法有两种：亚诺什·科尔内(1986)认为，国有性质的实际控制人具有预算"软"约束特点。而Shleifer和Vishny(1997)认为，当政府具有对国有企业的直接控制时，有可能导致更多的劳动力冗余。

中国学者杨华(2002)的观点是：在国有企业实行改革前，其产权归属是含混的，因而政府对公司的控制权既没有边界，又缺乏约束。政府几乎拥有对商业和人事决策的所有名义权利和真实权利。这种权利的分配一方面导致了管理创新的缺乏，另一方面导致了政府造成的商业决策失误。政府趋向于控制企业，或牺牲企业经济上的效率而实现其公益目的。例如，政府可能要求一个国有企业雇用比实际需求量更多的工人以提高就业率，或者即使企业的业绩下降，仍然要保持其过剩的雇员水平；或者，为了避免由高失业率带来的"社会不稳定"，政府会要求国有企业达到其产出目标，这样，他们可以将其作为自己的业绩来炫耀，即使该企业根本无法实现盈利。

20世纪80年代的国有企业改革将许多决策权下放给国有企业管理层，这使得管理层变得对企业决策更加有兴趣，因此他们现在享有更多的有效的真实权利。但管理层作为国家的代理人，却有着强烈的利用获得的权利为自己谋福利的动机。另外，政府在相当大的程度上仍然拥有对关键的人事、资产、投资决策的名义权利。

钱颖一(1995)将组织理论应用到中国的企业改革中，将20世纪90年代的国企困境描述为由政府控制和代理问题结合所引起的必然后果。代理问题的成因是管理层因为权利改革享有了越来越多的商业决策权。尽管政府控制是一种缓和代理问题的平衡机制，但它同时导致了对管理层的低效干涉。比如，如果政府偏好使用没有能力但却听话的管理层，这将导致较差的投资决策以及软弱的预算限制。中国最近的改革就是试图处理这两个问题，通过政府与企业的分离来降低政治成本，通过引入非政府公司、机构股东、职工股东和私有股东来降低代理成本。

王婧(2003)认为:"从剩余收益的分配过程看,政府股东可以获取的非共享收益为直接的税收收益,但是政府还是银行的所有者,同时也是很多固定合约支付利益方的股东;而保证雇员的收入以及就业率是社会安定的保障,同样是政府追求的目标。于是,政府股东在分享任何一方非共享收益的同时,也分担了任何一方受到的利益侵害。相对而言,其他性质的控制性股东所获取的非共享收益更直接。因此与其他性质的控制性股东相比,政府股东具有不同的控制动力。"这段话说明了在中国社会经济发展的现状中,国有股和其他性质的股东利益冲突的独特之处。

由于上述原因,在国有企业引入非政府公司/机构股东以及职工股东和私有股东后,会产生另外一个问题,那就是股东之间的利益冲突。那么,谁来控制企业更好?

二、控股股东的掏空和扶持行为

除了公司实际控制人的性质对公司价值的影响外,控股股东可以利用它的控制地位进行大量的掏空行为和扶持行为。Shleifer 和 Vishny(1997)认为:"当大股东(不管是价值创造者股东,还是价值评估型的金融资本投资者)股权比例超过某一点,基本上能够充分控制公司决策时,大股东可能更倾向利用企业获取外部少数股东不能分享的私人利益。"在对中小股东的利益缺乏法律保护的经济转型国家,控股股东的这些行为更多、更肆无忌惮。

经过修订,从 2006 年 1 月 1 日起实施的《中华人民共和国公司法》第217 条给出了控股股东的定义:"控股股东,是指其出资额占有限责任公司资本总额百分之五十以上或者其持有的股份占股份有限公司股本总额百分之五十以上的股东;出资额或者持有股份的比例虽然不足百分之五十,但依其出资额或者持有的股份所享有的表决权以足以对股东会、股东大会的决议产生重大影响的股东。"按我们的理解,所谓控股股东(controlling shareholder)是指对公司的决策权享有控制权的股东。判断是否成为公司控股股东的标准并非完全以其所持股份是否达到某一比例为绝对标准,而是以其实际拥有的控制力而论。这正如 Alchain 和 Demsetz(1972)所言:"在评价股东权利的重要性时,并不是通常的投票权利的分散,而是投票表决导致了多少次决定性的变化。"因此,控股股东一定是第一大股东,且可以主导股东会、董事会。当然,有时候第二大股东可能联合其他股东一起反对第一大股东,暂时控制了股东会,进而控制了企业(如 2000 年的四川金路公司），但这不能说是第二大股东控股了。非第一大股东联合其他股东的力量可以暂时控制企业，但那是非第一大股东们的"联合控股权"，而不是哪个股东享有控制权。一旦共同的对手（第一大股东）被制服，脆弱的联合阵线就会走向瓦解。所以，联合控股既不会长久，也不是本来意义上的控股。本来意义上的控股是指第一大股东对企业的控制。

表 1-2 的最后一行显示，没有大股东持股比例超过 10% 的公司，在中国内地只占样本上市公司的 2.1%，香港地区、英国、德国、日本的这个数据分别是 0.6%、26.2%、4.40% 和 42%。在中国内地，没有持股比例为 30% 以上的大股东的公司只有 1/4 左右（25.4%），换言之，有 3/4 的上市公司存在持股比例超过 30% 的大股东。

熊海滨（2002）比较了美、日、中上市公司第一大股东的持股情况（见表 1-3）。

表 1-3　美、日、中上市公司第一大股东的持股情况

公司第一大股东投票权所占比例 X（%）	占上市公司总数的比例（%）		
	美国 1994	日本 1995	中国 1996.6
$0 < X < 10$	66.0	61.1	1.2
$10 < X < 25$	17.4	21.3	12.4
$25 < X < 50$	13.0	12.9	43.1
$50 < X < 75$	2.1	4.7	37.4
$75 < X < 100$	1.5	—	4.2

在表 1-3 中，美、日上市公司第一大股东投票权比例在 25% 以下的公司占总数的比重分别为 83.4% 和 82.4%，而中国的这一比重却只有 13.6%。第一大股东投票权在 50% 以上的公司比例，美、日仅为 3.6% 和 4.7%，而中国却为 41.6%。中国控股股东的绝对控制能力由此可见一般。

在股权分置的情况下，绝大多数控股股东的股票持有成本低于流通股股东的股票持有成本，因为要么他们是公司的发起人，将公司财产 1:1 折股入市，要么是通过协议转让等方式获取公司股票。Chen 和 Xiong（2002）发现，在正规的产权交易市场上，非流通的国有股和法人股平均有 70%—80% 的非流通性折扣，交易价格相差很大。在股权分置的制度安排下，非流通股股东和流通股股东的权益是不对等的，有时甚至是矛盾的。比如 2003 年招商银行发行可转债的实施，基金经理们认为，摊薄的股东权益只是流通股股东的特殊待遇，而流通股股东"用脚投票"造成的市值缩水也

只能由流通股股东自己来承担,非流通股股东根本没有切肤之痛。①

由于包括上述原因在内的种种原因,我国上市公司遭遇了控股股东大量的掏空和扶持行为。目前在我国控股股东掏空和扶持上市公司的主要表现有"硬"行为和"软"行为两种。"硬"行为主要是指在货币、财产等方面,而"软"行为主要涉及投资的机会、担保等方面。下面对此作一个简单的归纳。

(一) "硬"行为

"硬"行为的表现主要在业务往来、资产重组和股利分配等方面。

1. 业务往来中的掏空和扶持行为

业务往来中的掏空和扶持行为主要有以下几种形式:

(1) 购销业务

在我国,较普通的做法是为了扶持上市公司,集团公司往往以低于市场价格向上市公司提供原材料,而以较高的价格买断并包销股份公司的产品,利用原材料供应渠道和产品销售渠道向上市公司转移价差,实现利润的转移。但也有的控股股东采用完全相反的做法,掠夺上市公司的利润及其形成的价值,侵害上市公司小股东的合法权益。例如:五粮液上市公司在产品生产过程中还必须要和控股股东进行大量的产品往来,如由集团公司或其所属企业向五粮液提供各类产品,包括基酒及其加工、酒瓶及瓶盖与其他相关包装材料。在生产基酒的车间于2001年完全置换进上市公司以后,又新增向集团公司购买伏特加、葡萄酒等产品。五粮液向集团公司提供的产品主要是成品酒销售。2001年发生将生产基酒的车间完全置换进上市公司的资产置换,据公司董事会公告及独立财务顾问报告,降低关

---

① 《巴塞尔协议》和央行对资本充足率明确要求8%是最低的底线。招商银行2003年发行100亿可转债的最直接的动因,也是8%的资本充足率这条生命线在2004年终有可能不保。在市场其他专业人士看来,基金经理群起发难招商银行100亿转债事件中,双方争执的关键还在于利益的分配问题。基金经理最不满意的不外乎两点:第一是转债转股价格低。二级市场上的价格必然向转股价格靠拢,基金在10元左右建仓,市场价格下跌后,基金损失会很大。第二是招商银行未来收益增长速度低于25%,如果债转股实施,每股收益摊薄是必然的。在中金公司设计的发债方案中,招商银行发债存在诸多优势的前提假设就是招商银行未来收益增长"保持目前25%的增长速度"。从两方面考虑,基金(更确切地说是流通股东)的损失会非常之大。而招商银行管理层也有自身的考虑:在保证达到资本充足率的规定的同时,银行企业现有的盈利模式仍靠利差收入的大前提下,只有通过规模扩张来实现效益。所以融资成为中国银行业的"定期习惯"。除基金公司以外的招商银行流通股股东,对招商银行现有的转债方案同样有很强的排斥心理,更有投资者以该事件的进展作为是否持股的判断依据。

联交易是该项资产置换的一个重要原因,但2000年向集团及其附属关系公司的货物采购和接受劳务为7.72亿元;资产置换完成后的2001年,该项金额上升为14.42亿元;2002年略有下降,仍然达到12.5亿元;2003年则达到17.01亿元。这类往来在利益偏向上很难界定,集团公司可以通过这种方式的往来,将利润注入上市公司;也可以通过这种方式,将现金转移到集团公司。①

（2）费用负担的转嫁

股份公司改制上市时,一般都将企业的非生产性资产剥离出来,让股份公司"轻装上市"。但股份公司上市后仍需要关联公司提供有关方面的服务,因此上市前各方都会签订有关费用的支付和分摊的协议。这些项目引起的资金往来是我国上市公司关联交易的重要内容之一,是一项极具中国特色的关联交易。这些项目涵盖面较广,包括医疗、饮食、托儿所、职工住房、广告费用、离退休人员费用等。但各项服务收费的具体数量和摊销原则因外界无法准确地判断其是否合理,操作弹性较大。通常的做法是:当上市公司经营不理想时,集团公司或者调低上市公司应交纳的费用标准,或者承担上市公司的相关费用,甚至将以前年度已交纳的费用退回,从而达到转移费用、增加利润的目的;而在经营效益形势趋好时,则反向操作。

例如,重庆万里蓄电池股份有限公司董事会2003年第二次会议决议公告中披露:"关于公司为重庆万里实业开发公司（以下简称实业公司）代垫款事宜:至2002年12月31日代垫款金额达1 879.64万元,实业公司系本公司改组为股份制企业时,从原重庆蓄电池总厂剥离出去,并于1993年经原重庆市机械管理局批准,在重庆工商行政管理局注册登记成立的全民所有制企业,目前属于重庆机电控股（集团）公司全资子公司。主要负责本公司改制时剥离的非生产经营资产的经营与管理,主要负责:职工住宅、职工医院、托儿所、子弟校以及职工生活用水电气的收费与管理。实业公司自成立以来,由于其本身无生产经营实体,无法产生稳定的经营现金流入来保证其日常开支,没有资金支付各项费用。另外,由于职工用水电气与本公司用能在同一供能主管网,从稳定和逐渐解决遗留问题的原则出发,本公司为实业公司代垫一切开支。为减少垫资,公司经过努力,职工用

---

① 刘峰等:《控制权、业绩与利益输送——基于五粮液的案例研究》,《管理世界》,2004年第8期。

电、职工医院、学校从2002年上半年起先后从本公司剥离出去,现职工用水、天然气的剥离改造正在实施中,预计在2003年内便能完成水和天然气的分离。"

(3) 资产租赁

上市公司向控股股东支付厂房、设备、土地使用权、专利权、商标权等资产租赁费。由于租赁费缺乏可比的市场价格作为参照,因而具有很大的弹性。柳经纬等(2001)举例:五粮液公司通过向控股股东支付无形资产商标使用权,仅2001年一次就要付给控股股东9780万元。又如:武凤凰在1995年投资3.2亿元,建成一套重油催化裂化的装置,年生产能力60万吨。武凤凰将此装置租赁给控股股东——武汉石油化工总厂,每年只收取几百万元的租赁费。经测算,该资产的年收益率仅为2.29%,远低于当时同期银行存款利率。

(4) 资金占用

大股东占用上市公司的资金一度成为一个普遍的现象,从早些时候的猴王,到2005年的科龙,许多曾经辉煌却最终破灭的股市"神话"背后,都有着上市公司被大股东占用大量资金甚至"掏空"的悲剧。张弘(2003)指出:上市公司2002年中报数据反映,有161家上市公司的其他应收款占总资产的15%以上,有128家上市公司的其他应收款占净资产的40%以上,满足两个标准任何一个的上市公司数目共达到173家,占上市公司总数的14.63%。大股东占用资金的平均值达到1.65亿,加权平均占用资金的时间达到1.62年,其中有3家上市公司的资金被大股东占用达5年以上(具体情况见图1-7)。

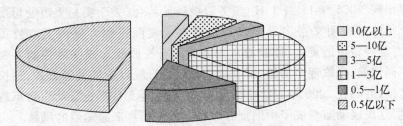

图1-7 2002年中报反映的上市公司资金被占用的情况

在173家样本公司中,有41家公司存在第一大股东占用上市公司资金的情况,有53家公司存在关联方(其余股东、股东的关联公司、上市公司的关联公司)占用资金情况,有42家存在关联方与大股东共同占用资金情况,仅有37家公司(约占21.39%)不存在大股东或关联方占用资金情况。

大股东占用上市公司资金的情况引起了监管当局的高度重视。在这种情况下,从2002年开始,大股东占用上市公司资金的数额逐年减少。陈鸣初(2006)指出:"2002年底,中国证监会曾对1 175家上市公司进行了普查,发现676家公司存在大股东占款现象,占款总额为967亿元;2003年,大股东占款有明显下降,当年共有623家公司被占用资金,总额为577亿元;2004年,累计占用资金额仍达509亿元左右。2005年,因上市公司年报刚开始披露,占款金额尚不明朗。但据有关部门统计,截至2005年6月30日,两市还有480家上市公司存在大股东占用资金的问题,占款金额累计近480亿元,相当于全部上市公司去年上半年净利润的一半。在这480家公司中,262家公司占款金额不到5 000万元;5 000万元到1亿元的有54家;占款金额高于1亿元的公司有108家,并有6家占款金额超过10亿元。其中余额超过5亿元的有三九医药、神马实业、莲花味精、G郑煤电等13家。这些触目惊心的数字带来的直接后果就是严重影响了上市公司日常经营,侵害了社会公众投资者的利益。"

为了尽快根治大股东占款这一"顽疾",2005年4月,国务院研究部署资本市场改革发展重点工作,其中,明确指出全年要"重点解决上市公司的资金占用和违规担保问题"。同年6月,中国证监会下发《关于集中解决上市公司资金被占用和违规担保问题的通知》(以下简称《通知》)。《通知》要求重点解决上市公司资金占用和违规担保问题,并规定各证监局要把这项工作作为评价考核上市公司监管工作成效的重要指标,在年内基本解决本辖区历史形成的非经营性占用资金问题。为防止"年年清欠年年欠"的现象出现,2005年11月1日,国务院批转证监会《关于提高上市公司质量的意见》,其中明文指出:"严禁控股股东或实际控制人侵占上市公司资金,对已经侵占的资金,控股股东尤其是国有控股股东或实际控制人要针对不同情况,采取现金清偿、红利抵债、以股抵债、以资抵债等方式,加快偿还速度,务必在2006年底前偿还完毕。""清欠运动"悄然启动。狗年新春刚过,这次运动演变成了中国证券市场上的一场愈来愈猛烈的风暴。

2006年春节后的第一个工作日,上海证券交易所召开了一个专题会议,议题正是酝酿已久的"清欠"问题。第二天,一篇题为《节后首日上证所四措施促"清欠"》的报道出现在各大媒体的显著版面。这四项措施包括:上证所上市公司部抽调专人成立"清欠"工作小组,集中处理共性问题和有关难题;结合2005年年度报告披露和事后审核工作,逐一核对每家上市公司的资金占用数额;在上证所外部网开辟"上市公司清欠"专栏,公开各上市公司的资金占用情况、清欠方案、时间安排和有关股东的承诺等信息;在主要证券媒体上以专栏形式,定期或不定期向市场通报有关上市公司清欠方案的执行情况、清欠进度和力度、有关股东是否切实履行承诺等。

"清欠风暴"取得了很大的进展,但遇到的困难也不小。从2006年6月1日起,深沪交易所定期联合发布清欠通告,对上市公司加大清欠力度起到了有力的推动作用。据统计,剔除未披露2005年年报的个别公司外,截至2006年9月30日,两市共有309家上市公司完成了清欠工作,61家上市公司部分完成清欠工作,合计清欠金额204.2亿元,占所需清偿资金总额的44.56%;同时,两市共有14家上市公司以股抵债和以资抵债方案已获股东大会通过,进入清欠程序,金额合计29.05亿元。

在2006年底来临的最后80天,政府下大决心根治这个问题,对未清欠上市公司采取三大措施:(1)对年底前不能完成清欠任务的上市公司立案稽查,查明事实真相,固定相关证据;(2)对年底前不能如期解决上市公司资金被违规占用的责任人,要依法追究法律责任;(3)各证监局主要负责人要紧抓上市公司董事长,要求其立即落实清欠最终方案。2006年底前,凡上市公司清欠问题尚未解决的,其责任人必须"要么还债,要么承担法律责任"。

2. 资产重组中的掏空和扶持行为

资产重组一直是这几年我国证券市场中的热门话题,资产重组对于上市公司盘活资产存量、改善资产质量、提高资源配置效率等方面有积极的意义。但在资产重组中掏空和扶持行为也十分普遍,滋生了大量的不等价交易及虚假交易。

(1) 买壳上市

所谓买壳上市,是指非上市公司通过收购上市公司,取得上市公司的控股权之后,再由上市公司反向收购非上市公司的实体资产,从而将非上市公司的资产注入上市公司之中,达到间接上市的目的。

买壳上市大体可分为三步:① 非上市公司通过购入上市公司的股份成为控股股东。② 上市公司通过发行新股或配股来筹集资金。③ 上市公司用这一笔资金反过来购买非上市公司的资产。

买壳上市中的最后一步是上市公司购买大股东属下的另一块资产,这是典型的掏空行为。买壳上市中的不公平利益的取得方式在于对转让资产不同的定价方法。在买壳上市中的掏空行为的典型方式是:先以净资产定价法买入国有股或法人股;然后再利用大股东或控股股东在决策上的优势地位将资产以市盈率定价法卖给上市公司,从而获取巨大的利益。

(2) 借壳上市

借壳上市是在股票发行受到额度限制的条件下,某大型企业或集团公司先将一部分资产改造上市,以后再将其他资产注入上市子公司,从而得以规避股票发行的额度限制。

借壳上市大体分为三步:① 集团公司先剥离出一块优质资产上市。② 上市公司通过配股来筹集资金。③ 上市公司用这一笔资金反过来购买集团公司的另一块资产。

买壳上市与借壳上市的思路大同小异,唯一的区别在于壳资源的不同。前者是收购一个壳资源,后者是自己造一个壳公司。

(3) 托管经营

我国上市公司托管开始于1995年。据统计,截至1999年3月,沪深两市共发生30起托管案例。在1998年的年报中,其中一上市公司披露共向集团公司收取托管费3 000万元,仅这笔托管费用就占该公司当年净利润60%以上,足见托管对上市公司之妙处所在。

(4) 股份回购

云天化股份的回购最具代表性。1999年,云天化的母公司云天化集团与云天化股份公司达成协议,云天化回购云天化集团持有的2万股国有法人股,而云天化应向母公司支付4.02亿元的资金。云天化回购集团公司股份的真正目的是云天化集团需要资金,最方便的便是向云天化伸手,它减少了2万股股权,并没有影响公司的控制权,又可以得到一笔巨款,真是何乐而不为?现在证券市场上的股份回购可归纳为现金回购和不良资产回购。现金回购即上市公司以公司自有资金回购部分国有法人股的方法,如云天化、申能股份;不良资产回购即上市公司将一时不能与公司整体资产相融合、无法与主业相匹配的资产用于回购国有法人股,实际上是上市公司将不良资产剥离给了国有股东。

3. 股利分配中的掏空和扶持行为

无论是与西方股利理论,还是与发达国家,甚至是很多发展中国家的股利实践相比,中国上市公司股利分配都表现出许多独特之处,其中不难看出控股股东的操作意图。

案例 1-1

用友软件"高派现"案例

北京用友软件股份有限公司经中国证券监督委员会于 2001 年 4 月 18 日签发批准,成为核准制下首家上市公司。通过上海证券交易所的交易系统,用友软件向社会公开发行人民币普通股(A 股)2 500 万股,每股面值 1 元。发行价为每股人民币 36.68 元,实际募集资金总额达 91 700 万元,其中股本溢价高达 883 072 553 元,发行前每股净资产 1.12 元,发行后高达 9.71 元(扣除发行费用)。

用友软件 2001 年度实现净利润 70 400 601 元,计提法定盈余公积金和公益金之后,实际可供股东分配的利润为 60 126 947 元,以年末公司总股本 10 000 万股为基数,按 10 股派 6 元计,公司共计派发现金股利 60 000 000 元,期末未分配利润 126 947 元。

对用友软件年报资料的分析表明,用友软件当年实现的净利润 70 400 601 元中,包括了因发行新股募集到的货币资金而增加的利息收入 12 940 000 元,若扣除该项财务收入,再计提 15% 的法定盈余公积金和公益金,以及加上上年度末未分配利润 286 436 元,实际可供股东分配利润为 49 127 947 元而非 60 126 947 元,即用友自身业务的盈余能力不足以支撑 60 000 000 元的现金股利发放。用友 2001 年的股利政策引起了市场的极大关注,用友现象成为中国股市另类突出的现象。

以用友软件为代表的高现金分配现象,其实质在于发起人股和社会公众股的持股成本相距悬殊,但每股分到的股利却是一样的,这就刺激了作为发起人的控股股东"高派现"的动机:尽量缩短投资回收期。如果上市公司属于成长型的企业,需要大量现金,"高派现"可能减少企业的投资机会。

反过来,也存在不少控股股东不参加分红、不参加配股、自我稀释股权的现象。

(二)"软"行为

"软"行为主要涉及投资的机会、担保等方面。

1. 投资机会

大股东剥夺上市公司的投资机会,著名的案例是天大天财公司。1997

年天津大学作为主发起人,将天津大学填料塔新技术公司等公司的经营性净资产 6 500 万元作为出资发起设立了天大天财公司,其中填料塔新技术公司净资产 2 780 万元,占总投入的 42.7%。但 2002 年 7 月 23 日天大天财发布公告称,公司董事会于 7 月 14 日审议通过了公司独立董事梁执礼和张晓峒的独立董事意见报告,两独立董事认为,公司大股东天津大学存在违反承诺、损害公司利益、与公司进行同业竞争的行为。报告指出,天津大学在公司招股书中曾明确表示"国家化工填料塔及塔内件技术研究推广中心和国家工业结晶技术研究推广中心设在天大天财内",并曾与公司签署了不进行同业竞争的《承诺函》。但是近几年来,天津大学校属企业中仍有北洋公司、工程中心等为数不少的企业在从事填料业务并直接与天大天财及其控股子公司天大天久公司进行同业竞争,甚至在重要项目中诋毁天财公司及其子公司,损害公司的权益。此外,天津大学于去年将"国家化工填料塔及塔内件技术研究推广中心"拿回学校,违反了在《招股书》中的承诺。据此,公司独立董事认为,天津大学已经违反有关承诺以及相关法规,损害了公司及中小股东的权益,并可能导致有关部门的处罚以及中小股东的集体诉讼,必须尽快予以纠正。

2. 担保

在担保方面,中国股票市场上担保现象普遍。在 2002 年度报告的 729 家沪市上市公司中,共有 313 家公司公司为他人提供了担保,占已披露年报公司总数的 42.93%。根据年报数据统计,截至报告期末,上述 313 家公司共对外提供担保 2 700 多笔,累计担保金额为 749.87 亿元。表 1-4 是沪市 2001 年和 2002 年担保情况的比较。

表 1-4 沪市 2001 年和 2002 年担保情况比较

项 目	2001 年度	2002 年度
上市公司年报披露数(亿元)	660	729
提供担保公司(个)	276	313
对外担保公司占披露年报公司的比例(%)	41.82	42.93
对外担保总额(亿元)	620	749.88
对外担保总额/对外担保公司净资产总额(%)	—	16.94
对外担保公司担保平均值(亿元)	2.40	2.25

资料来源:《上市公司》,2003 年第 5 期。

上市公司担保的一个现象是"上有政策下有对策":2000 年 6 月,中国证监会专门发布了《关于上市公司为他人提供担保有关问题的通知》,明确强调上市公司不得以公司资产为本公司股东、股东的控股子公司、股东的附属企业或个人债务提供担保。这之后,上市公司直接为大股东担保的现象骤然减少,但上市公司之间互保以及连环担保的问题却大量涌现。在上市公司不断编织互保链和互保网的同时,越来越多的上市公司开始为子公司担保。据鲁克(2003)统计,2002 上半年,沪深上市公司为子公司担保的金额已高达 111.1 亿元,全年则超过了 150 亿元。担保作为企业的一种经营行为,是社会的一种正常的经济现象,有它的合理性。但上市公司由于担保问题而给经营业绩造成了重大的影响。据统计,2002 年沪市因担保而产生损失金额约 40 亿元,其中 ST 轻骑对为集团和其他方的逾期借款担保计提了 13 亿巨额的坏账准备。担保所引发的另一个大问题,就是诉讼纠纷的大幅度增加。2002 年度因担保而涉讼的上市公司大约有 59 家,涉讼案件 190 多起,诉讼标的金额为 36 亿元人民币。尤其是 ST 国嘉以及受牵连的另外 5 家上市公司,更是陷入没完没了的诉讼旋涡。2003 年最引人注目的担保案例要数新疆的啤酒花巨额担保案例。

案例 1-2

啤酒花巨额担保案例

董事长突然失踪

啤酒花董事长艾克拉木·艾沙由夫,这位最新出炉的富豪,上榜不到两周后即告失踪。

伴随着董事长的失踪,啤酒花先前隐藏颇深的"炸弹"正在频频引爆。该公司 2003 年 11 月 4 日公告显示,担保总额逾 17 亿元,其中未按规定披露的担保决议总额就有近 10 亿元之多。第二天发布的公告又称,大股东新疆恒源所持股权中的 6 200 多万股已被司法冻结。

而股票市场上,啤酒花已连续两天被巨量抛盘打到跌停。艾克拉木·艾沙由夫从掌握控制权开始,到最终"玩转"这家上市公司,在这个过程中泛起的股价泡沫,终于开始爆裂。

机关用尽夺"第一"

1997 年 6 月啤酒花上市时,新疆维吾尔自治区轻工业厅下属企业新疆轻工业供销公司持股 21.875%,处于明显的控股地位。在啤酒花的招股说明书中,公司的全称还是新疆轻工股份有限公司。然而,艾克拉木·艾沙由夫那时已是公司副董事长,虽然他只是第七大股东新疆恒宇的法人代表。

当时的艾克拉木·艾沙由夫确实不可小看。时年39岁的艾氏,曾任人民银行新疆分行金融管理处处长、银行处处长,有16年的金融管理及投资经验。之后艾氏凭着银行工作的资历和丰富经验,下海创办了新疆恒宇,在啤酒花增资扩股并将转制上市时,又出资200余万元,买了182万股法人股。

啤酒花上市后,艾克拉木·艾沙由夫的动作一个接一个:1998年2月啤酒花原第二大股东新疆和硕清水河农场供销公司将300余万股股权转让给了新疆恒宇,后者随即升格为第二大股东;1998年3月原第五大股东新疆新保房产公司将400万股股权转让给银盛房产,而银盛房产的法人代表也是艾克拉木·艾沙由夫;1998年7月,和硕农场又将450万股股权转让给银盛房产;1999年1月原第七大股东新疆兵团保险公司也将所持320万股股权全部转让给银盛房产。就这样,到1999年8月由艾氏控制的银盛房产及新疆恒宇合计持有股权已达2480万股,持股比例为19.375%,离第一大股东的21.875%,只差2个多百分点。

但就在此时,半路杀出程咬金。1999年8月17日,啤酒花公告称:第一大股东新疆轻工将所持股权全部转让给中国航空技术进出口公司,经国家有关部门批准,股权转让协议已正式生效。

据当时的资料介绍,中航技注册资本3亿元,总资产187亿元,在世界各地设有60个驻外机构,年进出口总额达18亿美元,显然是一家实力雄厚的大企业。

忙活了两年的艾克拉木·艾沙由夫怎肯前功尽弃。就在次日,1999年8月18日啤酒花又发布公告称,银盛房产和新疆恒宇联合另两名大股东,以所持啤酒花股权,注册成立了新疆恒源投资有限责任公司,而且新疆恒源的设立也已经有关部门批复。四股东的股权随即归新疆恒源持有,合计占29.875%,新疆恒源理所当然地成为第一大股东。于是中航技只当了一天的第一大股东,就不得不屈居第二。

2000年2月28日,啤酒花公告称:"因多种因素影响",新疆轻工提出终止其与中航技的股权转让协议,所付股权款将全部返还。中航技终因"强龙难压地头蛇"而无奈退出。结果,新疆轻工也退居啤酒花第二大股东,并失去了对公司的控制权。

黑洞会有多大

现在看来,艾克拉木·艾沙由夫在掌控啤酒花之后,通过让上市公司对外担保的手段掏空上市公司,获取巨额银行贷款。只是刚刚披露的逾

17亿元担保总额是不是最终的数字,目前尚不得而知。但即使是这17亿元也够啤酒花受的。啤酒花现有总资产22亿元,净资产仅6亿元,本身负债率已高达74%。今年开始,公司经营状况也每况愈下,上半年每股收益仅0.03元,第三季度每股亏损0.02元。

巨额担保、股权冻结,问题正在一点点地暴露,啤酒花的黑洞会有多大呢?

资料来源:初一,《对外担保额接近总资产,大股东股权被冻结——上榜富豪玩转啤酒花》,《上海证券报》,2003年11月5日。

担保问题对公司价值的影响是巨大的,在啤酒花的案例中,11月3日啤酒花首次跌停。次日,该股发出公告,称董事长失踪并对外披露公司巨额担保情况。其后几日,啤酒花股价继续下跌,至11月13日,该股价已跌去61.2%,蒸发流通市值17.7亿元。11月6日,天山股份(000877)发布公告称,公司为啤酒花担保3 000万元,经核查,尚有2 000万元未归还。公告一经发布,天山股份旋即大跌9.30%。截至11月13日,该股价已跌去12.5%,蒸发流通市值1.12亿。受此影响,自11月6日至11月13日,汇通水利、新疆众和以及友好集团的股价分别累计跌去10%、32%和19.7%,蒸发的流通市值分别为4 200万元、1.08亿元和1.85亿元。

第四节 分析问题的框架

本节探讨股东之间利益冲突与公司治理(corporate governance)二者之间的关系。弄清这个问题的意义在于理解股东之间利益冲突在公司治理中的地位和作用。

Chong-En Bai等(2003)曾经给出一个分析框架:公司治理分为外部治理和内部治理两个方面。内部治理包括董事会、激励补偿计划、股权结构和财务透明度,主要用于解决股东和管理层之间的利益冲突;外部治理包括公司控制权市场、法制基础和少数股东的保护、产品市场的竞争,主要解决股东之间的利益冲突。受此分析框架的启发,我们用图1-8来表示转型经济国家公司内外治理的关系。

图1-8很明确地表示,股东之间的利益冲突和股东与管理层之间的利益冲突是公司治理要解决的两大矛盾。在不同的国家、不同的经济发展时

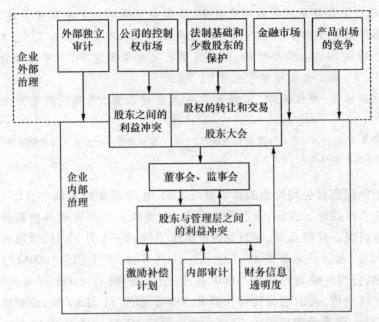

图 1-8 转型经济国家股东之间利益冲突在公司治理中的地位

期,这两大矛盾对公司的影响是不同的。在英美等国,市场机制成熟,法律较完善,股东高度分散,经历了"经理革命",公司的控制权掌握在经理人员手里,因此股东与管理层之间的利益冲突对公司影响较大,是西方学者和企业界重点关注的问题。股权安排在英美等国是一种外部治理机制,大股东的出现有助于抑制管理层的代理成本(Shleifer 和 Vishny,1986)。而当今的中国正在从计划经济向市场经济转变,市场机制发育不成熟,法制基础较差,股权高度集中,公司控制权掌握在控股股东的手里,因此股权安排不再是外部治理机制。图 1-8 表明,在转型经济国家公司的治理中,股东之间的利益冲突处于内部治理和外部治理的连接点上,深入研究它可以加深对整个公司治理结构的理解,为构建较好的公司治理找准方向和突破口。

本书的研究集中在五个方面:(1)股东之间利益冲突与公司价值;(2)股东之间利益冲突与公司董事会、监事会的内生性;(3)股东之间利益冲突与会计盈余的信息量;(4)股权分置改革中的股东之间利益冲突;(5)股东之间利益冲突与公司治理。选择这五个主要研究方向的目的,一方面是考虑到研究体系的完整性、系统性,另一方面也注意到研究话题的焦点聚集、探求问题的深入集中这样的要求。

本书以下的结构分为四个部分：

第一部分是股东之间利益冲突与公司价值部分，包括理论、模型和实证等三个方面。在理论方面，在简单介绍企业理论相关部分的演变过程后，着重指出主流经济学的疏漏和不足。接下来重点介绍了 Hansmann（1996）的企业所有权论中提出的概念和理论，把它作为本书一个重要的理论基石。在我们自己的研究工作中，首先从利润表的视角给出一个简单模型，把股东的异质性解释成为收益方式的不同。接着从经济学的角度比较了代理成本和集体决策成本这两个重要概念的联系和区别，由此加深对集体决策成本的认识，丰富了对经营者行为的理解，在此基础上提出"增强效应"和"消长效应"。本书用实例证明上述理论创新具有很强的解释能力。作为对理论分析的应用，我们提出了对国有企业集团子公司改制的一些思考，对四种企业形式的适用范围、可能出现的主要问题进行了探讨。在实证研究方面，通过相关实证研究的文献综述，一方面分析、整理已有的研究成果，另一方面着重指出我们的研究角度、研究对象、研究方法和得出的结论与他人的区别，从中可以看到我们的创新性。我们建立了一个关于控股股东行为与公司价值关系的数学模型。应用统计分析、相关分析、OLS 回归和敏感性分析等方法，用 2000—2002 年三年的混合横截面数据（pooled cross section）和面板数据（panel data），研究上市公司股东之间利益冲突与公司价值的关系。研究结果显示我们建立的数学模型是有效的。

第二部分从两个层次进行我国上市公司决策与内部监督机构内生性的研究。第一个层次关注股东之间利益冲突的影响，将股东之间利益冲突浓缩为第一大股东性质和股权制衡度（即前五大股东之间的持股比例差异）两个特征变量，利用方差分析、线性回归和 Logistic 回归等方法展开研究。第二个层次关注公司业绩与决策与内部监督机构构成之间的相互影响，研究方法以 OLS 回归和 2SLS 回归为主。

第三部分首先探讨在考虑股东之间利益冲突的情况下，财务报告在资本市场上的作用和会计准则的制定等会计理论问题。其次应用统计分析、OLS 回归和敏感性分析等方法，研究上市公司股东之间利益冲突与会计盈余信息量的关系。鉴于中国股票市场的特殊情况，我们首先验证股票的市场收益率和会计盈余收益率之间的关系。2002 年的数据符合这种关系，因此应用经过整理的 2002 年数据，主要解释变量是说明控股股东性质的公司实际控制人哑变量和说明控股股东对公司控制能力的替代变量。研究结果显示,会计盈余信息量确实不完全是个会计准则的问题,股东之间利益冲突对其也有着显著的影响。接着讨论了外部治理中有关外部审计、控制权市场和法律对中小股东权益的保护三个话题,主要目的是探讨降低股东之间利益冲突的非所有制因素,以有利于建立更加规范、有效的公司治理。最后介绍一个较新的研究成果,探讨内部治理和外部治理的相互关系。

本书的第四部分讨论在中国证券市场的转折之年——2005年——发生的一件大事:股权分置改革。股权分置改革的目的,就是要从制度建设的层面上减少直至消除非流通股东和流通股东之间的利益冲突。股权分置改革本身为我们观察股东之间的利益冲突提供了极好的机会。同时我们还要强调指出,全流通时代仍然存在股权性质的差别,存在股东的异质性,因此股权分置改革不可能全部消灭股东之间的利益冲突。

除了上述内容外,本书还分析了"郎顾之争"与企业产权改革、股权性质与独立董事规模与监事会规模的关系等较专门的问题,努力使理论更丰富,与实际更贴近。

本 章 小 结

中国的企业改革从20世纪80年代初开始,在经历了"企业下放"、"扩大企业自主权"和"企业承包制"以后,股份制企业曾被人们寄予巨大的希望。20世纪90年代初,上海、深圳两个证券交易所相继建立。在短短的十多年时间中,中国证券市场就以5 500亿美元的总市值[截至2006年6月30日,境内上市公司(A、B股)达1 375家,市价总值为44 200.79亿元人民币],成为世界第八大证券市场。中国企业,特别是国有企业在证券市场的高速增长中获得了巨大的发展机遇。

判断一个股市有没有融资能力,在经济发展中扮演什么角色,一个重要的指标是股市的融资总量与GDP的比值。从1992年到2002年的11年间,美国股市平均每年的融资量与GDP的比值为1.6%,中国为0.86%,德国、日本这一比值分别为0.64%和0.42%。从这一点看,中国的股市依然是成功的,对于经济发展的贡献目前仅次于美国,成就令世人瞩目。①

但中国股市十多年的发展历程绝不是一帆风顺的,中国上市公司股东之间利益冲突的种种表现令人触目惊心。在转型经济国家公司的治理中,股东之间利益冲突处于内部治理和外部治理的连接点上,深入研究它可以加深对整个公司治理结构的理解,为构建较好公司治理找准方向和突破口。这正是本书选题和立意的初衷。

国外这方面的研究也起步不久,主要研究领域集中在股权模式的成因、法律对中小股东的保护以及控股股东的行为分析等方面。但这些文献多数是针对资本市场上具体的现象,就事论事,缺乏有力的理论支撑,亦少有鲜明地提出针对股东之间的利益冲突的研究。本书的研究正是在广泛吸收国内外现有成果的基础之上,结合中国企业改革和资本市场运行的现实情况,通过抓住股东之间利益冲突这个关键点而展开的。

---

① 美国耶鲁大学金融系教授陈志武在 2003 年 11 月 6 日举行的中国企业高峰会上的演讲。摘自卢晓平、雷玲昊:《股市对中国经济发展作用明显》,《上海证券报》,2003 年 11 月 7 日。

第一篇
股东之间利益冲突与公司价值

经过多年的尝试和摸索,中国的企业格局已经从原有的单一的国有企业制度,初步过渡到多种所有权形式并存的良性状态。虽然还有很多非效率主导的因素在干扰着制度选择的过程,但以节约成本为原动力的体制改革时刻没有停止过试错纠错的努力。

其实,世界上每一种所有权形式都可能成就一种企业,锻造一个奇迹。没有哪一种所有权形式是万能的,只有接近成本最小化的选择才是最有效率的安排,只有珍惜效率的制度才能在竞争中立于不败之地。在经济转型期的中国,成千上万的受无效率的所有权形式困扰的企业都要也都在谋求出路,本篇的讨论也许有助于摒弃偏见,拓宽思路。

第二章

股东之间利益冲突与企业制度成本

第一节 企业合约理论

20世纪的大多数时间,研究企业的学者们将注意力主要集中在经理人员和股东之间的利益冲突上。最早是Berle和Means(1932)提出的被称为"控制权与所有权分离"的命题。Coase(1937)是第一个按照市场价格机制下交易费用的方法研究企业存在合理性的学者。这两篇文章奠定了现代企业理论的基础。根据张维迎(1995)的总结,企业理论主要有三个分支:(1)企业的合约理论;(2)企业的企业家理论;(3)企业的管理层理论。企业的合约理论有一个共旨,就是企业是"一系列合约的联结"(nexus of contracts)(文字的和口头的、明确的和隐含的)。这一派理论中最具有影响的是交易费用理论和代理理论。前者的重点仅限于研究企业与市场的关系(即企业的边界是什么,为什么会有企业存在);后者则侧重于研究企业的内部结构与企业中的代理关系。交易费用理论主要有间接定价理论和资产专用性理论。同样,代理理论也可分为代理成本理论和委托-代理理论两类。

间接定价理论的要旨是:企业的功能在于节省市场中的直接定价成本(或市场交易费用)。资产专用性理论将企业看成连续生产过程之间不完全合约所导致的纵向一体化实体,认为企业之所以会出现,是因为当合约不可能完全时,纵向一体化能够消除或至少减少资产专用性所产生的机会主义问题。

关于代理成本的理论,一个著名的理论是Alchian和Demsetz(1972)关于"团队生产"的研究。他们的主要观点是:由于在团队生产中不可能按照每个人真实的贡献去支付报酬,这就导致了偷懒问题,因此必须要让部分成员专门从事监督其他成员的工作。为了调动监督人员的积极性,监督人员必须具备一些重要的条件,其中包括必须能够占有剩余控制权。另一个著名的理论是 Jensen 和 Meckling(1976)关于"代理成本"的研究。其主要观点是：在部分所有的情况下，当管理层对工作尽了努力时，他可能承担全部的成本而仅获得一小部分利润；另一方面，当他消费额外收益时，他得到全部好处但只承担一小部分成本。结果他的工作积极性不高，却热衷于追求额外消费。于是，此时企业的价值也就小于他是企业完全所有者时的价值。这两者之间的差异即被称为"代理成本"，它是在外部的所有者理性预期之内必须要由管理层自己承担的成本。举债筹资的情形与之相仿。因此，均衡的企业所有权结构是由股权代理成本和债权代理成本之间的平衡关系来决定的。

委托-代理理论主要讨论的是如何解释委托人(股东/管理层)通过设计一项有激励意义的合约达到控制代理人(管理层/工人)的目的，即解决如何降低代理成本的问题。在这类文献中，对委托权的安排完全是外生的：资本家是委托人，劳动者是代理人。

上述这些理论对形成企业所有权理论各自作出了贡献，不少的理论甚至已经提到了股权安排和股东之间利益冲突的问题，像资产专用性理论中关心一个企业是应该"买进"还是"制造"出一种特殊的投入时，他们把"资产专用性"(来自"特异性"和"不可分性")以及相关的机会主义作为决定交易费用的主要因素。Jensen 和 Meckling(1976)在阐述代理成本形成的根源时，分析了经营管理层所有者的行为和其他外部所有者的理性预期等。

需要指出的是，上面这些研究活动主要由英美等国的学者所作，因此自觉或不自觉地以英美等国为背景。这些国家在19世纪80年代随着大规模生产和大规模销售的结合、资本市场的空前繁荣与活跃、企业股权的高度分散，发生了"经理革命"[①]，企业控制权已转入经理人员的手中。因

[①] 美国制度经济学家詹姆斯·伯纳姆(James Burnham)于1941年出版《经理革命：世界上正在发生什么》一书，对股份公司的两权分离问题作了深入研究，第一次提出了"经理革命"的概念。白恩汉认为，当时的社会处于急剧转型期，在这个过渡时期所发生的一切，是一个社会集团或经理阶级向统治、实力、特权、统治阶级的地位方面移动。"这些变化意味着，经理们无论作为个人来说，还是从法律地位或历史地位来看，都越来越不再和资本家一样了。有一种连带在一起的转变：经理的职能通过生产技术的变更而变得比较特殊，比较复杂，比较专门化，以及对于整个生产过程比较有决定性的，从而使得那些履行这些职能的人，作为社会上一个特殊的集团或阶级而与众不同。"但西方学者也有不同的声音。Wright Patman 认为战后大公司的股票并未出现如"经理革命"论中提到的分化现象，而是集中在大银行的手里，银行等金融机构是大公司的主要持股人，他们据此对大公司实行有力的控制。银行等金融机构在工商企业派驻大量代表，从人事上加强对大公司的控制。而 Maurice Zeitlin 则认为，现代大公司的行政管理机构表面上由职业经理操纵，实际上却由所有者控制。这种控制并不要求所有权拥有者直接参与决策，而是在无形之中直接左右着公司的运营。Maurice Zeitlin 明确指出，若透过公司制度的外观就可看到，公司的真正控制者不是别人，而正是包括资本所有者和经理人员在内的社会阶级，公司的实质是私人财产的阶级控制的工具。

此这些研究成果对英美等国企业状况有很强的解释能力。

从 Berle 和 Means(1932)开始的关于"两权分离"的研究,虽然成果显著,但却存在两个主要的缺陷。经济学家们只关注了所有权与经营权的分离,对于所有权分裂的忽略使得经营者行为动机只能在股东利益和自我利益之间选择,经营者对于不同于股东财产的法人财产经营的责任被掩盖了,于是管理层非股东利益最大化的行为不再具有合理性。另外一个被经济学们忽略的事实就是股东的异质性。尽管股东从一开始到现在都是有着不同行为动机和利益目标的群体,但是在主流经济学理论中只能看到作为剩余索取者的股东概念。当认真分析了股东的性质以及利益获取方式和途径后(详见本章第三节),我们会发现股东具有不同的利益函数。一部分股东并不只是剩余索取者,他们同时可以获取被认为是属于其他利益相关者的固定支付,而固定支付合约的签订是重要的经营活动,是由经营者控制的,因此这部分股东就具有有别于其他股东的、控制经营者的动机。由于固定支付是剩余索取的扣除部分,因此固定支付的多少会直接影响剩余索取的大小,实际上提供了部分股东利益对其他股东利益的侵占通道。股东异质性为不同股东利益之间的冲突提供了分析的平台。

在20世纪90年代中期以前,对于股东之间利益冲突以及对公司的影响只有零星的研究,但其中的一些研究具有开创性的作用。如我们在第一章第二节中所提及的,Demsetz 和 Lehn(1985)根据1980年和1981年的资料对美国主要产业的511家企业进行了统计分析,其结果是:没有发现股权集中度与公司利润之间存在任何关系。Morck、Shleifer 和 Vishney(1988)关于371个在《财富》500强中榜上有名的大公司的实证研究发现:管理层持股比重与公司价值之间存在倒U型曲线关系。Holderness 和 Sheehan (1988)对纽约证券交易所和美国证券交易所拥有绝对控股股东的公司的研究表明,90%以上的控股股东派出自己的直接代表或自己本人担任公司董事长或首席执行官。他们分析了114个上市公司,这些公司的控股股东持有至少50.1%以上普通股的股份,如果这个控股股东是个人,该公司的托宾Q及利润率就低。

直到1996年,Hansmann(1996)提出企业所有权理论,股东之间利益冲突对企业制度成本的影响才正式进入了企业理论的殿堂。此后,研究股东之间利益冲突的文献不断涌现。这些文献的结论在东南亚金融危机中得到印证,并初步为主流经济学所认同。

第二节　企业所有权理论

任何一个具有普遍意义的企业所有权理论都必须回答至少两个问题：首先，企业的所有权通常应该由谁掌握？其次，在一个特定的企业里，是什么样的因素决定了企业把所有权配置给特定的人？无论这些人是资本的提供者、劳动力或其他生产要素的供给人，还是企业产品或服务的购买人。Hansmann(1996)提出的企业所有权论，把企业理论中的交易费用理论和代理理论结合起来，具有理论上的开创性。Hansmann还冷静地分析了在当时颇受好评的美国联合航空公司的职工控股案例，指出了这种企业制度潜在的危险性。2002年12月9日，美国联合航空公司向芝加哥联邦破产法院申请破产保护，从这里可以看到Hansmann的企业所有权论的解释和预测能力。

为便于理解下文，先定义两个概念：一是"成本"，在这里的内涵是指交易受到影响的利益和价值；二是"成本最小化"，与经济学家广义上讲的"有效率"的含义是一样的。

一、企业制度成本

在讨论企业制度成本之前，先考察为什么会存在企业。Coase(1937)认为，企业是用较低的管理成本代替市场上较高的交易成本。而Jensen和Meckling(1976)在Alchian和Demsetz(1972)的基础上，提出企业是一组合约的集合。Hart和Holmstrom(1987)、Hart(1988)提出并研究了不完全合约。在此基础上，Hansmann(1996)研究了最优企业制度安排的问题，其主要思想是：由于市场的失灵和合约的不完全性，企业作为一组合约的集合，有些合约成本高，有些合约成本低，为了降低合约的成本，企业把所有权配置给合约成本最高的交易者。[①] 这样企业就有了两类合约——市场合约与所有权合约。企业存在的必要性是用成本较低的所有权合约替代成本较高的市场合约，最优的企业制度是使所有权合约成本与市场合约成本之和最低。即

---

① Hart认为，委托-代理观点遗漏的一个重要因素，是对缔结(好的)合约本身具有成本这一点的认识。见O.哈特：《企业、合同和财务结构》，上海人民出版社1998年版，第24页。

$$\text{企业制度成本} = \text{市场合约成本} + \text{所有权合约成本} \quad (2\text{-}1)$$

譬如,企业通过市场合约交易来获得劳动力投入,这里所涉及的市场交易成本就应当包括工人主观上的异化(alienation)和被剥夺了权力的感觉,企业可以通过把所有权配置给工人来降低这种成本。实际上,上述说法的意义就在于提示我们,所有权在主观和客观上要满足不同的价值需要,而这些价值需要的重要性在与企业交易的不同人身上又有不同的表现。

市场合约与所有权合约的一个区别是:处于市场合约关系中的利益主体只能通过谋求合约的履行,或者威胁企业放弃与其进行的交易,转而采用市场提供的其他商业机会等方式来影响企业的行为。而当处于所有权合约关系时,企业的交易方则多了一个选择,它还可以借助企业内部的治理机制来控制企业的行为。市场合约的字眼也不意味着双方一定像在现货市场中那样是短期的,它其实也涵盖了长期的、双方互相高度依赖的合约,像我们有时提到的"连带性"的合约关系(relational contracting)。

在考察市场合约成本时,主要从以下方面衡量:单纯的市场支配力;置后的市场支配力(lock in);长期合作的交易风险;信息不对称;策略性的讨价还价;客户偏好的信息传递;客户不同偏好的妥协与协调;异化[①]等等。总结起来,可以归纳为合约的三大成本:搜寻成本、谈判成本和履约成本。[②] 所有权合约替代市场合约后,给企业带来了新的成本:所有权合约成本。过去的理论认为所有权合约成本有两个:代理成本和风险承担成本。代理成本的含义相当广泛而模糊,Hansmann(1996)把它定义清晰了:代理成本是股东与管理层之间利益冲突而带来的额外成本,而股东之间的利益冲突带来的额外成本则被称为集体决策成本。

二、集体决策成本

Hansmann 用集体决策成本的概念来描述由于股东之间利益的异质性

[①] 市场交易在很大程度上是一个对抗的过程:买方总是竭尽全力用最低的价钱买入最好的产品或服务,而卖方则总是尽量以最高的价钱卖出成本最低的产品或服务。有人不喜欢这个过程,对这些人来说,拥有他们惠顾的企业或惠顾非营利性的机构,可以在很大程度上消除商业链条中最具有对抗性的环节,从而可以给他们带来特殊的价值体验。对异化的另一种解释是:有的人会因为单纯地控制某一个他所惠顾的企业,或者与其他人一起参与对这样一个企业的管理而得到莫大的满足。

[②] 这个提法见芮明杰主编:《管理学:现代的观点》,上海人民出版社1999年版,第408—410页。

(heterogeneity)而产生的额外成本。集体决策成本的表现形式主要有：无效决策带来的成本和决策过程带来的成本。

集体决策成本的第一个来源是由于股东之间利益的异质性。股东异质性的来源之一是不同的利益主体与企业交易的方式各不相同，即他们卖给或向企业买进的产品或服务的性质各不相同，譬如有的股东提供资本，有的股东具有独特的人力资源。股东异质性的来源之二是除了与企业交易的性质以外，企业所有人还可能因个人境遇不同而有不同的偏好。

股东之间合约的不完全性，也是导致无效率决策的一个原因。合约的不完全性可能使有些股东采取机会主义行为。信息的不对称性，可能使具有信息优势的股东损害其他股东的利益。有限理性行为是另外一个问题，全体股东的利益也许是一致的，但对为达到共同目的而采取的某一具体行动却存在不同的判断。

投票机制本身也是导致集体决策成本的一个来源。为决策而投入的时间和精力、请专家代为决策而花的代价，都是决策过程带来的成本。根据公共选择理论，投票机制使决策结果偏向于中位成员(the median member)的意见，而有效率的决策结果应该是偏向于平均成员(the average member)的意见。如果中等成员和中间成员的偏好存在显著差异的话，投票可能产生没有效率的决策，造成多数人侵害少数人的利益。此外，对政治过程的控制，不论是有意或无意，将可能导致决策剥夺多数人的意愿而向少数人的利益倾斜，由此产生无效率。这种情况最可能发生在这样的情况下：有些股东有大量的时间和精力去参与决策和收集相关信息，有管理上的特殊才能或有特殊的渠道获得信息，等等。不论是多数人侵害少数人的利益还是少数人侵害多数人的利益，都会产生无效率的决策，给企业带来额外的成本。

企业内部采用的集体选择机制实质上是一种政治机制，由此产生的成本在特征上与一般的政治机制的成本没有什么不同。近几十年，公共选择理论为我们理解这些成本提供了越来越系统化的知识。相对于影响市场机制的由市场失效导致的成本，我们可以把这种集体选择的成本称为是政治失效(political failure)。

第三节 股东的异质性——一个模型

Hansmann(1996)主要讨论了股东的异质性的两个来源：一是股东和

企业交易的性质和数量,二是股东个体的境遇。仅仅是数量上的差异带来的利益冲突比较好协调,因为单纯数量上的差异对企业的贡献好计量,可以找到简单的标准,达到股东利益的平衡点。但如果是交易的性质差别较大,达到股东利益平衡点的简单标准就很难找到。Hansmann(1996)在作了二十几年的研究,考察了全世界各种各样的企业所有权形式后指出,很少有大型企业的所有权被两个或更多的不同利益群体所分享,譬如顾客和供应商、投资者和工人。同时Hansmann(1996)也指出,所有权在主观和客观上要满足不同的价值需要,而这些价值需要的重要性在与企业交易的不同人身上又有不同的表现。

鉴于股东的异质性是一个基础的概念,这里有必要作进一步的探讨。我们把探讨的焦点集中到股东与企业交易的性质上。

张维迎(1996a)主要从企业内部运作的视角进行讨论,认为作为股东与企业的交易只有两个形式——劳动和资本。从"人力资本与其所有者的不可分离性"这个假设前提出发,在对劳动和资本的经济学特征在企业中的地位和作用进行了一番考证之后,他认为自己解开了"资本雇佣劳动"之迷。

而Hansmann(1996)则按生产要素来分类交易性质,分别讨论了生产者拥有的企业、消费者拥有的企业以及非营利组织和互助组织。生产者拥有的企业中包括投资者拥有的企业、雇员拥有的企业、农村及其他生产者合作社。消费者拥有的企业中包括零售、批发和供应商拥有的企业、公用事业、俱乐部和其他协会性质的组织、商住房产。非营利组织和互助组织中包括非营利机构、互助银行、互助寿险公司、互助基金会等。

我们从企业利润表的观念出发,观察股东与企业交易的性质,这时交易的性质就具体化为不同的收益获取方式。正是这种收益获取方式的不同,导致了不同的股东具有独特的非共享性收益,我们认为这恰好是利益冲突的来源。

假定企业的总收入为 I(扣除折旧),其中 S 为股东的报酬,C 为债权人报酬,H 为经理人报酬,W 为工人报酬,P 为外购原材料和劳务的固定合约支付额,T 为政府税收,从利润表可知:

$$S = I - P - W - H - C - T \qquad (2\text{-}2)$$

(2-2)式实际上是剩余索取的定义。在英美等国,政治、经济、市场、法律、文化、历史决定了其他利益主体的利益获取具有一定的固定合约支付特性,比如债权人的报酬 C 为合约约定的常量,员工报酬 W 因固定工资占有重要比重,因此也可以看作是固定支付。这时股东剩余索取受到的影响主要来自管理层报酬,利益协调主要发生在股东利益与管理层利益之间,可以表述为 H 的函数,即有:

$$S(H) = (I - P - W - C - T) - H = I_1 - H \qquad (2-3)$$

但是,各个国家的股东本身都具有不同的性质,不论是德国还是中国,大股东都有不同于其他股东的、可以独享的利益获取方式。当考虑股东异质性时,因为有不同的获利途径,股东有不同的利益函数。控股股东掌握上市公司的控制权,在法律监管不完善的情况下控股股东可以利用其绝对优势的表决权将上市公司的利益转移至控股股东手中,同时控股股东只按照其拥有的股权比例部分承担由于利益转移而给上市公司带来的亏损。在德国,股东利益与债权人利益是不独立的,银行作为股东可以享受最终的股东利益,同时作为债权人,还可以在最终股东利益之前获取债权人的报酬 C,我们将公式(2-1)变形,写出 C 函数:

$$S(C) = (I - P - W - H - T) - C = I_2 - C \qquad (2-4)$$

在收入一定的情况下,债权人利益 C 的增加会造成股东利益的损害,银行作为大股东有可能通过获取更多的债权人收益而损害全体股东的最终收益,因此存在银行与其他股东利益之间的协调问题。

按照上面的思路,可以容易地写出 W 函数、P 函数、$T+W+H$ 函数、I 函数、$W+H$ 函数等等。其中 $T+W+H$ 函数是指政府控股的情况,$W+H$ 函数是指雇员控股的情况。

利润表视角的分析虽然只是一个简单模型,但可以清楚地表明,控股股东能够通过特殊的股东地位,获得与其他股东不同的获利方式,并取得非共享收益,从而揭示了股东异质性的深层次经济根源。

第四节 代理成本和集体决策成本

如果说 Coase(1960) 的文章把社会科学和哲学对所有权的研究与经济学对所有权的研究融合起来了的话,那么 Alchian 和 Demsetz(1972) 的文章则是把经济学对所有权的研究引入到对企业所有权的研究中来。从那以后的三十多年来,人们对企业所有权的认识不断加深,主要的成果有:企业的所有权是一种合约,而不是仅指企业的财产所有权;企业的所有权是由于市场的失灵和合约的不完全而产生的;低成本的企业所有权应该将企业的(剩余)控制权和剩余收益权配置在一起;企业所有权也是有成本的,包括代理成本和风险承担的成本;代理成本主要有三种,包括股东为了控制经理人员而发生的成本、经理人员的机会主义行为而发生的成本和经理人员的保证支出。

上述理论在丰富了对市场经济和企业运行规律认识的同时,也存在着两个不完善的地方:

第一,仅仅从企业所有权成本最小化着眼,把对管理工作的监督看得太重,忽视了企业是对市场的替代。Jensen 和 Meckling(1976)明确指出:"我们非常同意他们触及了监督活动,但我们确信,Alchian 和 Demsetz 有关联合投入生产的观点太狭窄了,以致存在误导。"

第二,由于假设股东是一个利益主体,有明确、一贯的利益和主张,使委托-代理理论显得比较单薄,看不到委托人和代理人行为的互动性,对代理人行为的解释有些片面。

本章第二节指出,应该追求企业制度成本最小化,而不是单纯考虑所有权成本最小化,从而回答了第一个问题。这一节将重点分析第二个问题。

一、概念的理解

诚如我们在上面的分析,企业所有权有两个本质的特性:控制权和剩余收益权。由此天生地带来的成本应该有三个而不是两个:代理成本、集体决策成本和风险承担成本。前两项成本与控制权相联系,后一项成本与剩余收益权相联系。

代理关系有广义和狭义两种定义。广义的代理关系是根据信息的不对称定义的:在博弈中,拥有私有信息优势的参与人,被称为代理人;不拥有私有信息优势的参与人,则被称为委托人。广义代理关系的定义有其经济学上的用处,但对于理解企业的各种关系却不直观。狭义的代理关系被定义为一种合约,在这种合约中下,一个人或更多的人(即委托人)聘用另一个人(即代理人)代表他们来履行某些服务,包括把若干决策权托付给代理人。我们采纳狭义的代理关系定义,并把代理成本定义为由这种代理关系所决定的成本。显然,这里的代理关系是指股东和管理层的关系。由于股东的利益不是一致的,那么管理层与股东的利益冲突是指管理层的利益与股东的共同利益的冲突,或者理解为管理层的利益与不同于股东财产的法人财产经营责任的冲突。

代理成本和集体决策成本是互相独立的两个概念。代理成本产生的经济背景是发生"经理革命"后，所有权和管理权的分离。经济学分析认为，代理成本的根源来自委托人和代理人之间的利益冲突，而经理人市场的失灵和委托-代理合约的不完全性为这种利益冲突提供了存在的空间。而集体决策成本产生的经济背景是，在大股东控制的股权结构中，控股股东合法或非法地剥夺中小投资者。经济学分析认为，集体决策成本的根源来自股东利益的异质性，而资本市场的失灵和股东与股东之间合约的不完全性为股东之间的利益冲突提供了存在的空间。在中国这样的转型经济国家中，由于法律对中小股东的保护相当欠缺，加剧了股东与股东之间合约的不完全性。从组成要素上分析，代理成本主要有三种：股东为了控制经理人员而发生的成本、经理人员的机会主义行为而发生的成本和经理人员的保证支出；集体决策成本也由三部分构成：为协调股东之间的利益冲突而发生的成本、控股股东的"掏空行为"与中小股东的"搭便车行为"而发生的成本和控股股东的保证成本。只有一个股东的企业，如果他请人来管理他的企业，就有代理成本，但一定没有集体决策成本，也就是说，集体决策成本为零，代理成本仍然可能存在；如果企业的股东人数不止一个，通常代理成本和集体决策成本都不为零。

代理成本和集体决策成本又是互相联系的两个概念。首先，它们都是与企业的控制权相联系的成本。没有控制权，就谈不上制度上的重大利益侵害。其次，它们都与信息不对称相关，因为企业经理人和控股股东比外部投资者和中小股东具有信息优势，都存在着道德风险。也许正是这些原因使得集体决策成本经常被误认为是代理成本，长期得不到应有的重视。

委托-代理合约与股东之间的合约是两类差异较大的合约。首先，合约双方对风险的态度不同。在委托-代理模型中，一般委托人被认为可以通过分散投资来规避风险，因此常常认为委托人是风险中性的，而代理人没有"分身术"，故被认为是厌恶风险的。在股东利益冲突的模型中，虽然可以假定股东都是风险中性的，但控股股东普遍恶意侵害中小股东的结果，将导致资本市场参与者和交易量的大幅萎缩，严重的可能致使资本市场的功能丧失。其次，解决问题的手段不同。化解委托-代理冲突的办法一般是通过一个激励补偿方案，对代理人进行行为的引诱，或者通过并购导致管理层的更换，从而对代理人行为进行事前约束；而化解股东之间利益冲突的办法，正如下面将提到的，是通过合理的股权安排、科学计量股东对企业的贡献、股权稀释和一套被称为中小投资者保护的市场监管措施、法律制度等等。因此把代理成本和集体决策成本混为一谈,肯定要产生许多错误。

在考察代理成本和集体决策成本时,不能单纯看股权的分散与集中、股东的同质与异质,还要把形成这些成本的因素——政治、文化、市场、法律、历史等等都考虑进来。譬如股东的利益是同质的,那么持股比例的多少不应该是个问题,因为仅仅是与企业交易上数量的不同,可以找到简单的标准来平衡利益的不一致,譬如用同股同权、一股一票的办法。但在法制基础不好、市场机制不完善的情况下,大股东可能就不满足这样公平合理的利益协调方式了,会产生"剥夺"(expropriation)小股东的想法,这时集体决策成本将会很大。反之,股东的利益不同,存在股东的异质性,本来会增加集体决策成本,但如果大股东之间势均力敌,最大的股东不能为所欲为,股东之间的利益冲突可能反而对公司是件好事,是对外部保护不力的一种替代选择,本书后面的实证研究恰好说明了这一点。

二、增强效应和消长效应

在不同的情况下,代理成本和集体决策成本互动表现各异。在中国现实经济生活中经常可以观察到如下两种现象:一种现象是如果股东之间利益冲突很大,难以协调,往往会导致代理成本也很高。因为在这时,不论事前还是事后,股东对代理人行为的评价都难以达成一致,委托-代理合约的不完全性加剧,对代理人的激励和约束都很小,代理人在自利动机的驱动下,采取机会主义行动的概率就会增大。本书把集体决策成本高的同时带来代理成本也很高的现象称为"增强效应"。增强效应使企业的制度成本增加,价值降低。另一种现象是代理成本和集体决策成本之间有时表现出一种此消彼长的关系。在企业股东与企业的交易存在数量的不同而较少存在性质的差异时,如果企业所有权相对集中,这时大股东能有效地实施对经理人员的控制,经理人员损害所有人利益的几率小,但大股东利用法律的不完善、信息的不对称损害小股东利益的几率大;如果所有权比较分散,这时股东之间利益损害的可能性降低,但对经理人员的监督力度不强,经理人员损害股东利益的可能性增加。本书将法制不健全、市场机制不成熟情况下代理成本和集体决策成本的这种此消彼长的现象称为"消长效应"。在本章第五节、第四章将论及中国传统的国有企业、国有股为实际控制人的上市公司中具有很强的增强效应。

增强效应和消长效应丰富了我们对代理人行为的认识:虽然代理成本

的根本原因是委托人和代理人的利益不同,但代理成本的大小不完全取决于代理方,委托方控制的"有力"和"有方"也很重要,而集体决策成本则是对委托方本身在制度上能否做到"有力"的一个度量。

三、降低集体决策成本的措施

既然集体决策成本如此重要,那么应如何降低它呢?对于这个问题要进行辩证的分析:一方面,作为企业制度成本的一部分,不能单纯根据集体决策成本的高低来决定企业制度;另一方面,集体决策成本是经常被忽视的一项重要的企业制度成本,它的大小有时对企业制度的形成会产生很大的影响。Hansmann(1996)也指出,如果所有权合约替代市场合约后企业制度成本仍然很高,即找不到成本较低的所有权合约替代市场合约,这种情况下最好的办法是不组建企业,而是组建非营利机构。

单个所有者的私有企业或家族企业虽然集体决策成本比较低,但当企业的发展急需共担风险的资金时,融资合约的成本会很高。为了实现企业效益的最大化,单一的所有者不得不让出一部分股权,用以换取企业急需的共担风险的资金。从历史上看,股份制的出现刚开始时都是以融资为目的的。合伙人的会计师事务所、律师事务所等专业组织也是这样,当业务的扩展急需共担风险的同行时,事务所也会用成本较低的所有权合约去换成本较高的雇佣合约。这从一个侧面说明了 Hansmann(1996)关于应追求企业制度成本最小化而不仅仅是考虑所有权成本最小化的观点是正确的。

由此可以得出,有时集体决策成本的少许提高,可以带来最优的企业制度安排,这样的成本是值得企业承担的。因此,下面要讨论的降低集体决策成本的措施,是在不会导致整个企业制度成本显著上升的情况下适用的。这里所探讨的主要是公司股权的因素,关于公司外部因素(譬如公司控制权市场和法律对中小股东权益的保护等)的讨论,见本书第三篇的相关内容。

(1)在正确理解集体决策成本概念的基础上,从源头抓起,针对它形成的原因采取措施。在把企业所有权配置给市场合约成本较高的客户,使企业总的制度成本最低的情况下,努力降低所有者的利益异质性,从而达到降低集体决策成本的目的。用什么方法来做到这一点?如果是处在市场机制发育成熟的经济环境中(如存在一个运行有效的控制权市场、充分竞争的产品市场等等),主要应该采用市场的手段。在"优胜劣汰"的规则下,所有权配置不合理的企业会逐渐向配置合理的方向调整。如果是处在市场机制发育不完善的经济环境中,应该是市场手段和政策指引兼用,从刚开始的以政策指引为主,逐步过渡到以市场手段为主。

(2) 寻找简单和显著的计量所有者利益的标准。在所有者利益不一致的情况下,如果能找到简单和显著的标准计量和平衡所有者的利益,将大大降低集体决策成本。Hart(1995)认为,同股同权就是这样一个好的准则:任何背离一股一票原则的投票规则都会产生无效率。

(3) 所有权的稀释。Hansmann(1996)观察到,企业很少用加强投票完整性的办法来解决所有者之间的利益冲突,而是采用稀释所有权的办法。譬如在像会计师事务所这样的专业组织里,所有者之间有了矛盾,往往通过寻找一个代理人加入到董事会的办法来解决。

第五节 对一些经济现象的新解释

代理成本和集体决策成本的概念相结合,确实给我们带来了新视角,丰富和发展了对企业控制权的认识,能产生很强的解释力。

一、国有企业的制度成本

一个老话题是关于传统社会主义国有企业缺乏活力的问题。对此曾有不少真知灼见的解释。

匈牙利的经济学家亚诺什·科尔内认为国有企业具有"预算软约束"的特点。这里的预算软约束不是指管理会计中所说的企业不认真执行和考核事前定下的预算。在经济转轨过程中,绝大多数国有企业都承担着许多政策性负担,这些负担内生于转轨前的制度中,承袭了计划经济体制的缺陷,造成许多企业缺乏市场自生能力,政府出于战略目的的考虑,必须对这些企业提供支持。亚诺什·科尔内把以上现象称为"预算软约束"。

林毅夫和谭国富(1999)则进一步认为:"由于国有企业普遍承担着某些国家政策造成的负担,国有企业蒙受了政策性亏损,国家对企业的政策性亏损负有无可推卸的责任,因此,必须对这种亏损给予补偿。但是,由于信息不对称的问题,企业可以把经营性亏损也说成是政策性亏损,国家分不清楚哪些是政策性亏损哪些是经营性亏损,只好把企业的所有亏损都背起来,国有企业的预算因而软化。当企业的预算是软的时候,企业经理人员的道德风险和其他治理问题也就会更为严重,出现一种恶性循环。预算软约束的根源是政策性负担,即使是私有企业,如果政府要其背负国家政策造成的负担,政府也必须对由此造成的亏损给予补偿,而私有企业的经理人员利用政策性负担为借口向政府要事前的政策性优惠和事后的政策性补贴的积极性会比国有企业的经理人员高,这是前苏联、东欧国家在私有化以后预算软约束更为普遍、严重的原因。在不消除政策性负担的情况下,信息不对称和激励不相容的问题会更为严重,任何国有企业的改革措施都难以收到预期的效果。"

吴敬琏(1994)认为,传统社会主义国有企业另外两个致命的弱点是信息机制的缺陷和激励机制的缺陷。

但关于国有企业的产权制度和管理体制的不足方面,争议却很大。一种普遍的说法是国有企业的"产权不清"或"产权模糊",但与之相反的观点认为国有企业的产权全国人民人均一份,非常清晰,股权极度分散,"两权分离",是比股份制企业还要现代的企业制度(项兵,1999)。在有人大声疾呼"国企婆婆太多",要"政企分开",为企业松绑时,另一派的学者却在大谈"内部人控制"和要政府办的企业实行政企分开是"侵权"(刘伟,1999)。

至于国有企业为什么代理成本很高的问题,张维迎(1996a)的观点比较有代表性。他认为国有企业的委托-代理关系是一种多层委托-代理,而初始委托人(共同体成员)的最优监督积极性和最终代理人受监督下的最优工作努力,都随着共同体规模的扩大而严格递减。林毅夫等(1997)则对国有企业多层委托-代理关系理论提出了批评。他们指出,私有公司与国有公司在委托-代理的层次上没有实质性差别,从信息流动与监督的角度看,多层委托-代理关系与私有企业内部科层制度中的多个阶层的情况十分相似。

我们认为,造成这种争论的原因是集体决策成本的概念还没有为人们所熟悉。国有企业的终极产权抽象地说是清晰的,全国人民人均一份,要政府办的企业实行政企分开确实没有道理。依本书前面的讨论,传统国有企业在产权方面的缺陷主要是股东之间利益冲突太大,这个事实的一个外在表现就是"婆婆太多",财政、税务、计委、劳动、企业主管部门等等都是股东某个方面的利益代表,这些利益代表发的文件、作的规定、提出的要求等数量多、范围广,而且经常是互相矛盾的,令企业感到无所适从。根据上一节的观点,在股东之间利益冲突太大时,他们对管理层的行为无论在事前或事后都很难作出较一致的评价,这时企业的管理者往往采取机会主义态度,对自己有利的决策就执行,不利的决策就敷衍搪塞,致使代理成本比较大。

从某种意义上说,传统社会主义的国有企业具有很强的"增强效应"。

二、虚假财务报告

在美国出了安然、世通等财务丑闻,中国出了银广夏等事件后,虚假财务报告问题成为热门的话题。同样的现象,其原因却大不相同。美国的问题大多出在股票期权上,而中国的问题大多出在股市圈钱上,这两个问题形成的机理是完全不同的。

股票期权制度是企业激励补偿方案的一部分,它的理论基础是委托-代理理论,目的是通过利益诱导,使委托人和代理人利益更加一致。从这个角度看,它应该是企业降低代理成本的一种努力。[①] 股市圈钱是企业的一种融资行为,往往是所有权非常集中的募集人,"包装"出一个企业来从事上市或配股活动,募集资金的目的是为了母公司(集团公司)占用资金或其他掏空行为,以实现控股股东的私利,这明显是由于股东之间的利益冲突所致,是集体决策成本的一种表现。但由于目前我国理论界对股东之间的利益冲突几乎没有研究,因此对这种现象不能给出全面的解释。

三、首次发行股票(IPO)的首日超额收益

当然,小股东也是理性的,他们会预料到大股东的自利行为,因此在事先要求补偿,也就是控股股东的保证成本。这方面最容易观察的证据在企业的首次公开发行(IPO)活动中。IPO首日超额收益现象是指新股发行系统地定价偏低,新股的发行价远低于上市首日或上市初期的收盘价。刘力、李文德(2000)指出IPO首日超额收益现象在美国、中国和世界上许多国家都存在,是股市上的一个普遍现象。这个现象是非常令人迷惑的:为什么发行公司会容忍股票被低估,白白地"把钱留在桌上"?

这个现象是委托-代理理论完全不能解释的。研究人员给出的解释可以说五花八门。在国外的解释有:高质量的公司通过折价传递信号、对投资者讲实话(价格发现)的补偿、减少法律纠纷、承销商的机会主义等等;国内的解释有:新股的虚假繁荣、新股神话、股市的不确定性过大、新股发行中监管部门对发行价格的限制等等,这些说法都有其合理的方面。

但从本书的观点出发,这个现象的背后还有另外的原因,放在桌上的

[①] 如果内部管理层已经行权,持有一定的公司股票,此时将形成内部股东和外部股东的利益冲突。

钱有一部分是集体决策成本:新增股东知道购买股票后可能被发起人(大股东)剥夺,因此在事前要求补偿,也就是前节述及的集体决策成本中控股股东的保证成本。上市公司愿意拿出这笔钱,是希望用较低的所有权合约成本换取较高的市场合约成本,拿到企业急需的共担风险的资金。如果新增股东对集体决策成本的估计(从被发起人股东剥夺的角度)与上市公司对集体决策成本的估计(从降低市场合约成本的角度)不能达成一致,IPO融资就可能不会成功。

对此用具体的数字来说明。根据 Ritter 和 Welch(2002)的研究,取美国 1980—2001 年的 6 249 个样本,得到 IPO 首日的平均超额收益是 18.8%;而刘力、李文德(2000)用了中国股市开始以来到 1999 年底以前上市的所有新股为研究样本,得到深沪两市总体的平均首日超额收益为 139.40%,其中深市为 145.49%,沪市为 133.60%。由于美国是一个比较注意保护中小投资者的国家,一百多年以来形成了比较完善的法律体系,对资本市场实行严格的监管;而在中国这样的新兴市场上,法制不健全,监管的漏洞多,经常忽视股东的利益。而新增股东也意识到这一点,他们在认购新股时会要求更高的补偿。所以我们看到中国发行新股的折价大大高于美国。

朱凯等人(2006)观察到:IPO 首日超额收益与上市公司到其最终控制股东所经历的层级数显著正相关,与国有大股东的存在不显著正相关,这说明 IPO 首日超额收益的大小确实与控股股东的控制方式和控股股东的性质有关。

当然,影响 IPO 首日超额收益的因素很多,不能说整个超额收益都是集体决策成本中的保证成本,只是说里面包括了它。这一因素具体在其中所占的份额,需要进一步的实证研究来回答。

本 章 小 结

现有企业的经济学理论存在两个严重的缺陷:一个是经济学们无视股东的异质性。尽管股东从一开始到现在都是有着不同行为动机和利益目标的群体,但是在主流经济学理论中只能看到作为剩余索取者的股东概念。另一个是经济学家们只关注了所有权与经营权的分离,对于所有权分裂的忽略使得经营者对于不同于股东财产的法人财产经营的责任被掩盖了。这两个缺陷对于英美那样的股权高度分散、法律制度相对健全、市场机制发育成熟的国家,并没有出现多少理论和实践的脱节,主要原因是这些国家的公司在法人财产权与法人经营权分离的同时,股票所有权与企业控制权也发生了分离。

新理论的诞生在一定程度上弥补了已有理论的不足。Hansmann(1996)的企业所有权理论可以看成由两个部分组成。一个部分是"所有权合约是高成本市场合约的内化",这个命题是间接定价理论和资产专用性、不完全合约理论的一个结合,属于交易理论的范畴。另一个部分是在企业所有权成本中把表示股东之间利益冲突影响企业制度成本的集体决策成本包括进去了,属于代理理论的范畴。Hansmann最大的理论贡献就在于从实质上证明每一种所有权形式从产生、成长、成熟到最终消亡都离不开特定的历史、文化、技术、意识形态和政策环境,这些环境因素是以市场合约成本和所有权合约成本的形式进入制度选择空间的,因而任何一种片面褒扬或贬低一种所有权形式的理论都是靠不住的。

Hansmann(1996)的企业所有权理论同样存在许多的不足。Hansmann本人是耶鲁大学法学院的教授,研究方法采用的是推理和举例研究,许多结论需要数理模型和实际数据的支持。譬如人们已经观察到了控制权确有成本,但集体决策成本是否存在,在其中占多大比例,则需要用实证的办法来解决。对Hansmann的理论应用实证研究方法会遇到一些困难,例如集体决策成本的替代变量是什么?还有,这个理论在具体应用时,尽管具有重要的指导意义,但缺乏可操作性。如何辨认"高成本的市场交易合约"?尽管可以从合约成本的三个要素,即搜寻成本、谈判成本和执行成本去考虑,具体问题具体分析,但Hansmann(1996)没有形成计量模型。最后,企业制度的形成是经过有关利益方多次博弈的结果,Hansmann没有考虑多期博弈的问题。用博弈的眼光来看待企业制度的形成和变迁,青木昌彦(2001)对此作了大量的探索。

利润表模型将股东之间的利益冲突表现为收益方式的不同,正是有些股东具有独特的非共享收益,铸就了股东的异质性,是产生利益冲突的经济根源,这个剖析既直观,又很有深度,是一个值得重视的视角。"增强效应"和"消长效应"的概念纠正了传统代理理论的片面性,说明问题并不总是在代理人这边,委托-代理关系存在互动效应,也许这样的看法更符合企业的实际。我们将把本章的理论创新应用到中国企业改革的实践中,并且通过实证研究来验证其正确性。

第三章

股东之间利益冲突与国企改革

国企改革一直是中国改革开放的重头戏。中国在20世纪90年代初提出建立现代企业制度的目标后,曾掀起过阵阵热潮,譬如上市公司热、股份合作制热、管理层收购(MBO)热等等。在这些热潮的背后,理论基础都是把企业的所有权与经营权的分离作为现代企业制度的根本特征,把如何处理好"两权分离"问题作为重中之重。由于忽视股东之间利益冲突以及由此而带来的消极影响,这些改革措施在取得巨大成绩的同时,也带来许多不良后果。除国有资产流失外,还有不少企业改制以后经济效益每况愈下。朱武祥和张帆(2001)以1994—1996年在上海、深圳证券交易所上市的217家A股公司为样本,比较了上市前1年到上市后4年总资产息税前收益率等业绩指标中位数的变化趋势,分析了与业绩指标变化相关的因素。研究表明:样本企业上市后的总资产息税前收益率低于上市前,上市当年及以后4年中,该收益率整体呈现逐年下降趋势。也就是说,改制上市并不一定会带来好的经济效益。从图3-1看出,我国上市公司的加权平均净资产收益率(ROE)从1994年的13.20%逐步下降到2001年的5.50%,加权平均每股收益(EPS)从1994年的0.318元下降到2001年的0.136元。[①] 如果考虑到每年还有大量业绩较为优良的新上市公司不断加入到证券市场中来这一因素,上市公司业绩下降趋势将更为显著。因此,从理论上正本清源,为企业改制工作提供正确的理论指导,具有非常重要的现实意义。

根据第十届全国人民代表大会第一次会议《关于国务院机构改革方案的决定》,2003年5月成立了国务院国有资产监督管理委员会(以下简称"国资委"),随后,各地方政府也相继成立了相应的地方国有企业监管部

---

① 苏武康著:《中国上市公司股权结构与公司绩效》,经济科学出版社2003年版,第15页。

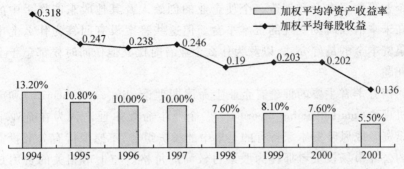

图 3-1 1994 年以来 A 股上市公司加权平均 ROE、加权平均 EPS 走势

门,这是中国政府为了降低国有企业的集体决策成本的重大举措。国有企业与原主管部门脱钩,由国资委统一行使出资者的权利,较以前出资人代表分散是一个进步。国资委用出资者的眼光来聘任和评价国有企业的管理层,这将有助于降低国有企业的代理成本。国资委降低代理成本的另外一个措施是要求国有的大型企业集团要对子公司实行"主辅分离、辅业改制"的股权多元化改造。实行股权多元化的最终目的是企业制度成本的最小化。产权清晰是我们多年来在建立现代企业制度方面所追求的目标之一,但用前面的企业所有权理论的观点来看,仅仅产权清晰是远远不够的。企业是合约的集合,合约的成本由于市场的缺失和合约本身的不完全性而有高有低。根据 Hansmann(1996)的企业所有权理论,企业股权多元化的首要任务是针对具体的企业,辨认企业的高成本合约,然后根据企业的内外环境和发展战略,进行科学的企业所有权配置,为企业的健康发展奠定一个好的制度基础。

母公司对子公司进行股权多元化,应该根据不同的情况采取不同的方法。大致来说,有四种方法可供选择:(1)符合条件的子公司通过上市实现投资主体多元化;(2)组建有限责任公司;(3)员工持股;(4)高层管理层持股。下面主要具体结合我国国有企业集团的实际情况,对这四种方法以及每种方法的适用情况、可能出现的问题分别进行探讨。

第一节 公司上市

对于"企业为什么要上市"这个问题,一般的回答是,由于股票市场是为企业募集资本金和创造一个使企业的创始人及其他股东能将手中的股票在未来恰当时刻变现的资本平台。但这些答案没有回答为什么上市是募集资本金的最好办法，以及为什么企业有时比其他任何时候都急于上市等问题。

西方学者主要的理论有企业生命周期理论（life cycle theories）和市场时机理论（market-timing theories）。① 企业生命规律理论认为在企业早期的投资者或风险资本家持有的是集中的投资组合，不愿像持有分散投资组合的公开市场投资者那样为股票付较高的价格。与上市相关的费用是固定的，所以在企业生命的早期应该是私有的，但如果企业成长到一定的时候，最优的选择应该是上市。上市有成本也有益处。较高的公开交易价格会促进产品市场的竞争。公开交易本身也会增加公司的价值，有利于培养更忠实的投资者、顾客、贷款者和供应商。市场时机理论认为，如果风险投资者认为市场时机不好，市场会低估他所投资的企业，这时他就不愿意上市。上述这些理论都是从企业财务的角度来思考问题的，没有从企业制度的层面进行探索。

下面以中国的航空运输业为例，说明企业为什么应该上市。

中国的航空公司正处在一个高速发展的时期。根据 2003 年世界航空运输峰会上公布的数据，过去的 10 年内，中国航空业始终保持着两位数的增长势头，运输量的增长比例远远超过世界平均增长水平。② 由于需要大量的资金用于机队规模的扩大和信息系统、服务质量等硬件、软件方面的完善，再加之有像"9·11"、"非典"这样的意外冲击，所以航空业是一个资金密集型、技术密集型和风险密集型的行业。对资金的庞大需求决定了筹集资金的成本成为航空业较高的合约成本。少数几个投资方必然难以承受航空业固有的高风险③，而且以债权债务形式提供资金方式的前提是企业要有一定的自有资本，同时，债权人为了保证其资金的安全，必将以严厉而苛刻的形式对企业借贷资金的使用进行限制，由此导致了市场合约成本中的谈判成本很高。股权的非社会化还导致公司为了寻找到具有足够资

---

① Ritter, J., Welch, I., February 8, 2002, "A review of IPO activity, pricing, and allocations", Presented at the 2002 Atlanta AFA meetings.
② 王巍主编：《2003 年中国并购报告》，人民邮电出版社 2003 年版，第 332 页。
③ 据业内人士透露，2003 年 4—6 月份间的"非典"疫情几乎亏空了我国民航几十年积累的全部所有者权益。而 2003 年 7 月—12 月市场行情强烈反弹，不但将亏空全部赚回，当年还略有盈利。这样的大起大落，在其他行业实在鲜见。

金的投资者,不得不去花费大量的搜寻成本。因此,对于资金、技术、风险密集型的航空运输主业来说,通过上市方式筹集资金,使自己成为一个公众性公司,打通直接融资的渠道,将能大大降低企业的制度成本。

适合上市的企业可以归纳为这样几个方面:(1)企业已经初具规模,有一定的成长性;(2)对资金的需求较大;(3)经营有一定的商业风险;(4)企业的市场范围较大,并且与上市地点有某种关系。目前中国国际航线比较多的中国国际航空股份有限公司、中国东方航空股份有限公司和中国南方航空股份有限公司,都是同在中国内地和海外挂牌的上市公司。

由于客观环境的制约,目前我国公司通过上市的方式进行股权改革还存在着一些困难和障碍:上市程序过于复杂,使不少优良的企业失去了上市经营的大好机会,企业普遍感到"上市难于上青天";会计造假事件频频出现,破坏了证券市场的健康发展,打击了投资者对证券市场的信心;证券市场投资者以中小投资者为主,短期行为过强,承受能力太弱。这些因素不能不影响着企业的上市经营和资本筹集。

公司上市后会遭遇股东之间的利益冲突,这个问题我们已经在第一章中进行了较为详细的阐述。

第二节 有限责任公司

认真分析有限责任公司股东的构成以及各个股东的持股比例,可以更深刻地理解"所有权合约是高成本市场交易合约的内化"这个 Hansmann(1996)企业所有权理论的重要原理。有限责任公司的股东往往具有某些企业赖以生存和发展的特殊禀赋——资金、技术、市场等,譬如中国的大多数中外合资企业具有外资出资金、技术,中方出市场或土地的特征。而股东的持股比例往往与这些禀赋对企业的贡献相一致。

有限责任公司中股东之间是否存在利益冲突,那要看股东的持股比例与其对公司所作的贡献是否均衡。如果在一定的时期后,某些股东所具有的禀赋与其在公司中持的股份比例不相称,股东之间利益冲突就会变得激烈起来。

案例 3-1

港龙航空案例

港龙身世

1985年5月,香港商界著名人士曹光彪和包玉刚用一架波音737-200创立了港龙航空有限公司。两个月后,那架波音737-200客机从香港启德国际机场飞往马来西亚。这就是港龙的"处女航"。

此后,港龙即向港英政府申请香港飞往北京、上海及其他8个内地主要城市的牌照。由于申请的航线与国泰①重叠,到港龙成立半年后,一直悬而未决。经过多方磋商,时任港英政府财政司的彭励治,宣布香港的航空管制政策为"一家公司一条航线",即一条航线由一家香港航空公司经营,先获空运牌照局发牌的一家,将拥有所指定航线的独家经营资格。到1985年12月,港龙获得了经营香港至西安、厦门、杭州、湛江、南京、桂林、广州等8条国内航线的牌照,而北京、上海航线则因为国泰早已捷足先登而未果。夹缝中艰难谋生的港龙连年亏损,至1989年底累积亏损达23亿港元。

两次股权巨变

1990年,港龙的股权结构发生巨大变化。经过一系列的股权重组,港龙的主要股东来源如下:中信香港持股38.3%,成为第一大股东;国泰及母公司太古持股30%成为第二大股东;包玉刚退出;曹光彪家族持股21.6%。经此重组,港龙在一定程度上成为国泰麾下的资产。国泰遂将其经营的中国内地航线(北京、上海)转拨给港龙,并将港龙定位为专营内地航线的香港航空公司。同时,港龙与国泰签订了《合作协议》(1996年修订为《新合作协议》),表示"港龙与国泰两公司业务要互相协调,不可出现利益冲突"。两年后,港龙扭亏为盈,其中80%—90%的收入来自内地航线。

---

① 国泰航空于1946年由两位飞行员——英国人诺伊·法瑞尔(Roy Farrell)和澳大利亚人悉尼·德坎特兹奥(Sydney deKantzow)所创立。1948年英资巴菲特·斯威尔公司(Butterfieldand Swire,就是后来的太古集团)注资取得45%股权,并成为第一大股东。在港龙成立的1985年,国泰的股权结构为英籍太古集团和汇丰银行各持股70%和30%。1986年,国泰在香港上市,完成了从一家纯英资公司到一家香港公众上市公司的转变。

1996年,港龙的股权结构再次发生大的变化。中航总①一举成为港龙最大股东,占 35.86% 股权,以后增持至 43.29%(中航总其后又将这部分股份注入中航兴业(1110.HK)。中航兴业 1997 年 2 月 3 日在香港注册成立,并随即上市。2004 年国航 H 股上市时,中航总将其持有中航兴业的股份投入到国航),其他股东包括:中信泰富持有 28.5% 股权;太古及国泰航空共持有 25.5% 股权;曹氏家族持股量进一步下降。截至 2006 年 5 月 31 日,港龙、国航、国泰的股权结构如图 3-2 所示。

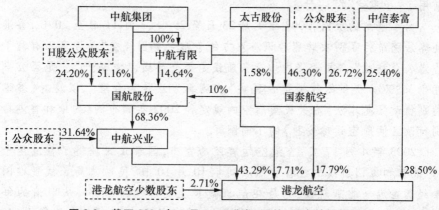

图 3-2 截至 2006 年 5 月 31 日港龙、国航、国泰的股权结构

中航总的介入,打破了港龙和国泰在 20 世纪 90 年后形成的微妙平衡。两家公司的关系已经由原来的同门分支,变成了中航总、国泰和中信泰富之间的合作与冲突。事实上,1996 年股权调整后,港龙就再也不是国泰的子公司了,所以双方于当年修改了合作计划。但当时两家各自守着自己的市场份额,都能得到业务的发展,大的冲突并没有发生。

航权之争

"9·11"事件后,国泰加快了重返中国内地市场的步伐。个中原由,主要还是市场的变化。一方面,欧美航空市场受恐怖主义的威胁,市场低迷;而中国经济的持续繁荣,使中国内地的航空运输业显现出兴旺发达的

---

① 中国航空总公司算是国泰、港龙的长辈,以"中国航空股份有限公司"的身份成立于 1930 年 8 月 1 日,早在建国前,就成为中国两大航空公司之一。新中国成立后,该公司业务曾一度陷于停顿。1978 年,"中国航空股份有限公司"这个名号再次出现在香港,成为中国民航在香港的窗口企业。1991 年中国航空股份有限公司在国家工商行政管理局正式注册,成为中国民用航空总局直属的一家航空运输企业。8 年后更名为"中国航空公司",可时隔两年多,再次易名为"中国航空总公司"。2002 年 10 月,该公司在中国民航体制改革中,与国航、西南航一起联合成立中国航空集团公司,成为国务院国有资产监督管理委员会直接监管的国有大型企业。

景象。另一方面,随着中国香港地区与美国、英国等国政府先后签订了天空开放协议,欧美主要航空公司已经可以更大规模地利用香港扩大在亚洲的航空市场,这对国泰的生存和发展造成更大的威胁。

2002年6月,国泰慷慨地将客座率极高的台北航线与港龙分享,事实上已经破坏了"一公司一航线"的规矩,同时国泰还让港龙顺利通过了开办马尼拉、曼谷、汉城、悉尼及东京航线牌照的申请。两个月后,国泰就开始申请复飞内地三地(北京、上海、厦门),业内人士这才恍然大悟,国泰此前用了"予取之道"一计。

由于港龙的反对,2003年1月23日至29日、3月11日至20日,香港高等法院举行了两次牌照聆讯。双方的争辩主要围绕在"是否真正有利于香港公众利益"、"国泰飞内地三条航线是否会导致港龙破产"、"是否公平竞争"、"双方提供的数据是否真实"、"测算方法是否合理",以及对《香港特别行政区基本法》有关民用航空的规定和2002年颁布的《内地和香港特别行政区间航空运输安排》的不同阐释。

2003年4月17日,香港空运牌照局宣布,国泰正式获得了香港至上海、北京和厦门航线的经营牌照。同年10月10日,民航总局正式批准国泰经营香港—北京航线,只是在航班数量上打了一个折扣,从申请的每周21班变成了3班。从这个结果看来,国泰并没有讨到太多的便宜,每周3班只能占京港全线航班的3%,不足以对抗港龙在该航线上的阵容。同年12月2日,复航后的首架国泰航班从香港起飞直奔北京。这场同城兄弟的京港航线争夺战或许仅仅是一场战役的开端,谁也还没有真正胜出。

两难的中信泰富

港龙在20世纪90年代的辉煌很大程度上得益于中国内地经济的增长,也与中信泰富重组国泰、港龙的股权有关。作为一家有中资背景的香港上市公司,中信泰富的手并没有在那个时候停下来,在接下来的几年中不断增持国泰,减持港龙。至香港回归前,中信泰富已经拥有国泰25%的股权,上涨一倍,而港龙则减持为28.5%,下降幅度近三成。这无疑是一个重要的信号:港龙开始受到中信泰富的冷落。从中信泰富截至2003年3月12日的财务报表来看,2002年从国泰航空得到的收益上升5倍,而从港龙航空得到的收益较2001年增长仅60%,同时两家的盈利数额也非一个数量级,对于一个精明的投资者而言,这种冷落也在情理之中。

但在港龙的董事会和股东大会上,面对国航和国泰的利益冲突,作为关键的第三方,中信泰富举足轻重,同时也处于两难境地。在国泰坚持"北飞"的大背景下,港龙股东之间利益冲突到了非解决不可的地步了。

星辰项目

2004年12月,在国航H股上市时,国泰未雨绸缪,鼎力相助,作为战略投资者购入国航10%的股份。实力逐步增强的国航,在巩固北京枢纽的同时,也将目光投向南方,希望形成北京、香港双枢纽的格局。而与港龙比较,国泰当然是更理想的伙伴。随后,中航集团及国航、太古及国泰、中信泰富、中航兴业的关键少数股东四方为理顺港龙的股权关系而进行了代号为"星辰项目"的磋商。2006年6月8日,国航、中航兴业、太古、国泰和中信泰富同时发布公告,宣布进行股权整合,整合后港龙将成为国泰的全资子公司。其后,五家公司的股东大会批准了这个股权整合计划,股权交割在同年9月底完成。图3-3是星辰项目完成后港龙、国航和国泰的股权结构。

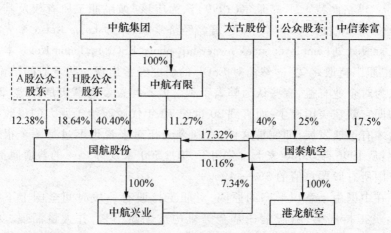

图3-3 截至2006年9月底星辰项目完成后,港龙、国航、国泰的股权结构

国泰接手港龙以后,立即停止了与港龙共飞的香港—曼谷航线,理由是该航线上竞争太激烈,港龙经营的效果也不理想,不久又宣布裁减港龙5%的员工。

港龙航空的案例是非常典型的股东之间利益冲突的例子,它有力地说明了股权配置和股东与公司交易之间密切的关系:每当市场冲突非常激烈时,股权重组往往接踵而至。1990年国泰航空成为港龙航空的主要股东以后,国泰航空主动将北京、上海航线转拨给港龙航空,双方实现合理分工、资源互补的局面；而"星辰项目"的直接动因，也来自国泰航空"北飞"带来的市场冲突。国泰航空"北飞"甚至闹到香港高等法院聆讯的地步，在香港特区造成了一定的社会影响，给股东们巨大的震撼。当所有权合约替代高成本市场合约能够降低企业制度成本时，股权重组就不可避免。

第三节 职工持股

由于职工积极性、主动性的发挥在企业发展中的重要地位，加上职工在监督管理层方面独特的作用，职工持股一度引起了广泛的注意。

职工持股制度，又称雇员所有制，始于20世纪初期的美国。美国人A. Gallatiin主张"民主不应仅局限于政治领域，而应扩展到经济生活中来"[①]。玛格丽特·M. 布莱尔(1999)认为应该"鼓励职工所有权及其相应的地位"。20世纪60年代，美国著名经济学家、律师Louis Kelso率先提出职工持股计划(employee stock ownership plan，ESOP)，Louis Kelso本人被称为"职工持股之父"。然而对ESOP的研究经常出现一些矛盾的结论：有些认为对企业有益，有些认为弊大于利。但不容置疑的事实是：虽然20世纪初期它就在美国产生，而直到20世纪70年代政府给予巨大的税收补贴之后才有迅速发展，即使是这样，直到今天相对来说也不过是一个很小的比例：从1996年7 000家上市公司看，有1 500家发行15%的普通雇员股，占美国所有股票总值的3%—4%。[②]

在中国由于意识形态的原因，对职工持股有一段时间全国上下很热衷[③]：员工持股会、持股信托基金等机构被创新出来，并大量涌现。截至2002年，深、沪股市共有29家由职工组织控股的公司（见表3-1）。

[①] 资料转引自万国华：《证券法前沿问题研究》，天津人民出版社2002年版，第256页。

[②] 约瑟夫·拉菲尔·布来西：《美国的雇员所有制》，载海南改革发展研究院编：《职工持股与股份合作制》（文集），民主与建设出版社1996年版，第132页。

[③] 有些论述甚至带有强烈的感情色彩，比如："只有职工持有企业的股票，才能在经济层面体现社会民主，才能使劳动者成为拥有物质基础保证的企业主体。"参见蒋一苇，1987年，《社会主义公有制一种新形式的探索》，《人民日报》，1987年3月30日，第5版。

表 3-1　2002 年深、沪股市由职工组织控股的公司

股票代码	股票名称	控股股东（以持股会或持股信托基金等名称）	控股股东持股数量	控股股东持股比例（%）
000518	四环生物	江阴市振新毛纺织厂	77 020 324	14.96
000573	粤宏远 A	广东宏远集团公司	87 086 507	19.3
000603	ST 威达	东莞市三元工贸实业总公司	32 735 999	29.26
000611	民族集团	时代集团公司	51 247 930	29.28
000651	格力电器	珠海格力集团公司	270 000 000	50.28
000690	宝丽华	广东宝丽华集团公司	129 240 000	66.79
000739	青岛东方	上海光泰投资发展有限公司	32 298 000	22.16
000819	岳阳兴长	岳阳长炼兴长企业集团公司	46 160 699	27.95
000821	京山轻机	湖北省京山轻工机械厂	145 500 753	42.14
000880	山东巨力	潍坊巨力机械总厂	83 149 500	30.12
000926	福星科技	湖北省汉川市钢丝绳厂	144 587 999	54.21
000936	华西村	江苏华西集团公司	119 124 240	70.91
600065	大庆联谊	黑龙江省大庆联谊石油化工总厂	96 792 000	50.41
600133	东湖高新	红桃 K 集团股份有限公司	81 520 000	29.58
600212	江泉实业	华盛江泉集团有限公司	94 135 275	29.43
600219	南山实业	南山集团公司	122 000 000	47.47
600226	升华拜克	升华集团控股有限公司	139 078 426	51.44
600303	曙光股份	丹东曙光实业集团有限责任公司	69 750 000	43.06
600336	澳柯玛	青岛澳柯玛集团总公司	249 335 999	73.11
600371	华冠科技	黑龙江富华集团总公司	27 450 000	27.45
600398	凯诺科技	海澜集团公司	61 026 251	28.56
600662	强生控股	上海强生集团有限公司	101 585 990	32.87
600690	青岛海尔	海尔电器国际股份有限公司	238 858 227	29.95
600770	综艺股份	南通综艺投资有限公司	123 236 550	45.64
600777	新潮实业	新牟国际集团公司	88 829 233	43.36
600788	达尔曼	西安翠宝首饰集团公司	82 200 000	28.68
600836	界龙实业	上海界龙发展有限公司	58 695 007	52.55
600861	北京城乡	北京市郊区旅游实业开发公司	169 200 000	41.7
600868	梅雁股份	广东梅县梅雁经济发展总公司	258 901 732	23.25

资料来源：CCER™ 中国证券市场数据库。

但在中国，职工持股在理论上并没有得到深入的探讨。万国华（2002）指出："现在的主流观点将开展职工持股的问题和难点几乎放在了在实践中如何对其操作的一些技术性环节上，而对于一些更基本的问题关

注其少,如我们为什么要开展职工持股,它有何效用,又有何弊端,它有可能解决哪些问题,又可能带来哪些问题,从总体衡量职工持股是否优于其他所有权形式,如单纯的投资者持股?这些疑问属于首先要解决的根本问题。"

应用Hansmann企业所有权理论的观点,我们认为对职工持股主要应考虑两个因素:一是与职工的雇佣合约是否成本很高?二是内化雇佣合约为所有权合约后,是否会导致集体决策成本的增加?

"夫妻店"也许是职工持股最小的单位,因为夫妻的努力程度对店的发展非常重要,同时夫妻的利益高度地一致。在比"夫妻店"更大的企业里实施职工持股,就要考虑职工之间的利益冲突。合伙人制的会计师事务所、律师事务所、建筑设计师事务所等企业,专业技术人员的贡献对企业至关重要,如果采用雇佣关系,雇佣合约的搜寻成本、谈判成本,特别是执行成本可能很高,因为这类企业的项目负责人在履行职责时,需要大量的专业判断,各种专业判断很难在雇佣合约中写清楚。雇佣合约内化为所有权合约后,由于他们工作的性质相似,工作质量可以通过从业经验、岗位描述或学历等较简单地区别出来,因此职工持股的现象比较多。但即使在这些企业里,持股人也局限在高级专业人员的范围,低级专业人员、行政、后勤人员通常没有股份。高科技企业里有类似的情形。因此,当把职工持股作为一种制度应用到分工精细、工种复杂的大型企业时,应该格外地小心。

Hansmann(1996)在分析当时被普遍看好的美国联合航空公司(以下简称"美联航")的职工控股事例时,意味深长地指出:

> "航空公司的规模、经济上的重要性及其潜在的经济效益使美联航的例子成为一个意义重大的实验,这种复杂的所有权结构从长期看是不是真的有生命力,从而说明雇员参与分享所有权是一条在宏观上具有一般性的重构劳资关系的新路径,还是只是为了解决旧的对抗的谈判中出现的僵局而采取的临时应急措施,这些企业最终还是会回到那些利益上具有同质性的股东手上。对这些问题,我们都将拭目以待。"[1]

Hansmann的拭目以待已经有了结果,下面是美联航的职工控股案例。

---

[1] 汉斯曼著,于静译:《企业所有权论》,中国政法大学出版社2001年版,第174页。

案例 3-2

美联航职工控股的案例

美联航 2000 年在《财富》500 强中列 245 位,2000 年销售收入 180.27 亿美元;截至 2002 年 9 月 30 日,资产总值 227.3 亿美元,债务总额 214.8 亿美元;每天航班 1 800 架次左右,是全球拥有航线最多的航空公司。

1989 年,7 000 名飞行员与股东达成初步协议,要控股公司,但遭到 23 000 名机务人员的反对,没有成功。1994 年,飞行员工会和机务人员工会联合起来,购买了公司 53% 的股权,公司另外 47% 的股权为社会公众股东所持有。作为买断的条件之一,工会承诺 6 年不发起任何形式的罢工。公司成立了复杂的董事会,由 12 名董事组成,其中 3 名雇员董事、4 名独立董事、5 名公众董事。3 名雇员董事中 2 名工会董事分别由飞行员工会和机务人员工会的领导层指定,1 名雇员董事由公司里的带薪职员和从事管理工作的职员所组成的一个委员会选出。5 名公众董事中必须有 3 名外部公众董事和 2 名管理层公众董事。4 名独立董事的任职条件和产生的程序是:他们不得与企业有任何的牵连关系;由公司在职的雇员董事和独立董事指定,但必须同时取得独立董事的多数以及至少一名工会董事的支持。3 名外部公众董事必须从未受雇于该公司,由在职的公众董事提名。2 名管理层董事由 CEO 和另一个 CEO 可以接受的高级管理人员组成,由全体董事会以少数服从多数的方式投票确定提名。5 名公众董事由公众(非雇员)股东选举产生(见图 3-4)。

在克林顿任美国总统期间,美国的经济持续繁荣,美联航的职工持股制度由于能调动职工的积极性,企业得到了很好的发展,一度广泛受到好评。美国"9·11"事件以后,宏观经济形势急转直下,但在 2002 年 3 月,劳资双方却达成协议,为 12 800 名飞行员进行从 1994 年以来的第一次调高工资,飞行员工资平均涨了 37.27%,高级飞机清洁人员飞机小时费提高了 19%。显然企业在这样的经济环境下是无力承担这样高的成本的。但在职工持股的企业里,要削减工资是非常困难的。2002 年 12 月 9 日,美联航向芝加哥联邦破产法院申请破产保护。美联航的破产是美国历史上第七大破产案、航空业第一大破产案。

在职工控股的企业,股东之间的利益冲突有哪些表现呢?首先是职工和外部股东之间的利益冲突。企业职工实际上从税前(即职工工资)和税

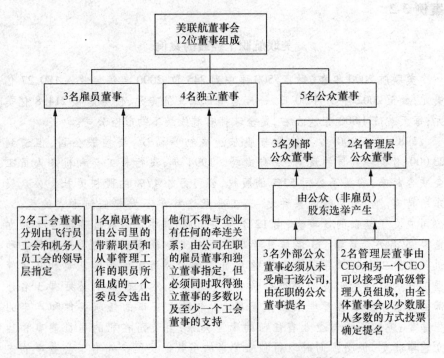

图 3-4　1994 年内部职工控股后美联航的董事会

后(即投资分红)分两次从企业获得利益。由于税后的投资分红受产品市场的影响较大,加之还有外部股东分享,因此控制了企业的职工们往往希望从工资、薪金方面及早多得到收益。在上述案例中可以看到,即使在非常恶劣的宏观市场环境下(美国"9·11"后航空市场非常不景气,美联航自己也有两架飞机在事件中失事①),职工们仍然要求加薪。内部职工股东也会在相对的工资、薪金、投资方向、养老保险上的资本化和费用化等方面发生冲突。与飞行员比较,机务人员之间的利益冲突更大,因为他们的分工更复杂,工种更繁多,对公司的贡献更难计量。由此而来的问题是,权利如何分配?重大决策如何做出?

目前我国职工持股不但理论上缺乏研究,实际操作方面也存在不少的问题:

---

①　一架是航班号为 UA93 的波音 757 客机,于当地时间 2001 年 9 月 11 日 8 时 01 分从纽约市纽瓦克机场起飞,前往美国圣弗朗西斯科,机上共有 38 名乘客、2 名驾驶员和 5 名服务人员。另一架是航班号为 UA175 的波音 767 客机,于当地时间 2001 年 9 月 11 日 7 时 58 分从美国波士顿机场起飞,前往美国洛杉矶,机上共有 56 名乘客、2 名驾驶员和 7 名服务人员。

首先,员工持股形式不够规范,致使增强企业凝聚力的激励目的未得到很好的实现。由于目前上市公司的每股收益和现金股利率普遍较低,即使是企业员工低价购买,其长期投资收益率还是远远低于同期利率水平,根本无法与其他投资方式的收益相比。因此,上市公司的内部员工主要是指望通过出售手中的低成本股票来获取资本利得。这就决定了他们很少从长期投资者的地位出发去关心企业的经营情况,很少把自己当作是企业主人来看待自己持股的意义。

其次,企业的领导层没有从企业的长期经营战略方面作深入的考虑,而是将职工持股作为一项政治任务、一场"圈钱运动"来完成。而且在目前情况下,多数企业对员工持股缺乏科学合理的管理,使员工持股非但没有成为增强企业内部凝聚力的黏结剂,反而沦为一条瓜分短期利益的捷径。

从上市公司披露的信息中可以发现,发行内部员工股的股份公司在经营上没有获得多少好处,表现为经营业绩与内部员工股的相关程度很低。陈征宇、沙俊涛、李树华(1999)以深、沪两市钢铁板块和高科技板块上市公司为样本,考察他们1992—1997年的主营业务收入与利润总额的平均增长同内部员工股股份的总体相关性,结果见表3-2。

表3-2 经营业绩与内部员工股股份的相关程度

板块	相关系数 R		F 检验	
	员工持股股份—主营业务收入的增长	员工持股股份—利润总额的增长	员工持股股份—主营业务收入的增长	员工持股股份—利润总额的增长
钢铁	0.260458	0.268321	0.000013	0.000000
高科技	−0.213151	0.070877	0.072802	0.000000

从表3-2可以看出,两个板块的上市公司的收入和利润增长与内部员工股不存在显著的相关性,内部员工股对公司经营业绩的提高没有多少贡献,这主要是由于目前职工持股不规范造成的。因此,应尽快建立统一的有关员工持股计划方面的法律法规,以明确员工持股的适用范围、性质、地位、发行管理和监督等,从而为职工持股的发展和完善提供制度上的保障。

第四节 管理层收购

管理层收购目前不论是在中国的学术界还是实业界都相当热闹。尽管财政部在 2003 年 3 月 12 日已经对国有控股的企业暂停了管理层收购，但各种"曲线 MBO"的图谋又开始兴起，呈现潜流涌动的形势。①

管理层收购（management buy-outs，MBO），又称经理层收购或是经理层融资收购，指的是目标公司的管理层或经理层利用借贷所融资本购买本公司的股权，从而改变本公司所有者结构、控制权结构和资产结构，进而达到重组本公司的目的并获得预期收益的一种收购行为。MBO 作为一种杠杆收购，早在 20 世纪 70 年代就已在美国等西方国家盛行。② 中国的 MBO 始于四通集团的产权改制，经过几年的发展，陆续也有不少企业，比如宇通客车、粤美的开始尝试，其中有成功也有失败。成败的关键在哪里呢？

要回答这个问题，得从为什么要引入管理层持股说起。很多学者从委托-代理理论出发来研究这个问题。一般认为，其目的是通过企业所有者让管理层成为股东的方式来拉近二者的目标，减少代理成本（支晓强，2003）。

应用企业所有权论，我们对此进行分析。分析的起点就是企业和管理层的交易合约。随着现代企业组织的发展，企业家才能和管理才能这些人力资本从一体的"资本"里分离了出来。人力资本由此具有产权特征：管理层在企业投入了大量的专用资本，而且掌握着许多关于企业的信息，这使得拥有人力资本的管理层在与企业的谈判中增强了讨价还价的能力。这种能力高到一定程度，雇佣合约的成本就会太高，"内化"为所有权合约就是一种理性的选择。周其仁（1996）认为，正是人力资源的产权特征，使市场合约不可能在事前规定一切，而必须保留一些事先说不清楚的内容而由激励机制来调节。周其仁的观点与企业所有权论的观点是比较接近的。

在国有企业集团中，有些子公司位于某一经营领域或是经营区域之内，而且面对的是一个特定的细分市场，对资金的需求不是很大，企业的发展在很大程度上依赖于企业管理层积极性的发挥，依赖于他们对市场的钻

---

① 徐霄：《上市公司图谋"曲线 MBO"》，《上海证券报》，2003 年 8 月 28 日。
② 关于 MBO 的起源，一直存在争议。一种流行的说法是 MBO 发端于 20 世纪 60—70 年代。第一例 MBO 与美国的 KKR 公司息息相关。1976 年美国人 Kohlberg、Kravis 和 Roberts 创建的 KKR 公司决定收购罗克威尔公司的一个制造齿轮部件的分厂。为了达到顺利收购的目的，KKR 采取了与以往不同的手段，许诺将来给予管理层一定比例的股权，从而得到被购并公司董事会的批准和支持。KKR 最终以每股 1 美元实施了对该分厂的收购，其中管理人员控股 20%，KKR 控股 80%。收购完成后，KKR 对公司进行了改革，执行了一系列压缩成本的措施。5 年后，KKR 将梳妆打扮好的所谓"简练有效率"的公司以每股 22 美元再次出售，获得丰厚收益，9 名原高级管理人员也都暴富。这就是所谓 MBO 的由来。参见郎咸平、张鹏，《还原真实的 MBO》，《董事会》，2006 年第 10 期。

研和开发程度,以及该企业与当地供应商、分销商,甚至与当地政府之间建立起来的长期关系。正因为这一点,集团公司通常难以对这类公司的人事情况进行大的变动,新的人员将很难在当地为企业打开局面,由此导致对公司人员的监督和管理成本很高,即这一部分的市场合约成本很高。此时,通过赋予管理层一定数量的股权,使其转变成为企业的所有权人,将能降低企业的制度成本。对有市场开拓能力的管理层如此,对有科技开发能力、科技开发组织能力的管理层也同样如此。理论上讲企业是否适合MBO的一个基本条件是管理层是否具有人力资本的产权特征。

再把规模、市场和企业生命周期等其他因素考虑进来,实施MBO的企业应具备的条件如下:首先,企业是中小型企业。MBO可能对中小型企业更有效,因为中小型企业在管理层收购后,经营者个人对企业的兴衰会产生重大作用,而且由于企业规模较小,使得管理层的可控因素较大,管理层有动力也有能力去肩负起企业的责任。但大型企业如果这样做的效果可能不会很好,因为大型企业盘子太大,不可控因素太多,经营者个人对企业很难左右,很难要求管理层对这些不可控因素负责。其次,企业基本面良好,所处行业相对成熟,企业现金充足,能满足管理层收购后的还本付息要求。最后,企业要有一支非常优秀的管理层队伍,这支管理层队伍对企业未来的发展有一套非常明确的思路和想法,对企业所处的市场有深入的研究,具有开拓企业盈利空间的特殊能力和禀赋,这样才能保证收购后企业的盈利。

企业实施MBO后,也会面临股东之间的利益冲突。这方面主要有三种假说:(1)利益趋同说。Jensen和Meckling(1976)指出,随着管理层所有权的上升,偏离价值最大化的成本会下降。(2)掘壕自守说(entrenchment hypothesis)。如果管理层拥有的所有权增加时,会使他有更大的权力来控制企业,受外界约束的程度更低,则他会更多地去追求自身的利益。(3)风险回避说。根据现代投资组合理论,不能把鸡蛋放在同一个篮子里,管理层已经在企业里投入了人力资本,如果再在企业中投入更多的股份的话,势必承担较大的风险。如果他们必须持有较多股份的话,那么他们将追求风险规避的经营策略。由于管理层对风险的权衡是从自身利益出发考虑的,这与企业价值最大化的风险收益权衡是不一致的,因此管理层风险规避指导下的经营决策会对企业价值有非正面的影响。上述三种假说从各自的逻辑得出了不同的结论。在各种具体的经济环境和不同的经济发展时期,究竟哪种假说成立应该是一个实证的问题。Morck、Shleifer 和 Vishny(1988)、Ofek 和 Yemack(2000)都作过这方面的实证研究,本书在第一、四章中分别回顾了国外、国内学者有关实证研究的结论。

除了缺乏正确的理论指导外,我国 MBO 在实施过程还存在一些问题:

(1)从国内现有的企业并购法律条文来看,完全意义上的 MBO 的合法性尚未确定,在具体操作细节上,如收购主体、定价原则、融资环节等都存在与现行法律法规相抵触之处。实际操作中可引用的部分规定也只是临时性的、地方性的、政策性的办法和条例,且各地的规定也不尽相同,不具备统一适用性和立法权威性。因此,在我国,产权变动经常带来震荡和纠纷。

(2)由于我国国有企业中存在的"增强效应",即集体决策成本和代理成本都很高,公司管理层可能会利用自身的信息优势,压低收购价格,或干脆在实施 MBO 前虚减资产和利润,以达到压低收购价格的目的,其后果就是国有资产流失,中小股东权益受损。

(3)由于立法以及公司其他治理结构外部环境因素的欠缺,在我国的收购行为中,政府意志起到了决定性的作用。政府毕竟只能通过行政性命令而不是融资来进行控制,但这种控制缺乏一定的市场导向。某些管理层收购甚至是由内部高级管理层与地方领导间进行谈判而定的,这种情况下的管理层收购,很难按照市场原则公平地确定股权转让价格,以及该企业是否适合实行 MBO,这些管理层是否有资格有能力接管股权。MBO 完成后,政府也不会像积极投资者那样有动力对企业实行监管。MBO 实施的风险被大大提高了。

(4)MBO 可能导致新的股东之间的利益冲突。MBO 完成后,上市公司的内部人与第一大股东的利益彻底一体化了。内部人成为公司的所有者,他们不但拥有决策管理权,而且拥有决策控制权。如果监管不力,大股东通过各种形式侵吞中小股东的利益将更为便捷。为了尽快偿还巨额收购资金借款,并缓和违规监管压力,管理层可能会改变公司的分红政策,通过高比例分红使其所持有的股权能获取更多的收益,套取公司现金用于偿还借款。这种透支企业内源融资能力的做法是以其他股东的利益为代价的,损害了企业的长期发展能力。

(5)MBO 涉及的标的金额一般较大,通常远远超过管理层个人的支付能力,这就需要金融资本来支持。而我国目前 MBO 的融资渠道十分不畅:首先,相关条例禁止将金融机构的贷款用于股权性质的投资。商业银行对具有较大风险的 MBO 进行融资,往往要求有充足的资产作抵押,而根据目前的规定,收购方不能以被收购公司的资产作抵押,因此,即使变通地以银行贷款解决融资问题,也是冒一定的法律风险的。其次,我国债券市场品种单一,缺乏与杠杆收购相适应的多层次债券,发行公司债券的主体狭窄,条件苛刻,对公司净资产等指标进行了严格的规定,想发行高风险高收益的垃圾债券几乎是不可能的。

关于 MBO,我们可以看恒源祥和深方大这两个代表了 MBO 实施过程中两种不同模式的案例。恒源祥总经理联合战略投资人发起成立了一家新公司,一次性地从母公司手中买断了恒源祥的全部股权;而深方大总经理熊建明则是组建了一家自然人持股的新公司,通过受让持有上市公司的其他法人股,使熊建明间接成为上市公司的控股股东。

管理层持股还可以和职工持股结合起来,以实现企业的股权多元化。美的公司的 MBO 就是将管理层持股与职工持股结合起来的。①

案例 3-3

美的公司案例

2000 年年初,由美的集团管理层和职工持股会共同出资组建了美托投资公司,注册资本 1 036.87 万元。美托投资全面实行员工持股制度,让公司管理层及其下属企业的经营者、业务和技术骨干以现金方式有条件地认购公司股份。2000 年 4 月 10 日,美托投资以每股 2.95 元的价格,协议受让了美的控股持有的 3 518 万股,占总股本 7.25%;2000 年 12 月 20 日,美托投资又以每股 3 元的价格受让了美的控股持有的 7 243.0331 万股,占总股本的 14.94%。股权转让完成以后,美托投资正式成为美的第一大股

---

① 其他著名的管理层收购和职工持股相结合的案例还有:长沙(集团)有限公司和长沙阿波罗商业城两家国有商业企业的 MBO,与美的相同的是,它们也采取了管理层与职工共同持股的方式,不同之处在于长沙阿波罗首先界定了国有股产权,再吸收外部投资者、经营者、员工入资参股,通过增资扩股来降低国有股的比重,实现管理层持大股。成立于 1984 年的四通集团是中关村著名的奠基企业和代表企业,也是中国最早尝试 MBO 的企业。同其他企业一样,产权不清成为其发展最大的障碍。在四通案例中也实现了管理层和职工共同持股。1998 年 10 月 9 日,四通集团职工代表大会作出了成立职工持股会的决议,616 名四通员工共同出资 5 100 万元。1999 年 5 月 6 日,四通职工持股会经政府审批正式成立。1999 年 5 月 13 日,北京四通投资有限公司,也即"新四通"在北京海淀区正式注册成立。其中四通集团以资产入股,投资 49%,四通集团职工持股会投资 51%。新四通将通过一次一次的扩股,稀释 49% 的模糊产权,随着资产规模的扩大,新四通中产权清晰的资产比重将逐步上升,从而实现以清晰的流量调动模糊的存量。

东,所持有股份上升到22.19%。管理层与员工通过间接方式成为美的股东,调动了员工的积极性。

资料来源:《从经理到股东——中国MBO九种模式》,《总裁》,2002年1月。

截至2003年5月,在深沪股市上有据可查的有16家上市公司或其母公司实施了MBO。实施目的主要是为了激励管理层,提高公司业绩;收购的主体一般是为企业发展壮大立下汗马功劳的创业者;转让方式基本上以协议转让为主,定价方式基本上参考净资产指标,视股权性质各有不同。从实施的效果来看,绝大多数公司业绩稳定增长(见表3-3),重视调整与产业升级,注重对股东的回报,关联交易发生较少,且一般与MBO无明显的联系(见表3-4)。①

表3-3 实施MBO上市公司每股经营活动产生的净现金流(元)

公司名称	2001年	2000年	1999年
大众科创	0.67	0.1454	0.2633
大众交通	1.33	0.64	0.44
杉杉股份	0.72	0.239	0.515
粤美的	1.69	0.77	0.13
深方大	0.484	0.107	0.124
宇通客车	0.72	0.1965	0.153
强生控股	0.89	0.89	0.94
TCL通讯	2.17	-0.04	-0.397
洞庭水殖	-0.02	0.052	0.25
胜利股份	0.32	-0.06	-0.20
永鼎光缆	0.02	0.03	0.08
佛塑股份	0.581	-0.33	-0.16
鄂尔多斯	0.09	-0.59	1.07
ST甬富邦	0.09	0.04	0.05
红豆股份	0.38	0.40	0.10
平均值	0.6756	0.1659	0.2238
市场平均	0.2385	0.2258	0.1403

① 苏为东、黄明,《实施MBO公司面面观》,《上海证券报》,2003年5月16日。

表 3-4　MBO 上市公司的收益、派现等情况

股票简称	2000年每股收益	2001年每股收益	派现（预案）	2000—2002年派现	关联交易	产业变化
深方大	3.45	3.47	0.70	3.10	0	拟建新材料科技园
胜利股份	2.41	2.24	1.00	3.00	0	投资生物高科技
粤美的	4.07	4.31	1.00	6.00	2	介入基金业
TCL通讯	2.33	1.494	1.30	1.30	1	主业优势明显
佛塑股份	2.97	3.184	2.10	5.50	2	产品有优势
宇通客车	6.35	6.243	0.00	12.00	0	主业优势明显
永鼎光缆	2.68	2.9	1.20	4.37	0	加强主业
洞庭水殖	5.55	5.74	1.00	2.5	2	介入置业
鄂尔多斯	3.58	5.67	0.20	1.40	1	进军房地产
红豆股份	2.99	3.23	0.31	2.30	3	介入房地产、化纤业
大众交通	3.38	3.55	1.80	6.90	0	拓展物流经营领域
大众科创	2.44	2.44	1.80	5.90	0	产业转型
强生控股	3.03	3.03	1.20	2.20	0	介入传媒业
ST甬富邦	0.88	0.85	0.00	0.00	1	跨入铝材料领域
杉杉股份	3.53	4.65	2.00	5.00	1	介入新材料、金融、生物
平均	3.3093	3.5334				
市场平均	2.6713	2.687				
MBO公司平均/市场平均	1.23	1.31				

管理层收购（MBO）本来是一个经济现象。从股权科学配置的角度看，管理层是否应该持股，应该关注的是将公司和管理层的雇佣合约转化为所有权合约是否能降低企业的制度成本。但在中国的国企改革中，问题就不那么简单了，在 2004 年爆发了著名的"郎顾之争"。

第五节　"郎顾之争"与企业产权改革

2004 年 8 月 10 日，郎咸平在复旦大学以《格林柯尔：在"国退民进"的盛宴中狂欢》为题发表演讲时，指责顾雏军在"国退民进"过程中席卷国家财富。他强烈建议，停止以民营化为导向的产权改革。有着"打谁谁倒"声誉的郎咸平炮轰顾雏军后，格林柯尔系参控股上市公司股价开始下挫。

截至 2004 年 8 月 17 日,格林柯尔控股 20.64% 的科龙股价连续 5 日下挫,股价跌去近 1 元;控股 60.67% 的亚星则出现近 7 个交易日 6 天股价下挫的情形;美菱股价从 8 月 11 日起也开始下挫。面对郎咸平接二连三的炮轰,顾雏军于 8 月 17 日向香港高等法院递交了诉状。

中国的经济学家们对此曾表现了短暂的沉默,但禁不住媒体"经济学家集体失语"的责问,不久即以发表声明、答记者问、开座谈会、发表文章等形式表明自己的态度和立场,其中不乏偏激的言辞。在媒体的推波助澜和大众网上积极参与的情况下,争论迅速升温,演化成了一场有关企业产权改革的大辩论。

国务院国资委于 2004 年 9 月 29 日在人民日报发表了题为《坚持国企改革方向 规范推进国企改制》的文章以后,争论逐渐平息下来。但事情并没有结束,2005 年 1 月 11 日,香港联交所发布公告称,对在香港联交所创业板上市的格林柯尔科技控股公司以及该公司主席顾雏军予以公开谴责。谴责的理由是格林柯尔在 2001 年与天津格林柯尔工厂进行的关联交易不符合联交所授予的豁免条件。同年 8 月 1 日,新华网报道:"前段时间,证监部门按照有关法规对广东科龙电器股份有限公司开展稽查。中国证监会已将广东科龙电器股份有限公司董事长顾雏军等人涉嫌经济犯罪的有关资料移交公安机关,经公安机关审查立案。日前,佛山市公安局已对广东科龙电器股份有限公司董事长顾雏军、董事兼副总裁严友松、财务督察姜宝军、财务副总监晏果如、财务资源部副部长刘科以及深圳格林柯尔有限公司负责人张细汉等涉案人立案侦查并采取刑事强制措施。"顾雏军被捕后,参与争论的双方均保持低调。

在这场争论后,国务院国资委对管理层收购采取了先紧后松的态度。2005 年 4 月 15 日,国资委和财政部出台了《企业国有产权向管理层转让暂行规定》。在这个规定中再次强调,"大型国有及国有控股企业及所属从事该大型企业主营业务的重要全资或控股企业的国有产权和上市公司的国有股权不向管理层转让"。但仅仅过了三个月,国资委就紧锣密鼓酝酿制定《关于进一步规范国有企业改制工作有关问题的通知》,其中最为敏感的内容之一,便是允许国有及国有大型企业"管理层增量持股"。①

在向社会各界征求意见后,中国证监会于 2005 年 12 月 31 日发布《上市公司股权激励管理办法》。该办法规定:上市公司全部有效的股权激励计划

---

① 张宇哲:《大型国企管理层持股禁令将松动 国资委放行在即》,《财经》,2005 年第 15 期。

所涉及的标的股票不得超过公司股本总额的10%。非经股东大会特别决议批准,任何一名激励对象通过全部有效的股权激励计划获授的本公司股票累计不得超过公司股本总额的1%。随着股权分置改革的顺利推进以及相关法规的完善,大型国有上市公司实现管理层持股应该只是一个时间问题。

在这场声势浩大的争论中,各方对中国国有企业在实施 MBO 过程中存在不规范的现象并不持异议,争论的核心问题是:对国有企业实施 MBO 式的改革究竟是方向性的错误还是操作性的错误?衍生的问题是:国有企业(或国有控股企业)更有效率还是民营企业家控股的企业更有效率?

本书第一章第三节提到郎咸平(2001)对东南亚家族企业的研究。他有一个观点就是在东南亚之所以家族企业比较多,就是因为东南亚的法制不健全、信息披露不充分、中介机构不发达,依靠美国式的法律体系来制约管理层的办法在东南亚可能不是很现实。所以东南亚大量出现了以家族控股为形式的大股东。更进一步,大股东出现了以后,虽然解决了因为股权分散、中小股东在公司治理方面搭便车的问题,但是另外一方面,也开辟了公司治理机制的新战场,公司治理的主要矛盾已经由股东与管理层的矛盾转化为中小股东与大股东的矛盾。因为在大股东出现的情况下,他完全可以控制管理层。在有大股东的时候,往往是大股东和管理层串通一气,伤害中小股东的利益。

当郎咸平将他的目光转到国内的格林柯尔系时,首先质疑顾雏军用于收购的大量资金来自何处。他猜测科龙有充裕的现金用于投资:"显然,收购科龙给顾雏军带来了产业收购扩大效应,他动用了科龙的强大资金流来帮助他对冰箱产业的整合。"[①]然后,他将焦点转到了股东之间的利益冲突上:"如果我们作出一点假设,一切便符合逻辑:每次成功收购的背后,总隐含着某些与原来控股大股东之间的默契,那就是格林柯尔通过作出某种承诺获得购买原来控股大股东的法人股的优先权利,甚至获得对格林柯尔较为有利的交易条件,在顾雏军入主上市公司后,和原来的控股大股东通过上市公司的债务豁免或者其他关联交易获得好处。如此礼尚往来,投桃报李。如果真是这样,受到损失的仅是那些中小股东。"[②]

郎教授关于民营企业家利用控股股东地位"剥夺"中小股东的论述我

[①] 郎咸平:《格林柯尔:在"国退民进"的盛宴中狂欢》,2004年8月10日在复旦大学的演讲。

[②] 同上。

们是赞同的。但也许郎教授并没有意识到，国有股作为股份制企业的控股股东同样存在"剥夺"中小股东的现象。作为控股股东的国有股是否能比类似地位的民营企业家更好地协调股东之间的利益冲突？这是需要深入研究的话题。本书下一章将主要研究这个问题。

综观这场声势浩大的争论，辩论双方都没有"所有权合约是高成本市场合约的内化"这样的思想，企业股权配置问题没有和企业盈利模式挂钩，忘了"企业是市场的替代"这句名言。其实根据本书第二章的观点，每一种所有权形式从产生、成长、成熟到最终消亡都离不开特定的历史、文化、技术、意识形态和政策环境，这些环境因素是以市场合约成本和所有权合约成本的形式进入制度选择空间的，因而任何一种片面褒扬或贬低一种所有权形式的理论都是靠不住的。本书的整个第二篇都是在回答"郎顾之争"的核心问题，本书的出版也算是参加这场辩论，在辩论中发出的另外一种声音吧。

顺便评说一个问题：管理层的股权激励计划和管理层收购是一回事吗？尽管两者对管理层在客观效果上都有激励作用，但是从经济学的原理来说应该是存在差别的。管理层的股权激励计划主要是"行为诱导"，希望管理层的报酬与股东价值相联系，是试图解决股东—经理人委托代理问题的一种方法。这种情况下管理层的持股比例一般比较小，在股东大会上还没有多少发言权。管理层收购是一种股权配置行为，目的是解决高成本市场合约的一种手段。管理层收购结束后管理层一般持股比例较高，有可能形成内部人控制，与其他股东在股权层面上形成利益冲突。从理论上讲，两者也存在从量变到质变的转化，如果股权激励计划赋予管理层的期权数量大，而管理层积极行权，行权累计到一定程度，管理层持股比例增加到足以在股东大会上发挥实质性的影响，这时管理层的股权激励计划就转化为管理层收购了。证监会公布的在2006年1月1日实施的《上市公司股权激励管理办法》(试行)中规定，股权激励计划总规模不能超过公司总股数的10%，个人非经过股东大会批准，通过股权激励计划获授的公司股票累计不得超过公司股本总额的1%。在实际中，许多公司在章程或其他内部规则中还会对股权激励计划中管理层持股比例作出种种限制。在目前中国这种股权比较集中的情况下，很难实现从期权激励计划到管理层收购的转变。

本 章 小 结

　　作为对理论的应用,本章提出了对国有企业集团的全资或控股子公司进行股权多元化改革的一些思考。所有权配置的关键是辨认哪些是企业需要转化的成本昂贵的市场合约,并在需要把高成本的市场合约用所有权合约替代时,认真考虑由此产生的所有权合约成本。[①] 所有权配置这个问题没有解决好,改制就可能失败。

　　中国在企业改革的过程中,不断加深对企业制度的认识。1993 年提出了"产权明晰、权责明确、政企分开、管理科学"[②]。10 年以后,经过理论上的不懈探索和实践中的艰难尝试,吸取了许多教训后提出了"归属清楚、权责明确、保护严格、流转顺畅"[③]。前后比较可以看出,"产权明晰"由"归属清楚"所代替,更具有实际的操作性;"管理科学"、"政企分开"没有再提了,代之以"保护严格"、"流转顺畅"。"保护严格"主要是指对中小股东的法律和其他保护,而"流转顺畅"则主要针对目前股票市场上的股权分置和整体来讲企业兼并重组中的种种产权障碍。两个"十六个字"的差异,显示出认识上的巨大飞跃。

　　但根据本书的观点,认为目前的"十六个字"还不够完善,应该再加上一条"合理配置"。也许在一个成熟的市场经济环境中,产权如果已经是归属清楚、保护严格、流转顺畅的,则市场规则会自动地达致产权合理配置。但在中国这样的经济转型过程中,各项改革措施互相不配套,这个"自动达致"的过程将显得漫长且成本昂贵,国有企业的 MBO 就是其中的一个突出事例。如果能清醒地意识到产权合理配置的重要性,并且知道如何科学合理地配置产权的基本原则,那么在企业改革的过程中,就可以事先作好安排,减少不必要的周折,避免改革以后的再改革。

---

　　① 航空公司的飞行员不时举行罢工,使人感觉与飞行员的雇佣合约成本太高,如何处理这个问题? 美联航是一种应对办法,由飞行员和机务工程人员控股企业,结果在宏观经济条件不利的情况下公司进入破产保护程序。香港的国泰航是另一种应对办法,和飞行员工会进行谈判,对部分到期的飞行员不再续签合约。现在国泰航的生产经营正常运转。
　　② 1993 年 11 月 14 日中国共产党第十四届中央委员会第三次全体会议通过的《中共中央关于建立社会主义市场经济体制若干问题的决定》,第一部分,第 2 条。
　　③ 2003 年 10 月 14 日中国共产党第十六届中央委员会第三次全体会议通过的《中共中央关于完善社会主义市场经济体制若干问题的决定》,第二部分,第 6 条。

第四章

股东之间利益冲突与公司价值

第一节 相关文献综述

中国对企业的研究走过的路径和西方差不多,只是时间上短得多,只有 20 年左右,许多研究都是刚刚开始。在中国的学术界,起初也是把研究集中在经理人员和股东(特别是国有股东)之间的利益冲突上。但从琼民源、猴王、银广夏等事件后,股东之间的利益冲突逐渐进入我国学者的研究视野。

"郎顾之争"的一个焦点是,国有控股与私人控股谁更有利于增加企业价值。这个问题非常重要。刘伟(2001)认为:"……在公有制为主,特别是在国有制为主体的制度条件下,能不能真正形成与市场经济机制相适应的有效的公司治理?实际上,这一问题一方面是我国企业改革中形成的最为深刻的矛盾,另一方面也是公有制为主体的财产制度究竟能否与市场经济有机统一这一基本理论问题的具体反映。研究中国公司治理问题,若回避这一矛盾,显然会使分析显得极为苍白,但要解释这一矛盾,不仅需要足够的理论勇气和科学精神,而且更重要的是需要实践本身的深入和经济发展的证明与支持。"

如何在实证研究中探讨国有控股与私人控股谁更有利于增加企业价值,涉及股权分类的技术问题。股权的分类刚开始是按国有股、法人股和流通股来划分的。

许小年和王燕(1999)利用沪、深两市上市公司 1993—1995 年的数据,分析了中国上市公司股权结构对公司业绩的影响,结果表明:股权集中度(CV)对市值与账面价值之比(MBR)有显著的正影响,对净资产收益率(ROE)的影响不稳定;国家股比例对 ROE、资产收益率(ROA)有显著的负影响,对 MBR 的影响不显著;法人股比例对三个指标都有显著的正影响;

流通股比例对 MBR 有显著的负影响，对 ROE、ROA 的影响为负，但不显著。

李学峰、李向前(2001)的实证研究得出，法人股和流通股比例与净资产收益率存在正向的关系，国有股比例与净资产收益率存在反向相关关系。

孙永祥、黄祖群(1999)研究了上市公司所有权结构对公司治理的影响，得出具有一定集中度、有相对控股股东并且有其他大股东存在的股权结构的公司，其绩效趋于最大的结论。

孙永祥(2001)对 1998 年 301 家中国股市中盈利的公司的研究表明：就平均总资产收益率、平均净资产收益率和托宾 Q 三项绩效指标而言，民营上市公司均优于国有控股公司，其中平均总资产收益率及托宾 Q 两项指标，民营公司远远优于国有公司。

周业安(1999)从影响融资能力的角度对股权结构与公司净资产收益率的关系进行了一个简单的检验，发现 A 股、国有股和法人股的比例与净资产收益率之间有显著的正相关关系，而 B 股和 H 股比例与净资产收益率之间有负相关关系。

陈晓、江东(2000)发现：在竞争性较强的电子电器行业，法人股和流通股对企业有正面影响、国有股对企业有负面影响；在竞争性相对较弱的商业和公用事业行业，上述关系则不成立。

施东晖(2000)比较分析了 102 家股权比较分散的公司、105 家法人控股公司和 233 家国有控股型公司的股权结构，得出如下结论：国有股和流通股持股比例与公司绩效之间没有显著关系，法人股东在公司治理结构中的作用依其持股比例水平而定。当法人股比重低于 20% 或超过 60% 时，法人股股东在公司治理结构中会发挥积极作用，持股比重与绩效表现存在正向关系；当法人股比重在 20%—60% 时，法人股有可能追求自利目标而背离公司价值目标，此时持股比重和绩效体现为负向关系。

陈小悦、徐晓东(2001)对深交所 1996—1999 年除金融性行业以外的上市公司股权结构与企业绩效之间的关系所进行的实证研究表明：在公司治理对外部投资者利益缺乏保护的情况下，流通股比例与企业绩效之间负相关；在非保护性行业，控股股东持股比例与企业绩效正相关；国有股比例、法人股比例与企业绩效之间的相关关系不显著。

卢文彬、朱红军(2001)研究了 IPO 公司业绩变动与股权结构的关系，发现：IPO 当年及其后 3 年的经营业绩呈现显著下降趋势；流通股比例高低对IPO公司经营业绩变动趋势未产生重大影响,而不可流通股中的国有股和法人股比例则有较大影响。

对上述研究的一种批评意见是对股权的分类不恰当。Tian(2002)指出:"这种分类标准是用来帮助管制股票交易行为的,而非真正对投资者的分类。"上述研究的另外一个特点是研究结论经常是互相矛盾的,例如在国有股的比重、流通股的比重与公司业绩的关系上。

刘芍佳、孙霈和刘乃全(2003)力图在股权性质的划分上有所突破,主要研究了终极产权是国家的企业,其股权结构与公司绩效的关系。研究表明:在国家实际掌控的上市公司中,相对来讲,代理效率损失最低的企业具有以下特点:(1)国家间接控股;(2)同行同专业的公司控股;(3)整体上市。但该文的重点在于找到终极产权是国家的上市公司的金字塔形控股结构(见图4-1),以便用类似东南亚国家家族企业"剥夺"中小股东的理由解释国有控股的效率损失。

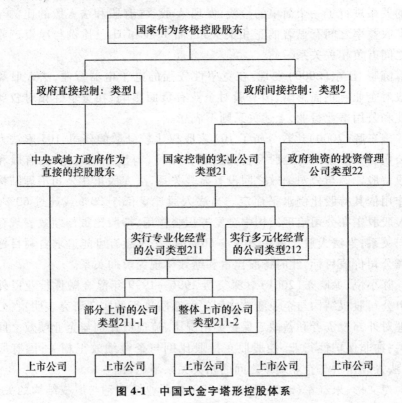

图4-1 中国式金字塔形控股体系

应该说,从终极产权的角度来研究问题,我们是从中得到了启发的。尽管本书不否认在中国也有金字塔式的持股结构,但我们不赞同终极产权是国家的企业的效率损失主要来自这种持股结构的观点,而是认为上市公司里具有国家背景的实际控制人与广大的中小股东在股权性质(在股权分置时期,还存在持股成本、流通性等)上是不一样的,这种不一样导致股东之间较严重的利益冲突,由此产生的集体决策成本才是企业效率损失的根源。

Tian(2002)发现国有股对企业价值的 U 型作用,反映了国有股对上市公司剥夺和扶持的两个方面。本书的结论与之有类似之处,但研究问题的出发点是显著不同的。该文主要用的是 1994—1998 年的数据,那个时候本书所指的由第二类实际控制人控制的企业是上市公司的还很少;该文对掏空和扶持行为的理论假设和形成原因的解释与本书也不一样。

Fan 和 Wong(2003)利用 1998—2000 年部分行业的 131 家企业作为样本的研究,得出由集团公司控制的上市公司存在更多的关联交易,这些关联交易涉及盈余管理和掏空行为两个方面,这些关联交易与企业的价值是负相关的。

徐晓东和陈小悦(2003)以 1997 年以前在中国上市的 508 个上市公司 1997—2000 年间的 2 032 个观察值为样本,研究控股股东的所有权性质、控股股东的变更对公司治理效力和企业业绩的影响。研究发现,上市公司控股股东的所有权性质不同,其公司业绩、股权结构和治理效力也不同。控股股东为非国家股股东的公司有着更高的企业价值和更强的盈利能力,在经营上更具灵活性,公司治理的效力更高,其高级管理层也面临着更多的来自企业内部和市场的监督和激励。研究还发现,对于不同性质的公司,控股股东的变更带来的影响也有所不同,但基本上都是正面的。控股股东的变更有利于公司治理效力的提高,有利于公司规模的扩大和管理的更加专业化。

本章研究的某些术语和某些结论与该研究类似,但其中的过程和方法相距甚远。第一,徐晓东和陈小悦(2003)是按照第一大股东的性质分类,而本研究将按实际控制人分类。第二,他们将大股东分为国有股、国有法人股和其他股股东,然后将国有法人股和其他股股东合并为一类,国有股股东为另一类,这样的分类并没有将国有性质的股东完全分在一起,因此结论也是令人质疑的。本章的研究利用"CCER™ 中国证券市场数据库"对公司实际控制人的划分:国有控股为 1,民营控股为 2,外资控股为 3,集体控股为 4,社团控股为 5,职工持股会控股为 6,不能识别的为 99。本书将不能识别的样本删去,将第1、第4、第5种样本集合为第一类实际控制人,将第2、第3、第6类样本集合为第二类实际控制人。这样本章研究的分类更清晰,把国有性质的股东完全放在了一起。第三,他们的研究方法是用秩和检验的方法,考察按他们标准划分的第一大股东的一些企业业绩、公司治理、股权结构和特征变量指标是否有显著的不同。而本章研究是采用 OLS 回归的方法,考察变量的符号和显著性。

第二节 理论模型

我们借鉴 La Porta 等(2000)、Johnson 等(2000a)、Friedman 等(2003)的思路,结合中国的具体情况,建立了一个理论模型。与已有研究的一个重要区别是,我们认为控股股东的掏空行为除了受外部因素——譬如法律环境——的影响以外,内部因素,譬如控股股东的绝对控制能力、相对控制能力和公司业绩也是非常重要的原因。表 4-1 是数学模型的符号一览表。

表 4-1 数学模型符号一览表

符号	定 义
α	控股股东的持股比例
K	掏空成本的一种度量,较大的 K 值表示较弱的公司治理或较弱的法律系统或两者兼之,K 值越大,掏空的成本越低
R	公司年收益率
I	公司的所有者权益(股东权益)
S	控股股东通过各种掏空行为,从 I 中"偷走"的量
$C(K,S)$	掏空行为的总成本(与 K 和 S 有关)
$U(S;R,K,\alpha)$	控股股东的效用
V	公司价值

Johnson 等(2000a)假设,掏空成本与公司治理和法律系统有关:公司治理或者法律系统越弱,掏空成本越低。我们认为,除了公司治理和法律系统以外,控股股东的持股比例和公司的业绩也与掏空成本有关。控股股东的持股比例越高,控股股东掏空公司的手段、渠道和方法就会增加,有些理由中小股东很难拒绝,这时掏空成本越低;公司的收益率 R 是另一个影响掏空行为的重要因素。R 越是正的很大,或是负的很多,公司就越是引人注目,控股股东实施掏空行为的困难就越大,也就是说,R 的绝对值越

大,掏空成本越大。因此,假定掏空行为的成本:

$$C(S) = S^2/2(K + \alpha - R) \qquad (4-1)$$

这里假定 $R \geq 0$,没有将其写成绝对值的形式是为了使后面的数学公式显得简洁,并不影响推导结果的一般性。

$C(S)$ 对 α 求偏导:$C'_\alpha(S) = -S^2/2(K + \alpha - R)^2 < 0$,即 $C(S)$ 是 α 的减函数,随着 α 的上升,$C(S)$ 下降。

$C(S)$ 对 R 求偏导:$C'_R(S) = S^2/2(K + \alpha - R)^2 > 0$,即 $C(S)$ 是 R 的增函数,随着 R 的上升,$C(S)$ 上升。

控股股东的价值最大化问题表述如下式:

$$\text{MAX}_S U(S;R,K,\alpha) = \text{MAX}\{\alpha R(I - S) + S - [S^2/2(K + \alpha - R)]\}$$

最佳的掏空量 S^* 是下式的解:

$$\partial U/\partial S = 1 - [S^*/(K + \alpha - R)] - \alpha R = 0$$

由此得到:$\qquad S^*(R,K,\alpha) = (K + \alpha - R)(1 - \alpha R) \qquad (4-2)$

在公式(4-2)中假定 R 是常数,则整理得:

$$S^*(\alpha) = -R\alpha^2 - (KR - 1 - R^2)\alpha + K - R \qquad (4-3)$$

所以 $S^*(\alpha)$ 是关于 α 的倒 U 型函数,见图 4-2。

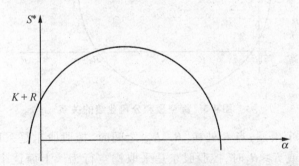

图 4-2　掏空量和第一大股东持股比例的关系

图 4-2 说明,当控股股东持股比例较低时,持股比例越高,掏空量越大。到达一个临界点以后,控股股东持股比例越高,掏空量反而下降。这个现象反映了控股股东一个独特的经济行为特征:随着控股股东持股比例的上升,控股股东掏空公司的能力上升,但动机下降。随着控股股东持股比例的下降,控股股东掏空公司的动机增加,但能力却下降,因为此时面临着其他股东的制衡。我们同意 Morck、Shleifer 和 Vishny(1988)的观点,倒 U 型的具体形状如何,是一个实证问题。

在这种情况下,公司价值 V 和掏空量 S^* 的关系如何,是一个需要认真思考的问题。我们从掏空行为本身和法律规定两个方面来考虑。按照 Johnson 等(2000b)的说法,掏空行为是"通过地下隧道将资产移走"(Removing assets through an underground tunnel),因此,其行为具有隐蔽性,不易被其他股东察觉。从法律上讲,大多数国家的法律是禁止某些类型的掏空行为的。在评判行为时,法律一般应用两个原则:尽职义务和忠诚义务。但我国的相关法律对这些重要原则的规定过于粗糙①,也使不少掏空行为披上了合法的外衣,从而对广大中小股东具有一定的蒙蔽性。基于上述观点,本书将公司价值 V 和最佳掏空量 S^* 的关系假定为:

$$V = -aS^* + b \tag{4-4}$$

系数 a 和平移因子 b 的大小由实证研究决定。V 和 α 的关系呈 U 型的形状。

假定 α 是常数,对公式(4-2)整理得:

$$S^*(R) = \alpha R^2 - (\alpha^2 + \alpha K + 1)R + K + \alpha \tag{4-5}$$

由于 $\alpha > 0$,所以 $S^*(R)$ 是关于 R 的 U 型抛物线,见图4-3。

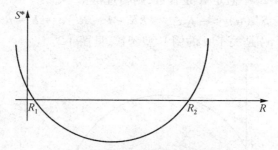

图 4-3 掏空量和公司业绩的关系

根据这个模型,当 R 处在 $[R_1, R_2]$ 之间时,控股股东是采取扶持行为;而在 $R \leq R_1$ 或 $R \geq R_2$ 时,控股股东是采取掏空行为。上面这个模型只考虑了当期的情况:当 $R \leq 0$ 时,可能面临摘牌或退市的风险,控股股东是不会坐视的;当 $R \geq 0$ 但很接近于 0 时,由于中国证监会对配股的有关规定,上市公司有可能丧失配股资格,损失以后掏空的价值。本章将以后年度掏空的价值定义为 $S_t^*(K, \alpha, R_t | R)$,当 $R \geq 0$ 但很接近于 0,或 $R < 0$ 但较接近于 0 时,$S^*(K, \alpha, R_t | R) < 0$。把以后掏空的价值考虑进去,这时控股股东的最佳掏空量为:

$$S^*(\alpha) = \text{MAX}\{\alpha R(I-S) + S - [S^2/2(K+\alpha-R)]$$

---

① 万国华:《证券法前沿问题研究》,天津人民出版社 2002 年版,第 354—365 页。

$$+ \delta S_t^*(K, \alpha, R_t \mid R)\} \qquad (4-6)$$

δ 是折现因子。当 $S_t^*(K, \alpha, R_t \mid R) < 0$,控股股东可能要减少当期的掏空量,甚至采取扶持行为,以确保在整个持有期的私有利益最大化。这时图 4-3 中的抛物线将向下移动,说明控股股东扶持的力度更大、范围更宽。见图 4-4。

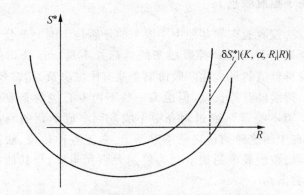

图 4-4　考虑多期因素后掏空量和公司业绩的关系

在这种情况下,S^* 与上市公司价值 V 之间的关系,仍然沿用推导公式(4-4)的逻辑和假设,得到:

$$V = -aS^* + b, \quad a > 0 \qquad (4-7)$$

系数 a 和平移因子 b 的大小,仍由实证研究决定。

第三节　实 证 研 究

一、研究假说

(一) 关于实际控制人

在本章中,我们把上市公司的实际控制人分为第一类实际控制人和第二类实际控制人。第一类实际控制人是指控股股东的实际控制人是具有国有股背景的国家机构、事业单位、全民所有制企业、集体企业,这类实际控制人一般被认为具有预算软约束的性质。第二类实际控制人是自然人或有限自然人的集合,如民营企业、外资企业、职工持股会等,这类实际控制人一般被认为具有预算硬约束的性质。2000 年以前第二类实际控制人还是非常稀少,现在已经有一定的样本量了。这种分类方法能回答我们要研究的国有股作为实际控制人,与其他性质的实际控制人相比,是否对公司价值有负面影响的问题。

假说1:与第二类实际控制人相比,第一类实际控制人对公司价值的贡献为负数。

(二) 关于控股股东

前已述及,控股股东和其他中小股东的矛盾是中国上市公司的一对重要矛盾,甚至是主要矛盾。控股股东的目标并不是上市公司的价值最大化,而是其自身价值的最大化。股份制企业有民主决策、超常规模发展、股权易于转让、持续经营等长处,但也为一些不再专心经营企业业务而专门从事所谓的"资本经营",通过剥夺中小股东而牟取私利的利益集团打开了一扇门。在中国这样的新兴资本市场上,由于各种政策、法律和监管都处于初级阶段,控股股东的掏空行为特别大胆和明显,与其他中小股东的矛盾就特别突出。

但其他中小股东会为了自己的利益而和控股股东展开博弈。控股股东或者为此付出成本,或者减少掏空行为。因此,其他中小股东力量的大小会影响大股东的行为,从而影响公司的价值。每个上市公司中控股股东和其他中小股东的力量对比情况并不完全一样,实际效果如何需要进行实证分析。在影响控股股东的行为要素中,相对决定地位是一个重要的问题。

假说2:控股股东与其他中小股东的力量对比越强,公司价值越低;反之,其他中小股东与控股股东的力量对比越强,公司价值越高。

控股股东持股比例的提高对于公司价值的影响一直有不同的说法。有正面影响的观点认为这可以加强对经理人员的监督。Leland 和 Pyle (1977) 认为这是一个传递了企业(项目)的质量的信息的信号;Shleifer 和 Vishny (1986)认为可以解决在接管中小股东"搭便车"的问题。有负面影响的观点认为这是控股股东对小股东的剥夺(Shleifer and Vishny, 1997)。我们承认,这应该是一个实证问题。根据公式(4-3)和(4-4),得出假说3。

假说3:随着持股比例的提高,控股股东掏空上市公司的动机减弱;随着持股比例的下降,控股股东掏空上市公司的动机增强,但能力下降。因此控股股东的持股比例对公司价值的影响是呈 U 型的。

(三) 关于母公司

什么是上市公司的母公司?1997年《企业会计准则——关联方关系

及其交易的披露》中,对母公司的定义是"能直接或相对控制其他企业的企业"。而在同一个准则中,对控制的定义是"指有权决定一个企业的财务和经营政策,并能据以从该企业的经营活动中获取利益"。

与英美等国的情况①不同的是,中国的实际控制人一般并不是直接控制上市公司,而是通过一个母公司(或集团公司)来实施控制。这点与欧洲和东南亚的家族控制情况表面上有些类似。但有一个重要的区别是:通过一个公司来控制上市公司的制度背景是,在中国并没有真正的审核制,尽管在1999年成立了"股票发行审核委员会"。

1993年以前,大多数国有企业在改制上市时主要采取整体上市的方法,上市公司的盈利能力由于受到许多非经营性资产和不良资产的影响而不能充分发挥,当时许多上市公司在上市后两年内就出现利润迅速滑坡甚至沦为亏损的局面。证监会1993年12月17日对上市公司配股提出盈利的要求,上市公司配股必须满足"连续两年盈利"的条件。② 从1994年起,越来越多的上市公司在改制时注意在上市前进行不良资产的剥离,把集团公司中最优秀的资产拿出来上市。1994年9月28日,证监会对配股盈利的要求规定为"公司在最近三年连续盈利,公司净资产税后利润率三年平均在10%以上,属于能源、原材料、基础设施的公司可以略低于10%"的原则后,几乎所有的上市公司都采用了在上市公司之上构架一个集团公司的重组模式。这种"主体上市,原企业改造为母公司"的模式,其后果是集团公司总资产中的一部分被剥离出来,模拟其营业收入和费用,虚拟出一个新的会计实体——股份有限公司。这种有违资产整体性规律的人为剥离,使上市公司和集团公司以及其他关联公司之间不可避免地存在着千丝万缕的联系。

在2000年以前,由于我国资本市场对公司发行上市实行额度制,加之当时证券市场的出发点是解决国有企业的困难和融资问题,监管部门在实际审批时主要偏向国有企业,民营企业客观上受到歧视。结果,一些民营企业为了规避政策风险,虽然实际股份是创业者个人或群体的,但为了上市,创业者也不愿以自然人身份直接持有股份,而是在上市公司上面构造一个集团公司,以集团公司作为主要发起人设置上市公司的股权结构,结

---

① 朱武祥指出:"西方家族企业上市时,股权结构比较简单。例如,微软公司的控股股东并不是微软集团,戴尔的控股股东也不是戴尔集团,而是盖茨和戴尔本人。"摘自朱武祥,《一股独大与股权多元化》,《上市公司》,2001年第10期。

② 1993年12月17日证监发字[1993]128号《证监会关于上市公司送配股的暂行规定》。

果在集团公司和上市公司之间产生了大量的关联交易。

2000年证券监管部门提出欢迎各种所有制的企业到B股市场上市，结果B股市场上出现了帝贤B、雷伊B这样的个人发起并占大股的民营上市公司。2000年3月，我国证券发行制度正式从审核制过渡到核准制，各类民营公司开始走向证券市场，特别是2001年家族公司出现集中上市的局面。我国的家族公司的股权结构还有这样的特点：家族持股成员一般不直接持股①，而是通过持有一家公司的股份，再由该公司作为发起人持有上市公司的股份。这样，家族实现了对上市公司的间接持股。如2001年来自广东的三家家族企业——康美药业（600518）、太太药业（600380）和广东榕泰（600589）的上市就是如此。图4-5表明了2003年太太药业（600380）的实际控制人对上市公司的控制方式。

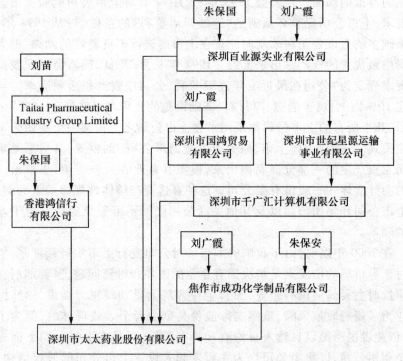

图4-5 2003年太太药业（600380）实际控制人对上市公司的控制方式

---

① 2001年前仅浙江天通一例，截至2003年10月为止增加了三家：精伦电子（600355）的张学阳；宏智科技（600503）的王栋；腾达建设（600512）的叶洋友。

假说 4：通过母公司来控制上市公司将大大方便母公司对上市公司的掏空和扶持行为，这些行为的综合效果对公司价值的影响是负面的。

（四）关于法律对少数股东权益的保护

根据 La Porta 等(1999)的模型和实证研究，对少数股权保护较好，可以提升公司的价值。在中国，有些公司除向国内的居民发行股票外，还在内地和香港地区①向外国人发行股票，这给了我们一个难得的机会，观察同样的企业在不同的发行条件下上市对公司价值的影响。

假说 5：发行 A 股的公司同时发行 B 股或 H 股或 N 股，对公司的价值有提升的作用。

（五）关于公司业绩

根据公式(4-5)、公式(4-6)和公式(4-7)，得出假设 6。

假说 6：上市公司的业绩对控股股东行为的影响呈倒 U 型。当公司业绩超过或低于一定水平时，控股股东有大量的掏空行为；当公司业绩在某个区间内时，控股股东有大量的扶持行为。

---

① 在我国香港地区、美国上市的公司股票分别被称为 H 股、N 股（大多是以 ADR 形式），发行时按照当地的证券监管法规行事，对中小股东有较好的法律保护。B 股是指中国公司发行的境内上市外资股，又称人民币特种股票。B 股采取记名形式，以人民币标明面值，以外币认购、买卖，在境内证券交易所上市交易。在上海上市的 B 股以美元结算，在深圳上市的以港币结算。1992 年初，为吸引外资，活跃资本市场，我国在严格的外汇管制制度下推出专供境外投资者的 B 股市场。当年 2 月，上海真空电子器件有限公司发行了中国第一只人民币特种 B 股，成为第一个 B 股公司。到 2001 年 12 月 31 日，我国发行 B 股的公司已达 112 家，其中，同时发行 A 股、B 股的公司 88 家，仅发行 B 股的公司 24 家。
1995 年 11 月，国务院讨论并通过了《关于股份有限公司境内上市外资股的规定》，于 1996 年 1 月发布实施，标志着我国 B 股市场有了首部全国性的法规；1998 年 2 月，国务院证券委发布《境内上市外资股（B 股）公司增资发行 B 股暂行办法》，规定符合条件的 B 股公司可以增发；1999 年 6 月，证监会《关于企业发行 B 股有关问题的通知》规定，申请发行 B 股的企业可以是国有企业、集体企业及其他所有制形式的企业，取消了对发行 B 股企业的所有制限制；2000 年 9 月，证监会发布《关于境内上市外资股（B 股）公司非上市外资股上市流通问题的通知》，规定经中国证监会核准，B 股公司外资发起人股，自公司成立之日起三年后，可在 B 股市场上流通；外资非发起人股可以直接在 B 股市场上流通。2001 年 2 月 19 日，经国务院批准，中国证监会发布决定，允许境内居民以合法持有的外汇开立 B 股账户，交易 B 股股票。同年 2 月 21 日，中国证券监督管理委员会和国家外汇管理局共同颁布了《关于境内居民个人投资境内上市外资股若干问题的通知》，对境内居民使用外汇从事 B 股投资进行了具体规定。B 股市场目前已成为供境内外居民用外币投资的证券市场。B 股公司按规定要提供按国际会计准则标准编制并经国际审计师（也称境外审计师）审计的财务报告。

二、变量和数据

(一) 因变量和解释变量

本研究用于衡量公司价值的指标是 Chung 等(1994)简化近似的托宾 Q 和市价净资产比率 MB。对于非流通股票的价格,一种办法是直接用流通股的市场价格代替来计算 TQ、MB,这样会高估了上市公司的价值。在前面第一章第三节中,我们提到 Chen 和 Xiong(2002)的发现,中国非流通的国有股和法人股的非流通性折扣平均为 70% 到 80%。我们用符号 TQ20、TQ30、MB20、MB30 表示非流通股的价值分别是按市价的 20% 和 30% 计算后的托宾 Q、市价净资产比率。在其后的分析中,将看到各种非流通股价格的计算方法对本研究的影响。

在解释变量中,实际控制人的类型(ULT)是哑变量:实际控制人为第一类的等于 1,否则等于 0。

控股股东与其他中小股东的力量对比:本研究用 Z 指数(Z INDEX),即控股股东的持股比例除以第二大股东的持股比例来表示。

控股股东的持股比例(TOP1):对于控股股东,本研究采用 La Porta 等(2000)的定义,为持股比例不小于 20%。

控股股东持股比例的平方(TOP1_2):控股股东的持股比例自乘。

母公司控制(PAR)为哑变量:上市公司的控股股东是公司(即存在母公司)的等于 1,否则等于 0。

少数股权保护(BHN)也用哑变量表示:发行 A 股的公司同时发行 B 股或者 H 股或者 N 股的等于 1,否则等于 0。

公司业绩要排除公司偶然的、不连续的收入,即"非经常性损益"[①],这

[①] 中国证监会曾在相关融资法规及多项信息披露规范中使用了"非经常性损益"的概念。由于这些规范未对这个概念的内涵、外延给出清晰的界定,公司对此理解不一,具体执行时往往采用不同的判断标准。2001 年 4 月 25 日,中国证监会颁布了《公开发行证券的公司信息披露规范问答第 1 号——非经常性损益》,但从执行的情况看,无论是其披露还是涉及项目的认定方面均存在差异,出现公司随意增加或减少非经常性损益项目的现象。中国证监会 2004 年 1 月对 2001 年发布的《公开发行证券的公司信息披露规范问答第 1 号——非经常性损益》作了修订,对非经常性损益的含义和内容作了更为清晰的界定。根据这次修订后的文件,非经常性损益是指公司发生的与经营业务无直接关系,以及虽与经营业务相关,但由于其性质、金额或发生频率,影响了真实、公允地反映公司正常盈利能力的各项收入、支出。非经常性损益应包括以下项目:处置长期股权投资、固定资产、在建工程、无形资产、其他长期资产产生的损益;越权审批或无正式批准文件的税收返还、减免;各种形式的政府补贴;计入当期损益的对非金融企业收取的资金占用费;短期投资损益,但经国家有关部门批准设立的有经营资格的金融机构获得的短期投资损益除外;委托投资损益;

里考虑所谓的"核心盈余"(core earnings)。本研究采用每股营业利润(operation income per share)作为上市公司业绩的指标(EARNS)。每股营业利润的平方(EARNS_2),就是每股营业利润自乘。

(二) 控制变量

上市公司的经营战略——专业化或者多元化、本土化或者国际化等——对公司价值是有影响的。本研究考虑公司的多元化经营战略。[①] 美国学者 L. Wrigley(1970)首次提出以企业的某一类产品占总销售额比重的大小来测量企业的多元化程度,并以此划分出企业的四种类型如下(见表4-2)。L. Wrigley(1970)的这种分类依据及四种基本类型,已被国际学术界广泛采用,成为一种研究的范式。本研究考虑到中国企业的实际情况,采用中度多元化的定义:公司某一类产品占销售的比重≤70%,产品相关,则认定上市公司是采用了多元化经营的战略。本书采用哑变量表示多元化战略(DIV):采用了多元化经营战略的公司等于1,否则等于0。

表4-2 企业多元化经营的定义

一类产品占销售的比重	企业类型	多元化的程度
≥95%	单一产品	专业化(非多元化)
≥70%,<95%	产品主导	低度多元化
≤70%,产品相关	相关多元化	中度多元化
≤70%,产品不相关	无关多元化	高度多元化

资料来源:康荣平、柯银斌:《企业多元化经营》,经济科学出版社1999年版,第2页。

其他几个控制变量是:总资产的对数(TAS)控制公司的规模,资产负

扣除公司日常根据企业会计制度规定计提的资产减值准备后的其他各项营业外收入、支出;因不可抗力因素,如遭受自然灾害而计提的各项资产减值准备;以前年度已经计提各项减值准备的转回;债务重组损益;资产置换损益;交易价格显失公允的交易产生的超过公允价值部分的损益;比较财务报表中会计政策变更对以前期间净利润的追溯调整数;中国证监会认定的符合定义规定的其他非经常性损益项目。中国证监会在修订后的文件中要求公司在编报招股说明书、定期报告或申请发行新股的材料时,应将上述项目作为非经常性损益处理。公司在计算"扣除非经常性损益后的净利润"、"扣除非经常性损益后的净资产收益率"等财务指标时,应扣除非经常性损益的所得税影响数。公司应在招股说明书、定期报告以及申请发行新股材料中对非经常性损益项目内容及金额予以充分披露。注册会计师为公司招股说明书、定期报告、申请发行新股材料中的财务报告出具审计报告或审核报告时,应单独对非经常性损益项目予以充分关注,对公司在财务报告附注中所披露的非经常性损益的真实性、准确性与完整性进行核实。

① Lang 和 Stulz(1994)认为,多元化经营的公司比专业化经营的公司的价值更低。

债率(LEV)控制公司与债权人的利益冲突,有形资产销售比率(CSR)控制公司人力资本在盈利模式中的特殊作用。

行业哑变量。中国证监会(CSRC)将全部上市公司分为13个行业。本研究将农业作为基准行业。为了避免多重共线性,特将制造业按细目分为9个行业,这样实际效果上就是22个行业。

年度控制变量(TIME)。共有三个:2000、2001、2002,作为消除时间趋势的控制变量。①

研究变量表见附表4-1。

(三) 数据

本研究样本时间段是2000—2002年三年的数据(见表4-3)。选择这三年的数据作为样本,主要是考虑2000年以后具有第二类实际控制人的上市公司数量增加,以及www.sina.com.cn上关于多元化经营的数据是从2000年开始统计的。本研究的数据属于混合横截面数据(pooled cross section),为了控制时间趋势的影响,本书引进了年度变量。

表4-3 数据删除和缺失情况(三年总计)

总样本	第一大股东的持股比例低于20%的公司	实际控制人无法辨认	其他数据不全(例如行业不清等)	有效样本
3 395	257	97	45	2 996

资料来源:CCER™中国证券市场数据库。其中多元化经营战略的数据来自www.sina.com.cn网站。

样本总量3 395个,但其中第一大股东的持股比例不小于20%的只有3 138家。实际控制人的类型无法通过公开信息辨认的有97家,其他数据(如公司所在的行业不清等)不全的有45家,有效样本是2 996个。无效样本的分布在交易所、年份上比较凌乱,不会影响样本的有效性。

本研究采用SPSS 10.0统计软件计算。

---

① 伍德里奇(2003)认为:"考虑到可能有一些影响 y 的未被观测到的且有趋势的因素,可能与解释变量相关,我们必须谨慎从事。如果忽略这种可能的情况,我们所找到的 y_t 与一个或多个解释变量之间的关系就会是错误的。仅仅因为每个变量都随着时间增长,而在两个或更多的趋势变量之间找到某种关系的现象是谬误回归(spurious regression)的一个例子。所幸的是,只要增加一个时间趋势变量就可以消除这种麻烦。"参见〔美〕J. M. 伍德里奇:《计量经济学导论——现代观点》,中国人民大学出版社2003年版,第321页。

四、研究结果

（一）样本数据描述

附表 4-2 给出因变量、解释变量和控制变量的一些描述性的统计量。从附表 4-2 A 中可知，TQ 的平均值是 2.6808，比国际水平高出很多，说明非流通股的价格用流通股的价格来计算，对公司价值是高估了。TQ20、TQ30 的平均值是 1.3213 和 1.4913，这两个值比较合理。

从附表 4-2 B 中可以看到，在中国股票市场 2000—2002 年三年间第一大股东持股比例平均是 46.79%（除去 257 家第一大股东的持股比例在 20% 以下的公司），这个比例应该说是比较高的。Z 指数的最高值是 5 872，平均值是 63.5052，中位数是 9.6721，说明控股股东在公司中的相对控制能力总体上来说是很强的。第一类实际控制人平均是 88%，这个比例说明我国上市公司国有股控股是一个普遍的现象。

在附表 4-2 C 中，多元化经营（DIV）的公司平均只有 21%，说明我国大多数的上市公司经过"剥离"上市后，经营比较单一。有形资产销售率（CSR）的最小值是 0.0380，最大值是 760.3187，方差是 20.2042，说明这个值的差异是很大的。一般来说，高科技企业的这个值比较低，同样的收入情况下，这种企业所占的有形资产并不多。由于这些因素的存在，将 CSR 作为控制变量是合适的。

（二）相关性分析

附表 4-3 是本章各研究变量的 Pearson 相关系数矩阵。从表中可以看到，控股股东的持股比例和 Z 指数的相关性最高，其相关系数为 0.395，说明控股股东的绝对控制能力和相对控制能力存在一定的相关性，但没有超过 0.4。负相关最严重的是多元化经营的公司和第一大股东的持股比例，其相关系数为 −0.118，其绝对值远远低于 0.4，说明两者相关度也是非常低的。在进行回归分析时，我们将进行 VIF 值的判断，看看这些变量是否存在多重共线性。

相关性分析的结果初步显示了各个变量对公司价值影响的方向。实际控制人哑变量与 Z 指数是正相关的，说明它们对公司价值的影响可能是同方向的（同为正或同为负）；第一大股东的持股比例和 Z 指数是正相关的，说明控制力强的控股股东，一般来说其相对控制力也强。少数股权保护哑变量与 Z 指数是负相关的,说明少数股权保护好的公司其控股股东的相对控制能力不强,因此它们对公司价值的影响可能是反方向的。

(三) OLS 回归结果

附表 4-4 是因变量公司价值(TQ、TQ20、TQ30)与解释变量实际控制人、Z 指数、控股股东的持股比例、控股股东持股比例的平方、公司业绩、公司业绩的平方、母公司、少数股权保护和控制变量多元化经营战略、公司规模、资产负债率、有形资产销售比率、行业哑变量和年度变量进行 OLS 回归的结果。

附表 4-4 对本章的研究假说进行了验证。哑变量 ULT 的回归系数是负数,而且在 1% 的水平上是显著的,说明假设 1 是正确的,具有国有股背景的第一类实际控制人控制上市公司比更接近自然人的第二类实际控制人对公司的价值贡献为负,说明其在协调上市公司股东之间的利益冲突时做得更差。表示控股股东直接控制能力的控股股东持股比例一次项的回归系数是负数,二次项的回归系数是正数,而且在 1% 的水平上是显著的,说明假设 3 是正确的,控股股东的直接控制能力对公司价值的影响是呈 U 型的:随着持股比例的增加,控股股东掏空上市公司的动机下降;而当持股比例下降时,控股股东掏空上市公司的动机增加,但由于受到其他股东越来越大的制约,掏空的能力越来越低。而且其他中小股东不易预期和识别控股股东的掏空行为,因此公式(4-3)和(4-4)是成立的。Z 指数的回归系数是负数,在 1% 的水平上是显著的,说明控股股东的相对控制能力越强,公司的价值越低,与假设 2 是相符的。哑变量 BHN 的回归系数为正,且是显著的,说明公司发行 B 股、H 股和 N 股有利于提升公司价值,本书对此的解释是这些公司需要按照比深、沪两市更严格地保护中小股东的法律法规行事。表示公司业绩的变量 EARNS 的一次项的回归系数为正(在 1% 的水平上是显著的),二次项的回归系数为负(在 5% 的水平上是显著的),表明公司业绩太好或太差时,控股股东有大量的掏空行为,在临近摘牌或配股资格的附近,控股股东有大量的扶持行为,因此公式(4-5)、(4-6)和(4-7)是成立的,与假设 6 是吻合的。

我们注意到,控股股东的持股比例和它的平方两个变量之间存在一定的多重共线性。但张文彤(2002)认为:"高次项和原变量之间的共线性是被认可的,它们一般也不会导致方程的无法拟合。"我们将在敏感性分析中去掉 TOP1_2 项,对 TOP1 进行分段回归,以此进一步证明这个多重共线性不影响我们的结论。

哑变量 PAR 的系数为正,且在公司的价值用 TQ(非流通部分按流通股的价格计算)计量时是在 1% 的水平上是显著的,在公司的价值用 TQ30、TQ20 计量时是不显著的,这个结果不能证明假设 4。这是为什么呢?对此分析如下:先看看年度变量的情况。年度变量的回归系数是负数,且在 1% 的水平上是显著的,说明在本书样本期间是一年比一年的行情差,情况也确实如此,图 4-6 是样本所在的三年沪市的指数情况。

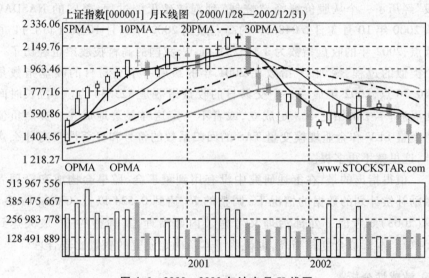

图 4-6 2000—2002 年沪市月 K 线图

从图 4-6 可知,沪市 2000 年 12 月最后一个交易日的收盘指数是 2 073.48,2001 年 12 月最后一个交易日的收盘指数是 1 645.97,2002 年 12 月最后一个交易日的收盘指数是 1 367.65。深市的情况类似,深圳成分指数 2000 年最后一个交易日的收盘指数是 4 752.75,2001 年最后一个交易日的收盘指数是 3 325.66,2002 年最后一个交易日的收盘指数是 2 759.30。因此样本的时间段刚好是一个市值不断缩水的下跌趋势。

附表 4-4 说明,在行情不好的情况下,从统计上来看,母公司对上市公司实施了一定程度的扶持。也许将时间的距离拉长,最终可以看到母公司对上市公司的影响是负面的,但从本书选取的样本所在的时间段内,得不出假设 4 的结论,相反,能够得出的结论是在某些特殊情况下,母公司对上市的子公司会采取"扶持"的行为。

在控制变量方面,多元化经营哑变量 DIV 回归系数的符号是负的,对因变量 TQ 在 5% 的水平上是显著的,对因变量 TQ20、TQ30 是不显著的。这说明从统计数据上看,实施多元化战略对公司的价值可能有一定程度的负面影响。有形资产销售率 CSR 的回归系数的符号为正,且在 1% 的水平上是显著的,说明在本研究所选择的时间段,同样的销售收入,有形资产所占比重较大的上市公司其公司价值也较大。要正确认识这个结论,也需要从大的经济背景上来分析。在 2000—2002 年这段时间,高科技的"网络股"经历了一个从股价巅峰、"烧钱"到泡沫破灭的过程,美国的 NASDAQ 从 2000 年 10 月 3 日 5 048.63 的高点跌到 2002 年 9 月 10 日 1 114.11 的低点,2002 年的收盘指数为 1 335.51 点。[1] 我国的高科技股票也经历了一个类似的过程,深圳 IT 指数在 2001 年的最后一个交易日的收盘指数是 440.76 点,2002 年最后一个交易日的收盘指数是 325.34 点。[2] 拉长时间间隔后,本书的结论不一定成立,或者不一定这样显著地成立。资产负债率变量 LEV 和企业规模变量 TAS 的回归系数的符号和显著性没有什么意外,这里就不再多提。

值得指出的是,在上述研究中没有用到董事会、监事会构成和管理者激励补偿计划的数据的情况下,调整的 R^2 达到 0.524 以上,Chong-En Bai 等(2003)既考虑了外部治理又考虑了内部治理,其调整的 R^2 最大达到 0.411。本章拟合度相当高,也说明了本章确定研究的变量比较合理。

五、敏感性分析[3]

(一)因变量敏感性分析

在上段的研究中,采用的解释变量是托宾 Q。下面用市价净资产比率(MB)——净资产的市场价值与账面价值的比值作为公司价值的替代变量,来看看上节得出的结论是否依然成立。表 4-4 是新的因变量的定义。表 4-5 是市价资产比率的数据描述。

---

[1] 数据来源:Bloomberg 系统。
[2] 数据来源:www.sina.com.cn。
[3] 关于敏感性分析(sensitivity analysis)的定义,J. M. 伍德里奇(2003)认为:"宽泛地说,这意味着你首先估计一个初始模型,然后用一些看似合理的方法修改它。"他进一步解释说:"例如,如果你把酒精消费量的一个度量作为解释变量,或者用一个表示酒精消费用量的虚拟变量来代替定量的度量,这两种做法能够得到性质上相似的结果吗?"

表 4-4　因变量表

变量名称	变量缩写	变量度量方式
市价资产比率	MB	MB = 资产的市场价值/资产的账面价值 非流通股票的价格按流通股的市场价格计算
	MB20	非流通股票的价格按流通股的市场价格的 0.2 计算
	MB30	非流通股票的价格按流通股的市场价格的 0.3 计算

表 4-5　市价资产比率的描述性统计量

变量名称	观察个数	Min.	Max.	Mean	Median	S.D.
MB20	2 996	0.5047	11.8932	1.7223	1.4941	0.8839
MB30	2 996	0.5047	12.8058	1.8923	1.6375	0.9843
MB	2 996	0.5047	21.9137	3.0818	2.6202	1.7760

MB 也是通常度量公司价值的指标。从它的定义来看，其值比 Chung 等(1994)简化近似的 TQ 要高。这一点通过比较附表 4-2 A 和表 4-5 也可以看出。

附表 4-5 是新的因变量公司价值(MB、MB20、MB30)与解释变量实际控制人、Z 指数、控股股东的持股比例、控股股东持股比例的平方、公司业绩、公司业绩的平方、母公司、少数股权保护和控制变量多元化经营战略、公司规模、资产负债率、有形资产销售比率、行业哑变量和年度变量进行 OLS 回归的结果。

附表 4-5 说明，用 MB 作为公司价值的变量后，与从附表 4-4 中得到的结论没有实质的不同。在附表 4-4 中，母公司的变量 PAR 的回归系数为正，只在 TQ 为因变量时在 1% 的水平上是显著的。而在附表 4-5 中，母公司的变量 PAR 的回归系数仍然为正，对因变量为 MB、MB30、MB20 时分别在 1%、5% 和 10% 的水平上显著，因此同样不能证实假设 4。最大的矛盾出现在控制变量——多元化经营变量 DIV 中。在附表 4-4 中，变量 DIV 的回归系数对公司价值的三个度量值 TQ、TQ30、TQ20 都为负数，但全部不显著。但在附表 4-5 中，变量 DIV 对 MB 的回归系数为负数，但对 MB30、MB20 回归系数为正数，仍然是全部都不显著。因此本章的研究不能对多元化经营对上市公司的价值影响是有提升或下降作出肯定的回答。DIV 在本章的研究中仅仅作为一个控制变量出现，上述问题不影响本章对假说的检验。

(二) 解释变量敏感性分析

首先,本研究用第二大股东至第十大股东的 Herfindal 指数,作为中小股东力量的代表,作为与 Z 指数相反的一个替代变量。表 4-6 是 Herfindal 指数的定义。表 4-7 是 Herfindal 指数的描述性统计量。

表 4-6　第二大股东至第十大股东的 Herfindal 指数的定义

变量名称	变量缩写	变量度量方式
第二到第十大股东的 Herfindal 指数	H2_10 INDEX	H2_10 INDEX = 第二到第十大股东的持股比例平方之和的对数。

表 4-7　H2_10 INDEX 指数的描述性统计量

变量名称	观察个数	Min.	Max.	Mean	Median	S.D.
H2_10 INDEX	2 996	−16.1181	−1.7118	−6.0440	−5.6872	2.7291

附表 4-6 是因变量公司价值(TQ、TQ20、TQ30)与解释变量实际控制人、H2_10 INDEX、控股股东的持股比例、控股股东持股比例的平方、公司业绩、公司业绩的平方、母公司、少数股权保护和控制变量多元化经营战略、公司规模、资产负债率、有形资产销售比率、行业哑变量和年度变量进行回归的结果。

附表 4-6 中变量第二到第十大股东的 Herfindal 指数的回归系数是正数,对公司价值的 TQ、TQ30、TQ20 的度量,分别在 1%、1% 和 5% 的水平上显著。其他变量的系数符号和显著性没有大的变化。这说明其他中小股东的力量越强,对控股股东的约束就越大,对公司的价值提升有正面的影响。我们用 MB、MB30、MB20 作为公司价值的度量,得到了类似的结果,这里就没有再报告了。因此假说 2 被验证。

其次,我们用净资产收益率(ROE)作为公司业绩的替代变量,代入回归方程看看情况会怎么样。表 4-8 是净资产收益率的定义,表 4-9 是净资产收益率的描述性统计量。

表 4-8　净资产收益率的定义

变量名称	变量缩写	变量度量方式
净资产收益率	ROE	ROE = 净利润/年末净资产
净资产收益率的平方	ROE_2	净资产收益率自乘

表 4-9　净资产收益率的描述性统计量

变量名称	观察个数	Min.	Max.	Mean	Median	S.D.
ROE	2 996	-175.76400	12.6552	-5.6362E-02	6.4900E-02	3.3042

附表 4-7 是因变量公司价值(TQ、TQ20、TQ30)与解释变量实际控制人、H2_10 INDEX、控股股东的持股比例、控股股东持股比例的平方、公司业绩、公司业绩的平方、母公司、少数股权保护和控制变量多元化经营战略、公司规模、资产负债率、有形资产销售比率、行业哑变量和年度变量进行 OLS 回归的结果。

从附表 4-7 中可知,用净资产收益率 ROE 代替每股营业利润 EARNS 后,对其他解释变量和控制变量的符号和显著性的影响很小。就业绩的替代变量 ROE 本身而言,其二次项的符号为负,对公司的价值度量 TQ、TQ30、TQ20 分别在 1%、1% 和 5% 的水平上是显著的,说明 ROE 对公司价值的影响确实呈倒 U 型。至于一次项的符号也为负,说明倒 U 型的底部位于 Y 轴的左边,但不远(对公司的价值用 TQ 来度量,$X = -3.1736E-3$)。这一点与每股营业利润 EARNS 作为业绩的替代变量时有所不同,那时一次项的符号为正,说明倒 U 型的底部位于 Y 轴的右边。要解释这个现象,需要回顾一下两个变量的描述性统计量。在表 4-5 中,每股营业利润 EARNS 的均值是 0.1779,中位数是 0.1812,最小值是 -3.2388,最大值是 15.5829,方差为 0.4685。这些数据说明变量 EARNS 的分布大部分在 Y 轴的右边。而在表 4-9 中,净资产收益率 ROE 的均值是 -5.6362E-2,中位数是 6.4900E-2,最小值是 -175.76400,最大值是 12.6552,方差为 3.3042。这些数据说明,虽然 ROE 为正的公司稍微多一些(中位数为正),但 ROE 为负的公司占的分量重(均值为负)。[①] 由于这个原因,所以 ROE 的一次项的符号为负。但这一点并不与假设 6 矛盾,因为假设中只是设定了曲线的形状,并没有谈及曲线的位置。

由于每年都有新股上市,也存在退市的情况,所以每年的样本数不一样。为了避免计量经济学上的技术问题,我们将数据进行整理,形成了有 2 607 个样本的面板数据(panel data),我们没有采用固定效应(fixed

---

① 在本书第三篇中将提到,由于 2001 年我国的上市公司实施《企业会计制度》,许多企业采取"一次亏个够的政策",大量计提各种准备,将过去的"暗亏"变为"明亏",使不少企业当年出现了巨额亏损。

effect)或者随机效应(random effect)模型①,是由于我们的时间序列较短,大多数解释变量在这么短的时间中变化不大。在消除时间趋势的影响后,我们用 OLS 方法进行了计算,结果和混合横截面数据没有实质性的区别,在此就没有报告。

由于模型中控股股东的持股比例和自己的平方这两个变量的 VIF 值太大(超过 40,大于对多重共线性一般的判断标准临界值 10),我们对此采取去掉平方项,对一次项分段回归的方法。用解释变量敏感性分析的 OLS 回归结果(1)中的结果,在 TQ、TQ30、TQ20 的回归方程中,变量 U 型曲线的最低点分别是 0.2904、0.4131 和 0.4919。采取上述方法计算的结果见附表 4-8。

从附表 4-8 可知,将 TOP1 按 U 型曲线最低点分段回归后,左侧回归的符号为负(在 TQ30 的情况下不显著),右侧回归的符号为正,说明假设 3 依然成立。TOP1_2 项被去掉后,所有解释变量的 VIF 值都在 10 以内,多重共线性问题就此解决(限于篇幅,这里不再报告每种情况下各个解释变量的 VIF 值)。

本 章 小 结

本章首先在 La Porta 等(2000)、Johnson 等(2000a)、Friedman 等(2003)的基础上,应用前面理论部分的讨论,建立了本章的理论模型。

对控股股东的持股比例 α 与控股股东最佳的掏空和扶持量 S^* 之间建立了一个理论模型:

$$S^*(\alpha) = -R\alpha^2 - (KR - 1 - R^2)\alpha + K - R \quad (4-3)$$

在这种情况下,由于控股股东的行为具有一定的隐蔽性和蒙蔽性,公司价值和控股股东最佳掏空量的关系是:

$$V = -aS^* + b \quad a > 0 \quad (4-4)$$

这是一个 U 型的曲线(R 是绝对值)。

对于公司的收益率 R,只考虑当期的情况,得到 S^* 与 R 之间的关系:

$$S^*(R) = \alpha R^2 - (\alpha^2 + \alpha K + 1)R + K + \alpha \quad (4-5)$$

---

① 许小年和王燕(1998)采用的是同样的方法,他们没有使用时间趋势的控制变量,但报告了与异方差一致的 t-统计量。

把以后各期掏空的价值定义为 $S_t^*(K, \alpha, R_t | R)$，当 $R \geq 0$ 但很接近于 0，或者 $R < 0$ 时，$S_t^*(K, \alpha, R_t | R) < 0$。把以后各期掏空的价值考虑进去，这时控股股东的最佳掏空量为：

$$S^*(\alpha) = MAX\{\alpha R(I-S) + S - [S^2/2(K+\alpha-R)] + \delta S_t^*(K, \alpha, R_t | R)\} \tag{4-6}$$

其中 δ 是折现因子。

依据与形成公式(4-4)一样的逻辑和假设，V 与 S^* 之间的关系为：

$$V = -aS^* + b \quad a > 0 \tag{4-7}$$

为验证上述理论模型，我们进行了实证研究。研究结果证实了主要研究假说：(1) 实际控制人的哑变量（企业是第一类实际控制人的为1，否则为0）不论因变量——公司价值如何计量，其回归系数始终是显著为负，说明具有国有股背景的第一类实际控制人比第二类实际控制人对公司价值贡献为负，可以认为其在协调股东之间利益冲突方面比第二类实际控制人的效果差。(2) 控股股东的绝对控制力——持股比例与公司价值确实是呈一个U型的曲线。验证了本章在发展理论模型时的假设：随着持股比例的增加，它掏空公司的动机递减；随着持股比例的减少，它掏空公司的动机在增加的同时，阻力也在增加，即掏空的能力下降。(3) 在控股股东的相对控制能力方面，回归结果清楚地表明控股股东的相对控制能力越强，公司价值越低；反之，其他中小股东的力量越强，公司的价值越高。(4) 公司的"核心盈余"确实能影响控股股东的行为。当"核心盈余"较高时或很低时，公司将遭遇大量的掏空行为；当"核心盈余"处在一个恰当的区间时，控股股东的扶持行为大量增加。由于信息的不对称、法律基础的不健全，其他中小股东很难察觉和辨别这些行为，公司的价值将随着掏空和扶持量的变化而相应地改变。回顾第二章第二节的讨论，假设1成立说明国有控股的上市公司仍然有较强的"增强效应"。

在其他研究假说方面，对外国人和在海外发行股票（B股、H股和N股）有助于提高公司价值。多元化经营对公司价值有负面影响，但是不显著。

需要着重指出的是，假说4关于上市公司存在母公司对上市公司本身的价值具有负面影响的说法，没有得到证实。这是因为在样本期间（2000—2002年）公司的价值逐年降低，在这种情况下，母公司总体上是在发挥不显著的扶持作用。假说4没有得到证实，说明对母公司也要一分为二地看待，既有掏空上市公司的一面，也有扶持上市公司的另一面，因此不能说部分上市就一定劣于整体上市。

为了消除由于替代变量的选择而导致研究结论仅是碰巧成立的可能性,本章进行了敏感性分析。我们用市价净资产比率(MB)代替托宾 Q 作为公司价值的度量,对非流通股的价格用三种方法(按市价、市价的 30%、市价的 20%)计算,用 Herfindal 指数作为 Z 指数的反向代替,用净资产收益率(ROE)代替每股营业利润(EARNS),进行这种代替后回归方程的系数和显著性没有实质的变化。为了避免可能的计量经济学技术问题,我们还将数据整理成面板数据用同样的方法进行了计算,将解释变量 TOP1_2 项去掉后对 TOP1 按 U 型曲线最低点为界分段进行计算,得到的结果是我们所希望的。

本章和已有研究的一个重要区别是,认为控股股东的掏空行为除了受外部因素——譬如法律环境——的影响外,内部因素,譬如控股股东的绝对控制能力、相对控制能力和公司业绩等也是非常重要的原因。本章另外值得一提的是,在没有用到外部审计、董事会、监事会和激励补偿计划等数据的情况下,调整的 R^2 都在 0.50 以上,比许多研究治理结构与公司价值关系的调整的 R^2 都要高,这一点间接地说明了本书的观点:股东之间利益冲突在中国上市公司的治理结构中具有举足轻重的影响。

本章附表

附表 4-1　研究变量表

变量类型	变量名称	变量缩写	变量度量方式
因变量	托宾 Q		$TQ = \dfrac{MVCS + BVLTD + BVINV + BVCL - BVCA}{BVTA}$ MVCS = 公司普通股的市场价值 BVLTD = 公司长期债务的账面价值 BVINV = 公司存货的账面价值 BVCL = 公司流动负债的账面价值 BVCA = 公司流动资产的账面价值 BVTA = 公司总资产的账面价值
		TQ	非流通股票的价格按流通股的市场价格计算
		TQ20	非流通股票的价格按流通股的市场价格的 0.2 计算
		TQ30	非流通股票的价格按流通股的市场价格的 0.3 计算

（续表）

变量类型	变量名称	变量缩写	变量度量方式
解释变量	实际控制人	ULT	哑变量：实际控制人为第一类的为1，否则为0。第一类实际控制人：国有控股、集体控股、社团控股；第二类实际控制人：民营控股、外资控股、职工持股会控股。
	Z指数	Z INDEX	控股股东的持股比例除以第二大股东的持股比例
	控股股东的持股比例	TOP1	采用 La Porta 等（2000）的定义，第一大股东持股比例不小于20%为控股股东。因此，控股股东的持股比例就是持股比例不小于20%的第一大股东的持股比例。
	控股股东持股比例的平方	TOP1_2	控股股东的持股比例自乘。
	公司业绩	EARNS	每股营业利润 = 营业利润/总股数。
	公司业绩的平方	EARNS_2	每股营业利润自乘。
	母公司	PAR	哑变量：上市公司的控股股东是个公司（即存在母公司）的为1，否则为0。
	少数股权保护	BHN	发行A股的公司同时发行B股或者H股或者N股的为1，否则为0。
控制变量	多元化经营战略	DIV	哑变量：公司某一类产品占销售的比重≤70%，产品相关，为1，否则为0。
	公司规模	TAS	公司总资产的对数。
	资产负债率	LEV	资产负债率 = 负债总额/资产总额。
	有形资产销售比率	CSR	有形资产销售比率 = (存货净额 + 长期投资 + 固定资产)/主营业务收入。
	行业哑变量	SEG	所有公司被分成22个行业。农业是基准行业。
	年度变量	TIME	分别为2000、2001和2002。

附表4-2　描述性的统计量

A. 因变量（公司价值）

变量名称	观察个数	Min.	Max.	Mean	Median	S.D.
TQ20	2 996	0.1058	11.7670	1.3213	1.0911	0.8819
TQ30	2 996	0.1058	12.2046	1.4913	1.2380	0.9802
TQ	2 996	0.1058	21.3125	2.6808	2.2083	1.7648

B. 解释变量（股东之间利益冲突和协调的变量）

变量名称	观察个数	Min.	Max.	Mean	Median	S.D.
TOP1	2 996	0.2000	0.8858	0.4679	0.4618	0.1606
Z INDEX	2 996	1.0000	5 872.0000	63.5052	9.6721	186.8551
PAR	2 996	0	1	0.93	1.00	0.26
ULT	2 996	0	1	0.88	1.00	0.32
EARNS	2 996	-3.2388	15.5829	0.1779	0.1812	0.4685
BHN	2 996	0	1	9.50E-02	0.00	0.29

C. 部分控制变量

变量名称	观察个数	Min.	Max.	Mean	Median	S.D.
DIV	2 996	0	1	0.21	0.00	0.41
LEV	2 996	0.0091	8.5021	0.4616	0.4330	0.3482
TAS	2 996	18.0728	26.6324	21.0072	20.9300	0.8699
CSR	2 996	0.0380	760.3187	2.4546	1.1044	20.2042

附表 4-3　Pearson 相关系数分析结果

		ULT	Z INDEX	TOP1	EARNS	PAR	BHN	DIV	CSR	LEV	TAS	TIME
ULT	Pearson 相关系数	1.000										
	Sig. (2-tailed)											
Z INDEX	Pearson 相关系数	0.091**	1.000									
	Sig. (2-tailed)	0.000	.									
TOP1	Pearson 相关系数	0.243**	0.395**	1.000								
	Sig. (2-tailed)	0.000	0.000	.								
EARNS	Pearson 相关系数	0.025	0.002	0.086**	1.000							
	Sig. (2-tailed)	0.167	0.933	0.000	.							
PAR	Pearson 相关系数	-0.067**	0.016	0.096**	0.078**	1.000						
	Sig. (2-tailed)	0.000	0.378	0.000	0.000	.						
BHN	Pearson 相关系数	0.046**	-0.061**	-0.036*	-0.078**	0.011	1.000					
	Sig. (2-tailed)	0.012	0.001	0.049	0.000	0.540	.					
DIV	Pearson 相关系数	-0.087**	-0.057**	-0.118**	-0.050**	-0.020	-0.051**	1.000				
	Sig. (2-tailed)	0.000	0.002	0.000	0.007	0.271	0.005	.				
CSR	Pearson 相关系数	-0.049**	-0.017	-0.054**	-0.058**	0.011	-0.005	0.046**	1.000			
	Sig. (2-tailed)	0.008	0.347	0.003	0.002	0.565	0.774	0.012	.			
LEV	Pearson 相关系数	-0.084**	-0.039*	-0.090**	-0.259**	-0.048**	0.073**	0.035*	0.105**	1.000		
	Sig. (2-tailed)	0.000	0.031	0.000	0.000	0.009	0.000	0.058	0.000	.		
TAS	Pearson 相关系数	0.142**	0.114**	0.232**	0.222**	0.069**	0.256**	-0.069**	-0.069**	-0.075**	1.000	
	Sig. (2-tailed)	0.000	0.000	0.000	0.000	0.000	0.001	0.000	0.000	0.000	.	
TIME	Pearson 相关系数	-0.048**	-0.057**	-0.028	-0.045**	0.020	0.001	-0.029	-0.005	0.060**	0.064**	1.000
	Sig. (2-tailed)	0.008	0.002	0.128	0.015	0.272	0.976	0.117	0.784	0.001	0.000	.

注:(1) *** 在 0.01 水平上(双尾)显著相关,** 在 0.05 水平上(双尾)显著相关,* 在 0.10 水平上(双尾)显著相关。
(2) 变量名称详表见附表 4-3,计算时行业哑变量已经代入,这里没有报告。
(3) 一共有 $N = 2\,996$ 对变量。

附表 4-4 股东之间利益冲突与公司价值的回归结果

	TQ	TQ30	TQ20	VIF
ULT	-0.211*** (-2.892)	-9.957E-02** (-2.563)	-8.369E-02** (-2.410)	1.138
TOP1	-4.301** (-4.739)	-1.939*** (-4.005)	-1.601*** (-3.701)	43.266
TOP1_2	5.753*** (6.074)	2.091*** (4.139)	1.568*** (3.473)	44.738
Z INDEX	-5.957E-04*** (-4.417)	-2.213E-04*** (-3.077)	-1.678E-04*** (-2.611)	1.295
PAR	0.235*** (2.675)	6.330E-02 (1.352)	3.879E-02 (0.927)	1.051
BHN	0.742*** (9.040)	0.280*** (6.409)	0.215*** (5.486)	1.180
EARNS	0.264*** (3.854)	0.144*** (3.949)	0.127*** (3.895)	2.095
EARNS_2	-1.671E-02** (-2.444)	-1.024E-02*** (-2.806)	-9.310E-03*** (-2.856)	1.939
DIV	-0.121** (-2.127)	-4.413E-02 (-1.455)	-3.316E-02 (-1.223)	1.098
CSR	3.862E-03*** (3.465)	1.937E-03*** (3.259)	1.662E-03*** (3.128)	1.033
LEV	0.935*** (13.194)	0.943*** (24.944)	0.944*** (27.942)	1.229
TAS	-1.273*** (-43.128)	-0.655*** (-41.608)	-0.567*** (-40.280)	1.340
TIME	-0.660*** (-24.011)	-0.347*** (-23.652)	-0.302*** (-23.048)	1.040
INTERCEPT	1 350.447*** (24.572)	709.184*** (24.195)	617.575*** (23.575)	
观察个数	2 996	2 996	2 996	
调整的 R^2	0.524	0.558	0.563	

注：(1) 行业哑变量在计算时包括进去了，这里没有报告；
(2) 回归方程为
$$TQ = \beta_0 + \beta_1 ULT + \beta_2 TOP1 + \beta_3 TOP1\_2 + \beta_4 ZINDEX + \beta_5 PAR + \beta_6 BHN + \beta_7 EARNS + \beta_8 EARNS\_2 + \beta_9 DIV + \beta_{10} CSR + \beta_{11} LEV + \beta_{12} TAS + \beta_{13} TIME + \beta_{14} SEG + \varepsilon$$
(3) 表中报告了回归方程的估计系数、t-统计量（括号内）和调整的 R^2 的值；
(4) *、**、*** 分别表示在 10%、5%、1% 的水平上显著。

附表 4-5　因变量敏感性分析的 OLS 回归结果

	MB	MB30	MB20	VIF
ULT	-0.277***	-.142***	-.123***	1.102
	(-3.780)	(-3.729)	(-3.643)	
TOP1	-4.350***	-1.910***	-1.561***	42.645
	(-4.729)	(-3.980)	(-3.673)	
TOP1_2	5.807***	2.085***	1.553***	44.038
	(6.053)	(4.166)	(3.504)	
Z INDEX	-6.476E-04***	-2.523E-04***	-1.959E-04***	1.284
	(-4.724)	(-3.529)	(-3.093)	
PAR	0.291***	0.101**	7.409E-02*	1.031
	(3.281)	(2.186)	(1.806)	
BHN	0.746***	0.271***	0.203***	1.134
	(9.081)	(6.329)	(5.359)	
EARNS	0.336***	0.187**	0.165***	2.052
	(4.855)	(5.171)	(5.171)	
EARNS_2	-1.952E-02***	-1.139E-02***	-1.023E-02***	1.793
	(-2.907)	(-3.252)	(-3.297)	
DIV	-2.961E-02	9.894E-03	1.554E-02	1.026
	(-0.527)	(0.338)	(0.599)	
CSR	3.693E-03***	1.535E-03***	1.226E-03**	1.020
	(3.266)	(2.602)	(2.347)	
LEV	0.854***	0.897***	0.904***	1.187
	(12.007)	(24.195)	(27.506)	
TAS	-1.282***	-0.675***	-0.588***	1.270
	(-43.694)	(-44.098)	(-43.390)	
TIME	-0.679***	-0.360***	-0.314***	1.021
	(-24.414)	(-24.788)	(-24.435)	
INTERCEPT	1 389.209***	735.758***	642.408***	
	(24.981)	(25.366)	(25.006)	
观察个数	2 996	2 996	2 996	
调整的 R^2	0.510	0.563	0.575	

注:(1) 行业哑变量在计算时包括进去了,这里没有报告;
(2) 回归方程为
$MB = \beta_0 + \beta_1 ULT + \beta_2 TOP1 + \beta_3 TOP1\_2 + \beta_4 ZINDEX + \beta_5 PAR + \beta_6 BHN + \beta_7 EARNS + \beta_8 EARNS\_2 + \beta_9 DIV + \beta_{10} CSR + \beta_{11} LEV + \beta_{12} TAS + \beta_{13} TIME + \beta_{14} SEG + \varepsilon$
(3) 表中报告了回归方程的估计系数、t-统计量(括号内)和调整的 R^2 的值;
(4) *、**、*** 分别表示在 10%、5%、1% 的水平上显著。

附表 4-6　解释变量敏感性分析的 OLS 回归结果(1)

	TQ	TQ30	TQ20	VIF
ULT	−0.177** (−2.465)	−9.283E−02** (−2.391)	−8.087E−02** (−2.326)	1.140
TOP1	−3.734*** (−4.267)	−1.696*** (−3.573)	−1.405*** (−3.305)	41.721
TOP1_2	6.428*** (7.047)	2.053*** (4.150)	1.428*** (3.223)	43.040
H2_10 INDEX	0.129*** (11.402)	2.645E−02*** (4.321)	1.184E−02** (2.161)	2.004
PAR	0.173** (2.007)	5.256E−02 (1.122)	3.530E−02 (.841)	1.055
BHN	0.701*** (8.691)	0.275*** (6.279)	0.214*** (5.457)	1.183
EARNS	0.225*** (3.346)	0.140*** (3.828)	0.128*** (3.902)	2.097
EARNS_2	−1.497E−02** (−2.230)	−1.009E−02*** (−2.771)	−9.394E−03*** (−2.881)	1.939
DIV	−0.108* (−1.937)	−4.110E−02 (−1.357)	−3.151E−02 (−1.162)	1.098
CSR	3.674E−03*** (3.356)	1.898E−03*** (3.198)	1.645E−03*** (3.094)	1.033
LEV	0.925*** (13.291)	0.943*** (24.984)	0.945*** (27.977)	1.229
TAS	−1.270*** (−43.828)	−0.655*** (−41.700)	−0.567*** (−40.328)	1.339
TIME	−0.665*** (−24.650)	−0.347*** (−23.705)	−0.301*** (−23.002)	1.039
INTERCEPT	1360.626** (25.225)	709.318*** (24.250)	616.274*** (23.530)	
观察个数	2996	2996	2996	
调整的 R^2	0.541	0.559	0.563	

注:(1) 行业哑变量在计算时包括进去了,这里没有报告;
(2) 回归方程为
$$TQ = \beta_0 + \beta_1 ULT + \beta_2 TOP1 + \beta_3 TOP1\_2 + \beta_4 H2\_10INDEX + \beta_5 PAR + \beta_6 BHN + \beta_7 EARNS + \beta_8 EARNS\_2 + \beta_9 DIV + \beta_{10} CSR + \beta_{11} LEV + \beta_{12} TAS + \beta_{13} TIME + \beta_{14} SEG + \varepsilon$$
(3) 表中报告了回归方程的估计系数、t-统计量(括号内)和调整的 R^2 的值;
(4) *、**、*** 分别表示在 10%、5%、1% 的水平上显著。

附表 4-7 解释变量敏感性分析的 OLS 回归结果(2)

	TQ	TQ30	TQ20	VIF
ULT	-0.192*** (-2.681)	-0.101** (-2.583)	-8.741E-02** (-2.508)	1.142
TOP1	-3.737*** (-4.270)	-1.702*** (-3.582)	-1.411*** (-3.316)	41.718
TOP1_2	6.483*** (7.108)	2.090*** (4.221)	1.462*** (3.298)	43.013
H2_10 INDEX	0.133*** (11.797)	2.889E-02*** (4.726)	1.404E-02** (2.564)	1.995
PAR	0.210** (2.428)	7.301E-02 (1.557)	5.347E-02 (1.273)	1.055
BHN	0.651*** (8.151)	0.245*** (5.649)	0.187*** (4.812)	1.161
ROE	-5.467E-02*** (-3.044)	-2.806E-02*** (-2.879)	-2.426E-02*** (-2.779)	9.010
ROE_2	-3.470E-04*** (-3.162)	-1.623E-04*** (-2.725)	-1.359E-04** (-2.548)	8.114
DIV	-.116** (-2.084)	-4.648E-02 (-1.533)	-3.649E-02 (-1.344)	1.098
CSR	2.827E-03** (2.522)	1.451E-03** (2.385)	1.255E-03** (2.302)	1.083
LEV	0.708*** (8.848)	0.821*** (18.911)	0.838*** (21.532)	1.625
TAS	-1.235*** (-43.336)	-0.635*** (-41.031)	-0.549*** (-39.622)	1.295
TIME	-0.673*** (-24.949)	-0.351*** (-23.979)	-0.305*** (-23.266)	1.037
INTERCEPT	1 375.336** (25.511)	717.173*** (24.510)	623.149*** (23.778)	
观察个数	2 996	2 996	2 996	
调整的 R^2	0.540	0.558	0.562	

注:(1) 行业哑变量在计算时包括进去了,这里没有报告;
(2) 回归方程为
$$TQ = \beta_0 + \beta_1 ULT + \beta_2 TOP1 + \beta_3 TOP1\_2 + \beta_4 H2\_10INDEX + \beta_5 PAR$$
$$+ \beta_6 BHN + \beta_7 ROE + \beta_8 ROE\_2 + \beta_9 DIV + \beta_{10} CSR$$
$$+ \beta_{11} LEV + \beta_{12} TAS + \beta_{13} TIME + \beta_{14} SEG + \varepsilon$$
(3) 表中报告了回归方程的估计系数、t-统计量(括号内)和调整的 R^2 的值;
(4) *、**、*** 分别表示在 10%、5%、1% 的水平上显著。

附表 4-8　去掉 TOP1_2 项，对 TOP1 进行分段 OLS 回归的结果

	TQ		TQ30		TQ20	
	TOP1 ≤ 0.2904	TOP1 > 0.2904	TOP1 ≤ 0.4131	TOP1 > 0.4131	TOP1 ≤ 0.4919	TOP1 > 0.4919
TOP1	-6.450*** (-2.670)	2.705*** (11.906)	-0.256 (-0.715)	0.686*** (3.807)	-0.474** (-2.344)	0.396** (1.999)
观察个数	500	2 496	1 239	1 757	1 633	1 363
调整的 R^2	0.586	0.534	0.604	0.524	0.588	0.543

注：(1) 回归方程中全部解释变量在计算时都包括进去了，除了 TOP1 以外，其他解释变量这里没有报告；

(2) 回归方程为

$$TQ = \beta_0 + \beta_1 ULT + \beta_2 TOP1 + \beta_3 H2\_10INDEX + \beta_4 PAR + \beta_5 BHN + \beta_6 EARNS + \beta_7 EARNS\_2 + \beta_8 DIV + \beta_9 CSR + \beta_{10} LEV + \beta_{11} TAS + \beta_{12} TIME + \beta_{13} SEG + \varepsilon$$

(3) 表中报告了回归方程的估计系数、t-统计量（括号内）和调整的 R^2 的值；

(4) *、**、*** 分别表示在 10%、5%、1% 的水平上显著。

第二篇
股东之间利益冲突与公司董事会、监事会的内生性

不同的股东对公司具体决策与监督的介入程度存在很大差异,一部分股东可以直接参与甚至控制公司的经营管理,并在具体运营中融入其明确的利益取向,由此可能造成其他股东利益的损害。因此,股东之间的利益冲突必然会反映到负责公司决策与监督的机构——董事会和监事会中。

董事会和监事会的形成,实际上是股东利益博弈的结果。

不同国家和地区股东之间利益分化的程度不一样。以董事会和监事会为核心的决策与监督机构,必然受制于有控制权的部分股东。在这种情况下,董事会和监事会在其构成以及职能行使方面都会呈现出一定的特征,这就是本篇"内生性"的具体含义。不论是从历史的沿革中还是现实的演绎中,我们都可以看到这种内生性的演变线索。

第五章

董事会行为基础和股东利益代表主体

第一节 董事会制度的历史沿革

现代企业被认为是受管理层支配的。

董事会及其任命的经理层掌握公司的经营,而公司经营的资本来自股东。当公司经营不尽如人意时,董事会的行为动机就不断受到怀疑,最常见的批评就是董事会没有很好地维护股东的利益。其实从历史起源上看,董事会制度作为一种管理方式是早于股东概念出现的,对于董事会是股东利益代表的观点,是值得怀疑的。

一、起源——公司"行政权力"机构

董事会制度的最早起源可以追溯到中世纪的英国商人同业公会,为了维护成员的商业垄断利益,公会制定了许多保护和监督成员的自治规章,并选任了实施这些规章的高级管理人员。这些人员的职权主要有四个方面:通过商业垄断征收各种税赋;管理同业公会的财产;调解成员之间的纠纷;实施规章的运作。管理人员每年由全体会员组成的成员大会选任,包括一名主管人和几名助手。当时的商品和交易垄断或独占权主要来自从国王手中获得特许状,管理者机构主要承担了执法者的角色。

16—17世纪的贸易公司是"政治性的团体化的结合",根据国家的特许状设立,特许状的重点在于公司的外部关系(比如赋予特许交易范围)。荷兰1602年组建的东印度公司不仅具有从好望角到合恩角的一切地区和海域的贸易垄断权,而且还具有宣告战争和终结战争的至高无上的权力。荷兰东印度公司内部组织中并没有股东大会,董事的选任和经营也不受投资人意见的限制;设立之初,董事是由政府根据特许状的相关内容指定的、

具有一定经营能力的人担任。① 那时的公司股东既无行使公司经营管理权的可能,也无选择经营管理者的场所,但是董事会则已经成为重要的权力机关。英国、沙俄等国都在贸易公司名义的掩护下从事称霸和扩张活动,具有"政企合一"的特质,贸易公司从同业公会继承了管理机构的构成,管理机构的权力主要是来自国家的特许,成为当时社会中非政府性权力的最大中心。② 就其董事会本身而言,具有较强的行政执法的色彩,而没有充分显示出管理功能。

二、转变——政府权力的隐退

18世纪以后,特许状则表现出详细规定公司内部组织结构的倾向,这与政府在公司中地位的变化有关。原先的内部组织结构类型被保存,但是管理结构的权力不再来自于外部的授予,而是转变到内部的授予。管理机构的主管人的地位也就从由政府指定的公司代表者,转变成由内部所有者选取的受托管理者。③

19世纪中期,英国进入了用公司法的法律形式将董事会制度固定下来的时期。英国1844年《公司法》以对没有法人资格的公司赋予法人特性与属性为目的,将董事会制度法定化了。该法阐述了这样的内涵,即股东只能通过董事会执行公司业务而不能取代或运用董事会的权限直接对公司进行运作;董事会作为公司必设机关拥有其本身固有的权限。实际上确立了股东不参与经营的制度,将董事会规定为公司永久的固有的管理机关,从而强化了董事会权限。

美国的董事会制度的建立是对英国的继承。18世纪后期,美国的股份公司还处于股东人数较少、股东与公司结合紧密的初创时期,这时美国就已经用法律规定必须设立董事会从事公司的经营管理活动。但是当时董事的地位和经营权限都受到限制,董事处于基于信赖而被雇佣的、股东代理人的地位,因被委托而具有指挥与监督公司事业的权限,要服从股东意图并随时可以被股东解任。19世纪中叶以后,董事在公司中的地位有所改变,美国1859年的一个判例已经针对董事作为股东单纯代理人的理

---

① 参见大偶建一:《股份公司法变迁论》。转引自梅慎实:《现代公司法人治理结构规范运作论》,中国法制出版社2001年版,第215页。

② 参见约瑟夫·库利舍尔:《欧洲近代经济史》。转引自梅慎实:《现代公司法人治理结构规范运作论》,中国法制出版社2001年版,第70页。

③ 梅慎实:《现代公司法人治理结构规范运作论》,中国法制出版社2001年版,第218页。

论提出了挑战:"董事的最大权限从根本上讲来源于董事制度本身,而不是委任而产生的。因此股东既不能赋予也不能撤回这种权限。这种权限是在设立公司的行为中产生的。"①

三、模糊的共识——为公司利益服务

从董事会的历史起源中可以看出,董事会一开始就是公司权力的代表,而非某个利益主体的代表。在中世纪,权力来自同业公会,16—17世纪权力来自公司的主要控制者——政府,随着公司制的发展以及政府在公司中地位的变化,权力的来源发生了变化。18世纪中叶以后,董事会自身固有的而非来自股东的权力得到法律的明确。认为董事会的权力仅来自股东授予的观点是片面的,并影响到对董事会利益立场问题的认识。

目前,世界各国都要求公众公司设立董事会,绝大多数国家公司法有一个基本的共识,就是董事会为公司利益服务,对公司承担义务与责任。这表明至少从法理上是如此,董事只能服务于公司利益,为所有股东服务,不是也不能服务单个股东,不管该股东有多么重要。经合组织在其《公司治理原则》中也明确要求,董事会为公司最佳利益行事。那么,何以构成公司利益?与抽象的公司利益相比,股东利益更加具体。② 于是在各国法律中就出现了不同的董事会利益代表倾向。

第二节 董事会职能及其构成模式的实践基础与效率分析

董事会是否能够实现其所代表的利益主体的利益,取决于是否能够有效地定义董事会的职能,以及职能是否能够得到有效的履行。各国有不同的董事会行为效率标准,是董事会职能的具体表现。在法人财产经营过程中可能将一部分经营决策权委托给经理层,由此导致了董事会经营职能与监督职能的分离,于是经营决策职能和监督职能被认为是董事会的两项基本职能,董事会因此成为公司内部决策与监管机构(存在监事会的国家中

---

① 黄来纪:《公司董事制度构成论》,上海社会科学院出版社2000年版,第18页。
② 尤其是在股东异质性很小的时候。之后可以看到,股东异质性很小的英美国家都采用股东利益最大化模式。

由董事会和监事会共同构成内部决策与监管机构)。忽略股东异质性时,协调股东利益与经理层利益之间的冲突成为董事会的首要工作,因此在董事会职能中可以看到更多的对于监督职能的强调;而在存在股东异质性的国家,情况将会有所不同。两种职能是否能够有效配合会影响到董事会职能履行的效率,实践中各国有不同的董事会职能构成模式。目前我国正处在构成模式的转换阶段,本节的经济学分析表明我国现有的职能构成模式会带来效率的损失。

一、董事会与股东利益

仅仅从董事会在何种程度上服务于股东利益最大化来看,世界各国公司董事会可以分为四种类型:一是股东利益最大化模式,包括英国、美国、瑞士和比利时,认为董事会是服务于股东的长远利益;二是以荷兰和德国为代表的股东与职工和其他利益相关者利益平衡模式,强调董事会(监事会)为公司利益服务;三是法国代表的公司模式,即机构的首要目标是公司自身的成长;四是日本的职工至上模式。1999 年 5 月经合组织所通过的《公司治理原则》不得不进行折中,要求董事会为公司和股东利益最大化行事,把公司与股东并列,以便得到各国的认同。① 尽管在具体的执行中会导致矛盾,但是对于公司利益的强调为董事会非股东利益最大化行为提供了合理的前提。

(一) 股东利益最大化模式

英国《公司法》既没有明确规定董事应该做什么,也没有规定董事对谁负责。1992 年发表的《凯得伯利报告》则明确指出董事会应该对股东负责,1998 年的《韩陪尔报告》仍然是立场鲜明地采取股东利益最大化模式,认为所有上市公司唯一的压倒一切的目标就是维持和最大限度地不断增加股东投资回报:公司欲获得成功,当然还需要发展与雇员、客户、供应商、贷款人、社区和政府等的关系,公司确需制定政策并关照这些利益,但是经营者须铭记股东利益至上;董事会的责任就是批准这些政策,并监督其实施。该报告明确指出,这并"不是要求董事仅仅为股东眼前利益行事,而是为其近期和长远利益服务"②。

---

① 朱羿锟:《公司控制权配置论》,经济管理出版社 2001 年版,第 324 页。
② Committee on Corporate Governance: Final Report (Hampel Report), 1998.

美国传统上属于股东利益最大化模式,即董事会为股东利益行事。①但是近年来无论是美国公司在实践中,还是美国的立法和司法均较大幅度偏离了正统的股东利益最大化模式。许多大型公司设立了公共事务部,建立了消费者热线,给予大学或者研究机构研究资助,向慈善事业捐赠,给予参与公务活动和社区活动的职员带薪假,还提供各种福利,如健康保险、养老金、教育和培训资助,以及年假和病假。自20世纪80年代以来,共有三十多个州通过立法,要求董事会为公司的最佳利益行事,同时又列举了除股东之外的利益相关者,认为它们的利益亦与公司密切相关。美国法律协会于1992年发布的《公司治理原则》代表了绝大多数的趋势,即准许董事会在进行重大决策时考虑利益相关者的利益。美国商业圆桌会议在1997年发表的《公司治理声明》中规定,公司董事会和经营者的最高义务是为股东服务,但具有派生性的对利益相关者的义务。②

(二)利益平衡模式

荷兰和德国是利益平衡模式的代表。荷兰相关法律形成了这样的共识,即监事会应该考虑多方面利益,不只是为股东利益最大化服务。荷兰《民法典》中规定:监事会应该为公司利益服务;公司利益不仅包括股东利益,还包括雇员利益和社会利益在内。强调"没有哪一种个体利益能够超过公司整体利益",这表明与北美国家不同,荷兰强调所有利益相关者。荷兰的《比特报告》比较详尽地描述了股东与董事会关系,认为企业的存续是最基本的目标,股东和受公司决策影响的其他利益相关者的利益应该予以平衡;从长远来看,其间并无冲突。Reggy 和 Jaap(2002)针对300家荷兰公司进行的研究指出,在贿赂、环境污染、公司持续经营和解雇等重要事件中,监事们认为公司持续经营是最重要的。③

德国与荷兰基本相似,认为股东利益最大化并非企业的唯一目标。德国企业中的监事会是根据1884年立法产生的,早期的目的是保护公司的小股东或被动股东的权益。19世纪末期,公司的诚信责任由原来的只面

---

① 福特汽车公司早年的历史提供了一个经典案例。1912年亨利·福特宣布了特别股利,但同时强调以后将不再发放,以便能够用于雇员利益的改善。一个主要股东上诉称,公司为股东利益而存在,管理当局没有权力追求工人利益的改善。最终福特公司输掉了官司。
② 崔之元:《美国二十九州公司法变革的理论背景》,《经济研究》,1996年第4期。
③ Reggy Hooghiemstra, Jaap Banmanen, Supervisory Directors and Exit or Voice? *European Management Journal*, Vol. 20, No. 1, pp. 1—9, 2002.

对公司的股东转向范围更广的当事人,以达到股东利益与债权人及职工保护之间的平衡,1951年、1952年以及1976年一系列的法律改革最终形成了目前德国企业的共同决定体制。德国法律有监事会为"企业利益"行事的明确要求。德国公司法的设计就是一系列利益的折中,股东利益非常重要,但是不能压倒一切。在实行共同决定的公司中,股东和职工利益压倒了其他利益相关者的利益。

(三) 公司利益模式以及职工利益模式

法国是公司利益模式的代表。《维也纳特报告》将董事的功能和作用界定为:在任何情况下,董事都应该为企业利益行事,这是公司作为法人的最高利益。即企业自身就是自主的经济单位,具有自身目标;该目标独立于股东、职工、债权人、税务机关、供应商和客户的利益,但是符合其共同利益。唯其如此,企业才得以兴旺发达,长生不老。

日本则是典型的职工利益模式。1950年,日本按照美国模式对本国商法进行了全面修改,在公司法上属于美国模式,即股东利益最大化。然而受交叉持股的影响,公司所有权与控制权分离程度很大,股东对公司经营决策难以起到约束作用,日本企业具有权力巨大的董事会,其中70%的董事由公司内部高级职员提升而来。人们公认日本公司是为职工利益行事,如果日本公司陷入经济困境,首先不是裁员,而是削减红利分配。日本公司财务业绩的优先顺序一般为:销售增长高度优先;终身制就业高度优先;现金流量高度优先;盈利率高度优先;股价一般优先;股东总回报低度优先。日本实现了从法律上的股东利益最大化到实践中的职工利益至上。终身雇佣制、年功序列制和企业工会是三大法宝,都体现了职工在公司的参与和激励。另外,日本企业广泛推行员工持股计划,1989年有92.4%的公司开展了职工持股计划,员工可以通过分红获得大量的奖金或享有股价上升带来的资本收益。①

二、董事会职能划分

Fama 和 Jensen(1983)将公司事务分为提议、决策、执行和监督四个环节,董事会承担了重大决策和监督环节的职能,管理层则承担了提议和执行环节的职能。尽管职能有所侧重,实际运行中董事会常常与高管当局在

---

① 杨瑞龙:《当代主流企业理论与企业管理》,安徽大学出版社1999年版,第278页。

人员构成上有一定的重合,世界范围内董事会与高管当局的关系可以分为四种类型,如下图 5-1 中的四个图形所示。① 图中圆圈代表董事会成员,三角形代表管理人员。

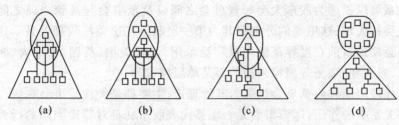

图 5-1　董事会与高管层的关系

图 5-1(a)所示的第一种类型是董事会全部由公司管理人员构成,这是许多小型公司、家族公司以及集团公司内部子公司的董事会结构。图 5-1(b)所示的第二种类型表示董事会主要由公司管理人员构成,这种代表的典型是日本公司的董事会,那里董事会几乎全部由公司的管理人员构成。图 5-1(c)对应的第三种类型表示董事会主要由非公司管理人员构成,美国公司董事会是这种类型的代表。图 5-1(d)表示董事会完全与公司管理人员分离,以德国公众公司的监事会与理事会关系为代表,公司监事会成员和理事会成员不能互相兼任,监事会与理事会完全分离。

根据职能承担主体的不同,各国公司决策与内部监督机构可以分为单层框架与双层框架。单层框架下,董事会同时承担决策职能和监督职能,具体职能分别由下设的各个委员会承担;典型的单层框架国家如英国和美国。实行双层构架的各国则将决策制定与监督职能分别赋予了不同的机构;典型的双层构架国家包括德国、奥地利、葡萄牙和荷兰。法国和芬兰规定公司可以在两种构架中进行选择。虽然表面上看我国上市公司因为设立了监事会,而与德国等双层框架国家类似,但是监事会并没有完整的监督职能,而且缺乏保证监督有效的决策权和执行权,因此实际上监事会受到董事会的控制,即监督职能与决策职能没有分离,是介于上述两种框架之间的一种模式。

(一) 单层框架模式

单层模式下,股东大会选举董事会,董事会任命经营者并负责经营者

---

① Bob Tricker, Director, page 14, Profile Books Ltd, 1996.

的监督。对股东大会来讲,董事会既是经营决策的职能主体又是经营监督的职能主体,决策与监督职能的分离发生在董事会内部,监督的对象是承担了经营决策和决策执行职能的高级管理人员,因此单层模式下的委托代理关系可以描述为股东大会与董事会之间以及董事会与高管当局之间的双层委托代理,这里我们分别称其为第一层和第二层委托代理关系。这种董事会模式目前在世界范围内被广泛采用,比如美国、英国、加拿大、澳大利亚、意大利、瑞士等国家采用的都是单层模式。

代理理论和与董事会相关的其他理论,主要都是关注董事会在第二层代理关系中的作用,即董事会是否能够代表股东利益对管理当局的行为进行控制和监督。执行董事本身是管理当局的重要组成部分,是接受董事会委托的决策主体,代表的是管理当局而非股东的利益,而董事会接受了股东的委托要维护股东利益,因此在董事会内部产生了股东利益与非股东利益的冲突,这时董事会的监督职能就显得尤其重要。

独立董事被认为是独立于企业经营利益进而独立于管理当局利益的。独立董事的控制作用又进一步体现在人员与财务的控制上;利用薪酬委员会和提名委员会,通过人员任免与薪酬安排计划,实施人员控制权;利用审计委员会,通过内部(内审)和外部(外审)财务检查手段,实施财务控制权。因此从执行程序上看,监督职能是决策职能的延伸。单层框架下的监督职能能够影响决策职能,监督职能包含了监督结果的落实过程。

图 5-2 描述了一个完整的控制过程。图中虚线代表高管当局对监督主体即独立董事的影响。当这种影响存在时,独立董事发出的改变高管当局行为的指令可能会发生变化,达不到最初的调整目的。另外监督主体如果接受不真实的信息,也同样影响监督。

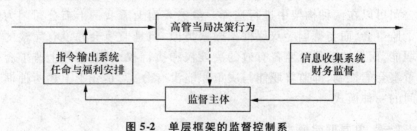

图 5-2 单层框架的监督控制系

(二) 双层框架模式

与实行单层模式的英美国家相比,德国、奥地利、葡萄牙和荷兰等国的法律将经营决策职能和决策监督职能分别赋予不同的机构,这种模式被称为双层模式。

德国双层委员会结构的起源可以追溯到19世纪70年代,适用于股份公司和大的有限责任公司。德国公众公司的权力机构有三个,即管理委员会(management board)(以下简称管委会)、监事会(supervisory board)以及股东大会(the general meeting)。管委会由内部高级管理层构成,独立负责公司日常经营管理。

德国公司法第76条规定,管委会"有权管理公司":第一,管委会负责公司的日常经营管理;第二,可以而且应当考虑其他"利益相关者"(stakeholders)的利益,例如雇员、企业贷款者以及一般公众的利益。① 监事会由外部人士构成,主要任务是任命、监督管委会;两个委员会的委员不能交叉任职。② 监事会一般不介入公司的日常经营活动;一些重大的决策需要经过监事会的批准,例如公司长期发展战略、重大融资项目,以及对管委会业绩的评估等。德国公司的监事会实际是公司最高权力机构,监事会主席代表监事会有权委托专家审核公司账簿,核定公司资产;通过进入监事会,职工得以参与企业控制。管委会每年向监事会报告公司的经营状况、发展方向和长远计划,随时通知监事会关于公司的重大决策并征求监事会同意。③

双层框架下,监事会通过重要经营决策的审批和任命两种方式调整高管当局的行为。荷兰也是典型的双层委员会结构,按照荷兰法律,没有经过监事会批准的管委会行为属于无权行为;但是监事会的权力只是限于批准,不能插手具体管理活动;监事会的功能由公司章程进一步确定。④ 可以看出,双层模式下监督职能的承担主体是监事会。图5-3描述了双层框

---

① S.普瑞格〔德〕、瞿强:《德国的公司治理结构》,www.e521.com,2002年3月26日。
② 资料显示,43%的监事会中包括一名原管理委员会的成员,其他有:其他公司退休的管理人员(13%)、投资者或股东(61%)、商业银行(70%)、政府官员(13%)、企业代表(96%)。监事会成员的背景大致如下:非金融性公司(27.4%)、银行与保险公司(9.7%)、政治家与公务员(4.3%)、其他股东代表(9.9%)、外部工会成员(13.5%)、其他劳动者代表(35.2%)。详见 S.普瑞格〔德〕、瞿强:《德国的公司治理结构》。
③ 作为双层模式的代表,德国企业监事会的监督目的并不是管理者是否能够代表股东利益,而是在多大程度上能够与提供了重要资本来源的银行维持业务关系,这与德国企业的所有权结构和资本结构有密切关系。银行在德国企业中占有重要地位,既是债权人又是大股东,监事会常常成为银行或大股东利益的代表。美国加州公共福利基金会曾经就考察的德国企业情况发表调查报告(Cal-PERS,1999)指出:"德国法律要求公司作为有独立于其他股东利益的目标的实体运作,委员会有权决定这些利益是什么,因此委员会的决定就使得公司利益与大股东利益一致。"
④ Reggy Hooghiemstra and Jaap Van Manen, Supervisory Directors and Ethical Dilemmas: Exit or Voice? *European Management Journal*, Vol. 20, 2002.

架的控制体系。

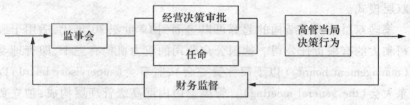

图 5-3 双层框架的监督控制系

（三）中国模式

我国上市公司治理结构中分别设置了董事会和监事会，同时还存在高管当局，监督控制系统与单层模式和双层模式都有所不同。按照我国《公司法》的构架，股东大会并没有将全部经营决策和经营控制权力全部委托给董事会，董事会承担了经营决策权和通过人员任命实施的决策控制权，监事会则承担了通过财务检查手段实施的决策控制权，董事会和监事会分别对股东大会负责，监事会处于与董事会相独立的地位，但监事会的监督职能是不完整的，这使得监事会的监督地位难以高于董事会。

监事会和独立董事共同承担监督职能是中国特有的现象。不论是单层模式还是双层模式，监督职能都可以影响决策行为：单层模式中是独立董事根据监督结果对高管当局行为进行调整；双层模式中是监事会根据监督结果对高管当局行为进行调整。但是从图5-4所示的中国上市公司监督控制系统构成中不难看出，监事会的监督职能并不能直接影响决策行为，而必须要通过董事会。从制度设计上看，通过监事会实现的控制通途完全可以被短路掉，即从设计上不能保证监事会有效履行监督控制职能。

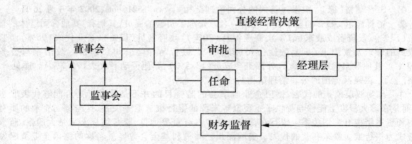

图 5-4 中国上市公司监督控制系统

三、董事会监督职能效率分析

从各国对于董事会职能的定位可以看出,董事会的决策职能在各国得到不同程度的强调,而董事会的监督职能则普遍受到重视。我国上市公司治理结构改革的目的之一也是加强董事会的监督职能。但是现有的制度设计造成监事会和董事会共同承担监督职能。本书将通过以下的经济学分析阐述非单一监督主体对监督职能履行的影响。[①]

假设有三个人,一个CEO、一个独立董事和一个监事,独立董事和监事共同承担对CEO的监督,监督是否有效的标准是是否能够发现并解雇低能力CEO。独立董事和监事据CEO个人能力a进行能力评价,能力评价将决定CEO的连任与否。独立董事和监事的期望效用u由两部分效用构成——良好公司业绩带来的个人声誉x以及个人在企业内部的福利w。当CEO能力高时,出现好业绩的可能性更大;当CEO能力低时,出现差业绩的可能性更大。因此独立董事和监事的期望效用是CEO能力的函数。可以表述为:

$$u(x,w) = u(f(a),w)$$
$$= v(x_H,w)P_r(x_H \mid a) + v(x_L,w)P_r(x_H \mid a) \quad (5\text{-}1)$$

为使问题简单,将个人的福利变化表示为两种:一是继续在企业留任并享受相关福利,即留任情况表示为K;二是不能继续在企业留任因此不能享受到任何福利,即被逐情况表示为E。假定独立董事和监事都喜好高个人声誉和继续享受企业福利,即有:

$$v(x_H,w) > v(x_L,w) \; \forall w \in \{K,E\} \quad (5\text{-}2)$$
$$v(x,K) > v(x,E) \; \forall x \in \{x_H,x_L\} \quad (5\text{-}3)$$

CEO的去留以简单多数票原则决定。CEO肯定认为自己能力高,因此独立董事和监事的能力评价结果都为高时,CEO将留任,独立董事和监事将继续留任;他们的评价都为低时,CEO将更换,独立董事和监事继续留任;当一个评价为高而一个评价为低时,CEO将继续留任,提出低评价者将被逐出。

独立董事和监事根据其获得的不利信息m作出各自的能力评价,当不利信息达到一定数量$\overline{m}$时业绩能力评价将为低。即有如下定理1:

---

① 这里将被监督者简化为CEO,同时将监督职能简化为通过对能力的判断来解雇不合格的CEO。

定理 1：当且仅当 $m_i > \overline{m}_i (i = 1, 2)$ 时，独立董事和监事才会提出低能力评价。

有意思的情况出现在独立董事和监事对 CEO 能力的判断不一致时。下面分两种状态进行考虑。

状态一是独立董事和监事在进行判断时都与个人福利问题无关。这种情况下，二者都根据各自的信息进行判断，得到不利信息多的一方将提出低能力评价。如果另一方具有同样多的信息，也会倾向于提出低能力评价，则低能力的 CEO 被撤换。如果另一方得到的信息不够多，致使提出了高能力评价，则低能力的 CEO 将继续留任，导致监督效率的降低。因此在没有个人福利问题时，掌握的信息量决定了监督是否有效。

状态二是存在个人福利问题，即独立董事和监事提出的能力判断结果，与其能否继续持有能力判断权力即留任之间有联系，而能够留任会导致个人获取利益的不同。这时被逐和继续留任之间产生了预期效用差异，表述为：

$$Z = u(x, E) - u(x, K) < 0 \qquad (5\text{-}4)$$

根据(5-4)可以判断，Z 为负效用，可以认为是一种惩罚。在都不知道对方判断时，因为害怕成为唯一的低能力评价者而受到惩罚，独立董事和监事都倾向于作出高能力评价。为了更细致的讨论，这里分为 A、B 两种情况。

情况 A：一方已经明确作出了高能力判断。这时另一方可能掌握足够的不利信息支持低能力评价，但是提出低能力评价将面临惩罚，而且 CEO 的低能力不能得到承认，其将继续留任。因此后者会违背意愿选择高能力评价判断。

情况 B：一方已经明确作出了低能力判断。这时另一方面临与状态一相似的选择，即无论其作出何种选择都不会受到惩罚，因此其将根据掌握的信息量作出判断。提出低能力判断的一方冒了被逐的风险，其行为传递了更多 CEO 能力的负面信息，这时 m_2 成为 m_1 的函数，且有：

$$\partial m_2(m_1) / \partial m_1 < 0 \qquad (5\text{-}5)$$

即这时后者受到前者判断的影响，也倾向于作出低业绩评价。

从两种情况的分析可以看出，存在个人福利问题或惩罚时，独立董事和监事趋向于提出一致的意见，或一致作出高能力评价（如情况 A 所示），或一致作出低能力评价（如情况 B 所示）。

情况 A 中可能出现监督无效的情况，造成这种监督失效有两个原因：

没有掌握足够的信息和害怕惩罚。因此在有个人福利问题时,不能掌握足够信息和惩罚的存在降低了监督效率。情况 B 则进一步反映了掌握充分信息的重要性,没有充分的信息作支持,任何一方都不会冒惩罚的风险提出低业绩评价判断,这时将出现情况 A 的监督无效。表述为定理 2:

定理 2:监督效率与惩罚存在负相关关系,不存在惩罚可以使监督效率最大。

上述分析还表明,监督的有效与否还与掌握的信息量有关。假设其中一方的信息拥有程度得到另外一方的信任,或另外一方相信前者拥有比自己多的信息,那么后者将会追随前者的行为,提出与前者相同的判断。用定理 3 进行描述:

定理 3:当全部不利信息被认为是一个常量时,信息全部由一个监督主体掌握并作为判断依据,将提高监督效率。

定理 2 和定理 3 说明,当独立董事和监事具有不同的信息掌握程度和惩罚厌恶程度时,具有更多信息和更少惩罚威胁的一方,可能第一个作出低能力判断。但是当上述两种优势不是集中在一方身上时,更可能的情况是谁都不愿意成为第一个作出低能力判断的一方。更极端的一种情况是一方效用函数只包括个人福利部分,则其只能提出高能力判断。[①]

反观我国上市公司治理结构的设计可以发现,独立董事和监事实际上具有不同的惩罚厌恶程度。多数情况下,监事是企业内部人员,被逐意味着失去工作机会。与独立董事被逐只是失去额外的津贴相比,监事更厌恶惩罚,因此具有提出高能力判断的动机。这样,除非独立董事愿意失去津贴及相关待遇,一般情况下其会遵从理性选择同样提出高能力判断。这就是上面分析中出现的情况 A,导致监督无效。因此监事不具有独立性,连累独立董事的监督也可能无效。非单一监督主体的模式,在增加了制度成本的同时反而降低了监督效率,其弊端可见一斑。

第三节 董事会构成及行为的理论基础与实证研究回顾

Hermalin 和 Weisbach (2001) 指出,有关董事会行为的系统理论几乎

---

① 将(5-1)式条件放松后情况有所不同,这时两部分效用不是互相独立的。

没有，但相关的实证研究却很多。本节将详细回顾已有的理论以及研究成果。

一、董事会行为的理论基础

尽管系统的董事会行为理论少见且相当不一致，但是董事会与股东利益之间的关系取得了广泛的认同（例如 Warther，1994；Hirshleifer and Thakor，1994），成为研究的基本前提。[①] 关于董事会和股东利益之间的一致，有两个基本假设：一是董事的薪资与企业价值密切相关，而企业价值是股东利益的反映；二是董事会成员注重声望，不断增加的企业价值反映了董事的辛勤工作并为其带来良好的声誉。[②] 以下三种理论从不同侧面反映了董事会行为和股东之间的关系。

（一）代理理论

代理理论是董事会构成与行为的实证研究的主流理论，基本观点是将董事会作为重要的公司监控机制。Fama 和 Jensen（1980）认为，董事会是一种引入市场机制的制度，是企业契约的最高内部监督者，董事会构成受到企业各种契约要素的影响，其重要的职能是监督企业内部最高决策者。外部产品市场、劳动力市场、经理人市场以及企业控制权市场也可以提供类似的监督职能，但董事会的作用在于提供一个成本相对较低的替换或调整高级管理者的机制。对于公开发行股份的企业，董事会接受股东的授权行使内部控制，董事会将多数决策经营和决策控制的权力授予管理者，通过制定报酬计划和选择继任管理者，处理管理者和股东之间的代理问题。调和利益冲突的治理可以通过内部机制和外部机制实现。内部控制机制包括限定管理者决策的范围和前提，将管理者报酬计划与业绩联系，提高管理者持有的股份，并增加董事会对于管理者行为信息的掌握（Fama and Jensen，1983）。外部控制机制包括来自产品竞争市场、劳动力市场以及接管市场的压力和威胁。

Fama 和 Jensen（1983）将管理和监管职能的区别在决策制定中进行了划分，区分为决策管理和决策控制：决策管理包括提出和执行，是高级管理

[①] Kose John, Lemma W. Senbet, Corporate governance and board effectiveness, *Journal of Banking & Finance*, 22（1998）.

[②] 但是也有不同的声音，Noe 和 Rebello（1996）质疑了声誉与利益一致的关系，认为是董事报酬有更好的作用，而独立董事的行为动力缺乏合理的解释。

当局的职能;决策控制包括批准和监督,是董事会的职能。董事会控制功能的有效性需要考虑两个主要因素:首先是能够利用来自内部监督体系的信息,这有赖于董事会中的来自高级管理当局的内部董事。而因为掌握有关企业活动的特定信息,内部董事可能起到支配作用,由此产生了第二个问题,即限制内部董事对董事会的控制,这就是外部董事的作用所在。他们假设外部董事有在外部监管者市场建立有效监管的声誉的动力,可以利用董事身份表示他们是决策专家,理解决策控制的扩散和分离的重要性并在其中工作。当外部董事并不因该种工作获得相关的直接酬金时,人们会相信他们不会与管理当局串谋,能够对管理当局实施有效的控制。

(二)危机处理理论

分散的股权使得股东难以维护自身的利益,董事会被认为可以为他们的利益服务,但是不能控制管理者的股东是否能够控制董事会呢?股东通过选举董事和解除董事职务来控制董事会,没有其他办法。但是在提交股东大会之前,被董事会监控的人(最高管理者)有权提出董事候选人,在股东之前进行董事的选择,因此董事会并不是由股东任命的、独立于管理者压力的股东利益代表。上述的董事会内生性导致了一些问题。管理者一般愿意选择一个有利于自己的董事,将敌对人士排除在董事会之外,并利用内部分歧驱逐异己。"如果一个董事在争论中持有异议,最可能的就是他将被建议辞职。"(Mace,1986)。当然管理者的权威也不是绝对的,其他因素会促成董事会中有独立的甚至敌对的董事成员。股东可能希望这样的董事改善对管理者的监管,董事们也会出于个人声誉的考虑而努力成为有效的监管者。是成为与管理者保持一致的"温顺的"董事会,还是成为与股东利益一致的"批判的"董事会,成为一场管理者和董事会之间的权力博弈,董事会构成会因此不同;通过撤换管理者,管理者团队的构成也会有所改变,董事会的构成就是较量的结果。

Herman(1981)和 Mace(1986)的危机处理理论来自上述实践的总结,该派观点认为除了给高级管理人员提供建议外,董事会承担不了多少监控职能。Mace(1986)广泛观察了董事会成员和管理者的行为,提出了董事会如何工作的模式。他总结的董事会具有如下职能:(1)给管理者提供建议和忠告;(2)承担一些约束作用;(3)在危机时才有所行为。他认为董事会不能:(1)建立公司战略和董事会政策;(2)提出有洞察力的问题;(3)选择总裁。他明确指出,董事会根本没有担负起应该担负的监控职能。Whisler(1984)则用自己的董事会实践经验附和了前者的观点,并认为董事应该支持 CEO 以防止董事会内部发生纷争;当需要撤换 CEO 时,董事会应该达成充分一致,而不是匆忙行动;一旦达成一致,就应该快速行动。

(三)资源依赖与协调理论

除了上述两种观点外,资源依赖理论提供了另一种分析基础。资源依赖理论来源于经济学对企业内部权力分配的研究(Zahra and Pearce,1989)。这些研究揭示了竞争和董事任命的关系。一般的结论是新董事的任命是为了增加公司筹资能力、利用董事的声誉提高公司的知名度和克服外界环境的威胁。Pfeffer(1980)在上述研究基础上,形成了董事会构成的协调机制理论。他认为董事会是企业与外部环境之间的一种协调机制,保证企业的资源获取并在不利竞争下得到保护。比如,企业聘请与经营环境有关的不同领域的专家担任董事,通过董事来改善和协调与外界环境的关系;具体的协调职能可以是交换私人信息以获取长期合作等等。因此董事会结构可以被看作是一种制度职能,研究者们认为董事会规模的扩大可以提高企业与外界关键资源(知名度、良好形象等)的联系(Pfeffer,1973; Pearce and Zahra,1992; Goodstein,1994);与环境的联系减少了包括兼并、收购等在内的外界威胁;并可以通过董事会来最大限度地利用环境资源。Zahra 和 Pearce(1989)认为,在竞争性行业中常会出现任命掌握关键资源董事的情况,因此董事会构成在竞争对手之间及企业与环境之间有协调作用。

二、研究现状与实证研究回顾

Hermalin 和 Weisbach(2001)指出,尽管董事会的基本理论几乎没有,但相关的实证研究却很多,主要集中在几个方面:董事会监督职能的完成是否有效?董事会是否对股东价值有贡献?董事会和其他公司控制机制是否可以替代?董事会的构成重要吗?董事会和管理者是如何相互影响的?[①] Fama 和 Jensen(1983)指出,影响董事会决策监管效力的主要因素为董事会人员构成(外部董事力量)、董事会规模和董事会领导结构(两职问

---

① Kose John, Lemma W. Senbet, Corporate governance and board effectiveness, *Journal of Banking & Finance*, 22 (1998).

题),因此实证研究中常常将上述特征作为主要研究变量,本书将上述三方面特征统称为董事会构成特征。本书将现有的研究文献归结为三个层次:第一个层次是针对公司决策与内部监督机构与公司整体业绩的关系;第二个层次是研究公司决策与内部监督机构与具体职责履行方面的行为特征;第三个层次是董事会构成的影响因素,即内生性研究。

整体业绩是一种综合指标,会受到其他各种因素的干扰,将整体业绩作为董事会构成和行为的结果,无法排除其他因素的影响;另外董事会构成与业绩之间可能是相互作用的,业绩不佳的公司可能更希望通过聘请专家来改善业绩,这种相互作用影响了一致结论的得出。因此这个层次的研究对董事会构成和行为的揭示比较间接。第二个层次的研究克服了上述问题,其基本的原理是,假设一个正确的行为选择,通过具体的行为判断不同董事会构成的行为倾向。但是这种研究难以穷尽现实中的各种董事会行为,而且企业经营中的各种情况是交替出现的,而董事会构成则具有一定的稳定性,同样一种董事会构成可能在不同的决策上具有不同的影响,难以得到整体是否有效的结论。① 第三个层次的研究将董事会作为独立于股东和管理者的独立主体,通过研究影响董事会构成的因素,对进一步理解董事会的作用提供了帮助(Kose and Lemma,1998)。按照上面的分类,我们对现有实证文献进行了详细回顾,以期看到学界对于董事会问题的关注角度。

(一) 董事会构成与公司业绩

一般认为,董事会的独立性随外部董事数量的增加而上升。实际上,美国的公司治理已经转到了多数是外部董事的独立型董事会。一些大的机构投资者通过要求外部董事的监管,大大推动了董事会的独立进程。董事会独立性的影响、外部型董事会对股东价值等公司业绩的影响,引起了很多实证研究文献的关注,研究分别采用了不同的业绩度量变量,包括会计指标和公司价值度量变量。

Vance(1968)早在20世纪60年代即对董事会结构与公司绩效之间的直接相关关系进行了研究,他发现内部董事构成与公司多项绩效指标有相

---

① 比如现有研究显示,独立董事更善于在业绩不好时解聘CEO(Fosberg,1989;Park and Roze,1996),但相同构成的董事会在其他重要决策(收购、业务多元化决策、经营者报酬)时可能并不是同样有效(Fosberg,1989)。

关关系。Baysinger 和 Butler(1985)发现,内部董事比例与公司每个职工平均研究与开发费用(R&D)之间具有正相关关系。Fosberg (1989)用对照样本研究外部董事比例和各种业绩度量之间的关系。研究指出,如果外部董事在制约管理者方面是有用的,外部董事可以有力监控的公司现金流和那些难以有力监控的方面之间应该有显著差异。如果公司的外部董事有效地监督了管理者,则企业应该有较高的销售水平、较少的雇员、较低的销售和管理费用、较高的权益回报。运用对照样本方法,样本由随机抽取的200家公司构成,具有相同产业、资本结构但不同外部董事比例的企业形成对照组。第一组外部董事比例小于50%,第二组大于50%。研究没能证实外部董事能够提高公司业绩。特别是,没有证据表明外部董事比例和各种公司业绩度量之间的关系。实际上正相反,非独立董事控制型企业的ROE比多数外部董事型的企业要高1.1%,但统计上不显著。类似地,非独立董事多数型企业(独立董事比例为50%—67%)和绝对多数型企业(比例大于80%),都有比多数型企业更高的销售水平,同样统计上不显著。就独立董事比例与公司业绩之间的不一致,作者认为可能有两个原因:首先,管理者可能成功地选择了没有能力也不愿意约束管理者的外部董事。这样外部董事并不能代表股东利益。另外,其他两权分离的控制机制,比如控制权市场提供了有效的监督和约束,因此外部董事作用有限。

  Hermalin 和 Weisbach (1991)试图度量董事会构成和所有权结构导致的企业业绩的不同。这两个变量被用来作为管理者面对的动机和监督的度量。研究样本由 1974—1983 年的 500 强企业构成。如果外部董事比例超过 60% 和低于 40%,则分别被认为是外部型和内部型董事会。主要结论是董事会构成和业绩(托宾 Q 值)之间没有关系,但所有权结构和业绩之间有很强的关联。Hermalin 和 Weisbach(1991) 还发现,董事会结构与当年公司绩效各项指标之间没有显著相关关系;而 20 世纪 70 年代独立董事比例与 20 世纪 80 年代股权收益相关:独立董事越多,股权收益越高。Yermack(1996)发现独立董事比例与托宾 Q 之间呈显著负相关关系;Agrawal 和 Knoeber(1996)同样发现外部董事与托宾 Q 之间具有类似的负相关关系。

  上述研究都是针对单项业绩指标,Bhgu 和 Black(1997)综合考察较长时期多项绩效指标与董事会结构的关系,发现没有连贯的证据表明独立董事比例影响公司未来绩效;高比例的独立董事与近期缓慢增长和低股权回报具有相关关系,但是与未来绩效没有相关关系;内部董事的比例与过去股权回报、盈利率的许多会计指标之间具有正相关关系；内部董事比例较高的公司，资产运用状况较好；然而独立董事比例则与前述收益指标之间呈负相关关系。

除了各类公司业绩指标外，一些实证研究还选用了来自股票市场的度量。Rosenstein 和 Wyatt（1990）利用事件研究方法发现，公司任命外部董事的消息公布时，会带来股票的超常收益，即外部董事的任命与股东财富的增加相关。更有力的证据来自 Brickley（1997），他研究了公司对毒丸计划的采用与否。样本包括在 1984—1986 年间采用了毒丸计划的 247 个公司，公司董事会被分为外部型和内部型。毒丸计划对股东利益既有好处也有损害，而且是董事会不经股东投票就可以决定的。如果外部董事代表股东利益，使用毒丸计划给股东利益带来的损失会随外部董事比例上升而下降。因为市场可以观察董事会的结构，这种效果可以通过毒丸计划宣布带来的市场反应得到。如果外部董事代表管理者利益，则毒丸计划给股东利益造成的损失不会随外部董事比例而变化，这时市场反应不会和董事会结构相关。研究运用事件研究法，观察毒丸计划宣布两天之内的市场变化。他们的结论支持了外部董事代表股东利益的假设。更有说服力的是，具有外部型董事会的企业，毒丸信息的市场平均回报是正的；相反，当外部董事少于一半时，市场回报的中位数和平均值都是负的，平均超额回报也低。有意思的是，毒丸计划的超常收益先是随外部董事比例上升而下降，在比例为 26.5% 时出现反向变化。毒丸计划的市场反应结果与各种控制变量，如公司规模、董事会持股、前期盈利水平、财务杠杆、行业、机构投资者持股、毒丸计划的类型、研发费用、市价/账价比率等都相关。

近年来开始出现一些来自双层模式国家的实证研究成果。因为构成模式不同，这些研究并不是关注独立董事对于公司业绩的改善作用。Wenger 和 Kaser（1998）以德国公司为样本，研究了银行监事与公司业绩之间的关系。他们发现，如果银行监事只是作为监事会普通成员，则银行监事比例与公司业绩之间呈现负相关关系；如果银行监事出任监事会主席，则银行监事比例与公司业绩之间呈现正相关关系。但是上述关系都在统计上不显著。上述研究结果与 Seger（1994）的研究结果正好相反。德国治理结构上的另一个特点是实行共同参与制，即监事会中有一定数量的职工监事。一些学者将职工监事作为共同参与制的特征变量，试图研究共同参与制与公司业绩之间的关系。但是由于共同参与制是强制性执行的，难以获得相对应的没有实行共同参与制的样本，因此这类研究的结果常常受到质疑。

（二）董事会构成与职能履行

决策与内部监督机构的具体职能在各国有所不同，美国的相关研究主要针对董事会在 CEO 任免、收购与反收购、经营者报酬以及极端的公司失败和财务欺诈等行为上的影响；德国的相关研究则集中在职工福利的满足、信息获取、解决问题能力等职能上。这些职能之所以被分别强调，与各国相关的公司治理准则对决策与内部监督机构的职能定位有直接关系。

经营者任免是董事会的核心职能。Weisbach(1988)研究发现，独立型董事会比其他董事会更善于解除绩劣经营者。Weisbach 还发现，具有独立型董事会的公司中，如果其股价处于最低水平，其股价比类似的非独立型董事会的公司高出 1.3%，收益高出 6.8%。由于一般董事会在解除绩劣经营者方面行动迟缓，这种情况属于增加价值因素(Weisbach,1988；Watts and Wruck,1988)。有证据表明，投资者认为适时解任公司经营者能够增加公司价值(Klein,1988)。还有证据显示，在替换经营者后公司绩效能够得以改善((Denis and Denis,1994)。Mikkelsotl 和 Partch(1997)对 1989—1993 年收购低潮阶段情况进行了研究，尽管独立型董事会在这一时期占据大型公司的主流，他们并未发现董事会结构和经营者解任以及公司绩效之间有什么正相关关系。另据 Klein(1988)研究显示，拥有独立型董事会的公司如果出现经营者解任的情况，在解任之前其公司业绩低于非独立型董事会的公司。这说明内部董事对公司业务比较了解，只要一些可观察的指数如股价和收益率不佳，就会及时解雇绩劣经营者。独立型董事对公司业务不熟悉，解雇绩劣经营者的行动较为迟缓，在解除其职务时公司业绩已经相当差。Borokhovich、Parrino 和 Trapani(1996)发现，独立董事比例高的董事会倾向于任命外部经营者，而其他董事会则倾向于任命内部经营者。

Hermalin 和 Weisbach (1991)在研究董事会构成和所有权结构与企业业绩的关系时，还研究了外部董事在 CEO 撤换上的行为，运用 Logistic 模型估计 CEO 丢掉工作的可能性。用来解释 CEO 撤换可能性的变量包括公司的股票回报、收益变化和董事会构成。主要结论是在外部型董事会中，业绩度量与 CEO 的聘用有显著关系。内部型董事会则没有类似的证据。控制了企业规模和行业后，外部型董事会解雇 CEO 的可能性从业绩好时的 1.3% 变化到业绩不好时的 7%，差异在统计上是显著的；相反，针对内部型董事会，上述比例则从 3.6% 变化到 5.7%，暗示着内部型董事会在CEO的撤换上对回报不是很敏感。在具有外部型和混合型董事会的公司中,CEO变换的超常回报是正的并且显著,但在内部型董事会的公司中超常回报几乎为0。结果显示内部型和外部型董事会有明显不同的行为。以独立董事为主的外部型董事会对业绩不良的CEO的撤换更积极,因此可以为股东创造价值。Park和Rose(1996)通过研究新CEO的任命证实了上述结论。文章研究了385起CEO变化,试图探究高外部持股、外部型董事会、公司规模、管理壕沟和公司业绩与新CEO选择的关系,385个样本中有278个内部CEO,用Logistic模型来估计新CEO是外部人还是内部人的可能性,并用事件研究方法来估计CEO替换公告的超常收益。上述研究表明,独立董事与内部董事在经营者解任方面有不同行为特征,但是不能说明独立董事的决策是更优还是更劣。即使认为独立型董事会善于控制和监督经营者,在经营者解任和审查收购要约条件方面表现突出,但是由于这些董事对公司业务不熟悉,可能并不善于为经营者出谋划策。美国由于《克莱顿法》的作用,董事不得在相互竞争的公司兼任董事,使得独立董事对其所在行业了解甚少,更有可能降低独立董事的控制和监督质量。

正确作出收购决策是董事会为股东利益服务的重要内容。Byrd和Hickman(1992)研究发现,如果收购方有独立型董事会,其平均股价收益为零,其所发出的要约价位较低。而如果收购方具有非独立型董事会,其净损失为1.8%。研究也发现,内部董事比例与收购回报之间具有负相关关系。这说明独立董事有助于制约经营者缔造公司帝国、乱铺摊子,使出高价购买其他企业的行为得以遏制。李等学者(Lee et al,1992)对经营者收购情况进行了研究,他们发现设立了独立型董事会的公司股东获得的回报高于其他公司。Shivdasai(1993)用外部董事兼任其他公司董事的数量作为董事质量的度量,发现董事质量越高,公司被收购的可能性越小。另有研究表明(Kini, Kracaw and Mian,1995),如果原来董事会是以内部董事为主,则发生收购后独立董事比例趋于上升,反之则反是。科特等人(Cotter Shivdasani and Zenner,1997)以1989—1992年间发生的收购事件为研究样本,发现如果被收购方具有独立型董事会,则其股价回报高于其他公司20%,其统计意义上的正面效应非常突出。

制定经营者报酬计划是董事会的一项重要职责。Core和Larcker(2001)发现,经营者报酬数量与公司独立董事比例呈正相关关系,而董事会所确定的报酬恰好与公司未来业绩呈负相关关系。显然,独立董事并不善于确定适当的经营者报酬。这可能是因为独立董事过去是经营者或其他公司现任经营者的缘故。在独立董事比例高的公司,其他高级管理人员报酬也相对较高(Lambert, Larcker and Weigelt,1993)。对经营者持股已经有了很多研究成果(Black,1992;Servaes and Zenner,1994;Lchtenberg and Palia,1996;Loderer and Martin,1995),其中部分研究表明,如果内部持股在适当水平(如5%),则与公司绩效有正相关关系,另一些研究则没有发现这种正相关关系。有证据表明,经营者持股更多是对过去业绩的奖励,而不是对未来业绩的激励(Kole,1996;Himmelberg, Hubbard and Palia,1996)。经营者持股与公司绩效之间具有相关关系表明,如果董事会结构影响公司绩效,则必须控制内部持股。在内部持股比例高的公司,独立董事比例相对较低(Hermalin and Weisbach, 1991;Rediker and Seth,1995;Denis and Dine, 1997)。

Mark S. Beasley(1996)利用 Logistic 回归模型,对于在规模、产业、证券交易所都相似的 75 家欺诈企业和 75 家非欺诈企业,就其董事会构成的不同进行了分析,实证地检验了外部董事有助于减少财务欺诈发生的观点。

来自双层模式国家的实证研究成果极为有限。目前为止,德国现有的研究都是针对 1976 年颁布的《共同决定法》,研究共同参与制的改变对监事会行为的影响。White(1980)的研究对象包括适用 1952 年《企业委员会法》和 1976 年《共同决定法》的工业公司,发现共同参与制并不具有重大影响力,即公司的成败与职工监事比例没有相关关系。Conyon、Paul 和 Stephen(1995)依据行为科学,考察了使用不同共同参与制形式的公司的决策能力和实施能力,前者指发现问题、加快问题解决程序和作出决策的能力,后者指忠实地实施所作出决策的能力。研究者发现,越是强有力实施共同参与制的公司,越具有强的决策和实施能力。Bamber(1986)研究了使用《共同决定法》的公司职工利益,发现职工代表所获得的信息增加了,但是这并不意味着能够有效地影响公司决策。

(三)董事会构成内生性研究

早期的研究认为董事会结构是给定的,然后研究它的监控有效性,比如与公司业绩和 CEO 撤换的关系。近来有一些文献开始关注董事会结构的内生性,提高了对于治理问题的理解;另外这些研究有助于在理论上理解董事会的作用,并区分董事会与管理者和股东的关系。现有的内生性研究主要集中在英美国家,受到其既有股权结构以及股东利益获取方式的影响,研究中没有异质股东的概念,很难看到股东之间利益冲突的线索,只能看到传统意义上的股东利益、管理者利益对董事会构成的影响。

Williamson(1983)提出了"替代假设",认为在接管机制比较困难时,董事会作为企业控制机制的作用就更加重要。替代假设意味着当接管市场弱时,内部控制的作用就很重要,董事会应该是外部型的。当接管市场活跃时,内部控制可能不是非常需要,董事会倾向于有更多的内部人。美国银行业提供了一个有意思的证实替代假设的线索,一些州允许接管,而其他州则严格限制商业银行的兼并,Brickley 和 James(1987)进行了相关研究。根据"替代假设",作者认为在不允许兼并的州,因为外部监管市场的作用受到限制,银行应该有更多的独立董事;如果股权结构和外部董事是有替代作用的控制机制,在不允许兼并的州银行的外部董事比例低时,其股权集中度应该高。但是上述两个预测与银行业的实际不一致。作者选取 1979 年的数据进行回归分析。第一个回归分析用外部董事数量做被解释变量,规模和兼并哑变量做解释变量。第二个回归分析使用了相同的解释变量,被解释变量为外部董事比率。主要结论如下:限制兼并州的银行应该有更多的外部董事作为接管市场的替代控制机制,但数据并没有显示出上述现象;相反,允许兼并州的银行有更高比例的外部董事。作者的解释是外部董事有管理控制和专家咨询的双重职能,他们推测第二个职能在存在接管市场时可能更重要。Mayers 等(1997)调查了保险业治理控制过程中的外部董事的作用,发现了支持"替代假设"的证据,有不能转换所有权的企业比上市企业雇用更多的外部董事,在两种类型中转换的企业经历了董事会结构的变化。

Warther(1994)将董事会作为一个既有别于股东又有别于管理者的实体,有其自身特有的目的,他明确地提出了管理者意志对董事会构成的影响。Hermalin 和 Weisbach(1997)检验了公司业绩、CEO 撤换和市场结构导致的董事会构成的变化。实证研究基于这样的假设:CEO 的连任和公司业绩影响董事会的构成。研究样本由 142 家公司构成,变量为 1971—1983 年的董事会特征。按董事会构成的数据,将董事分为内部、外部和灰色。作者发现:当 CEO 临近退休时,企业倾向于增加内部董事;新 CEO 导致了内部人的离开,因此内部提升和 CEO 连任影响董事会的构成;当企业业绩不好时,内部人可能因为对不良的业绩承担直接责任而被解雇,更多外部董事加入董事会。同样的问题也存在于企业退出产业时。

代理理论提供一个可能的解释,即不良业绩是管理无效的一个表现,因此管理者有更大的动力使更多的外部董事进入董事会,这样一些内部董事就需要被外部董事替代,以使外部董事有位置,实际上就是公司外部控制机制导致了董事会构成的变化。本书第五章中详细研究了外部治理机制的相关内容,这里仅就有关研究进行简单回顾。Kini 等(1995)试图通过检验,研究接管市场和接管者对董事会构成的影响。他们研究了 244 起接管者撤换 CEO 的样本,结果发现:在惩罚性接管中,董事会规模有明显下降;惩罚性接管导致了内部董事的大量撤换和外部董事的离开;伴随着惩罚性接管的是董事会控制集团的大规模撤换。惩罚性接管促成了董事会构成的平衡。董事会的监控作用得到一致的认同;作为外部控制,接管市场不仅约束了 CEO 也约束了董事会,即监管了监管者。Hermalin 和 Weisbach(1998)提出董事会是一种内部博弈的结果,N. Arthur(2001)检验了这个假设,发现 CEO 任职年限与外部董事比例之间有显著相关关系,作者认为这是因为随着 CEO 任职年限的增长,CEO 对董事会的控制加强,更愿意选择自己熟悉的内部董事;研究还发现有多数股权的公司更少地采用外部董事控制的董事会;由内部人控制董事会的公司有更多的地域扩张,即当董事会对管理层"友好"时,公司更倾向于追逐多元化战略以减少各种管理风险(满足管理者意愿)。Holland 和 Karl(2000)研究了一段时期内美国上市的煤气公司董事会结构的变化,发现当行业被取消了管制后,董事会中官员董事的比例下降了。作者认为这些董事承担了寻租职能;前官员利用他们的政治关系赢得公司的青睐,在管制环境下能够给公司带来额外利益。管制的解除导致官员董事作用的下降,进而导致公司减少官员董事的比例。Agrawal 和 Knoeber(2001)研究了美国企业董事会中具有政治背景的董事构成,认为这些董事在需要与政府打交道的公司中承担了顾问的作用,提供的证据支持了上述观点。新加坡的制度环境与西方国家有所不同,包括较弱的公司控制权市场、更集中的股权结构和很多私人企业中的政府所有权。Make 和 Yuan(2001)针对新加坡特有的情况,以新加坡 147 家上市公司为样本,研究了管理者所有权、政府所有权对董事会各类构成变量的影响,发现政府股权倾向于选择较少的外部董事,较高的管理者所有权倾向于两职分离。

本 章 小 结

尽管没有系统的董事会行为理论,但不同学者从不同角度提供了董事会构成及行为的理论分析线索。

代理理论是董事会构成与行为的实证研究的主流理论,将董事会作为重要的公司内部监控机制,董事会接受股东的授权行使内部控制,将多数决策经营和决策控制的权力授予管理者,通过制订报酬计划和选择继任管理者,处理管理者和股东之间的代理问题。危机处理理论认为董事会只能给管理人员提供建议,不能承担多少监控职能。资源依赖理论利用了经济学对企业内部权力分配的研究,指出新董事的任命是为了增加公司筹资能力,利用董事的声誉提高公司的知名度和克服外界环境的威胁,董事会是企业与外部环境之间的一种协调机制,保证企业的资源获取并在不利竞争下得到保护。

按照代理理论,董事会构成代表了其对股东利益的代表程度,在此基础上出现了大量的实证研究。董事会构成与公司业绩关系以及职能履行的研究,将董事会的构成特征作为一个给定的外生变量,认为某种构成是最优的,不具有这样的构成会影响公司业绩或职能的履行。近年来一些研究开始关注董事会构成的影响因素,认为董事会构成特征并不是给定的,而是受到一系列因素的影响,反映了董事会构成受到多种因素影响的现实。"董事会是一种内部博弈结果"的观点(Hermalin and Weisbach,1998)得到了一些实证研究的证实。美国的研究将 CEO 的势力作为内部博弈的主要度量,Make 和 Yuan(2001)则研究了另一类度量,即新加坡的股权结构对董事会构成的影响。本章从三个层次回顾了决策与内部监督机构构成的实证研究文献。可以看到,实证研究同时受到理论和实践的巨大影响。

第六章

上市公司决策、内部监督机制与股东控制特征

在我国,是由董事会和监事会共同承担公司内部决策与监管职能。为了表述上的清晰,本篇内容均以"公司决策与内部监督机构"作为董事会和监事会的合称。

第一节 董事会现状及国际比较

一、董事会规模

董事会规模是董事会构成的一个重要特征。过大规模的董事会难以达成一致的意见,因而容易受到高级管理当局的控制。有些学者认为,对于大公司来讲,10—15人的董事会是最有效率的。但是董事会规模会受到诸多因素的影响,最佳规模难以确定。① 图 6-1 是 2001 年中国董事会规模的频数描述。从图形中可以看出,大部分(74%)上市公司选择了奇数人数的董事会,其中 9 人、11 人、13 人董事会分别占到了 20%、30% 和 17.6%。一般认为,奇数型董事会可以避免僵持不下的局面,有利于形成多数意见。

绝大多数国家允许公司章程自行决定董事会的规模。英美国家董事会规模较小,1995 年和 1996 年美国标准普尔 500 家公司的平均董事会规模都为 11.9 人,1997 年为 11.7 人,拥有 15 人以上董事会的公司所占的比

---

① 全美公司董事联合会蓝带委员会在其报告《首席执行官、董事会和董事的业绩评估》中指出:"理想的情况下,董事会应尽量地小,以容许对重要问题的详尽讨论和对每一个提出的观点都有充分的发言时间;它又应尽量地大,以保证有足够多的不同观点和人才加入讨论。"董事会规模并没有一个一致的判定标准。

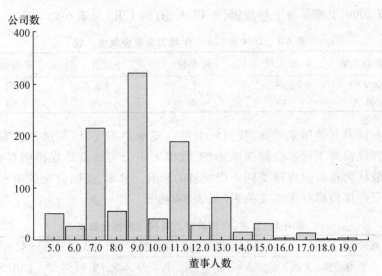

图 6-1 2001 年中国董事会规模分布

例从 1995 年的 16.6% 下降到 1996 年的 15.2% 和 1997 年的 13.3%[①]。20 世纪 80 年代美国最大的 100 家上市公司的董事会平均人数为 15 人,到 1993 年下降到 13 人以下。

英国公司董事会平均为 10.07 人,一半以上公司的董事会为 6—10 人。一项 1998 年所作的统计显示,英国公司最小和最大董事会分别为 4 人和 16 人,平均数为 9 人。法国公司董事会的平均规模为 12.05 人,55% 的董事会在 10 人以上。德国公司监事会人数视其公司规模和所实行的共同参与制模式而异,法定人数为 3—21 人;实际运行中监事会平均人数是 9.5 人左右(Leimkuhler,1996)[②],有 17.43% 的公司达到法定规模的上限。日本上市公司董事会的平均规模为 19 人,少数大型公司董事会有 40—50 名董事,并且有逐年扩大的趋势:1978 年为 15.8 人,1980 年为 16.3 人,1985 年为 17.5 人,1995 年为 18.8 人。[③] 我国《公司法》规定,股份有限公司董事会由 5—19 人组成。2001 年我国上市公司董事会平均规模为 9.94

---

① 梁能主编:《公司治理结构——中国的实践与美国的经验》,中国人民大学出版社 2000 年版,第 262、268 页。

② 本结果是对 562 家上市公司的调查结果,不同的调查因为样本不同而有不同的结果,科恩和斐利(1996)对 24 家公司的调查结果为监事会平均规模为 13.25 人。

③ 参见朱义坤:《公司治理论》,广东人民出版社 1999 年版,第 469 页。

人,较2000年董事会平均规模(9.47人)有所上升(见表6-1)。[①]

表6-1 2000年、2001年我国董事会规模比较

董事会人数	最大值	最小值	中位数	平均数
2000年	19	5	9	9.47
2001年	19	4	9	9.94

与世界其他国家相比,我国的董事会规模并不大,但是这里没有考虑到资产规模对于董事会规模的影响,我国上市公司的资产规模明显偏小,而一般认为董事会规模受到资产规模的影响。日本、美国公司的董事会规模与资产规模都有正相关关系(见表6-2)。[②]

表6-2 日本、美国的资产规模与董事会规模

资产规模(人民币)	5亿元以下	5—10亿元	10—15亿元	15亿元以上
董事会平均规模(人数)	9.16	9.47	9.97	10.29

除了受到资产规模的影响外,第一大股东的性质也对董事会规模产生影响。数据描述表明,当第一大股东为法人股持有者时,董事会规模显著大于第一大股东为国家股持有者时的董事会规模。但第一大股东持股数量对董事会规模并没有显著影响(见表6-3和表6-4)。

表6-3 第一大股东性质对董事会规模的影响

第一大股东性质	计数	求和	董事会规模(人)	方差	F	P-value
法人组	329	3 333	10.1307	7.040792	0.05756	3.622689
国家组	176	1 700	9.659091	7.037403		

表6-4 第一大股东持股比例对董事会规模的影响

第一大股东持股比例	计数	求和	董事会规模(人)	方差	F	P-value
20%—30%	69	685	9.927536232	5.744672	0.1889	0.903964
30%—40%	67	679	10.13432836	7.330167		
40%—50%	79	795	10.06329114	6.649789		
50%以上	275	2 722	9.898181818	7.44215		

---

① 2000年有1 078家上市公司披露了完整的相关信息。
② 梁能主编:《公司治理结构——中国的实践与美国的经验》,中国人民大学出版社2000年版,第262页。

二、董事长任职特征

董事长对董事会职能履行有重要影响。美国公司董事委员会发布的一份报告中就董事长给出了如下职位说明：领导董事会；建立管理董事会工作的程序；确保董事会充分履行职能；安排全体董事会议及委员会会议；审查管理层提议的资料，确保董事会得到恰当的信息；确保有足够的准备时间对有关问题进行有效的研究与讨论；向董事会成员分配任务并实现董事会设定的目标；制定董事行为规范并确保每一位董事都作出较大的贡献；充当管理层与董事会之间的联络员；同CEO一起对外代表公司。[①] 上述职位安排突出了董事长对董事会的日常管理和领导职能，并明确了对于管理层的影响。

我国《公司法》赋予了董事长如下权力：主持股东大会和召集、主持董事会会议；检查董事会决议的实施情况；签署公司股票、公司债券。中国证监会1997年12月公布的《上市公司章程指引》(以下简称《章程指引》)对上述职能进行了进一步的补充：董事长签署董事会重要文件和其他应由公司法定代表人签署的其他文件；行使法定代表人的职权；在发生特大自然灾害等不可抗力的紧急情况下，对公司事务行使符合法律规定和公司利益的特别处置权，并在事后向公司董事会和股东大会报告。与美国有关定位不同，我国法律赋予了董事长重要的决策职能。另外，我国上市公司多数是原国有企业改制而成，各股东单位对于上市公司这个新实体都有控制欲望，因此董事长职位的选任还具有经营职能之外的重要含义。

(一) 任职年限

在以往的欧美的研究中，CEO的任职年限被认为是CEO力量的一种代表，任职年限越长，CEO具有的与董事会讨价还价的能力越强，董事会被控制的可能性越强。这与英美公司董事会与管理层的关系以及董事会的职责有关。田志龙(2000)按照董事会参与管理过程的程度把董事会扮演的角色分为两种极端："看门人"型(松控型)和"领航人"型(紧控型)。"看门人"型的董事会更多是执行审批、评价或事后控制，比如对经理人员进行业绩评价并决定其报酬和任免。这时经理人员是经营决策的主体，其

---

① 全美公司董事联合会蓝带委员会《首席执行官、董事会和董事的业绩评估》，附录A《示范性董事长职位说明》，1995年。

特征变量对公司经营决策会产生重大影响。英美国家公司就是这种类型的代表,因此相关的研究关注 CEO 任职年限。"领航人"型的董事会则亲自完成决策职能,经理层只部分参与到战略方向确定、方案拟订中,主要负责实施工作。按照我国相关法律,董事会承担了很多经营决策职能,相对 CEO 任职特征,董事长任职特征具有更加重要的意义(见表 6-5 和表 6-6)。

表 6-5 董事长任职年限统计

变量	最小值	最大值	均值	中位数	标准差
董事长任期(年)	0.001	5.003	1.040	1.063	0.883

表 6-6 董事长任职年限特征

变量	1 年以下	2 年以下	3 年以下	3 年以上
董事长任职年限比例	38.59%	31.61%	26.81%	2.99%

在上市时间超过三年的公司样本中,董事长平均任期为 0.94 年,明显小于总体样本的平均任期。这表明在一个董事长任期期满后,倾向于更换董事长,而不是现有董事长连选连任。

(二)董事长来源

董事长在第一大股东单位任职比例达 57.77%,其中 90% 以上的人在第一大股东单位担任诸如总经理、党委书记、董事长等重要职务。总体而言,随着第一大股东持股比例的上升,董事长来自第一大股东单位的比例逐步上升(见表 6-7 和表 6-8)。

表 6-7 董事长来源

董事长控股股东单位任职情况	任职	不任职	未披露
比例	57.77%	19.11%	23.13%

表 6-8 第一大股东持股比例对董事长来源的影响

第一大股东持股比例	来自第一大股东的董事长比例(%)	方差	F	P-value
20% 以下	20.8333	0.172101	9.181055	3.62E-07
20%—30%	42.029	0.247229		
30%—40%	35.8209	0.263682		
40%—50%	62.0253	0.2642		
50% 以上	64.3636	0.252104		

(三) 领薪情况

在1 120家样本中,有54.73%的上市公司董事长在上市公司领薪,而在股东单位兼职董事长样本中,该比例下降为38.5%,两者具有显著差异(见表6-9)。

表6-9 董事长领薪情况

董事长领薪情况	在上市公司领薪	不在上市公司领薪	在上市公司领津贴	未披露
比例	54.73%	40.83%	2.23%	2.23%

三、两职状态

对于董事长与最高经营者职位的分与合,各国尚无法律规定。[①] 美国公司有76%的董事会是最高经营者兼任董事长,英国则有1/3的董事会由最高经营者兼任董事长,但英国公司董事会有更多的执行董事。[②] 吴淑琨等统计了1999年我国上海证券交易所188家上市公司的两职合一状况,发现两职完全分离的公司只有12家,占统计样本的6.9%;两职完全合一和部分合一的比例高达93.1%。[③] 夏冬林等(2001)研究了722家上市公司1998年和1999年的数据,发现1998年沪深两市两职合一比例分别为26.61%和29.8%,1999年上述比例分别下降为20.97%和19.71%。[④]

本书对2001年年报的相关信息进行了统计。2001年有1 120家上市公司年报中披露了完整的两职情况,其中145家公司的总经理或总裁由董事长兼任,占12.95%;196家公司的总经理或总裁由副董事长兼任,占17.5%;另外779家上市公司的董事长、副董事长、总经理分别由不同的人担任,即两职完全分离比例达69.55%(见表6-10)。

[①] 1997年国务院发布了《关于深化大型企业集团试点工作的意见》,明确指出在大型企业集团中"董事长一般不兼任总经理",但对于其他企业有关方面似乎并没有明确提出类似要求。
[②] 朱义坤:《公司治理论》,广东人民出版社1999年版,第478页。
[③] 作者在研究中划分了三种两职状态:一人担任董事长和总经理为完全合一;董事长不担任任何高级管理职务为完全分离;其余状态为部分合一,包括董事长担任其他高级管理职务或总经理担任副董事长职务等情况。
[④] 作者只考虑了总经理和董事长两职合一的情况。

表 6-10 两职情况

两职情况	董事长任总经理	副董事长任总经理	完全分离
人数	145	196	779
比例	12.95%	17.50%	69.55%

按照董事长在股东单位任职情况分为任职组和不任职组。进一步分析发现，两组中董事长兼任高级管理人员的比例分别为 7.40% 和 23.07%，具有显著差异。上述情况表明，当董事长来自股东单位时，董事会更倾向于选择两职完全分离。目前在不少上市公司中，董事长和总经理分别由不同的股东单位派出，两个职位的分离实际是各个大股东在上市公司寻求平衡的结果，有利于互相监督。更重要的是法律限制，2000 年 6 月证监会发布了《关于加强上市公司监管工作的意见》，其中明确规定上市公司应该在人员、资产和财务上实行"三分开"，其中人员分开要求上市公司的经理、副经理、财务负责人、营销负责人、董事会秘书等高级管理人员专职在公司工作，并在公司领取薪酬，不得在控股股东或实际控制人处兼任任何职务。上述规定限制了控股股东对经理层的控制，在上市公司领取薪酬使重要管理人员容易以上市公司为利益主体作出决策。不在股东单位任职的董事长承担了更多的公司经营职能，而同时担任其他高级管理职务有利于职能的完成，因此不任职组有更高的兼任比例。根据数据描述可以认为，与前几年相比，我国上市公司两职合一的比例大大降低，这有利于董事会独立发挥作用，形成董事会与经理层之间的制衡。①

进一步的研究发现，第一大股东持股数量对两职状态有显著影响。第一大股东持股比例越低，越可能出现两职合一。当第一大股东持股比例大于 50% 时，两职合一比例为 10.18%；当第一大股东持股比例下降到 20% 以下时，两职合一比例上升到 29.17%。各组之间具有显著差异。这表明当股权上的优势不明显时，对于董事会的控制开始显得重要，两职合一有利于形成有效的控制。从另一个角度分析，这时可能出现优势股东的"权力扩大效应"，即优势股东在董事会中占有的席位或对董事会的实际控制程度大于与其持股比例相对应的程度。对于董事构成的数据描述也揭示了同样的问题（见表 6-11）。

---

① 按照我国相关法律，经营管理职能的主要承担者是董事会而不是管理层，因此董事会与管理层之间独立与否也许并不像美国公司那样具有实质性的意义。

表 6-11 第一大股东持股比例与两职状态

第一大股东持股比例	计数	求和	两职合一比例(%)	方差	F	P-value
20%以下	24	7	29.1667	0.21558	3.42867	0.00884
20%—30%	69	15	21.7391	0.172634		
30%—40%	67	6	18.9552	0.082768		
40%—50%	79	13	16.4557	0.139241		
50%以上	275	28	10.1818	0.091785		

四、董事会与高管层重合度

Fama(1983)将公司事务分为提议、决策、执行和监督四个环节,董事会承担了重大决策和监督环节的职能,管理层则承担了提议和执行环节的职能。世界范围内董事会与高管当局的关系可以分为四种类型:第一种类型是董事会全部由公司管理人员构成,这是许多小型公司、家族公司以及集团公司内部子公司的董事会结构;第二种类型是董事会主要由公司管理人员构成,以日本公司董事会为代表;第三种类型是董事会主要由非公司管理人员构成,以美国公司董事会为代表;第四种类型是董事会完全与公司管理人员分离,以德国公司的监事会与管理委员会的关系为代表。[①]

我国上市公司很多是改制而来,董事会与公司管理人员的分离尚处于开始阶段。相关法律赋予了董事会重要的经营管理职能。就全部517家样本公司而言,有25.5%的董事同时在上市公司担任其他管理职务。在当第一大股东分别为国家股持有者和法人股持有者时,上述比例分别变为25%和26%,没有显著变化(见表6-12)。

表 6-12 董事会与高管重合度

变量	最小值	最大值	均值	中位数	标准差
兼任高管的董事比例	0%	80%	25.51%	25%	0.007

为了判断大股东对高管重合度的影响,本书将第一大股东持股比例分为若干个区间,高管重合度与控制性股东股权比例之间的关系列示如表6-13。

---

① 对于四种关系见图5-1。作者对于上述图示有一个有意思的说明,因为董事会是会议体,其决策方式为集体决策,即每个董事在董事会内有平等的地位,因此用圆形表示;而企业管理则有严格的等级制度,因此表示为金字塔形。

表 6-13　第一大股东持股比例对董事会与高管重合度的影响

第一大股东持股比例	计数	求和	兼任高管董事比例(%)	方差	F	P-value
20%以下	20	409.7493	20.4875	0.594	1.28801	0.27381
20%—30%	59	1 638.544	23.7719	1.997		
30%—40%	53	1 287.911	24.3002	1.6744		
40%—50%	70	1 686.492	24.0927	1.6559		
50%以上	245	6 383.208	26.0539	2.5108		

从表 6-13 可以看出,高管重合度随第一大股东持股比例下降而降低,当第一大股东持股比例小于 20%时高管重合度最低。但是各组之间没有显著差异,表明第一大股东持股比例并不是高管重合度的显著影响因素。

对照四种董事会高管关系模式,可以看出我国董事会高管关系与美国公司有一定的相似,即公司高级管理人员在董事会中并不占有重要地位。正如上文中提到的,美国公司中的非管理者董事更多的是独立董事,而我国的非管理者董事则更多的是股东单位代表。另外,由于我国上市公司多是改制而来,很多情况下股东单位与上市公司之间存在各种关联关系,为上市而将一个单位分拆成两个实体的亦不在少数;这时原来一个管理团队中的管理者可能被人为"分配"到不同的实体中,尽管有不同的名分却有相同的背景。因此我国上市公司董事会与高管当局的重合度具有一定的假象,当考虑到股东单位与上市公司的实际关系时,重合度可能会有所提高。

五、独立董事

中国独立董事制度的建设始于 1997 年,中国证监会在该年 12 月发布的《上市公司章程指引》(以下简称《指引》)中,以选择性条款的形式首次提出了独立董事的概念,指出公司可以根据需要设立独立董事,但《指引》中只提出了独立董事的消极任职资格,其职责规定由各公司在公司章程中明确。1999 年 12 月,证监会发布了《公开发行股票公司信息披露的内容与格式准则第二号——年度报告的内容与格式》,要求就公司管理层情况的基本信息进行披露。于是 2000 年报中,可以看到关于外部董事的信息,但外部董事多是指不在上市公司任职的董事,难以区分是独立董事还是与上市公司有其他利益关系的"灰色董事"。

2001 年 8 月,中国证监会正式发布了《上市公司建立独立董事的指导意见》(以下简称《指导意见》),对独立董事的任职资格、职能给出了详细的认定,同时明确了独立董事制度建设的时间表,规定在2002年6月30日前,董事会成员中应当至少包括两名独立董事;在2003年6月30日前,上市公司董事会成员中应当至少包括三分之一独立董事。《指导意见》大大推动了独立董事制度建设的进程。

（一）设立时间与规模

《指导意见》对实践的影响是巨大的。2001年上市公司年报中已经可以看到比较一致的与独立董事有关的信息。绝大部分上市公司年报中披露的是独立董事的信息,有数十家公司年报中没有使用"独立董事"的提法而是代之以"独立非执行董事",上述两个提法没有同时出现在一家公司的年报中,因此本书认为上述两种提法没有本质上的区别,都是遵从了《指导意见》中对于独立董事的认定。

2001年8月以前任命的独立董事基本还是遵从自愿原则,体现了上市公司的主动选择。2001年8月出台的《独立董事指导意见》要求上市公司必须任命独立董事,并且明确规定2002年6月30日以前至少有两名独立董事。在此之前公布的相关法律并没有就独立董事的人数进行要求,因此《指导意见》公布前上市公司对于独立董事人数的选择是出于自愿。为判断《指导意见》对于独立董事人数的影响,我们进一步将设立独立董事的公司分为两个样本:现有的独立董事全部是在2001年7月31日以前任命的公司构成自愿组;现有的独立董事全部是在2001年8月以后任命的公司组成政策推动组（见表6-14和表6-15）。

表6-14 独立董事设立时间分布

独立董事设立时间	1998年	1999年	2000年	2001年	2002年
人数（人）	2	49	154	200 + 251 = 451（分别为7月31日以前及以后）	34

表6-15 独立董事规模及任职年限分布

变量	最小值	最大值	均值	中位数	方差
独立董事人数（人）	0	7	0.607	0	1.266
独立董事平均已任职年限（年）①	0	3	0.24	0	0.390

① 平均已任职年限 = 全部独立董事已任职年限之和 ÷ 独立董事人数。

在设立了独立董事的 354 家上市公司中,有 304 家公司披露了完整的独立董事设立时间。其中,有 197 家公司的独立董事全部是在 2001 年 8 月以前任命的,这 197 家公司构成自愿组,该组平均拥有的独立董事人数为 1.96 人,其中 42% 的公司设立了 1 名独立董事,40% 的公司设立了 2 名独立董事。政策推动组由 105 家上市公司构成,该组平均拥有的独立董事人数为 2.25 人,其中 21% 的公司设立了 1 名独立董事,53% 的公司设立了 2 名独立董事。两组任命的独立董事的数量在 5% 的水平上差异显著(见表 6-16)。

表 6-16 政策对独立董事规模的影响

组别	计数	求和	平均(人)	方差	F	P-value
自愿组	197	387	1.964467	0.983425	5.59757	0.018621
政策推动组	105	236	2.247619	0.976557		

就法人组和国家组作进一步研究发现,在国家组中,独立董事平均任职时间为 0.2 年(自愿组),独立董事人数为 0.55 人,独立董事比例为 5.26%。法人组中,上述变量分别为 0.27 年、0.62 人和 5.72%。各项数值均高于国家组,表明当第一大股东为法人股持有者时,更倾向于较早地聘请更多的独立董事,即法人股大股东对于独立董事制度的推进更积极(见表 6-17)。

表 6-17 股东性质与独立董事规模

组别	独立董事平均任职年限(年)	独立董事人数(人)	独立董事比例
法人组	0.27	0.62	5.72%
国家组	0.20	0.55	5.26%

从上述数据描述可以看出,独立董事制度的推行受到第一大股东性质的影响。国家股股东对于独立董事的设立并不积极,倾向于设立更少的独立董事。而法人股控股股东则比国家股股东更积极地推动独立董事的设立,并倾向于设立更多的独立董事。相关法规规定了独立董事人数的下限以及相应的完成时间,其发布大大推进了独立董事制度的建立。

(二) 报酬情况

独立董事概念来源于英美,对于其独立性的认定主要集中在其个人是否与公司存在利益关系。这种利益关系可以通过为公司提供服务实现,也可能通过与公司主要领导存在亲属关系而实现。Fama认为独立董事追求的是人力资本价值，良好的声誉可以为其获得更多的机会；独立董事独立性的重要保证之一是不与所服务的上市公司发生直接的利益关系，以避免受到公司管理层的干扰。按照这种理解，独立董事为保持其独立性不应从公司领取薪酬，否则管理层可能通过薪酬的给予影响到独立董事的行为。另一种观点认为，独立董事为认真履行其职责需要花费大量的时间和精力，如果缺乏足够的动力，独立董事将难以有效履行职责。美国的一份调查资料显示，董事用于准备和参加董事会会议的时间，最多一年可达190小时，即接近5个工作周（每周工作40小时）。报酬对独立性的影响似乎只是一个方面，不领取报酬的独立董事并不意味着更多的独立性，当独立董事领取了报酬也就意味着他承担了责任。

美国给予董事（包括独立和非独立董事）的报酬分为多种形式：薪金、会议费、期权、福利。很多公司给予独立董事与公司业绩相关的期权报酬，鼓励独立董事为改善公司业绩而工作。我国相关法律规定，公司不能购买自己的股票，公司也不得留存股票。我国支付独立董事的报酬不能采用股票和股票期权的形式。与美国相比，我国独立董事的报酬构成有所不同。《指导意见》就独立董事的报酬构成和来源进行了如下规定：上市公司应当给予独立董事适当的津贴；津贴的标准应当由董事会制订预案，股东大会审议通过，并在公司年报中进行披露；除上述津贴外，独立董事不应从该上市公司及其主要股东或有利害关系的机构和人员取得额外的、未予披露的其他利益（见表6-18）。

表6-18 独立董事报酬来源

独立董事报酬情况	在上市公司领薪	不在上市公司领薪	在上市公司领取津贴	未披露
人数	114	296	270	23
比例	16.21%	42.11%	38.41%	3.27%

在703名独立董事中有42%的独立董事不以薪酬或津贴的方式从上市公司获取个人利益，尽管这样可以为独立性提供一定的保障，但同时人们也不禁为这些独立董事的行为动力产生怀疑。是否可以相信他们有足够的责任感履行职能，但相同的责任感使他们同样会认真履行承担的其他职能，当需要在各种事务中进行取舍时，是否能够有效地为上市公司提供完全义务的服务也就成了一个问题。

第二节 监事会现状

一、监事会规模

根据对2001年1 150家上市公司相关信息的统计,我国上市公司的监事会规模平均为4.2人,与2000年的数据(平均4.35人)相比有所下降。41%的上市公司监事会人数为3人,而在董事会的设立中,只有不到5%的上市公司按法定下限人数设立董事会。上市公司对于监事会的重视程度可见一斑(见表6-19)。

表6-19 监事会规模

变量	最小值	最大值	均值	中位数	标准差
监事会人数(人)	3	10	4.84	5	1.99

我国《公司法》规定股份有限公司监事会不得少于3人。监事会和独立董事共同承担监督职能是我国特有的现象。监事会规模与独立董事数量之间应该有一定联系(见表6-20)。

表6-20 监事会规模与独立董事规模

监事会规模	3人及以下	4—5人	5人以上
独立董事平均规模(人数)	0.61	0.57	0.70

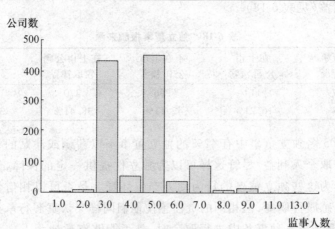

图6-2 监事会规模

进一步考虑第一大股东性质对监事会规模的影响,可以发现,第一大股东为国家股持有者时监事会规模更大,法人股大股东则倾向于选择小规模的监事会,在规模的选择上具有显著差异(见表6-21)。

表6-21 股东性质对监事会规模的影响

监事会规模	计数	求和	平均(人)	方差	F	P-value
法人组	329	1 372	4.170213	1.946549	7.266013	0.007262
国家组	176	796	4.522727	1.988052		

二、监事长任职特征

监事长平均任职年限为1.07年,和董事长平均任职期限(1.09年)相比不具有显著差异,表明监事长的连选连任也很少。在控股股东单位任职的监事长的平均任职年限为1.05年,不在控股股东单位任职的监事长的平均任职年限为1.113年,但两者不具有显著差异。

2001年年报中共有721家公司披露了监事长在控股股东单位的任职情况,其中428家公司的监事长在控股股东单位任职,任职比例为59.36%,甚至高于董事长在控股股东单位的任职比例(57.77%)。在上市公司领薪的监事长比例低于在上市公司领薪的董事长比例(54.73%)。上述信息表明监事长职位同样受到大股东的控制(见表6-22)。

表6-22 监事长与董事长薪酬来源对比

变量	在上市公司领薪比例	不在上市公司领薪比例	在股东单位任职比例
监事长	49.45%	47.57%	59.36%
董事长	54.73%	40.83%	57.77%

三、监事构成

本书根据在2001年年报中完整披露了相关信息的公司样本,汇总了2001年监事领薪和在股东单位任职情况(见表6-23)。可以看出监事的领薪比例高于董事,表明监事会成员中有更多的内部员工,而内部员工由于缺乏应有的独立性,难以发挥监督职能。在股东单位任职的监事比例即关系监事比例将近50%,表明各大股东在控制了董事会的同时也控制了监事会。大股东或控股股东对于监事会的控制,使得监事会与董事会具有相同的利益倾向,即同样代表了大股东或控股股东的利益,监事会对董事会和其他高级管理人员的监督也主要是出于大股东或控股股东的利益。

表6-23 监事会构成

变量	最小值	最大值	均值	中位数	方差
领薪监事比例	0	100%	56.39%	58.57%	0.101
不在股东单位任职监事比例	0	100%	81.54%	100%	0.011
第一大股东派出监事比例	0	100%	18.46%	0	0.011

尽管我国《公司法》明确指出监事会应该代表公司利益和股东利益承担监督职能,但是当公司利益和大股东或控股股东利益发生分歧时,被大股东或控股股东控制的监事会会支持董事会维护大股东利益的行为,致使公司利益遭受损害。这可能也是目前我国难以观察到监事会与董事会公开异议行为的原因之一。

监事会被认为难以承担有效监督职能的另一个原因在于监事会人员知识的构成。我国《公司法》明确规定公司经理、财务负责人不能兼任监事,而监事会承担的财务检查职能需要专门的财务知识,具有专门知识的人员是职能有效履行的关键。年报中并不要求披露董事或监事的专业背景,但从其兼职职务上可以进行间接的判断。本书对2001年相关信息进行统计后发现:监事会成员同时担任公司内其他管理职务的比例较董事会成员大为下降,只有2.25%的监事同时担任其他管理职务;尽管监事会法定的职能是财务监督,但是只有将近11%的监事具有财务和审计工作背景[①](见表6-24)。

表6-24 监事专业背景

监事其他任职	党政部门	工会	财务审计部门	生产技术	其他
比例	30.91%	30%	10.91%	9.1%	19.1%

四、监事会与董事会的比较

对于承担监督职能的监事会,人们普遍的看法是其难以有效发挥职能。上述数据描述已经清楚地表明监事会同样受到大股东的控制,具有与董事会相同的利益取向,这是监事会公开异议行为很少见的重要原因。同

---

① 笔者曾参加了某集团2002年举办的监事会工作培训项目,就与会单位的监事会构成情况进行了一个小范围的调查,得到来自13个单位共70名监事的信息,其中17名(24.3%)监事有财务和审计工作背景。这样的专业背景情况不利于财务监督职能的完成。

时,监事会和董事会在人员素质、激励程度等方面也都有所不同。本书根据2001年报中完整披露了相关内容的上市公司信息进行了汇总,汇总结果见表6-25、表6-26和表6-27。可以看出,监事的总体学历水平、平均年龄、平均持股数量都显著低于董事会,尽管相关法律将监事会定位于与董事会平行的公司监督机关,但是在实际运作中,与董事会相比,监事会明显处于不利的境地。

表6-25 董事与监事学历水平对比

本科及以上比例(%)	计数	求和	平均	方差	F	P-value
董事	514	186.9778	0.364	0.068	62.149	8.10115E-15
监事	514	119.5456	0.233	0.074		

表6-26 董事与监事平均年龄对比

平均年龄	计数	求和	平均	方差	F	P-value
董事平均年龄	514	21910.92	42.628	266.068	19.189	1.31E-05
监事平均年龄	514	19389.64	37.723	378.436		

表6-27 董事与监事平均持股水平对比

平均持股(股数)	计数	求和	平均	方差	F	P-value
董事平均持股	417	5251494	12593.51	6.74E+09	4.473	0.035
监事平均持股	417	1672549	4010.909	1.27E+08		

本 章 小 结

通过对2001年年报信息的整理和分析,我们描述了我国上市公司董事会和监事会的基本构成特征。主要发现如下:

(1)与其他国家相比,我国董事会平均规模并不大。董事会规模随资产规模增加而增大。与国家股股东相比,第一大股东为法人股股东时,公司拥有更大规模的董事会。

(2)截止到2001年12月31日,上市公司董事长的平均任职年限为1.09年,全体董事的平均任职期限为1.05年,只有不到3%的上市公司董事长进入到第二届任期内,上述任职年限特点不受是否存在控股股东以及控股股东性质的影响。当控股股东为法人股持有者和国家股持有者时,董事长在控股股东单位任职比例分别为 79.67% 和 62.32%;有 54.73% 的上市公司董事长在上市公司领薪,而在股东单位兼职董事长样本中,该比例下降为 38.5%。上述数据都表明了董事长职位普遍受到控股股东的重视。

(3)美国公司有 76% 的董事会是最高经营者兼任董事长,英国则有 1/3 的董事会由最高经营者兼任董事长。本书的数据统计结果显示,我国 30% 的上市公司由总经理或总裁兼任董事长或副董事长,两职完全分离比例达 70%。数据描述还显示,两职状态随第一大股东持股比例下降而呈现分离状态,但是不受第一大股东股权性质的影响。

(4)对照 Bob Tricker 给出的四种董事会与高管关系模式,我国董事会与高管关系与美国有一定的相似性,重合度为 25%,即主要的高管人员为董事会成员重合度较小。但是与美国显著不同的是,非重合部分在美国公司主要是独立董事,而在我国上市公司则主要是来自各个股东单位的关系董事。

(5)独立董事制度的建立受到政策的极大影响。这表现为 2001 年 8 月《独立董事指导意见》出台后,上市公司平均独立董事比例有显著提高。相对而言,第一大股东为法人股持有者时,独立董事规模更大、设立时间更早或平均任职时间更长。

(6)数据显示,有 41% 的上市公司选择法定下限设立 3 人监事会,而只有 5% 的上市公司按照法定下限设立董事会,对监事会的重视程度可见一斑。相对而言,第一大股东为国家股持有者时,监事会规模更大。

(7)在控股股东单位任职的监事长比例为 59.36%,但是监事更多来自企业内部,表现为 81.54% 的监事不在股东单位任职。关于监事专业背景的统计显示,只有 10.91% 的监事具有财务和审计工作背景,为监事难以承担有效的财务监督职能的观点提供了证据。

(8)与董事会成员相比,监事会成员具有更低的平均学历水平、更低的年龄和更少的平均持股数量,进一步提供了监事会在对董事会监督中处于不利地位的证据。

第七章

公司决策与内部监督机构内生性研究设计

从研究层面看,董事会构成内生性在本书中有两个含义:第一层含义是,与外生变量相对应,将董事会构成变量作为因变量,研究其他变量对其的影响,而不是将构成变量作为给定的外生变量,研究其对其他变量的影响。第二层含义是,进行公司决策与内部监督构成与公司业绩关系的研究时,需要考虑作为自变量的构成变量与作为因变量的公司业绩之间的相互影响,利用 2SLS 回归克服公司业绩对构成变量的影响,即来自于公司业绩的董事会构成内生性。相应地,本章的具体研究围绕两个层次展开:第一个层次研究股东之间利益冲突对公司决策与内部监督机构构成的影响,重点关注大股东性质和不同股东之间力量对比,即股权制衡度;这种影响是单方面的,研究方法为 OLS 线性回归和 Logistic 回归。第二个层次研究董事会构成与公司业绩之间的关系,这种作用是双方向的,研究方法为 OLS 回归和 2SLS 回归。

本章按照以下顺序展开:第一节到第三节分别从股权结构、经营特征、经营业绩三个方面概述董事会构成的影响因素。第四节描述实证研究过程,包括研究的数据来源和样本选择过程、研究中涉及的全部变量之间的相关性分析,并就研究中可能遇到的技术问题及其处理进行总体阐述。图 7-1 归纳了本章的主要研究内容和线索。

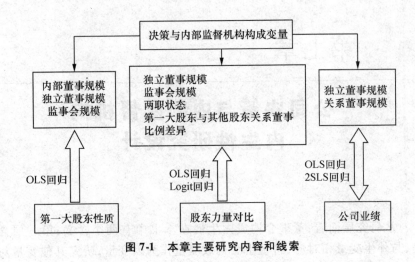

图 7-1 本章主要研究内容和线索

第一节 异质股东的不同控制方式

一、研究问题阐释

David J. Denis 和 Atulya Sarin(1999)研究了美国 583 家公司长达 10 年的董事会构成特征,发现其间有 65% 的公司发生了重大变化,包括内部董事比例、外部董事比例在一定范围的改变,以及内部董事持有的内部所有权的变化。作者依据其研究指出,"董事会构成远不如想象中那样稳定"。那么,到底是什么改变了董事会的构成呢?围绕上述问题,实证研究中出现了越来越多的一类研究,将董事会构成作为内生的而不是给定的外生变量,认为其形成受到各种因素的影响,进而分析董事会构成与各种企业经营环境特征的关系(Kose John and Lemma W. Senbet, 1998)。董事会构成内生性的研究将董事会独立于股东和管理者,分析各种外界力量和制约因素在董事会构成中的作用和影响。董事会是经营决策和决策监督职能的承担者,是公司法人财产的管理者,上述影响最终将通过重大决策的制定体现在企业的经营管理中。从这个角度看,董事会内生性研究提供了一个外界环境通过影响董事会构成进而影响公司经营的作用途径。不同国家有不同的外部环境,董事会内生性研究可以揭示上述不同。① 从前面的文献回顾中已经可以看出,不同国家的学者们关注的内容有所不同。

与发达国家相比,转型经济国家面临着各种利益的重新分配,各个利益主体之间的冲突尤其明显,不同的股东具有不同的利益获取方式,不同的利益获取方式又直接表现为不同的股权性质,形成不同的企业的股权结构特点,股权结构成为企业重要的经营环境之一。在第一章中曾经提到,不同性质的股东为了实现非共享收益,具有不同于其他股东的控制董事会的动机。这种控制可以通过两种方式实现:其一,是直接在决策与内部监督机构中派出代表,使得法人财产的经营责任更大程度上侧重于对大股东利益目标的维护,即将企业目标转变为大股东利益目标。其二,是通过影响董事或监事个人利益的评价标准,改变其行为动机。显然前者更直接、更容易,因此决策与内部监督机构中的关键职位和席位就显得很重要。我国公司决策与内部监督机构内生性研究应该关注股东利益冲突的直接表现——股权结构的影响。

一般来讲,董事会构成包括董事会各类董事的构成和规模、董事会各个专业委员会的构成以及董事会领导的结构构成,即董事长与总经理两职是否合一(Kose and Senbet,1998)。考虑到我国董事会下设委员会的进程刚刚开始,尚不能得到准确披露信息,故本章所指公司决策与内部监督机构构成变量包括:内部董事、关系董事比例和独立董事比例、监事会规模以及董事会领导结构。

因为存在股东异质性,不同的股东有不同的利益获取方式,在我国的直接表现之一就是股东具有不同的性质,企业表现出不同的股权结构特征,股权结构对董事会构成的影响在很大程度上代表了异质股东之间利益冲突对董事会构成的影响。现有的研究中,我们可以看到不同类股权以及不同持股比例导致的影响。② Jensen 和 Meckling(1976)开创了不同所有权影响的研究,将公司股东分为两类:一类是公司内部股东,指包括董事会成员在内的公司高级管理人员,他们拥有对公司的控制权及专用投票权;另一类是公司外部股东,他们不拥有对公司的控制权,只能"用脚投票"。随

---

① 而将董事会构成作为给定变量的研究常常容易忽略上述差异,比如不管各国资本市场情况如何,都将托宾 Q 值作为企业价值的度量。
② 这主要是因为现有的研究主要集中在股东异质性很小的美英等国。但是前文曾经提到,当内部股权增长到一定比例,并成为其持有者的重要收入构成部分后,其持有者可能通过掌握的信息优势获得非共享收益,导致股东异质性的扩大。

着内部股东拥有的内部股份比例的减少,其对企业产出的权利要求部分也就减少了,这将鼓励他以额外津贴的形式占用为数巨大的公司资源,并给外部股东造成损失,外部股东需要花费成本对这种行为进行监督。监督方式之一就是聘请更多的、能够承担有效监督职能的独立董事。

二、"利益趋同假说"和"地位防御假说"

Jensen 和 Meckling(1976)之后,针对不同股份性质影响的研究在理论和实证上都取得了进展,一些研究集中在内部所有权的影响上,著名的有"利益趋同假说"和"地位防御假说"。"利益趋同假说"(Morck, Shleifer and Vishny,1988)认为,经理人员对两种相反力量作出反映,一种力量是自己利益最大化原则分配公司资源,一种力量是随着经理人员持股增长而产生的与外部股东利益的趋同;当内部所有权达到一定比例时,内部所有权将成为一种替代其他监督机制的手段,减少管理当局非股东利益最大化的行为,这时董事会承担的监督作用会有所减弱,表现为董事会构成有所不同,比如更少的独立董事数量或比例。"地位防御假说"(Demsetz, 1983; Fama and Jensen, 1983)认为,广泛的内部股权使经理人员有足够的投票权或广泛的影响力来保证他们的职位,外部接管市场的作用受到抵消,因此内部所有权并不能真正促成经理人员的股东价值最大化行为。当内部所有权使经理人员有足够的讨价还价能力时,董事会中的监督力量将有所降低,表现为董事会有更多的内部董事而非独立董事。本书在前面的章节中,从代理成本的角度对两种假说进行了更详细的分析。

三、大股东和机构投资者

对于股权的作用还有另外一个研究角度,就是大股东和机构投资者的影响。这类研究认为大股东和机构投资者能够施加压力促成高管当局股东利益最大化行为。Shleifer 和 Vishny(1986)构建了一个模型,说明成功接管公司的先决条件是:取得大股东地位;与小股东相比,大股东可以从成本昂贵的监督中获益;大股东所施加的潜在接管威胁是一种有效的监督机制,大股东的存在解决了小股东"搭便车"的问题。这样看来,大股东的存在是对独立董事监控的一种替代,因此会反映在董事会构成上。当考虑到股权制衡度时,大股东的影响变得更加复杂,这时相对控股股东与其他股东之间可能存在利益分歧。当冲突分歧发展到一定程度后,在现有格局下获得利益保证的不同股东利益集团,就会通过代理权竞争和外部接管市场改变现有的相对控制态势。代理权竞争争夺的是董事会代理权,外部接管市场则常常导致整个高管当局的撤换。

四、用脚投票还是用手投票

不论是理论上还是实证研究,都没有就股权结构如何影响公司价值得到一致的结论。实践中,股权结构所代表的股东的影响有外部作用和内部作用两种渠道。外部作用是通过"用脚投票"引发股票价格的变化,进而导致接管市场或公司控制权市场发挥作用;内部作用则是通过"用手投票"改善董事会构成,进而影响董事会在重要决策上的行为。

在有效的资本市场上,股票价格的变化较为理性,能够承担重要的控制信号功能,股权结构能够通过外部接管和控制权市场发挥控制作用。但是在外部接管和控制权市场的作用难以有效发挥时,股权结构则更多的是通过影响董事会构成而实现控制,董事会构成实际是不同股东利益集团较量的结果。根据 Holderness 和 Sheehan (1988)对纽约证券交易所和美国证券交易所拥有绝对控股股东的公司的研究,90%以上的控股股东派出自己的直接代表或本人担任公司董事长或首席执行官。[①] 德国公司的股权结构与英美国家有所不同,Frank 和 Mayer(1994)的调查表明,德国全能银行拥有 85%的德国上市公司 25%以上的股份,银行成为大部分德国上市公司的大股东[②],德国银行对公司监事会具有很大的影响[③]。

五、股权异质性以及股权结构的启示

从以上分析可以看出,股权结构是股东异质性的具体表现之一,现有的研究揭示了股权结构的影响来自两个方面。首先是内部股权与外部股权的划分引出的不同性质股权的影响,这时外部股东被看作同质性的股东集团。其次是因为持有股份数量不同而有不同的监督成本,各股东出于各自成本效益原则考虑而倾向于采取不同的控制手段,这类影响可以归结为大股东的影响,这时外部股东不再是具有相同利益追求的同质股东集团,

---

① 参见张红军:《中国上市公司股权结构与公司绩效的理论及实证分析》,《经济科学》,2000 年第 4 期。

② Prowse(1994)的报告中指出,美国非金融企业 5 家最大股东所持股份占公司全部发行在外股份的 25.4%,而德国该值为 41.5%。

③ 据 1990 年的调查,100 家德国最大公司中的 96 家公司的董事会是由银行提名组成的,其中 14 家公司的董事长直接由银行家担任。作为大股东的银行,有时会为了保障其自身利益(贷款安全)而损害股东利益,比如否定一些重要的投资项目,或作出更多依赖债权的决策。

不同的股东集团之间存在利益冲突。按照本书前面的分析,这是股东权利落实过程中产生的一种差异,是股东异质性的一个表现;大股东可能存在的非共享收益,也可能导致其采取与其他股东不同的控制手段进而满足其收益的取得。[①]

我国的股份性质与欧美国家有所不同:我国的股权集中度很高;内部所有权和外部所有权之间的对立并不明显。与德国类似的是,我国同样存在大股东或控股股东的巨大影响,大股东可以获取拥有非共享收益,股东异质性明显。根据对2001年年报的统计,我国上市公司内部所有权比例仅0.63%。[②] 如此微小的比例使得内部所有权难以真正产生影响。2001年年报中,有517家上市公司披露了完整的股权结构情况,根据对这517家上市公司股权结构的统计,国有股比例和法人股比例分别为35%和26%,包括A、B、H股在内的流通性股份比例仅为38%。

表7-1 我国的股权结构

股份性质	国有股	法人股	A股	B股	H股
股份比例	35%	26%	36%	2%	1%

其他更详细的关于我国股权结构的描述,参见本书第一章第三节的有关内容。

股权结构一般包括各类股权构成比例和股权集中度两层含义,分别关注股东类型以及股东力量对比。我国存在巨大的股东异质性,控制性股东与上市公司之间存在紧密的利益联系,我国的相关研究应该关注控制性股东的影响,即关注控股股东的类型和力量。从持股比例上看,控制性股东一般是第一大股东,因此控股股东类型可以以第一大股东类型表示。对于控股股东的力量度量有两种不同方法。第一种是以其持股数量或比例度量,这是一种绝对值的度量。但控股股东的力量实际是相对的,当其他股份很分散和存在一个或几个有一定实力的大股东时,同样的持股比例却代表了不同的控制力量。另一种方法是用前几大股东持股数量的差异进行一种相对值的度量,更清楚地描述股东之间的力量对比。对于股权结构,

---

① 借助一系列法律,美国控制了部分股东获取非共享收益的渠道,因此美国股东异质性导致的股东利益冲突并不是主要问题。但是随着管理层持股的增加,内部股东与外部股东之间的利益冲突开始明显,因为内部股东可以利用掌握的信息优势获取超额的股票收益,而这种方式是不能共享的,股东开始具有异质性。

② 本处内部所有权包括高管股和内部职工股。

本篇重点关注第一大股东性质和股权制衡度的影响。

第二节 企业经营特征的影响

资源依赖理论认为公司经营特征或公司所处环境的变化是影响董事会构成的原因,比如在公司成长机会、规模、债务水平等方面的变化会引起董事会构成的变化。更广泛地讲,外部经济导致的产业变化可能引起产业内企业通过一系列改变而重新配置企业资源(Mitchell and Mulherin,1996),董事会构成作为治理结构的一部分,其变化只是这一系列变化的构成部分。按照这种观点,Kole 和 Lehn(1997)检验了 1978 年取消管制后美国航空公司治理结构的变化,发现行业管制的取消使得公司规模、发展机会以及资本结构都产生了一系列变化,在这个过程中还伴随着这个行业公司董事会构成特征的变化。

一、企业控制者及经理人市场

董事会构成会受到某个所有者或主要控制者特征的影响。[①] Fama 和 Jensen(1983)以及 DeAngelo(1985)都讨论了拥有特别知识或巨大控制权收益的个人对所有权和董事会结构的影响。这种所有者特征的变化包括创业者从某一个职位的退出、CEO 身份的改变以及重要管理者的变化等。其中 CEO 连任或撤换对董事会构成的影响被多位研究者证实,Hermalin 和 Weisbach(1988)将 CEO 任职年限作为 CEO 权力的度量,提供了 CEO 可以有力影响董事会构成的证据。

经理人市场的作用起源于经理人对自身声誉和职业前途的关注。Fama(1980)认为经理市场会反映管理者过去的行为后果,这种信息会影响管理者未来的职业前途,因此可以形成约束,抑制管理者过分追求自身利益的行为,从而减少代理成本。Glison(1990)发现从遭到财务失败公司出来的管理者一般很难在其他公司找到职位,曾在问题公司任职的外部董事一般没有太多机会出任其他公司的董事职位。Kaplan 和 Reishus(1990)也指出,如果将减少股息作为公司经营恶化的表现,那么曾就任于减少股

---

① 这就是 Hermalin 和 Weisbach (1998)提出的"董事会是一种内部博弈的结果"的具体观点。

息公司的高级管理人员没有太多机会出任其他公司的董事职务。这些研究为经理人市场的作用提供了证据,当存在有效的经理人市场时,管理层可能具有更强的自我约束,表现出与股东利益最大化更多的一致,这时企业内部的监督职能可能会有所减弱。

二、企业业绩及外部接管市场

与企业控制者密切相关的是企业业绩的变化,后者也是影响董事会构成的经营因素。公司业绩良好时,作为奖励,内部董事应该拥有更多期权形式的内部所有权,而出于股权成本的考虑,内部董事构成可能会有所变化;业绩不佳时,内部董事可能会成为不佳业绩的责任承担者而离开董事会,同时公司可能会增加外部董事(比如债权人代表)以加强监管(Hermalin and Weisbach,1988)。这里表现了一种业绩与董事会构成之间相互作用的关系,也解释了以往研究中不能就董事会构成与公司业绩之间得到一致关系的现象,相同的董事会构成可能出现在业绩良好时,也可能出现在业绩不佳时。

最后一个被广泛关注的因素来自公司的外部控制威胁。Williamson(1984)提出了"替代假说",认为管理者受到外部监管和内部监督的双重约束,在接管机制等外部监管机制难以发挥作用时,董事会作为企业内部监督机制的作用就更加重要。Jensen(1986)以及 Brickley 和 James(1987)都提出了类似的观点。接管市场在这里主要是指代理权争夺和公司控制权市场。[①] 代理权争夺是否成功,从结果上看就是异议集团对董事会席位的争夺,"我们想要一个人提出动议后第二个人赞成,这样我们就能监督多数集团并在重要的政策问题上表达我们的观点"[②]。代理权争夺的成功与否受到股权结构和政府管制的影响。对于股权高度集中的公司,代表既得利益的董事会及其经营者具有强大的抵御能力来防止公司控制权被其他异议集团所剥夺。对于股权高度分散的公司,"收买"现有股东需要高昂的成本,同时一些政府规定(反垄断法、金融机构持股限制等)会形成一定的限制。1981—1984 年美国公众公司发生了 100 例左右代理权争夺的事

---

① 一般情况下,异议集团都是先通过抱怨机制来表达对公司经营的不满,并与管理者协商。当协商不成时,就会出现与现任董事会和经营者集团之间的代理权争夺。

② 弗雷德·威斯通等:《接管、重组与公司治理》,东北财经大学出版社 2000 年版,第 516 页。

件,成功几率为1/3。① 公司控制权市场是继代理权争夺之后另一种重要的外部监管机制。分散的机构所有者不愿意或者没有足够的能力与管理当局直接争夺董事会席位,于是用"选票购买股票",削弱管理当局的势力,完成控制权向收购方的转移。② 在股权相对集中的德国和日本,上述外部监管机制几乎没有作用,日本1971—1993年只有9起恶意收购。而德国二战以后仅有3起恶意收购。③ 所有权相对集中的新加坡也没有形成企业控制权市场。④ 上述内容在本书第三篇中有更加详细的论述。

三、企业资本结构及其他

企业的资本结构也是企业重要的经营特征。出于自身职业安全利益的考虑,管理者更加偏低风险的政策,比如低财务杠杆和低股利政策,低负债可以降低财务风险,低股利政策可以保留更多的现金以备急用(Jenson and Murphy,1988)。按照代理理论的观点,高负债和高股利政策可以减少代理成本,即减少管理者上述出于自身利益考虑而非股东利益最大化的行为。这时独立董事承担的监督职能相应有所减弱,表现为高负债率和独立董事规模之间的关系。但是负债到期还本付息的特点,迫使管理者减少滥用资产的行为;当公司负债率很高而经营状况不佳时,企业管理者会面临更多的外部压力,比如信用评级机构的评级调整,以及极端情况下债权人有权替换公司高管当局。这样的压力同样会导致董事会结构的变化。

Agrawal和Knoeber(1996)研究了内部股权、机构持股、大股东持股、外部董事、债务政策、经理人市场以及公司控制权市场7种治理机制,发现它们彼此之间相互影响。作者进一步研究了上述机制分别及共同作用时对公司业绩的影响,发现在共同作用时有些机制的作用不再显著,而董事会机制则出现了负面影响。作者认为每种机制都存在"边际效用",一味强调可能适得其反。上述研究提供了董事会构成受其他因素影响进而产生不同作用的证据。

按照Agrawal和Knoeber(1996)的理解,我国目前各种机制的存在是

---

① John Pound, "The efficiency of shareholder voting: evidence from proxy contests", *Journal of Financial Economics*, pp. 237—265, Vol. 20 (1988).
② 马克·J.洛:《强管理者,弱所有者》,上海远东出版社1999年版,第216页。
③ 朱羿锟:《公司控制权配置论》,经济管理出版社2001年版,第227页。
④ Y. T. Mak, Yuan Li, "Determinants of corporate ownership and board structure: evidence from Singapore", *Journal of Corporate Finance* 7, 2001, pp. 235—256.

不完整的。内部股权、经理人市场以及接管市场的治理作用都还没有形成,机构投资者的作用也难以和大股东控制区分开来。就控制机制而言,我国只有大股东控制机制和董事会控制机制存在。由于我国上市公司多是公司改制而来,股权结构和大股东或控股股东的存在具有先天性,董事会构成尚不能影响到股权结构,两种机制之间的相互作用演变为股权结构对董事会构成的单向影响。[①] 债务、经营变化程度、企业规模等一些企业经营环境变量,在本书中将作为控制变量考虑。

第三节 董事会构成与公司业绩

董事会构成与公司业绩之间的关系是董事会构成相关领域的实证研究中很重要的一部分。我国从 1997 年正式开始引进独立董事制度,主要目的有两个:首先是被监管层一再强调的保护中小股东权益的目的。另外,独立董事以其专家或行家的经验能够提高企业的决策水平,为企业业绩的改善提供更多的帮助。因此独立董事是否能够改善公司的业绩成为学术界和实务界共同关心的一个话题。代理理论认为独立董事出于个人声望的考虑,不会与管理者同谋,因此能够监督其不利于股东利益最大化的行为;并且通过管理者任免及薪酬计划的安排,减小代理成本。上述行为将有利于公司业绩的改善。

从 20 世纪 60 年代开始,研究者们就开始了相关的研究,提供了很多关于董事会构成与公司业绩之间的实证证据。Vance(1964),Baysinger、Kosnik 和 Turk(1991),Fosberg (1989),Hermalin 和 Weisbach(1991),Yermack(1996),Agrawal 和 Knoeber(1996)等都进行了董事会构成变量与公司价值或公司业绩之间关系的研究,但是并没有得出一致的结论。[②] 总体上讲,没有发现独立董事与公司价值或业绩之间的正相关关系,其中后两个研究甚至发现了独立董事和业绩之间的负相关关系。

Kose 和 Lemma(1998)指出了上述现象的两个原因:首先是因为公司业绩受到多方面影响,与其他因素相比,董事会构成因素微弱而间接;其次

---

① 董事会或管理者可以通过增加成员所持内部股权比例,从而改变内外部股权比例。当持股成员人数增加时,董事会构成的改变导致了股权结构的改变,因此是双向的影响。

② 参见本书第二章文献回顾中的相关部分。

是因为业绩与董事会构成之间彼此存在相互影响,即董事会构成具有内生性,有些公司是因为业绩不佳而聘请更多的独立董事。研究蕴涵的董事会构成与公司业绩之间的单向关系,即假定董事会构成单方面影响公司业绩而不受公司业绩影响,将董事会构成变量作为外生变量忽略了董事会构成的内生性影响,可能会影响真实关系的发现。Agrawal 和 Knoeber(1996)研究了包括公司业绩在内的多种机制与董事会构成之间的相互影响,结果发现董事会构成内生性直接导致了独立董事与公司业绩之间作用关系的改变:将独立董事比例作为纯外生变量时,得到独立董事比例与公司业绩之间呈正相关关系;而用2SLS方法进行了内生性研究后,上述关系转变为负相关关系。作者认为后面的研究更加真实地表现了实际情况。

现有的研究都是集中在发达国家,Shleifer 和 Vishny(1997)指出:"现有的关于公司治理的实证研究主要来自美国。最近关于日本的研究开始涌现,德国、意大利和瑞典的研究也开始出现。但来自其他国家的研究还很少。"随着独立董事制度在我国的建立,类似的研究在我国逐步出现。

第四节 实证研究设计

本节描述了实证研究过程,包括研究的数据来源和样本选择过程、研究中涉及的全部变量之间的相关性分析,并就研究中可能遇到的技术问题及其处理进行了总体阐述。

一、数据来源与样本选择

本研究以2001年报中披露的数据度量各项董事会和监事会构成特征。1999年以前上市、在2001年报中完整披露了股权结构和董事会监事会构成变量的公司,构成本书的有效研究样本。研究中使用到的财务数据分别来自样本公司1999—2001年年报数据。年报财务数据通过中国证监会指定信息公布网站 www.cninfo.com.cn 和 www.sse.com.cn 获取,股权结构及董事会监事会构成变量来自对深圳市国泰安信息技术有限公司开发的"中国上市公司治理结构数据库"中基础信息的整理。使用SPSS10.0完成各项统计分析。

去除ST、PT公司后,2001年年报中共有517家上市公司披露了完整的股权结构数据,其中337家公司披露了详细的董事会成员来源信息,这其中又有9家公司披露了尚未得到批准的股权结构变化影响大股东性质以及股权制衡度变量的度量。① 综上所述,有效样本为328家。

资源依赖理论是本章控制变量的选择基础。资源依赖理论揭示了企业竞争态势和董事任命的关系,学者们认为董事会规模的扩大可以提高与外界关键资源(知名度、良好形象等)的联系(Pfeffer, 1973; Pearce and Zahra, 1992; Goodstein, 1994)。资源依赖理论认为企业经营环境会影响董事会的构成,董事会构成是对外部不确定性的反映:当环境的不确定性高时,外部投资者判断管理者改善公司价值的行为的难度增大了,这时董事会构成会有所改变,以适应外界的要求,比如独立董事数量会增加,以加强对管理者的监管;处于激烈竞争中的董事会也会有更多的外部董事。

现有研究中常常将企业经营环境的不确定性表述为变化程度、成长性和业务多样性,认为变化快、成长性好、广泛的多样化都会导致更高的不确定性。在 Y. T. Mak 和 Yuan Li(2001)的研究中,作者将不确定性分别定义为数据年度12个月月收益的平均变化、以数据年度为最后1年的5年间总资产平均变化和数据年度企业附属产业比例(按产业代码计算)。我国尚没有月收益报告制度;各年间公司业绩的可比性差;同时我国上市公司一般都涉足多个行业,但在每个行业的投资有巨大差异。考虑到上述情况,本章对企业经营特征进行如下定义:变化程度 VOL 用1999—2001年利润的平均变化度量,成长性 GRO 用1999年—2001年平均资产增长率度量,业务集中度 CON 用2001年主营业务利润/总利润度量。除此之外,企业规模、资产负债率也是常用的企业特征变量。各控制变量列示如下:

表7-2 控制变量表

变量名称	变量缩写	变量度量方式
经营变化程度	VOL	(｜2001年利润总额－2000年利润总额｜＋｜2000年利润总额－1999年利润总额｜)/2
企业成长性	GRO	(2001年资产总值－1999年资产总值)/2
业务集中度	CON	2001年主营业务利润总额/利润总额
资产负债率	DEBT	年报中披露的资产负债率
企业规模	SIZE	LN(资产总值)

---

① 当各类未上市流通股份与已上市流通股份之和与股份总数相等时,有转配股时股份总数等于流通与未流通股份之和加上转配股份数额,上述两种情况被认定为披露了完整的股权结构。其中未上市流通股份包括发起人国家股、发起人法人股、募集法人股、内部职工股、优先股或其他,上市流通股份包括A股、B股、H股。

二、计量分析技术问题的处理

进行回归前本书首先进行了变量之间函数关系的判断。利用SPSS10.0提供的Curve Estimation功能,当自变量为连续型变量时,在回归方程的自变量和因变量之间进行了多种函数关系的拟合,包括二次、三次、对数、指数和幂函数。方程拟合的检验结果显示,与线性方程相比,其他函数方程并没有显著地提高方程的拟合优度,本书认为线性方程可以合理解释变量之间的关系。

相关性分析通过相关系数,给出变量之间的线性关系程度和方向,相关系数很高的变量同时纳入一个方程时会导致多重共线性。因此相关分析可以用来初步判断共线性问题。为避免共线性对回归方程的影响,在作回归分析时选用软件中提供的多重共线性检验功能,在分析结果中给出容忍度(TOL)和方差膨胀因子(VIF)值。按照经验,当TOL值小于0.2或VIF值大于5时,自变量之间可能存在严重的多重共线性,需要进行处理以避免对回归方程的影响。本书多个方程的分析结果显示,TOL值和VIF值都非常接近1,可以认为共线性不构成影响,不需处理。

本书利用SPSS10.0提供的残差图图形方法判断是否存在异方差。残差图法以残差为纵坐标,以因变量拟合值为横坐标,如果残差的分布具有齐性,则会随机分布在一条水平直线两侧;如果残差图上的点呈现出一定的规律分布,残差随y_i呈现一定的变化趋势,表明模型的随机误差ε_i的方差是非齐次的,即存在异方差。本书进行线性回归时,利用软件提供的Plot功能,分别将残差(SRIED)和标准化预测值(ZPRED)作为y轴和x轴变量,对输出的残差散点图进行判断,基本符合方差齐性的分布形状。

SPSS10.0提供回归模型残差的正态性检验功能,Histogram功能提供标准化残差的直方图同时给出正态曲线,另外还提供残差的累计概率图。针对每个回归方程,本书在进行回归时都选择以上功能,选定正态分布作为特定的检测分布,进行正态性的判断。输出结果显示$P-P$图散点围绕在一条直线周围,表明可以认为方差具有正态性。

研究中还对异常数据点进行了处理。异常值的存在会导致较大的残差,影响回归拟合的效果。本书选用删除学生化残差作为异常值的判断,该值大于3时认定为异常点。将上述方法应用在本书各个方程的回归过程中,发现不同情况下异常数据点最多为3个,因此都采取去除的方法,即在回归中删除该异常点数据。如果数据异常不是属于数据随机误差,那么去除异常点后还会出现新的异常点,而本书作去除处理后未发现新的异常点。

本 章 小 结

本章综合了现有研究中涉及的各种影响董事会构成的因素,提出了本篇的研究思路:分别从两个层次,即股权结构对公司决策与内部监督机构的影响,以及董事会构成与公司业绩之间的相互影响,展开董事会内生性研究。

第一个层次利用 OLS 回归、Logistic 回归和方差分析方法,重点研究大股东性质和股权制衡度两个因素的影响。第二个层次利用 OLS 回归和 2SLS 回归方法,研究董事会构成与公司业绩之间的关系。

本章还就样本选择、数据来源以及控制变量的选择问题进行了阐述,并给出了回归技术问题的处理方案。

第八章

异质股东、公司决策与内部监督机制

我们在导论中提出了股东异质性的观点:因为具有不同的获利方式从而具有不同的利润目标,因此股东具有异质性。从第二章中剩余利润的分配过程可以看出,如果股东同时又是债权人、管理层、业务合约签订方或税收征收者的任何一方,那么他就存在剩余收益获取之前、非共享的利益获取方式。

结合我国目前的股权结构看,国家股股东代表政府持有股份,而政府是税收征收者;法人股股东在很多情况下与上市公司有直接的业务往来,可能获取固定合约收益;只有个人股股东持有的是二级市场发行的流通股,处于剩余利润分配的最后环节,是经济学意义上的真正的股东。我国股权结构中各类股份的划分,提供了一个股东异质性的度量标准。相对其他股东而言,控制性股东的影响是巨大的,而控制性股东常常是第一大股东。本章将第一大股东的性质作为大股东性质的度量,研究股权结构以及第一大股东性质对公司决策与内部监督机构的影响。

第一节 大股东的控制欲望

1991年以前,我国上市公司中的国有股比例超过50%,之后逐年下降。政府控制的企业有不同的经营目标,往往不是利益目标而是社会福利目标,这些目标可能与商业目标发生冲突,比如政府常常追求保证充分就业等政治目标而不是利润最大化。政府控制的企业受到政府目标的约束。相对其他企业管理者而言,对企业的管理者的评价更多的是由政府作出的,高级管理人员更有可能是由相关政府部门任命的,公司董事会的任命也很少是完全出于商业目的的考虑。国有股进一步可以分为国家股和国有法人股,国有股股东对董事会的控制在一定程度上取决于国家的国有股管理政策。① 1994 年以前,国有股股东都是直接向上市公司指派董事和董事长。1994 年国有资产管理局发布了《股份有限公司国有股权管理暂行办法》(以下简称《暂行办法》),开始限制国家股股东在上市公司的任职,明确表示国家股股东单位一般不宜委派股份公司董事长、总经理或公司其他领导成员,在股东大会上作为其利益代表。但是实际运作中仍有不少国有资产管理机构委托上市公司的董事长或总经理,作为国家股股东的代理人行使股东权利。这样,在国家股控股的上市公司中,董事长、总经理可能既是国家股的代表,同时又是在上市公司领取薪金的内部董事,而同时在股东单位任职的委派董事比例有所降低。

尽管同为非流通股,但是法人股股东与国家股股东有很多不同之处。很多上市公司与包括国有法人股单位在内的法人股股东在上市之前是一家公司,上市公司常常是一个主要部分或核心部分。上市之初股东单位承担了一系列的改制成本,上市之后业务上仍然有千丝万缕的联系。为了维持这种联系,同时也为了补偿改制成本,法人股股东具有强化上市公司董事会控制的动机,比如选派更多的董事、控制核心职务。当董事同时在股东单位和上市公司任职时控制显得更为有力,因此董事会中会有更多的双重身份董事。而流通股股东因为持股比例很小,不具有董事的提名资格,因此流通股股东对董事会的构成应该没有影响。

不同性质的大股东具有不同的控制欲望。从经济利益来源看,内部董事是可以直接控制的一部分力量,因此可以认为第一大股东性质与内部董事之间存在相关关系。

假说1:内部董事规模与第一大股东性质相关。

第二节 股权流动性、市场抑制作用与内部监督弱化

在股权分置的情况下,我国股权结构的另一个重要特点是大部分股权

---

① 其中,国家股是指有权代表国家投资的机构或部门向股份公司出资形成或依法定程序取得的股份。在股份公司股权登记上记名为该机构或部门持有的股份。国有法人股是指具有法人资格的国有企业、事业及其他单位以其依法占用的法人资产独立于自己的股份公司出资形成或依法定程序取得的股份。在股份公司股权登记上记名为该国有企业或事业及其他单位持有的股份。国家股和国有法人股统称为国有股权。上述分类详见1994年国家国有资产管理局和国家经济体制改革委员会联合颁发的《股份有限公司国有股权管理暂行办法》。

不能流通,而良好的流通性是代理权竞争以及公司控制权市场发挥作用的基本条件之一。当现有控制格局不能很好地协调股东之间的利益冲突时,股东之间的利益冲突就会导致不同的股东利益集团。现有格局只能代表一部分股东的利益,未能获取可靠利益保障的股东利益集团成为持有异议的股东集团。异议集团可以通过争夺委托表决权以获得董事会的控制权,进而达到撤换管理者或改变公司战略的目的,实现现有控制格局的改变;异议集团也可以通过掌握更多的公司股份,增加本集团的力量而达到上述目的。当上述行为迅速有力时,异议集团就可能取得成功。但是当存在大量不能流通股份时,上述行为就会受到极大限制。非流通股的转让受到各种限制,目前为止,我国上市公司绝大多数是通过协议的方式完成控制权的转让,这种转让方式因为没有明显的异议股东的作用,不是完整意义的控制权市场作用。

尽管在极少数股权分散流动性极强的公司,出现了非常激烈的代理竞争[①],其中方正科技(前身为延中实业)曾经历了四次代理权竞争[②],但是总体来看,受到流通性的影响,我国没有形成有效的公司控制权市场。

较弱的经营受托责任、容易取得的资本、外部公司控制权市场的缺乏,都可能减弱政府控股公司对于改进监督职能的动力,大股东持有股份的流通性也会影响到监督机构的设置。按照《暂行办法》的规定,原有国有企业的全资改造,或进入股份公司的净资产累计高于原国有企业净资产的50%(含50%),以及主营生产部分全部或大部分资产进入股份制企业时,其净资产折成的股份界定为国家股。从上述界定中不难看出,企业原有的党政、纪检系统执行的监督职能,会相应地转入到监事会。加之监事会的设立强调职工利益的代表,原有的工会系统也成为监事会的组成部分。因此第一大股东为国家股时,企业一般会有庞大的监事会。法人股大股东一般对监事会的设置有不同的考虑。首先,其原有的党政、纪检部门和工会系统并不需要存在于上市公司中,监事会的设立主要是为了满足相应的法律要求。另外,监事会成员来自股东单位的企业内部,监事会监督的对

---

① 这些公司以三无概念股(无国有股、无法人股、无外资股,公司所有股份都是社会公众股)为主,包括方正科技(延中实业)、兴业房产、飞乐音响、爱使股份、申华实业等。

② 在2001年出现的第三次代理权竞争中,方正科技的股票价格在不到两个月的时间内从每股15元左右最高升到每股41元。如此极大的涨幅使得中小股东真正领略到了代理权竞争的残酷和公司控制权市场的作用方式。与协议方式转让国有股和法人股的控制权转移方式相比,前一种方式有更广泛的股东参与。

象——董事会中有很多成员同样来自股东单位,因此法人股股东并不寄希望于这种自己监督自己的方式。当监事会并不需要完成很多监管职能时,监事会的设置不会受到应有的重视,表现为监事会只是为了满足相关的法律要求以更接近法定下限人数的方式存在,即监事会的规模更小。同样受限于持股比例,流通股股东对监事会的规模和构成也不具有实质性影响。

假说2:监事会规模与第一大股东性质相关。

第三节 股权性质与独立监督抵制作用

除了行政监管和抑制控制权市场作用外,我国股权结构性质还有可能抵制新的独立监管力量的形成。我国很多上市公司是国有企业改制而来,原有国有母公司往往以国有法人股形式成为上市公司的控股股东,上市公司与原来国有母公司之间有千丝万缕的联系。以某石化公司为例,改制时一部分能够继续生产的优质资产成为上市公司的主体资产,包括以探明储量开始开发的油田、最新引进的采油设备等,而已经不能持久生产的油田和原来庞大的内部福利体系都留在了母公司。为了上市公司的上市,母公司几乎失去了持久运营的能力,而且承担了原有职工养老以及冗余人员安置的沉重负担。母公司承担了如此巨额的成本,因此在母公司与上市公司的关系上就难免日后的"剪不断理还乱"的情形。在母公司与子公司的协议中明确规定,上市公司必须从母公司而不是在更大范围内进行一些采购和接受服务,比如必须从母公司购买生产所需的原材料,必须接受母公司提供的诸如医疗、教育以及培训等服务;这样,通过某些项目的资金往来可以在上市公司和母体之间形成利润和资金的转移。如果将上市公司作为独立的利益主体,这种协议明显带有损害上市公司利益的倾向。

作为独立的外部监管力量,《指导意见》赋予了独立董事就"上市公司的股东、实际控制人及其关联企业对上市公司现有或新发生的总额高于300万元或高于上市公司最近经审计净资产值的5%的借款或其他资金往来,以及公司是否采取有效措施回收欠款"的事项发表独立意见的权力,同时独立董事还应就董事及高管人员的任免与薪酬发表独立意见。按照《暂行办法》的规定,国家股股利收入由国有资产管理部门监督收缴,依法纳入国有资产经营预算并根据国家有关规定安排使用,因此国家股股东缺乏对公司经营监督的动机;而且国家股股东并不需要借助外人的判断作出人员任免与薪酬决策;因此国家股股东对独立董事的设置没有愿望。而对于包括国有法人股和法人股在内的法人股股东而言,独立董事则能起到一定的制约作用,独立董事对于关联交易的关注将使母公司从上市公司得到补偿变得困难。因此在可以选择的范围内,法人股大股东将会通过控制独立董事的人数限制其作用的发挥。《指导意见》中规定,上市公司董事会、监事会、单独或者合并持有上市公司已发行股份1%以上的股东可以提出独立董事候选人。而我国流通股主要持有者是人数众多的中小股东,因为所持股份份额小,如果提名要承担提名的成本,而且提名因很难得到足够的支持而无法达成目的,因此流通股股东并不能控制独立董事的提名和产生;但是当最大股东为流通股持有者时,其更关心企业的经营业绩,独立董事良好的素质和知识背景将为其提供有力的帮助。

独立董事更是从制度建立之初就承担了外部独立监管职能。不同性质的股东对于可能存在的监管会有不同的态度,可以预计,大股东性质对于独立董事规模会形成影响。

假说3:独立董事规模与第一大股东性质相关。

第四节 实证研究

一、变量选取与方程建立

本节研究将第一大股东的性质作为大股东性质的度量变量,变量选择过程受到以下两个问题的干扰。

首先是对于股东性质的认定,年报中对于股权性质的认定有如下几种:发起人国家股、发起人境内法人股、发起人境外法人股、募集法人股、内部职工股、优先股、流通A股、流通B股、流通H股等。但是上述股份落实到具体股东时,股份类别的分类开始模糊,出现了国有股的概念。按照《暂行办法》的规定,国家股和国有法人股统称国有股,但是国家股股东和国有法人股股东具有不同的控制动机,本书将国家股股东和国有法人股股东分别归类为不同性质的股东,并遵从以下原则进行国有股的进一步细分:当国有股股东单位为国有资产管理机构和政府部门(如财税机关)时,该股东性质认定为国家股股东;其余则认定为国有法人股股东。研究变量详见附表8-1。

第二个问题是对第一大股东的认定。本书考虑了股东之间可能存在的控制性关系。比如某公司其第一大股东为四川 AB 农业股份有限公司,而第十大股东为四川新 AB 股份有限公司,实际的第一大股东持股比例变量对应为第一与第十大股东持股数之和。实际的第一大股东的性质将成为本书中第一大股东性质的度量。以后类似的度量中,比如后面出现的第二、第三大股东等,都进行了相同的调整,即考虑了控制性关系后,计算实际持股数量。

本书分别建立方程(8-1)、(8-2)和(8-3),检验假说 1、假说 2 和假说 3:

$$INSBS = \beta_0 + \beta_1 STACTL + \beta_2 CURCTL + \beta_3 VOL + \beta_4 GRO + \beta_5 CON + \beta_6 SIZE + \beta_7 DEBT + \varepsilon \quad (8\text{-}1)$$

$$SBS = \beta_0 + \beta_1 STACTL + \beta_2 CURCTL + \beta_3 SHRES + \beta_4 VOL + \beta_5 GRO + \beta_6 CON + \beta_7 SIZE + \beta_8 DEBT + \varepsilon \quad (8\text{-}2)$$

$$INDEPBS = \beta_0 + \beta_1 STACTL + \beta_2 CURCTL + \beta_3 SHRES + \beta_4 VOL + \beta_5 GRO + \beta_6 CON + \beta_7 SIZE + \beta_8 DEBT + \varepsilon \quad (8\text{-}3)$$

附表 8-1 为本章研究变量表。对于独立董事的认定遵从以下原则:年报中认定为独立董事,不在上市公司领薪,且年报披露的任职开始日期为 2001 年 7 月 31 日以前。主要出于以下考虑:首先是 2001 年 8 月出台了《独立董事指导意见》,要求上市公司必须任命独立董事,这种情况下设立的独立董事可能更多的是出于政策考虑而非企业自身经营原因。其次是因为独立董事设立时间过短,其作用难以在当年业绩中有所体现。对于年报中被披露同时在任一股东单位任职的董事,本书将其认定为关系董事。本书将监事会人数作为监事会规模的度量变量。控制变量包括经营变化程度、企业成长性、业务集中度、负债率和企业规模。

二、样本数据描述

美国、加拿大等北美国家的相关准则将同时是公司职员的董事称为内部董事,英国及一些英联邦国家则将同时兼任公司高级管理人员的董事看作是内部董事[1],也称作执行董事。美国公司内部董事平均为 35%,根据对 24 个产业 74 家公司的统计,1969 年从内部晋升的董事占所有董事的

---

[1] 内部董事一般由公司的高级管理人员担任,因此其行为常常被认为是管理者意愿的体现。

48%,而1985年下降到32%。①

将在上市公司领薪且不在其他股东单位任职的董事作为内部董事的标准,发现全部上市公司的董事有53.93%是内部董事。如果以不在股东单位任职为内部董事的定义,则我国上市公司内部董事的比例将下降到37.57%,与美国公司的内部董事比例相当。但明显不同的是,美国公司的非内部董事绝大多数为独立董事,而我国公司的非内部董事绝大多数为同时在股东单位任职,即为关系董事。国家组和法人组不在股东单位任职董事的比例分别为61.76%和53.56%。国家组有更多内部董事。汇总情况见附表8-2和附表8-3。

我国上市公司股权结构中的一个显著特点是"一股独大"。本章就在2001年年报中完整披露了股权结构的公司样本进行了相关的统计,其中第一大股东持股情况汇总在附表8-4中。以C_1、C_3、C_5分别代表第一大股东持股比例、前三大股东持股比例和前五大股东持股比例。从表中数字可以看出,我国上市公司中前三大股东持股比例已经超过60%,股权集中度很高。尤其是第一大股东平均持股已经接近50%。

将第一大股东持股比例划分为50%以上、30%—50%以及30%以下三个区间,分别代表存在大股东绝对控制、存在大股东相对控制以及股权分散状态。可以发现,样本公司中有53.40%的公司处于第一大股东的绝对控制中,相对控制比例也高达28.74%,而可以归为股权分散状态的上市公司只占17.86%。我国80%的上市公司存在控制性股东。详见附表8-5。

按照有关规定,国家股的认定条件之一是改制时的资产规模,整体改制或主要资产进入改制公司时投入的资产总额折算为国家股。因此第一大股东持股比例肯定会受到第一大股东股权性质的影响。② 按照国家组和法人组的划分,附表8-6列示了两个组第一大股东持股比例的比较结果,显示国家组第一大股东持股比例明显高于法人组第一大股东持股比例。

三、相关性分析

附表8-7是本章各研究变量之间的Pearson系数矩阵表。从表中可以

---

① 朱义坤:《公司治理论》,广东人民出版社1999年版,第471页。
② 也许可以认为上市公司或改制公司的资产规模直接影响到股权性质。

看出,表示大股东性质的哑变量 STACTL 和 CORCTL 之间具有很高的相关系数,表明两个变量之间具有较强的相关关系。但这两个变量没有同时出现在一个回归方程中,因此其高度相关并不会导致变量之间的共线性问题。控制变量之间也具有一定的相关性,但相关系数不高。本章各个回归过程均进行了共线性检验,通过 VIF 值进行判断,表明共线性尚未严重到需要处理的程度。相关性分析结果初步显示了大股东性质和董事会构成变量之间的相关关系。

第一大股东为国家股持有者的哑变量与独立董事规模变量之间具有负相关关系,内部董事规模变量和监事会规模变量之间具有正相关关系。第一大股东为法人股持有者哑变量与内部董事规模变量、独立董事规模变量之间具有正相关关系,与监事会规模变量具有负相关关系。第一大股东为流通股持有者哑变量与内部董事规模、独立董事规模、监事会规模三个变量之间分别存在负向、正向和负向的相关关系,并均在 0.10 水平上显著。上述结果初步表明了不同性质大股东对董事会构成的不同影响。

四、OLS 回归结果

(一) 假说 1 的检验

附表 8-8 是方程(8-1)的 OLS 回归结果。从结果中可以看出,不同性质的第一大股东与内部董事比例显著相关,假说 1 得到检验。

当第一大股东为国家股持有者时,内部董事比例有所上升,这种正相关关系在 0.05 水平上显著;这与前面提到的观点相同,国家股股东通过间接方法进行控制,即任命更多的内部董事,由其承担经营管理职能,实现国家股资产的保值增值。

而法人股大股东与上市公司存在多种业务联系,更倾向于通过派驻兼职董事实现对董事会的控制,表现为董事会中内部董事比例的下降;这种负相关关系在 0.05 水平上显著。进一步的研究显示,内部董事规模还受到股权制衡度的显著影响。股权制衡度越大,内部董事规模越小。

具有一定势力的大股东都会在董事会中安排自身利益的代表,表现为董事会中非内部董事比例上升而内部董事比例下降,这种负相关关系在 0.01 水平上显著。当共同考虑第一大股东性质和股权制衡度的共同影响时,第一大股东性质的影响不再显著,而股权制衡度则始终在 0.01 水平上与内部董事规模显著负相关。

（二）假说 2 的检验

附表 8-9 是方程(8-2)的 OLS 回归结果。结果显示监事会规模与大股东性质显著相关，假说 2 得到检验。

第一大股东为国家股持有者时，企业原来的纪检职能和工会系统更容易被完整地保留，并转化为监事会的重要构成部分，因此监事会的规模更大。OLS 回归结果验证了上述假说，国家股为第一大股东与监事会规模之间有显著的正相关关系，并在 0.01 水平上显著。法人股大股东原有的纪检职能和工会系统不太可能存在于上市公司中；另外，由于在董事会中派驻了利益代表，监事会承担的监督职能转变为自己人对自己人的监督，因此监事会的监督职能显得没有必要。

上述原因都会导致更小规模的监事会。OLS 回归结果验证了这种假说，法人股大股东与监事会规模具有负相关关系，并在 0.05 水平上显著。

（三）假说 3 的检验

附表 8-10 是方程(8-3)的 OLS 回归结果。结果显示，独立董事规模与大股东性质显著相关，假说 3 得到检验。不同性质的大股东对各种控制手段的使用有不同的偏好。国家股大股东倾向于利用监事会进行控制，而法人股大股东则不看重监事会的监控职能。

国家股大股东与独立董事规模之间呈现负相关关系，并且在 0.01 水平上显著。法人股大股东与独立董事规模之间存在正相关关系，并且在 0.01 水平上显著。结合假说 2 的检验结果，可以发现，不同性质的大股东在监控手段的选择上的确具有明确的倾向。国家股大股东偏好利用监事会通过内部力量实现监控，而法人股大股东倾向利用独立董事借助外部力量实现监控。

五、敏感性分析

为了验证上述 OLS 回归方程的有效性，本书通过改变被解释变量的度量方法，进行敏感性分析，以检验在度量方式改变后，前述回归结果是否有所改变。结果列示于附表 8-11 中。

被解释变量的改变为：内部董事规模由内部董事人数度量；监事会规模由监事人数/董事会人数度量；独立董事规模由独立董事人数/董事会人数度量。

数据显示,变换了内部董事规模的度量后,方程(8-1)的 OLS 回归结果基本没有改变。方程的 R^2 和 Adj-R^2 数值也没有明显改变。假说2的敏感性检验结果表明,变量度量方式改变后监事会规模的回归结果没有变化,方程的 R^2 和 Adj-R^2 值有所增加。法人股股东和流通股股东与监事会规模之间仍然呈现不显著的负向相关关系。

假说3即独立董事规模的敏感性检验结果与附表8-10的结果相比也没有变化。国家股第一大股东仍然倾向于较小的独立董事规模,法人股大股东则倾向于增加独立董事规模。流通股股东仍然不能显著影响独立董事规模。这与现行的独立董事产生要求有关。有关规定中明确指出独立董事由持股1%以上的股东提名,流通股股东由于持股比例小,难以对独立董事的聘任起到一定作用。OLS 回归结果和敏感性检验结果都反映了独立董事规模受到大股东的影响,对于独立董事背负的承担中小股东利益代言人的职能能否有效履行,人们似乎有足够的理由表示怀疑。

六、大股东作用的进一步分析

以上对假说1到假说3的检验为大股东对董事会和监事会构成的影响提供了证据。本部分通过以下两个方程,进一步研究大股东性质对董事会规模和董事长任职情况的影响。其中 BS 为董事会人数;BSLEA 为董事长是否在第一大股东单位任职的哑变量,任职则 BSLEA=1,否则为 0。

$$BS = \beta_0 + \beta_1 STACTL + \beta_2 CURCTL + \beta_3 SHRES + \beta_4 VOL + \beta_5 GRO + \beta_6 CON + \beta_7 SIZE + \beta_8 DEBT + \varepsilon \quad (8-4)$$

$$BSLEA = \beta_0 + \beta_1 STACTL + \beta_2 CURCTL + \beta_3 SHRES + \beta_4 VOL + \beta_5 GRO + \beta_6 CON + \beta_7 SIZE + \beta_8 DEBT + \varepsilon \quad (8-5)$$

董事会规模一直被认为是一个重要的董事会特征变量,但是究竟何种规模的董事会更有效率却没有一致的判定标准。附表8-12中列示了股权结构与董事会规模的 OLS 回归结果。股权制衡度与董事会规模存在正相关关系,并且在0.01水平上显著。

当存在几个大股东时,董事会中各方利益的代表会增加,董事会规模相应有所扩大。结合假说1的检验,可以判断出这时规模的扩大源于非内部董事的增加即关系董事增加,这些董事具有双重身份,具有明确的利益代表主体。上市公司利益和其代表的大股东利益出现冲突时,他们具有明确的立场维护其所代表的大股东利益。董事会规模受到企业经营特征的影响,负债比率和资产规模与董事会规模呈显著的正相关关系,结论与资源依赖假说一致。①

与欧美公司不同,董事长在我国上市公司中承担了重要的经营决策职能,对董事会职能的完成有重要影响。附表 8-12 提供了董事长是否在控股股东单位任职的 Logistic 回归结果,表明股权制衡度越强,董事长越不可能在控股股东单位任职,即存在几个势力相当的大股东集团时,最大股东对董事长职位的控制受到一定的抑制,董事长职位更有可能轮流由各个大股东单位控制。第六章关于董事长任职年限的数据分析结果,也提供了相同的证据。

国家股大股东与董事长委任之间的负相关关系似乎表明国有大股东对具体经营决策控制的忽视②,而法人股大股东倾向于任命兼职的董事长则表明了其对董事长职位的重视,这与法人股大股东对董事会的控制行为是一致的。董事长来源与经营变化性和资产规模正相关,经营变化性越大,资产规模越大,董事长越可能在第一大股东单位任职。这似乎暗示着大股东单位可以为企业经营提供一定的资源,以减少经营的不确定性。

本 章 小 结

本章研究了大股东性质对公司决策与内部监督机构的影响,具体的构成变量为内部董事规模、独立董事规模和监事会规模。研究发现,大股东性质对上述各个构成变量都构成显著影响,影响因大股东性质不同而有所不同。第一大股东为国家股股东时,有更多的内部董事、更少的独立董事以及更大的监事会规模。第一大股东为法人股股东时,有更少的内部董事、更多的独立董事以及更小的监事会规模。第一大股东为流通股股东

---

① 严格来讲,资源依赖假说并没有就董事会中哪一部分董事增加给出明确的支持。如果看重风险增加带来的不确定性的改变,以致引起外部监督的困难,则监督职能的独立董事数量应该增加;如果看重风险增加带来的经营职能的增加,则内部董事数量应该有所增加。结合本文关于内部董事规模的检验,我们发现,企业规模与内部董事规模、独立董事规模之间的都呈现不显著的正相关关系。

② 国家股持有者只是代表国家持有股份,并不是最终所有者,因此企业经营决策效率的高低并不能直接构成其行为的动力。财政部、国家国有资产管理局和中国人民银行 1994 年 9 月发布的《国有资产收益收缴管理办法》规定,股份有限公司中国家股收到的股利必须在经国有资产管理部门和财政部门确认后及时上缴国库。收益上缴国库,而如果派驻董事长则要承担业绩不佳的职责,这时董事长职位更多地意味着承担与收益不相称的责任,因此这种忽视是可以理解的。

时，构成变量呈现出与第一大股东为法人股股东时相同的情况。上述结果表明，第一大股东性质的不同，是导致公司决策与内部监督机构构成特征不同的原因，即大股东性质是其内生性的来源之一。

大股东作用的进一步分析表明：第一大股东为国家股股东时，董事会有更大的规模，董事长更可能不是来自最大股东单位；第一大股东为法人股股东时，情况正好相反。

本章附表

附表 8-1 研究变量表

变量类型	变量名称	变量缩写	变量度量方式
因变量	独立董事规模	INDEPBS	不在上市公司领薪且于 2001 年 7 月 31 日前开始任职的独立董事人数
	内部董事规模	INSBS	不在其他单位任职且在上市公司领薪的董事人数
	监事会规模	SBS	监事会人数
自变量	国家股大股东	STACTL	哑变量，第一大股东为国家股持有者时为 1，否则为 0
	法人股大股东	CORCTL	哑变量，第一大股东为法人股持有者时为 1，否则为 0
	流通股大股东	CURCTL	哑变量，第一大股东为流通股持有者时为 1，否则为 0
	股权制衡度	SHRES	第二大到第五大股东持股比例之和/第一大股东持股比例
控制变量	经营变化程度	VOL	(｜2001 年利润总额 - 2000 年利润总额｜+｜2000 年利润总额 - 1999 年利润总额｜)/2
	企业成长性	GRO	(2001 年资产总值 - 1999 年资产总值)/2
	业务集中度	CON	2001 年主营业务利润总额/利润总额
	资产负债率	DEBT	年报中披露的资产负债率
	企业规模	SIZE	LN(资产总值)

附表 8-2　内部董事规模

变量	最小值	最大值	均值	中位数	标准差
内部董事比例	0	100%	53.93%	50%	0.011
不在股东单位任职董事比例	0	100%	37.57%	47.96%	0.053

附表 8-3　不同股权性质的内部董事规模比较

不在股东单位任职董事比例	计数	求和	平均(%)	方差	F	P-value
法人组	216	10 030.25	53.5637	4.4972	10.96899	0.001029
国家组	116	4 436.054	61.7582	4.8498		

附表 8-4　股权集中度

股权集中度	最小值	最大值	中值	平均值
C_1	1.95%	85.00%	51.80%	49.67%
C_3	3.14%	94.21%	62.50%	60.21%
C_5	3.78%	94.53%	64.71%	62.24%

附表 8-5　股权控制状态

持股比例50%以上	持股比例为30%—50%	持股比例小于30%
53.40%	28.74%	17.86%

附表 8-6　不同股权性质的第一大股东持股比例

第一大股东持股比例	计数	求和	平均	方差	F	P-value
法人组	328	16 040.6	48.90427	294.4658	5.503381	0.019368
国家组	176	9 259.869	52.61289	270.9106		

附表 8-7 Pearson 相关系数分析结果

	国家股股东 STACTL	法人股股东 CORCTL	流通股股东 CURCTL	内部董事人数 INSBS	独立董事人数 INDEPBS	监事会规模 SBS	业务集中度 CON	企业规模 SIZE	资产负债率 DEBT	变化程度 VOL
国家股股东 STACTL	1.000									
法人股股东 CORCTL	−0.954** (0.000)	1.000								
流通股股东 CURCTL	−0.089** (0.044)	−0.212** (0.000)	1.000							
内部董事人数 INSBS	0.023 (0.595)	0.002 (0.964)	−0.083 (0.059)	1.000						
独立董事人数 INDEPBS	−0.075 (0.091)	0.051 (0.250)	0.075* (0.089)	0.054 (0.220)	1.000					
监事会规模 SBS	0.094* (0.033)	−0.075 (0.091)	−0.059 (0.184)	−0.116** (0.008)	0.031 (0.489)	1.000				
业务集中度 CON	0.008 (0.851)	0.004 (0.902)	−0.039 (0.381)	0.032 (0.464)	−0.022 (0.620)	0.004 (0.934)	1.000			
企业规模 SIZE	−0.006 (0.893)	−0.010 (0.818)	0.053 (0.227)	0.169** (0.000)	0.102** (0.020)	0.223** (0.000)	−0.076 (0.087)	1.000		
资产负债率 DEBT	0.046 (0.303)	−0.050 (0.259)	0.017 (0.694)	−0.072 (0.104)	0.027 (0.548)	0.016 (0.719)	−0.106** (0.017)	−0.175** (0.000)	1.000	
变化程度 VOL	−0.100* (0.023)	0.143*** (0.001)	−0.150** (0.001)	0.068 (0.123)	0.004 (0.922)	0.028 (0.521)	0.101** (0.022)	0.120** (0.006)	−0.149** (0.001)	1.000
成长性 GRO	−0.067 (0.127)	0.044 (0.322)	0.074 (0.092)	0.047 (0.285)	0.075 (0.088)	−0.005 (0.911)	0.192** (0.000)	0.268** (0.000)	−0.224** (0.000)	0.187** (0.000)

注:(1) * 表示 $P<0.05$,双尾;** 表示 $P<0.01$,双尾。(2) 变量定义详见附表 8-1。

附表 8-8　假说 1 的 OLS 回归结果

解释变量	假说 1 的检验		INSBS/BS 内部董事比例		股权结构的作用	
Constant	0.166	0.199	0.574	0.167	0.299	0.335
	(0.596)	(0.422)	(6.803)^a	(0.589)	(1.058)	(1.179)
STACTL	0.0405	0.0479			0.0353	
	(1.773)^c	(1.870)^c			(1.385)	
CORCTL				−0.0440	−0.0479	−0.0353
				(−1.733)^c	(−1.870)^c	(−1.385)
CURCTL	−0.172	−0.167	−0.216	−0.214	−0.0963	−0.132
	(−2.068)^b	(−1.969)^b	(−2.549)^b	(−2.498)^b	(−1.127)	(−1.506)
SHRES					−0.0913	−0.0886
					(−3.549)^a	(−3.901)^a
VOL		3.1×10^{-6}		3.6×10^{-6}	3.0×10^{-6}	3.7×10^{-6}
		(0.526)		(0.631)	(0.570)	(0.635)
GRO		-7.7×10^{-7}		-7.7×10^{-7}	-9.7×10^{-7}	-7.2×10^{-7}
		(−0.336)		(−0.434)	(−0.579)	(−0.550)
CON		2.9×10^{-4}		2.8×10^{-4}	3.0×10^{-4}	2.9×10^{-4}
		(0.627)		(0.629)	(0.670)	(0.641)
DEBT		-7.6×10^{-5}		-7.6×10^{-5}	-7.6×10^{-5}	-7.4×10^{-5}
		(−0.109)		(−0.107)	(−0.109)	(−0.106)
SIZE		0.016		0.021	0.011	0.009
		(0.450)		(0.519)	(0.706)	(0.680)
R^2	0.015	0.027	0.015	0.027	0.056	0.056
Adj-R^2	0.012	0.014	0.012	0.014	0.041	0.041

注：(1) a 表示 $P<0.01$，b 表示 $P<0.05$，c 表示 $P<0.1$，均为双尾；括号内数字为 t 值；
(2) INSBS/BS = 内部董事比例 = 内部董事人数/董事会人数；
(3) STACTL = 1，当第一大股东为国家股持有者时；否则为 0；
CORCTL = 1，当第一大股东为法人股持有者时；否则为 0；
CURCTL = 1，当第一大股东为流通股持有者时；否则为 0；
SHRES 股权制衡度 = 第二到第五大股东持股比例之和/第一大股东持股比例；
(4) DEBT = 资产负债率；SIZE = LN(资产总值)；
CON = 2001 年主营业务利润总额/利润总额

$$VOL = \frac{|2001\text{年利润总额}-2000\text{年利润总额}|+|2000\text{年利润总额}-1999\text{年利润总额}|}{2}$$

$$GRO = \frac{2001\text{年资产总值}-1999\text{年资产总值}}{2}$$

附表 8-9 假说 2 的 OLS 回归结果

解释变量	假说 2 的检验		SBS 监事会规模	
Constant	4.216 (6.687)[a]	-4.056 (-2.781)[a]	3.351 (2.254)[a]	-2.993 (-1.957)[b]
STACTL	0.271 (0.960)[b]	0.257 (1.892)[b]		
CORCTL			-0.271 (-1.960)[b]	-0.257 (-1.89)[b]
CURCTL	-0.516 (-1.145)	-0.586 (-1.307)	-0.786 (-1.712)[c]	-0.843 (-1.853)[c]
VOL		0.00002 (0.617)		0.00002 (0.591)
GRO		-0.00001		-0.00001 (-0.921)
CON		-0.00009 (-0.385)		-0.00006 (-0.235)
DEBT		0.013 (4.392)[a]		0.013 (3.524)[a]
SIZE		0.306 (4.397)[a]		0.307 (4.319)[a]
R^2	0.011	0.069	0.011	0.069
Adj-R^2	0.007	0.056	0.007	0.059

注:SBS = 监事会人数;其他与附表 8-8 同。

附表 8-10 假说 3 的 OLS 回归结果

解释变量	假说 3 的检验		INDEPBS 独立董事规模	
Constant	-0.048 (-0.477)	-0.030 (-0.531)	-0.083 (-0.755)	-0.031 (-0.280)
STACTL	-0.034 (-3.360[a])	-0.041 (-3.091[a])		
CORCTL			0.032 (3.045[a])	0.040 (3.333[a])
CURCTL	0.042 (1.212)	0.037 (1.401)	0.053 (1.401)	0.030 (1.019)
VOL		0.000002 (0.988)		0.000003 (1.231)
GRO		0.00047 (2.671[a])		0.00052 (2.902[a])
CON		0.0002 (1.154)		0.00016 (0.902)
DEBT		0.0004 (1.309)		0.0003 (1.152)
SIZE		0.005 (1.026)		0.003 (0.615)
R^2	0.012	0.052	0.011	0.053
Adj-R^2	0.009	0.033	0.009	0.032

注:INDEPBS = 独立董事人数;其他与附表 8-8 同。

附表 8-11 敏感性分析结果

解释变量	假说1的敏感性分析 INSBS	假说1的敏感性分析 内部董事人数	假说2的敏感性分析 SBS/BS	假说2的敏感性分析 监事会规模	假说3的敏感性分析 INDEPBS/BS	假说3的敏感性分析 独立董事规模
Constant	−1.178 (−1.312)	−3.178 (−1.312)	−2.775 (−1.135)	0.541 (1.398)	0.317 (1.722)^c	0.350 (1.892)^c	−0.154 (−1.397)	−0.151 (−1.381)	−0.185 (−1.480)
STACTL		0.762 (1.703)^c			0.311 (1.799)^c				
CORCTL			−0.981 (−1.447)			−0.028 (−0.620)		−0.035 (−3.307)^a	0.032 (2.866)^a
CURCTL		−2.113 (−1.525)	−1.764 (−1.732)^c		−0.053 (−1.442)	−0.067 (−1.537)			0.035 (1.427)
VOL	0.000065 (1.034)	0.000053 (0.832)	0.000052 (0.570)	0.000001 (0.185)	0.000002 (0.079)	0.00005 (0.158)	−0.00001 (−0.427)	−0.00001 (−0.366)	−0.00001 (−0.467)
GRO	−0.001 (−0.226)	−0.0001 (−0.016)	−0.001 (−0.866)	−0.00001 (−0.273)	−0.00002 (−0.007)	−0.00001 (−0.042)	0.0005 (2.749)^a	0.0005 (2.487)^b	0.0005 (3.027)^a
CON	0.004 (0.810)	0.004 (0.914)	0.004 (0.654)	−0.0003 (−0.954)	−0.0003 (−1.021)	−0.0003 (−1.007)	0.0002 (1.116)	0.0002 (1.376)	0.0002 (1.351)
DEBT	0.009 (1.164)	0.009 (1.211)	0.009 (1.194)	0.00007 (1.032)	0.00011 (1.065)	0.00001 (1.091)	0.0001 (1.005)	0.0001 (1.456)	0.0001 (1.618)
SIZE	0.387 (2.703)^a	0.394 (2.484)^a	0.390 (2.657)^a	0.005 (0.608)	0.005 (0.566)	0.005 (0.530)	0.0075 (1.428)	0.0080 (1.536)	0.0084 (1.605)
R^2	0.039	0.043	0.045	0.022	0.039	0.040	0.043	0.063	0.058
Adj-R^2	0.028	0.029	0.030	0.011	0.027	0.029	0.029	0.048	0.047

注：INSBS = 内部董事人数；SBS/BS = 监事会人数/董事会人数；INDEPBS/BS = 独立董事人数/董事会人数。其他与附表 8-8 同。

附表 8-12　大股东作用的进一步分析

解释变量	董事会规模 BS				董事长委任情况 BSLEA Logistic 回归			
Constant	-5.702 (-1.978)^c	-5.720 (-1.982)^c	-5.607 (-1.934)^c	-5.704 (-1.973)^c	-8.25 (5.934)^a	-8.367 (6.047)^a	-9.316 (7.286)^a	-8.590 (6.316)^a
STACTL		0.09 (0.346)				-0.552 (-2.632)^b		
CORCTL			-0.094 (-0.342)				0.663 (3.641)^a	
CURCTL				-0.109 (-0.012)				-0.704 (0.710)
SHRES	0.711 (3.120)^a	0.734 (3.090)^a	0.729 (3.112)^a	0.711 (3.070)^a	-0.339 (-2.589)^b	-0.550 (-4.282)^a	-0.529 (-4.221)^a	-0.341 (-1.742)^c
VOL	0.0004 (0.666)	0.00004 (0.655)	0.00004 (0.672)	0.00004 (0.654)	0.001 (2.861)^a	0.001 (2.527)^a	0.001 (3.119)^a	0.001 (3.599)^a
GRO	-0.004 (-0.778)	-0.004 (-0.746)	-0.004 (-0.759)	-0.004 (-0.777)	0.001 (0.045)	0.001 (0.000)	0.001 (0.001)	0.002 (0.089)
CON	0.004 (0.913)	0.004 (0.885)	0.004 (0.885)	0.004 (0.912)	0.017 (0.447)	0.017 (0.464)	0.017 (0.480)	0.018 (0.469)
DEBT	0.02 (3.017)^a	0.02 (3.002)^a	0.02 (2.997)^a	0.02 (3.012)^a	-0.010 (1.552)	-0.009 (1.357)	-0.009 (1.277)	-0.010 (1.411)
SIZE	0.711 (3.120)^a	0.734 (4.988)^a	0.729 (4.972)^a	0.682 (4.982)^a	0.494 (9.412)^a	0.523 (10.307)^a	0.541 (10.886)^a	0.509 (9.838)^a
R^2	0.072	0.073	0.073	0.072				
Adj-R^2	0.059	0.058	0.058	0.058				
Chi-R^2					27.135	29.915	31.055	27.818
Nk-R^2					0.107	0.118	0.122	0.110

注:BS = 董事会人数;BSLEA = 1,当董事长在第一大股东单位任职,否则为 0;其他与附表 8-8 同。

第九章

股东制衡、公司决策与内部监督机制

Y. T. Mak 和 Yuan Li(2001)将政府所有权作为影响企业经营的重要环境特征之一,研究了政府所有权对新加坡上市公司董事会构成的影响,发现其对董事会构成变量有显著影响。与新加坡类似,我国特有的股权结构构成了企业经营的重要环境特征,直接影响了公司控制权市场的形成。

前面的研究证实了不同性质的股东对公司决策与内部监督机构表现出不同的控制欲望和控制手段。异质股东通过控制董事会获取非共享收益,但其对董事会的控制程度还取决于其他股东的力量,表现在股权结构上就是股权制衡度的影响。因此,与股东异质性一样,股东之间力量的对比也是影响公司决策与内部监督机构构成的重要因素,即董事会构成内生性的影响因素。本章研究大股东之间的力量对比即股权制衡度对公司决策与内部监督机构构成的影响。

第一节 监督补偿与搭便车

不同性质的股东为了实现非共享收益,具有不同于其他股东的控制董事会的动机。这种控制可以通过两种方式实现:其一,直接在董事会中派出代表,使得董事会对法人财产的经营责任更大程度上侧重对大股东利益目标的维护,即将企业目标转变为异质股东利益目标。其二,通过影响董事个人利益的评价标准,改变其行为动机。显然前者更直接、更容易,因此董事会中的关键职位和董事会席位就显得很重要。

一般认为,大股东因其所具有的投票权优势能够较好地承担监督职责,从而减少经理人员的机会主义行为,保证公司经营的良性发展。但是一些研究却发现了新问题。La Porta 等(1999)在对世界上27个富裕国家各自最大的20家公开上市公司的最终控制权结构进行调查和分析的基础上发现,样本公司中只有很小的比例真正属于股权分散的结构;Claessens等(2000)针对亚洲公司情况的大范围调查研究表明,只有日本公司从总体上看符合股权分散的标准,其余亚洲公司大都存在着控制性股东;中国更是普遍存在的"一股独大"问题。控制性股东往往凭借其占有的投票权优势直接介入或干预公司的经营活动,并且可能出现侵占小股东利益的行为。为此,Shleifer和Vishny(1997)指出:在大多数国家的大型公司内部,基本的代理问题并不是由Berle和Means(1932)所指出的外部投资者和经理之间的冲突,而是外部投资者与几乎能够完全控制经理人员的控制性股东之间的冲突。

小股东因"搭便车"心理而缺乏有效监督的动力;与之相反,大股东趋向于提供监督,并有可能通过侵害小股东的利益获得监督的补偿(Shleifer and Vishny,1986)。在股份公司中由于小股东提供的监管不足,大股东滥用股权的可能性始终存在,控制性股东实际上拥有扩大的控制权。控制性股东除了把握最终剩余控制权,还通过对董事会的控制间接获得决策控制权,甚至在某些情况下,直接向企业委派经理人员从而将决策管理权也收入自己手中。这种扩大了的控制权可以使控股股东在日常经营管理中就得到各种利益,而且在最终的分配中也可以主动选择对自己有利的方案。

当大股东与小股东的力量对比极为悬殊时,上述问题的解决需要依靠法律的健全。在良好的法律环境中,高比例股权对于大股东而言不能带来额外收益,大股东有分散股权的需求;另外,良好的股东权益保护体系使小股东更愿意投资于上市公司,有利于大股东分散股权行为的完成(Shleifer and Vishny,1986)。而当企业内部有与大股东力量相抗衡的集团时,控制性股东的上述侵害行为就会通过董事会的构成变化受到一定的抑制。首先,在董事会中会形成几个大股东之间的竞争,即股东间的相互制约;其次,大股东之间由竞争而发展起来的合作可以提高监督的效率,减少代理成本,矫正不利于公司发展的行为;当决策是在一定范围内形成时,决策效率和质量都会有所提高,并由此减少经营失败的几率。[①]

---

① 参见王斌:《股权结构论》,中国财政经济出版社2001年版,第157页。

第二节 我国上市公司内部控制权之争

我国《公司法》赋予了董事会企业日常控制权,董事会成为公司权力机构中的主要环节,因此对于董事会的控制成为控制公司的有效手段。如果可能,控制性股东常常通过占有董事会的多数席位控制公司董事会,进而控制公司的日常经营。但是如果控制性股东没有掌握半数以上股份,其他大股东联手就可能导致控制性股东对董事会的失控,从而丧失其对公司的控制权。按照上述分析,当存在其他制衡性股东集团时,该集团将争取得到一定的公司控制权。当第一大股东所持股份具有绝对优势时,可以通过在股东大会上的绝对多数票表达其意愿,随着所持股份份额的下降,其股权控制的绝对优势逐步丧失,这时对董事会的控制显得越来越重要。

由于国家股股东的人事控制权和收益控制权分别归属不同的政府部门,相对而言更容易出现第一大股东对董事会控制不力的情况,国有产权容易受到其他股东产权的侵害,出现其他股东单位拥有扩大的控制权的情况。上述情况反映在董事会构成中,表现为第一大股东董事比例低,而且第一大股东董事比例与其他股东董事比例之间的差异更小,即股权上的绝对优势没有转变为董事会席位上的绝对优势。由以上分析得到假说1。

假说1:第一大股东关系董事比例和其他股东关系董事比例的差异与股权制衡度负相关。

公司控制权可以分为经营管理权和决策控制权,该集团对控制权的争夺必然将在董事会构成上有所反映。首先表现为经营管理权和决策控制权的分离,即董事长与总经理的两职分离,增加控制环节以减弱控制性股东的控制力量。由此得到假说2。

假说2:两职分离状态与股权制衡程度相关,股权制衡度强的公司倾向于选择两职分离。

第三节 我国上市公司内部监督权的选择

控制权争夺其次表现为董事会中监督职能更加受到重视,制衡性股东集团将更倾向于通过增加董事会中的监控力量在董事会形成一定的制约。

监控力量的增强既可以通过增派来自本利益集团的董事,从而减少董事会中控制性股东代表的比例实现,也可以通过任命更多的第三方独立力量实现。中国企业监事会制度具有共同参与制的产生背景,上市公司监事会成员由股东代表和职工代表共同构成,监事会通过财务检查手段,监督董事会成员和高级管理人员违反公司利益的行为。① 由于董事会也是各方股东代表,因此监事会中股东代表的监督权力来源天生不足;而职工代表是企业员工,其自身福利由被监管对象决定,即使具有相当的能力可以发现问题,其出于自身利益放弃而放松监督的行为也是遵从理性前提的。监事会成员由于自身利益与被监督对象不独立,其监督的有效性受到广泛质疑。深交所的一份研究报告揭示,我国上市公司中 52.9% 的监事会没有检查过公司的财务活动,94.11% 的监事会没有明示过董事会的违规行为,深交所公开谴责上市公司的董事未能勤勉履行职责、监事没有履行监督职责的情况时有发生,监事会难以承担有效监督成为不争的事实。另有调查显示,人们对监事会的内部制约作用非常不重视,对其地位的认定甚至排在"政府制约作用"之后(李维安等,2001)。鉴于上述情况,大股东们对于监事会的作用并不重视,他们更愿意通过董事会实现监督。因此股权制衡度的作用不是通过监事会体现的。由此得到假说3。

假说3:监事会规模与股权制衡度不相关。

监事会不能有效承担监控职能成为独立董事制度推行的重要背景。在英美国家,独立于企业高管当局的独立董事承担了监督高管当局的职能。同质的股东利益与管理者利益之间的冲突是主要矛盾时,独立董事因为独立于管理者利益而可以被认为是股东利益的代表,其独立性成为董事会最大化股东利益行为动机的有效保障。我国独立董事制度有着与英美国家不同的产生背景:在英美国家,独立董事的设立是为了制约高管当局的权力;而我国与欧洲大陆国家类似,设立独立董事的初衷之一是制约控股股东的权力和影响力,原证监会副主席史美伦就一再强调"独立董事是中小股东利益的代表"。由于独立董事可以就关联交易等重大经营决策作

---

① 我国监事会主要有三种:一种是按照《公司法》的规定,在有限责任公司与股份有限公司中设立的监事会;一种是按照《国有企业财产监督管理条例》设立的监事会;还有一种是按照《国有企业监事会暂行条例》的规定,国务院向国有独资公司派出的监事会。1998年《国务院稽查特派员暂行条例》出台,《国有企业财产监督管理条例》被废止,第二种监事会演变为稽查特派员制度。2003年3月,国务院颁发了《国有企业监事会条例》(简称《监事会条例》),原有的《国有企业财产监督管理条例》即行作废,稽查特派员制度向监事会制度过渡。

出独立判断,在一定程度上可以抑制恶性关联交易的发生,提供了一种保护其他股东利益的手段,非控制性大股东希望通过设立独立董事抑制控制性股东获取固定合约收益的行为。由此得到假说4。

假说4:独立董事规模与股权制衡度正相关。

第四节 实证研究

由于股东之间可能存在控制性关系,本章对前五大股东之间的关系进行判断,第一大股东持股比例为实际第一大股东的持股比例,并按照不存在控制关系的顺序进行前五大股东的判断,在此基础上进行股权制衡度变量的度量。上述关系还影响到股权制衡度和第一大股东单位董事比例的计算,需在实际第一大股东认定基础上进行相应的调整。但是对于上述控制性关系的判断仅限于年报和上市公告披露内容。由于披露信息有限,对于一些实质性控制关系的判断难以形成。

一、变量与方程

对于第一大股东董事的认定来自年报披露信息。当披露信息显示董事在第一大股东单位任职时,该董事被认定为第一大股东董事;当董事在被第一大股东单位控制的单位任职时(如前股东关系部分所述情况),该董事亦被认定为第一大股东的关系董事。当董事来自其他非第一大股东及其控制单位时,该董事被认定为其他大股东的关系董事。对于内部董事的认定遵从以下原则:在上市公司领薪并且不在其他股东单位任职。

对于既在上市公司领薪又在股东单位任职的董事,不计算在内部董事之列,而确认为关系董事。

为检验假说1到假说4,建立以下方程:

$$BSD = \beta_0 + \beta_1 STACTL + \beta_2 CURCTL + \beta_3 SHRES + \beta_4 VOL \\ + \beta_5 GRO + \beta_6 CON + \beta_7 SIZE + \beta_8 DEBT + \varepsilon \tag{9-1}$$

$$DUAL = \beta_0 + \beta_1 SHRES + \beta_2 VOL + \beta_3 GRO + \beta_4 CON \\ + \beta_5 SIZE + \beta_6 DEBT + \varepsilon \tag{9-2}$$

$$SBS = \beta_0 + \beta_1 STACTL + \beta_2 CURCTL + \beta_3 SHRES + \beta_4 VOL \\ + \beta_5 GRO + \beta_6 CON + \beta_7 SIZE + \beta_8 DEBT + \varepsilon \tag{9-3}$$

$$INDEPBS = \beta_0 + \beta_1 STACTL + \beta_2 CURCTL + \beta_3 SHRES + \beta_4 VOL$$
$$+ \beta_5 GRO + \beta_6 CON + \beta_7 SIZE + \beta_8 DEBT + \varepsilon \qquad (9-4)$$

附表9-1列示了本章研究涉及的所有变量。

二、样本数据描述

附表9-2显示,第一大股东董事比例远高于其他股东董事比例,表明总体而言,我国上市公司董事会中第一大股东的控制力量远远大于其他股东的控制力量。

由于国家股股东的人事控制权和收益控制权分别归属不同的政府部门,相对而言更容易出现第一大股东对董事会控制不力的情况,国有产权容易受到其他股东产权的侵害,出现其他股东单位拥有扩大的控制权的情况。上述情况反映在董事会构成中,表现为第一大股东董事比例低,而且第一大股东董事比例与其他股东董事比例之间的差异更小,即股权上的绝对优势没有转变为董事会席位上的绝对优势。从附表9-3的数据统计中可以看出,尽管国家组中第一大股东平均持股比例(52.62%)显著大于法人组(48.90%),但是该组的第一大股东董事比例却显著低于法人组,同时第一大股东董事比例与其他股东董事比例的差异也显著低于法人组。

当第一大股东所持股份具有绝对优势时,可以通过在股东大会上的绝对多数票表达其意愿,随着所持股份份额的下降,其股权控制的绝对优势逐步丧失,这时对董事会的控制显得越来越重要。本章按照第一大股东的持股比例分为若干区间。可以看出,随着第一大股东持股比例的下降,其委派董事比例相对有所上升,两者之间的差异逐步缩小。附表9-4数据显示,当第一大股东持股比例在20%—30%之间时,两者之间的差异开始不再显著。而当第一大股东的持股比例小于20%时,来自第一大股东的董事比例开始大于其持股比例,表明这时第一大股东开始利用其地位谋取了更多的董事会席位,权力放大效应开始显现。

将样本进一步细分为法人股组和国家组,就两个样本研究第一大股东持股比例与第一大股东董事比例之间的关系,发现其第一大股东持股比例和第一大股东董事比例之间有不同的对应关系。从附表9-5、附表9-6中的数据可以看到,总体而言,第一大股东不论是法人股持有者还是国家股持有者,平均所持股份比例数值都大于50%,而委派董事比例数值则都小于40%,两者之间有显著差异。相对而言,法人股大股东持股比例与委派董事比例之间的差值更小,表明法人股东对董事会的控制更重视。

三、相关性分析

附表 9-7 为相关系数分析结果,除了表示股东性质的哑变量 STACTL 和 CORCTL 之间具有很高的相关系数(0.954)外,其他变量之间的相关系数都小于 0.4。

结果初步检验了本章的四个假说。股权制衡度与独立董事规模的相关系数在 0.10 水平上显著,与两职状态的相关系数在 0.05 水平上显著,与监事会规模和关系董事比例差异的相关系数都在 0.01 水平上显著。

股权制衡度与独立董事规模变量、两职状态哑变量以及关系董事比例差异变量之间存在正相关关系,表明股权制衡度越高,董事会中独立董事的规模更大,董事长和总经理两个职位更有可能有不同的人担任;同时,董事会中有更少的来自第一大股东单位的董事,或更多的来自其他股东单位的董事。股权制衡度变量与监事会规模变量之间存在负相关关系,并且在 0.01 水平上显著。

相关系数分析结果同时显示自变量之间可能存在一定的共线性。在后面回归分析中通过 VIF 值进行判断,发现 VIF 值均小于 1.017,可以认为不存在严重共线性,即不需要进行处理。

四、Logistic 回归及 OLS 回归结果

(一)假说 1 的检验

通过派出董事直接控制董事会,这种优势最容易被第一大股东利用。其他大股东出于自身利益的考虑也希望占有更多的董事会席位,大股东之间利用董事会席位形成了一种相互制约,第一大股东董事比例与其他股东董事比例之间的差异会缩小。鉴于上述分析,本书提出了假说 1,附表 9-8 列示了方程(9-1)的回归结果,假说 1 得到检验,股权制衡度显著影响股东董事比例差异。表 9-8 中还同时列示了大股东性质对关系董事比例差异的影响,以及大股东性质和股权制衡度对关系董事比例差异的共同作用。

当第一大股东为国家股股东时,董事会中有更少的第一大股东董事或更多的其他股东董事,第一大股东为法人股股东时情况正好相反。考虑大股东性质和股权制衡度的共同作用,上述情况没有变化,股权制衡度对关系董事比例差异的影响仍然显著。

上述结果表明,相对国家股股东而言,法人股股东对董事会的控制更

直接,表现为董事会中有更多的来自本单位的直接利益代表,或更少的其他股东利益代表。

(二) 假说 2 的检验

董事长兼任总经理,使得经营管理权与决策控制权都被派出董事长的大股东所掌握,当存在有实力的其他大股东集团时,大股东之间对企业经营控制权的争夺将变得激烈,经营管理权与经营决策权分离,出现两职分任的状态。附表 9-9 是方程(9-2)的 Logistic 回归结果。

结果显示,两职状态与股权制衡度显著相关,假说 2 得到检验。从回归结果可以看出,两职分离状态与股权制衡度呈正相关关系,即股权制衡度越高,两职分离的可能性越大,这种关系在 0.01 水平上显著。表中还列示了第一大股东性质对两职分离的影响,结果显示没有显著影响。

共同考虑第一大股东性质和股权制衡度的影响时,上述结果没有变化。股权制衡度仍然在 0.01 水平上与两职状态呈显著正相关关系。这表明股权制衡度对两职分离状态的影响并不受第一大股东性质的影响,进一步说明了两职是否分离是大股东相互作用的结果,而不取决于第一大股东的意愿。

(三) 假说 3 的检验

附表 9-10 是方程(9-3)的回归结果,显示监事会规模与股权制衡度没有显著相关关系,假说 3 得到检验。

第一大股东为国家股持有者时,企业原来的纪检职能和工会系统更容易被完整地保留,并转化为监事会的重要构成部分,因此监事会的规模更大。法人股大股东原有的纪检职能和工会系统不太可能存在于上市公司中;另外由于在董事会中派驻了利益代表,监事会承担的监督职能转变为自己人对自己人的监督,因此监事会的监督职能显得没有必要。上述原因都会导致更小规模的监事会。如果监事会的监督职能没有得到充分的重视或被认定为无效,那么当存在几个具有一定实力的大股东时,大股东不会利用监事会的控制作用形成对其他大股东的制衡。因此在本章提出了假说 3,即股权制衡度与监事会规模无显著关系。回归结果显示,股权制衡度与监事会规模之间呈现不显著的负向关系。

附表 9-10 中还列示了考虑大股东性质和股权制衡度共同影响时的回归结果。结果显示,在考虑了第一大股东性质后,股权制衡度与监事会规模之间的关系没有改变。因此可以认为,监事会规模只受大股东性质的影响。

(四) 假说 4 的检验

附表 9-11 是方程(9-4)的 OLS 回归结果。结果显示,独立董事规模与股权制衡度显著正相关,假说 4 得到检验。

当存在实力相当的大股东集团时,大股东之间的相互监督是其相互关系的重要内容。独立董事承担了重要的监督职能,比如《指导意见》赋予独立董事对重大关联交易作出独立判断的职能。该职能的行使,将对控股股东通过业务往来损害其他股东利益的行为构成一定的制约,因此独立董事的监督职能受到其他大股东的重视。故本书提出假说 4,即独立董事规模与股权制衡度正相关。OLS 结果显示,股权制衡度与独立董事规模呈正相关关系,并且在 0.05 水平上显著;但是考虑到第一大股东性质时,情况有所变化。当第一大股东是国家股持有者和法人股持有者时,独立董事规模更多地受到第一大股东的影响,表现为股权制衡度对其的影响不再显著。因此可以认为,股权制衡度能够影响独立董事的规模,但这种影响受到第一大股东的干扰。

结合第八章中假说 2、假说 3 的检验结果可以发现,不同性质的大股东在监控手段的选择上的确具有明确的倾向。国家股大股东偏好利用监事会通过内部力量实现监控,而法人股大股东倾向利用独立董事借助外部力量实现监控。

四、敏感性分析

为验证上述 OLS 回归方程的有效性,本书通过改变被解释变量和解释变量的度量方法,检验上述回归结果是否有变化。

被解释变量的改变有:内部董事规模由内部董事人数度量;监事会规模由监事人数/董事人数度量;独立董事规模由独立董事人数/董事人数度量。解释变量的改变有:股权制衡度 = 第二到第五大股东持股总额 - 第一大股东持股总额。附表 9-12 中的数据显示了变换独立董事规模、监事会规模和股权制衡度的度量后,方程(9-3)、方程(9-4)的回归结果。

假说 3 的敏感性检验结果表明,变量度量方式改变后监事会规模的回归结果有一定变化。原来不显著的股权制衡度变量与监事会规模之间的负相关关系在 0.10 水平上显著了。股权制衡度越强,监事会规模越小,仍然反映出监事会并没有被大股东用来作为监督的手段。不同性质的第一大股东对监事会规模的影响依然显著,国家股大股东倾向于增大监事会规模而法人股大股东则相反。当共同考虑股权制衡度和第一大股东性质对监事会规模的影响时,第一大股东的作用仍然显著。与附表 9-10 所示的结果进行比较可知,大股东性质仍然是影响监事会规模的主要因素。

独立董事规模的敏感性检验结果与附表 9-11 的结果相比没有变化。国家股第一大股东仍然倾向于较小的独立董事规模,法人股大股东则倾向于增加独立董事规模。与前面结果相同,股权制衡度仍然与独立董事规模呈显著的正相关关系。共同考虑第一大股东和股权制衡度的影响时,上述关系没有发生变化。

附表 9-13 列示了在改变股权制衡度的度量方式之后,假说 1 和假说 2 的敏感性分析结果。两职状态仍然只受到股权制衡度的显著影响,股权制衡度越强,越可能出现两职分任的状态;第一大股东性质不对两职状态产生影响。假说 1 的敏感性分析表明检验结果没有变化,即关系董事比例差异受到大股东性质和股权制衡度的共同影响,股权制衡度越大,关系董事比例差异越大,表明第一大股东对董事会席位的控制受到抑制。

五、我国上市公司监督主体之间的相互影响

我国目前正处于独立董事制度的建立过程中,独立董事和监事会共同承担内部监督职能是我国特有的现象。由于原来由监事会承担的监督职能正在逐步转移,因此可以合理地认为监事会的存在将对独立董事制度的建立产生影响。

第五章中曾经分析了非单一监督主体导致的监督效率的损失,这里用回归方法实证地研究监事会的存在对独立董事规模的影响。首先利用 OLS 回归研究,之后借助 2SLS 方法进一步研究。

(一) OLS 回归结果与敏感性分析

在方程(9-4)中增加监事会规模变量,形成方程(9-4′),检验监事会与独立董事的相互影响,其中 INDEPBS 为独立董事人数:

$$INDEPBS = \beta_0 + \beta_1 STACTL + \beta_2 CURCTL + \beta_3 SHRES \\ + \beta_4 SBS + \beta_5 GRO + \beta_6 DIV + \beta_7 SIZE \\ + \beta_8 DEBT + \beta_9 VOL + \varepsilon \qquad (9\text{-}4′)$$

附表 9-14 列示了上述方程的回归结果。结果显示,OLS 回归结果以及变换变量度量方法得到的敏感性分析结果,都表明独立董事规模在受到

第一大股东性质影响的同时,还受到监事会规模的显著影响,独立董事规模与监事会规模存在显著的负相关关系,即监事会规模越大,独立董事规模越小。这似乎表明独立董事和监事会之间存在一种替代作用。

(二) 2SLS 回归

上面的 OLS 回归证实了独立董事规模和监事会规模之间存在的负相关关系。考虑到监事会规模与独立董事规模之间存在相互影响,以及监事会规模受到其他因素的影响,进行如下 2SLS 回归。先用方程(9-5)进行回归,得到 SBS 的估计值,其中 BS 和 YEAR 分别为董事会规模和上市年限;然后将估计值作为自变量代入方程(9-6)。

$$SBS = \beta_0 + \beta_1 BS + \beta_2 YEAR + \varepsilon \tag{9-5}$$

$$INDEPBS = \beta_0 + \beta_1 STACTL + \beta_2 CURCTL + \beta_3 SHRES$$
$$+ \beta_4 VOL + \beta_5 GRO + \beta_6 DIV + \beta_7 SIZE$$
$$+ \beta_8 SIZE + \beta_9 SBS + \varepsilon \tag{9-6}$$

附表 9-15 同时列示了 OLS 和 2SLS 的回归结果。从结果中可以看出,当考虑了其他董事会构成变量对监事会规模的影响后,监事会规模和独立董事规模之间同样存在显著的负相关关系,前述 OLS 回归结果没有改变。(9-5)式的回归结果显示,监事会规模受到董事会规模的显著影响,两者之间存在显著的负相关关系。2SLS 结果表明前述 OLS 回归结果没有改变。这从一个侧面表明,监事会与董事会之间似乎是一种替代关系而不是法律设想中的监督与被监督关系。如果监事会和董事会承担了监督职能,那么随着被监督对象的增加,监督力量加强才是合理的。

本 章 小 结

本章研究大股东之间力量对比即股权制衡度对公司决策与内部监督机构构成的影响,董事会构成变量具体包括独立董事及监事会规模、两职状态和股东关系董事比例差异。

研究发现,除监事会规模外,其他三个构成变量都受到股权制衡度的显著影响。随着非第一大股东力量的增加即股权制衡度的上升,董事会中独立董事规模越大,董事长和总经理越可能由不同的人担任,同时来自第一大股东单位的董事比例与来自其他股东单位的董事比例之间的差值越来越小，即董事会中有更多的其他股东的利益代表，第一大股东在董事会中的控制地位受到抑制。

本章还就大股东性质与两职状态和关系董事比例差异变量之间的关系进行了研究，发现两职分离状态不受大股东性质的影响，但是关系董事比例差异则受到第一大股东性质的影响。当第一大股东为国家股股东时，董事会中有更少的来自第一大股东单位的董事或更多的来自其他股东单位的董事。而第一大股东为法人股股东时，情况正好相反。这表明尽管董事会席位受到持股比例的影响，但是国家股和法人股在董事会席位中表现出不同的影响。

数据描述部分的结果显示，持股比例与董事会席位之间并没有出现人们普遍认为的"股权放大效应"，即第一大股东利用股权优势控制董事会席位。当第一大股东持股比例小于20%时，第一大股东所占董事会席位比例开始超过其持股比例。当第一大股东持股比例小于20%时，都表现为持股比例大于董事会席位比例。可能的原因主要是当大股东掌握一定的股权优势时，对包括独立董事和内部董事在内的各类董事会成员都具有一定的影响力，尽管其直接委任的董事会成员比例可能并不大，但并不影响其对董事会的控制。这从一个侧面表明，监事会与董事会之间似乎是一种替代关系而不是法律设想中的监督与被监督关系。如果监事会和董事会承担了监督职能，那么随着被监督对象的增加，监督力量加强才是合理的。

本章附表

附表9-1 研究变量表

		变量缩写	变量度量方式
因变量	独立董事规模	INDEPBS	不在上市公司领薪且2001年7月31日前开始任职的独立董事人数
	监事会规模	SBS	监事会人数
	两职状态	DUAL	哑变量,总经理由董事长、副董事长担任时为1,否则为0
	关系董事比例差异	BSD	在其他股东单位任职的关系董事比例－在第一大股东单位任职的关系董事比例
自变量	国家股大股东	STACTL	哑变量,第一大股东为国家股持有者时为1,否则为0
	法人股大股东	CORCTL	哑变量,第一大股东为法人股持有者时为1,否则为0
	流通股大股东	CURCTL	哑变量,第一大股东为流通股持有者时为1,否则为0
	股权制衡度	SHRES	第二大到第五大股东持股比例之和/第一大股东持股比例
控制变量	经营变化程度	VOL	(｜2001年利润总额－2000年利润总额｜+｜2000年利润总额－1999年利润总额｜)/2
	企业成长性	GRO	(2001年资产总值－1999年资产总值)/2
	业务集中度	CON	2001年主营业务利润总额/利润总额
	资产负债率	DEBT	年报中披露的资产负债率

附表9-2 第一大股东与其他股东董事比例比较

变量	最小值	最大值	中值	平均值
第一大股东董事比例	0	100%	33.33%	34.24%
其他股东董事比例	0	60%	0%	9.24%

附表 9-3　股东性质对关系董事比例的影响

第一大股东董事比例 A	计数	求和	平均(%)	方差	F	P-value
法人组	215	7 815.69	36.352%	4.6979	7.607843	0.006136
国家组	116	3 423.092	29.5094%	4.5242		
其他股东董事比例 B	计数	求和	平均(%)	方差	F	P-value
法人组	215	2 114.561	9.8352%	2.0004	0.476911	0.490312
国家组	116	1 012.962	8.7324%	1.7738		
A – B	计数	求和	平均(%)	方差	F	P-value
法人组	215	5 701.129	26.5169%	9.0131	2.896583	0.089712
国家组	116	2 410.13	20.777%	7.746		

附表 9-4　第一大股东持股比例与其委派董事比例的关系

持股比例 40%—50%	计数	求和	董事比例	方差	F	P-value
派出董事比例	79	1 567.402	27.98933	315.17	70.07292	6.94E-14
持股比例	79	3 552.807	44.97224	7.756662		
持股比例 30%—40%	计数	求和	董事比例	方差	F	P-value
派出董事比例	68	1 003.202	25.72312	309.5583	20.53324	1.56E-05
持股比例	68	2 422.422	35.62385	9.86029		
持股比例 20%—30%	计数	求和	董事比例	方差	F	P-value
派出董事比例	69	868.9863	24.82818	286.086	0.3014	0.584206
持股比例	69	1 792.945	25.98471	11.53457		
持股 20% 以下	计数	求和	董事比例	方差	F	P-value
派出董事比例	31	306.0101	18.00059	288.4142	0.56276	0.45697
持股比例	31	481.472	15.53135	28.57237		

附表 9-5　法人股股东持股比例与其委任董事比例的关系

法人组	计数	求和	平均(%)	方差	F	P-value
第一大股东董事比例	216	7 915.69	36.64671	486.3606	56.28005	3.64E-13
第一大股东持股比例	216	10 931.33	48.90427	261.7236		

附表 9-6　国家股股东持股比例与其委任董事比例的关系

国家组	计数	求和	平均(%)	方差	F	P-value
第一大股东董事比例	106	3 423.092	32.29332	404.7444	82.82985	7.05E-17
第一大股东持股比例	106	5 800.141	52.61289	238.8074		

附表 9-7 Pearson 相关系数分析结果

	股权制衡度 SHRES	国家股股东 STACTL	法人股股东 CORCTL	流通股股东 CURCTL	独董规模 INDEPBS	监事会规模 SBS
国家股股东 STACTL	-0.130** (0.003)	1.000				
法人股股东 CORCTL	0.062 (0.163)	-0.954** (0.000)	1.000			
流通股股东 CURCTL	0.219** (0.000)	-0.089* (0.044)	-0.212** (0.000)	1.000		
独立董事规模 INDEPBS	0.080 (0.068)	-0.075 (0.091)	0.051 (0.250)	0.075* (0.089)	1.000	
监事会规模 SBS	-0.069** (0.001)	0.094* (0.033)	-0.075 (0.091)	-0.059 (0.184)	0.031 (0.489)	1.000
关系董事比例 BSD	0.391** (0.000)	0.154** (0.000)	0.142** (0.001)	0.032 (0.470)	-0.131** (0.003)	-0.016 (0.709)
两职状态 DUAL	0.104** (0.019)	0.047 (0.293)	-0.058 (0.192)	0.040 (0.367)	0.016 (0.718)	-0.054 (0.223)
业务集中度 CON	0.068 (0.124)	0.008 (0.851)	0.004 (0.937)	-0.039 (0.381)	-0.022 (0.620)	0.004 (0.934)
企业规模 SIZE	-0.145** (0.001)	-0.006 (0.893)	-0.010 (0.818)	0.053 (0.227)	0.102* (0.020)	0.223** (0.000)
资产负债率 DEBT	0.123** (0.005)	0.046 (0.303)	-0.050 (0.259)	0.017 (0.694)	0.027 (0.548)	0.016 (0.719)
变化程度 VOL	-0.031 (0.478)	-0.100* (0.023)	0.143** (0.001)	-0.150** (0.001)	0.004 (0.922)	0.028 (0.521)
成长性 GRO	0.053 (0.233)	-0.067 (0.127)	0.044 (0.322)	0.074* (0.092)	0.075 (0.088)	-0.005 (0.911)

(续表)

	关系董事比例差异 BSD	两职状态 DUAL	业务集中度 CON	企业规模 SIZE	资产负债率 DEBT	变化程度 VOL
国家股股东 STACTL						
法人股股东 CORCTL						
流通股股东 CURCTL						
独立董事规模 INDEPBS						
监事会规模 SBS						
关系董事比例差异 BSD	1.000					
两职状态 DUAL	−0.079 (0.077)	1.000				
业务集中度 CON	−0.013 (0.766)	0.051 (0.253)	1.000			
企业规模 SIZE	0.070 (0.112)	−0.065 (0.143)	−0.076 (0.087)	1.000		
资产负债率 DEBT	−0.079 (0.075)	−0.027 (0.541)	−0.106* (0.017)	−0.175** (0.000)	1.000	
变化程度 VOL	0.023 (0.607)	−0.021 (0.641)	0.101** (0.022)	0.120** (0.006)	−0.149** (0.001)	1.000
成长性 GRO	0.024 (0.592)	0.078 (0.080)	0.192** (0.000)	0.268** (0.000)	−0.224** (0.000)	0.187** (0.000)

注：(1) * $P<0.05$，双尾；** $P<0.01$，双尾；
(2) 变量定义详见附表9-1。

附表 9-8 假说 1 的 OLS 回归结果

解释变量	假说 1 的检验	BSD 关系董事比例差异	大股东性质与股权制衡度共同作用	
Constant	-0.243 (-0.477)	0.826 (3.019^a)	0.564 (-1.990^b)	0.667 (2.337^b)
STACTL			0.096 (3.757^a)	
CORCTL				-0.062 (-3.240^a)
CURCTL			-0.11 (-1.284)	-0.209 (-2.280^b)
SHRES	0.216 (9.688^a)	0.188 (8.305^a)	0.205 (9.207^a)	0.199 (8.972^a)
VOL		-0.000018 (0.310)	-0.00004 (-0.739)	-0.00003 (-0.630)
GRO		0.0061 (1.316)	0.0095 (2.105^b)	0.0091 (2.006^b)
CON		0.0002 (2.042^b)	0.00011 (1.564)	0.00012 (1.642)
DEBT		0.0011 (1.492)	0.0024 (0.467)	0.0027 (1.542)
SIZE		-0.049 (-3.588^a)	-0.004 (-3.179^a)	-0.006 (-4.065^a)
R^2	0.152	0.181	0.203	0.198
Adj-R^2	0.151	0.171	0.192	0.187

注:(1) BSD = 其他股东董事比例 - 第一大股东董事比例;
　　(2) 其他与表 8-8 同。

附表 9-9 假说 2 的 OLS 回归结果

解释变量	假说 2 的检验	DUAL 两职状态		股权结构共同作用		
Constant	0.700 (1.896^c)	0.645 (1.732^c)	0.707 (1.912^c)	0.470 (1.247)	0.499 (1.307)	0.489 (1.286)
STACTL	-0.036 (-1.054)					
CORCTL		0.046 (1.300)			0.028 (0.547)	
CURCTL			-0.06 (-0.491)			-0.155 (-1.282)

（续表）

解释变量	假说2的检验	DUAL 两职状态		股权结构共同作用		
SHRES				0.086 (2.866ᵃ)	0.078 (2.534ᵃ)	0.089 (2.920ᵃ)
VOL	-1.0×10^{-6} (-0.132)	-1.5×10^{-6} (-0.192)	-2.0×10^{-6} (-0.255)	-1.8×10^{-6} (-0.229)	-0.7×10^{-6} (-0.089)	-2.2×10^{-6} (-0.284)
GRO	8.7×10^{-4} (1.430)	8.6×10^{-4} (1.426)	9.8×10^{-4} (1.617)	7.5×10^{-4} (1.255)	6.1×10^{-4} (0.992)	6.6×10^{-4} (1.075)
CON	2.9×10^{-4} (0.488)	3.1×10^{-4} (0.515)	2.5×10^{-4} (0.422)	3.2×10^{-4} (0.536)	3.1×10^{-4} (0.508)	2.9×10^{-4} (0.481)
DEBT	6.00×10^{-4} (0.638)	6.20×10^{-4} (0.658)	6.14×10^{-4} (0.651)	4.33×10^{-4} (0.461)	4.1×10^{-4} (0.660)	4.4×10^{-4} (0.649)
SIZE	-0.003 (-1.600)	-0.003 (-1.554)	-0.002 (-1.702)	-0.003 (-1.090)	-0.002 (-0.948)	-0.002 (-0.862)
Chi-R^2	7.624	8.013	6.724	13.363	14.982	16.577
Nk-R^2	0.027	0.029	0.024	0.047	0.057	0.059

注：(1) DUAL=1，当两职合一时；否则为0；
(2) 其他与表8-8同。

附表9-10 假说3的OLS回归结果

解释变量	假说3的检验	SBS 监事会规模	大股东性质与股权制衡度共同作用	
Constant	3.553 (2.389ᵇ)	-3.314 (-2.156ᵇ)	-3.371 (-2.696ᵃ)	3.040 (2.974ᵃ)
STACTL			0.246 (1.801ᶜ)	
CORCTL				-0.246 (-1.801ᶜ)
CURCTL			-0.562 (-1.225)	-0.809 (-1.724ᶜ)
SHRES	-0.185 (-1.563)	-0.102 (-0.864)	-0.0387 (-0.317)	-0.0387 (-0.317)
VOL		0.00001 (0.356)	0.00001 (0.415)	0.00001 (0.412)
GRO		-0.00001 (-0.854)	-0.00001 (-0.715)	-0.00001 (-0.722)
CON		-0.0003 (-0.123)	-0.0007 (-0.278)	-0.0006 (-0.264)
DEBT		0.014 (3.662ᵃ)	0.014 (3.626ᵃ)	0.014 (3.601ᵃ)
SIZE		0.299 (4.221ᵃ)	0.297 (4.205ᵃ)	0.293 (4.143ᵃ)
R^2	0.005	0.061	0.071	0.073
Adj-R^2	0.003	0.050	0.056	0.058

注：(1) SBS=监事会人数；
(2) 其他与表8-8同。

附表 9-11 假说 4 的 OLS 回归结果

解释变量	假说 4 的检验	INDEPBS 独立董事规模		大股东性质与股权制衡度共同作用
Constant	−0.081	−0.089	−0.104	−0.141
	(−0.725)	(−0.980)	(−0.931)	(−1.254)
STACTL			−0.034	
			(−3.232^a)	
CORCTL				0.031
				(2.838^a)
CURCTL			0.050	0.029
			(1.500)	(1.406)
SHRES	0.017	0.020	0.022	0.014
	(1.965^b)	(1.998^b)	(1.225)	(1.496)
VOL		0.000002	0.000002	0.000002
		(0.695)	(0.788)	(0.636)
GRO		0.00057	0.00052	0.00053
		(3.137^a)	(2.886^a)	(2.939^a)
CON		0.0002	0.00024	0.00024
		(1.138)	(1.375)	(1.351)
DEBT		0.0003	0.0004	0.0004
		(1.203)	(1.315)	(1.333)
SIZE		0.004	0.005	0.005
		(0.815)	(0.938)	(1.000)
R^2	0.038	0.057	0.059	0.062
Adj-R^2	0.026	0.039	0.042	0.045

注:(1) INDEPBS = 独立董事人数；
  (2) 其他与表 8-8 同。

附表 9-12 假说 3、假说 4 的敏感性分析

解释变量	假说 3	SBS/BS	监事会规模	假说 4	INDEPBS/BS	独立董事规模
Constant	0.541	0.317	0.350	−0.154	−0.151	−0.185
	(1.398)	(1.722^c)	(1.892^c)	(−1.397)	(−1.381)	(−1.480)
STACTL		0.311			−0.035	
		(1.799^c)			(−3.307^a)	
CORCTL			−0.028			0.032
			(0.620)			(2.866^a)
CURCTL		−0.053	−0.067			
		(−1.442)	(−1.537)			

（续表）

解释变量	假说3 SBS/BS 监事会规模			假说4 INDEPBS/BS 独立董事规模		
SHRES	-0.026	-0.036	-0.039	0.005	0.003	0.003
	(-2.976^a)	(-2.308^b)	(-2.567^b)	(1.709)	(1.015)	(1.566)
VOL	0.00001	0.00002	0.00005	-0.0001	-0.0001	-0.0001
	(0.185)	(0.079)	(0.158)	(-0.427)	(-0.366)	(-0.467)
GRO	-0.00001	-0.00002	-0.0001	0.0005	0.0005	0.0005
	(-0.273)	(-0.007)	(-0.042)	(2.749^a)	(2.487^b)	(3.027^a)
CON	-0.0003	-0.0003	-0.0003	0.0002	0.0002	0.0002
	(-0.954)	(-1.021)	(-1.007)	(1.116)	(1.376)	(1.351)
DEBT	0.00007	0.00011	0.00001	0.0001	0.0001	0.0001
	(1.032)	(1.065)	(1.091)	(1.005)	(1.456)	(1.618)
SIZE	0.005	0.005	0.005	0.0075	0.0080	0.0084
	(0.608)	(0.566)	(0.530)	(1.428)	(1.536)	(1.605)
R^2	0.022	0.039	0.040	0.043	0.063	0.058
Adj-R^2	0.011	0.027	0.029	0.029	0.048	0.047

附表9-13 假说1、假说2的敏感性分析

解释变量	假说2 DUAL 两职状态			假说1 BSD 关系董事比例差异		
Constant	0.077	0.018	0.274	0.583	0.772	0.931
	(0.496)	(0.856)	(0.735)	(-2.003^b)	(2.521^b)	(2.986^a)
STACTL	-0.013			0.126		
	(0.334)			(3.014^a)		
CORCTL		0.032			-0.108	
		(0.479)			(-3.334^a)	
SHRES	0.794	0.812	0.936	0.222	0.591	0.368
	(2.954^a)	(2.497^b)	(3.122^a)	(7.324^a)	(6.998^a)	(6.396^a)
VOL	-0.0000006	-0.0000007	-0.0000002	-0.0000037	-0.0000032	-0.000018
	(-0.057)	(-0101)	(-0.443)	(-0.531)	(-0.563)	(0.409)
GRO	0.00064	0.00063	0.00064	0.0097	0.0093	0.0072
	(1.321)	(1.124)	(1.376)	(2.001^b)	(1.937^b)	(1.448)
CON	0.00031	0.00030	0.00029	0.00010	0.00010	0.0001
	(0.543)	(0.574)	(0.489)	(1.364)	(1.783^c)	(2.117^b)
DEBT	0.0000	0.000041	0.000043	0.0029	0.0022	0.0025
	(0.435)	(0.604)	(0.711)	(0.513)	(1.496)	(1.519)
SIZE	-0.0023	-0.0019	-0.0017	-0.0038	-0.0055	-0.0491
	(-0.895)	(-0.902)	(-0.936)	(-3.042^a)	(-4.131^a)	(-3.902^a)
R^2				0.211	0.193	0.176
Adj-R^2				0.194	0.182	0.151
Chi-R^2	15.609	14.597	16.195			
Nk-R^2	0.054	0.059	0.061			

附表 9-14　独立董事受监事会影响的 OLS 回归结果

解释变量	INDEPBS 独立董事人数			INDEPBS/BS 独立董事比例		
Constant	-1.073 (0.906)	-1.737 (1.426)	-2.049 (1.672^c)	-0.016 (0.151)	-0.079 (0.709)	-0.113 (1.007)
SBS	-1.166 (-3.901^a)	-1.030 (-3.584^a)	-1.043 (-3.628^a)	-0.081 (-3.076^a)	-0.072 (-2.726^a)	-0.070 (-2.780^a)
STACTL		-0.293 (-2.522^b)			-0.322 (-3.030^a)	
CORCTL			0.260 (2.240^b)			0.028 (2.663^b)
CURCTL		0.354 (0.907)	0.409 (1.135)		0.042 (1.176)	0.036 (1.231)
SHRES		0.097 (0.961)	0.115 (1.161)		0.009 (0.934)	0.010 (1.176)
VOL	2.7×10^{-5} (1.101)	2.1×10^{-5} (0.833)	1.8×10^{-5} (0.714)	2.4×10^{-6} (0.899)	1.8×10^{-6} (0.800)	1.5×10^{-6} (0.658)
GRO	0.003 (1.529)	0.003 (1.540)	0.003 (1.582)	0.0005 (2.929^a)	0.0005 (2.889^a)	0.0005 (2.939^a)
CON	0.001 (0.703)	0.002 (1.100)	0.002 (1.083)	0.0001 (0.813)	0.0002 (1.262)	0.0002 (1.238)
DEBT	0.007 (2.209^b)	0.007 (2.237^b)	0.007 (2.304^b)	0.0004 (1.380)	0.0004 (1.437)	0.0004 (1.439)
SIZE	0.091 (1.610)	0.10 (1.734^c)	0.10 (1.783^c)	0.004 (0.813)	0.005 (0.975)	0.05 (1.035)
R^2	0.054	0.078	0.075	0.048	0.080	0.077
Adj-R^2	0.041	0.061	0.058	0.037	0.064	0.060

注：INDEPBS = 独立董事人数；INDEPBS/BS = 独立董事比例；SBS = 监事会人数。

附表 9-15　监事会与独立董事相互影响的 OLS 及 2SLS 回归结果

解释变量	SBS	2SLS 回归结果		OLS 回归结果
Constant	0.734 (7.319[a])	2.0828 (5.659[a])	−1.402 (−1.019)	−1.737 (−1.426)
BS	−0.0278 (−10.438[a])			
YEAR	0.002 (0.624)			
SBS		−3.395 (−4.279[a])	−2.875 (−3.956[a])	−1.030 (−3.584[a])
STACTL		−0.0253 (−0.189)	−0.0364 (−0.277)	−0.293 (−2.522[b])
CURCTL		0.0595 (0.149)	0.0171 (0.043)	0.354 (0.907)
SHRES		0.0242 (0.210)	0.0457 (0.398)	0.097 (0.961)
VOL			2.1×10^{-5} (0.833)	2.1×10^{-5} (0.833)
GRO			0.003 (1.540)	0.003 (1.540)
CON			0.002 (1.100)	0.002 (1.100)
DEBT			0.007 (2.237[b])	0.007 (2.237[b])
SIZE			0.1002 (1.734[c])	0.1034 (1.734[c])
R^2	0.234	0.056	0.071	0.078
Adj-R^2	0.230	0.046	0.048	0.061

第三篇
股东之间利益冲突与公司治理

股权安排在英美等国是一种外部治理机制。大股东的出现有助于抑制管理层的代理成本(Shleifer and Vishny,1986)。而在今天的中国,由于正在从计划经济向市场经济转变,市场机制发育不成熟,法制基础比较薄弱,股权高度集中,公司控制权掌握在控股股东的手里,因此股权安排不再是外部治理机制。在转型经济国家的公司治理中,股东之间利益冲突处于内部治理和外部治理的连接点上,深入研究它与其他公司治理因素的互动,可以加深对整个公司治理结构的理解,为构建有效的公司治理找准方向和突破口。

第十章

公司业绩和决策与内部监督机构构成的相互影响

我国从1997年开始出现独立董事制度,主要目的有两个:首先是被监管层一再强调的保护中小股东的权益。其次,独立董事以其专家的经验能够提高企业的决策水平,为企业业绩的改善提供更多的帮助。我国相关法规对于独立董事的任职资格进行了相应的认定,相对其他董事而言,独立董事具有专业知识和整体素质上的优势,应该对公司业绩有改善作用。独立董事和公司业绩之间的关系是重要的一部分研究内容,国外很多相关的研究提供了直接或间接的证据,但是并没有得出一致的结论,而且尚没有来自转型经济国家的研究。我国独立董事制度正处于建设过程中,目前对于独立董事作用的评价基本基于感性认识,本部分研究希望能够为此提供相关的实证证据。

第一节 代理理论的分析

代理理论认为,董事会是公司的决策和内部监督机构。董事会通过三条途径作用于公司业绩:首先,正确地进行重大经营决策,保证公司经营方向的正确,为取得良好业绩提供保障;其次,通过制定合理的薪酬和激励计划,为经营者提供足够的动力提高公司业绩;最后,及时更换能力不佳的经营管理者,选用高能力者促成公司业绩的改善。前两条途径可以认为是董事会决策职能的具体体现,最后一条途径则是其内部监督职能的具体体现。上述两项职能的有效发挥,需要借助一个具有合理构成的董事会。内部董事具有丰富的行业经验和背景,在重大经营决策的制定上具有一定的优势,但是其决策难以避免自利行为;而因为具有独立于内部董事或管理者的利益立场,独立董事被认为能够更好地履行监管职能,减少经营者非股东利益最大化行为,避免股东利益受到损害。

董事会是重要的治理机制,内部董事因为掌握信息并拥有丰富的行业经验,有利于董事会决策职能的履行;而独立董事因为独立于管理者的背景和对于声誉的关注,有利于董事会监督职能的履行。合理的董事会构成是董事会有效履行职能的重要前提。David 和 Atulya(1999)对1983—1992年间美国583家公司的董事会构成变化进行了研究,发现样本公司董事会构成具有如下分布:40%是内部董事,20%是关联董事,39%是独立董事。其中作者将与公司有业务往来、与内部人有关联或是前雇员的董事称为关联董事。上述数据显示,美国董事会构成中内部董事和独立董事是两类强大的力量。国外同类研究中最常被检验的就是董事会中内部董事以及独立董事规模和公司业绩之间的关系,也有研究表明,关联董事会导致公司价值的下降(Yermack,1996)。

第二节 我国上市公司的实践

在分散简单的股权结构下,董事会主要由内部董事和独立董事构成,分别承担了董事会的两项基本职能,合理的董事会构成实际就是合理的内部董事与独立董事构成。我国具有不同于英美国家的股权结构,并由此形成了不同的董事会构成特点。我国上市公司董事会中有更多的来自股东单位的关系董事,这是比内部董事、独立董事都更加强大的力量,对经营决策的制定构成重要的影响。

结合我国的具体实践可以发现,我国董事会构成与美国有着不同的特点。显著特点之一就是内部董事、关系董事和独立董事在董事会构成中具有完全不同的力量,同时在股东单位以及上市公司任职的关系董事占有很大比例。因此本书将关系董事即在股东单位任职的董事和独立董事作为研究重点。我国《公司法》规定了董事的来源。董事来自股东单位本无可非议,但是同时在股东单位任职的董事的行为动机则有所不同。我国很多上市公司形成于改制的国有企业,改制打乱了原来的行政管理体系,形成了新的利益关系。

按照相关规定,如果原有企业整体或大部分资产进入上市公司,则该部分资产折合为国家股,由国有资产管理机构持有,其职能范围仅限于国有资产的经营管理,追求的目标是国有资产的保值增值,实现手段是通过控制产权从企业内部影响企业的行为从而贯彻自己的意图。但是我国国有产权制度有产权边界模糊、主体虚置的弊端,从而导致国家股股东地位难以正常体现,更多情况下,企业是处于高级管理层的控制之下。

前面关于内部董事与大股东性质的研究,为上述观点提供了证据。同时,国家股股利收益属于国家所有,根据分级管理和谁投资谁受益的原则进行分配。有关规定明确指出,国家股股利收入转入财政收入,代表国家持有国家股的国家股股东不能直接从上市公司获取非共享收益,因此缺乏必要的改善公司业绩的利益前提。另外,由于国家股股东的利益目标过于分散,企业的经营受到各种宏观目标的影响,代表国家股的董事难以有效承担经营责任,其行为与公司业绩之间缺乏必然的联系。前面的研究发现,第一大股东为国家股持有者时,该大股东表现出更多的间接控制倾向,关系董事比例差异更大,董事会中具有更多的内部董事和更少的来自第一大股东单位的关系董事,而且后者的存在也不是以改善公司业绩为目的。相对来自国家股股东单位的董事而言,其他股东单位董事具有更加明确的利益动机,而其非共享收益的获取将对公司业绩产生不利的影响。

当第一大股东为法人股股东时情况有所不同,这时上市公司与大股东之间普遍存在业务关系。大股东更倾向于利用这种业务联系从上市公司获取更多的非共享收益,这种行为动机将影响上市公司的业绩。而当大股东具有强烈的上述动机时,往往会向董事会中派出更多的自身利益代表。相对流通股股东而言,控制性与非控制性大股东一般都持有非流通性的股份,渴望在共享收益之前获得更多的非共享收益,因此来自第一大股东单位的关系董事比例与上市公司业绩之间应该具有一定的负相关关系。

我国独立董事制度正处在建设时期,有关规定确认了独立董事的任职资格,相对其他非独立董事而言,独立董事是一个具有更多专业知识和更高整体素质的群体,在知识的作用日益被看中的今天,人们普遍希望独立董事的专业知识能够对改善公司的业绩有直接的帮助。据有关调查,独立董事在我国企业中的职能依次是:提高战略决策水平,维护公司整体利益,加强对管理层的监督,完善公司法人治理结构,而选择维护大股东利益的占 5.1%,维护中小股东利益的占 11.7%。[①] 调查结果显示,与美国独立董

---

① 参见中国企业家调查系统第九次《企业经营者对宏观经济形势与热点问题的判断》调查报告。

事的监督职能定位相比,我国独立董事的首要职能是提高决策水平的作用。

根据以上分析可以认为,可以得到以下研究假说。

假说1:第一大股东董事比例与公司业绩之间存在负相关关系。

假说2:独立董事规模与公司业绩之间存在正相关关系。

第三节 实证研究

国外现有的研究文献并没有就董事会构成与公司业绩之间的关系得到一致的结论。其中主要原因之一被认为是,董事会构成与公司业绩之间存在相互影响。代理理论提供了一个可能的解释,即不良业绩是管理无效的一个表现,因此业绩不佳时管理者有更大的动力使更多的外部董事进入董事会,即业绩不佳导致更多独立董事的进入。董事会构成变量与公司业绩之间的相互影响,对董事会构成与公司业绩之间的相关关系构成影响。2SLS回归提供了一种克服自变量与因变量之间相互影响的研究方法。现有研究中多采用2SLS方法,用来克服公司业绩对董事会构成变量的影响。本部分研究遵从上述思路,由两部分构成:第一部分就独立董事比例、第一大股东董事比例与公司业绩直接进行回归;第二部分利用2SLS方法进行进一步的分析,将股权结构作为影响董事会构成的因素,研究董事会内生性对其与公司业绩之间关系的影响。

一、变量选取与方程建立

现有研究对于公司业绩有不同的度量,分别基于股票市场和财务报表。

第一类变量以企业价值作为股东价值变化的度量。[①] 这类研究首先表明的是股东利益最大化的倾向,同时蕴涵了这样的基本暗示:股东关注股票带来的收益,因此股东价值可以用股票价值表示;股票市场是有效的,因此增加股东价值的行为会影响到股价;股价的提高使得股东获得了额外

---

① 企业价值又有股票价值和现金流量两种度量,现金流量的度量方法需要对未来现金流量、结束残值、风险折现率等关键指标进行估计,具有较大的主观性,因此股票价值基础的度量更加常用。

的收益,因此股东利益得到改善。这里有两个主要的前提:股东的异质性可以忽略不计和资本市场是有效的。英美国家证券市场发达,对于股东利益的强调通常是站在公众股东的立场。一份1995年发表的调查显示,在英国和美国,70%以上的企业经理认为股东利益是第一位的,企业经营的目的就是尽可能地使股东利润最大化;而在法国、德国和日本,80%以上的企业经理认为企业的存在是为所有的利益集团服务的。① 在忽略了股东异质性、承认股票市场有效性的前提下,股票价值是业绩一个合理的度量变量。但是在中国目前的资本市场状况,使得上述两个前提的存在受到极大质疑。

在我国,按照交易性质,股份被分成A股、B股和H股,按照股份性质,股份被进一步划分为国家股、法人股、流通股和内部职工股。不同的股权主体有不同的利益目标,国家股股东常常追求经济收益以外的政治目标,比如就业;法人股股东因为和国家股股东有很多直接或间接的联系,目标既受到政府的影响又有对于经济利益的追求;只有公众股股东具有明显的经济目标。不同的股权结构设置还导致了股东取得所有权和转让所有权的成本有巨大的不同,资本利得收益率也会有很大的差异,股东行为很难具有一致性。② 不同的股权具有不同的流通性,使得股票市值没有真正的含义。除了上述股权设置带来的问题以外,中国资本市场的有效性一直以来受到广泛质疑。综上,因为不能忽略股东异质性和资本市场有效性等问题,采用股票市场基础的业绩度量不合适的。托宾Q值是经济学家托宾提出的企业价值的一个度量,为企业资产的市场价值与重置成本的比值,常常被作为公司价值的度量,因为涉及企业权益市场价值,而我国因为有较大比例的非流通股份,权益市场价值不真实,托宾Q值的适用性受到影响。

实证研究中公司业绩的另一类度量来自财务报表,比如ROA(Fosberg,1989;孙永祥、黄祖辉,1999;张红军,2000;谷祺、于东智,2001),销售增长等(Fosberg,1989)。Bhagat和Black(1997)的研究选用了包括ROA、托宾Q值以及反映企业资产运用状况的一系列指标。孙铮等(2001)选择

---

① 梁能主编:《公司治理结构:中国的实践与美国的经验》,中国人民大学出版社1996年版,第6页。
② 中国股票持有的平均期限只有1—2个月,而在美国是18个月(许小年、王燕,1998年)。可以想见,受到流通性的限制,国家股和法人股股东难以获取股票买卖差价的收益,上述行为只能是公众股东的行为,他们寻求的是短期买卖价差,而不是公司的股利收入和长期增长。

了 EPS、速动比率、总资产周转率、资产负债率、净资产收益率五个指标,运用主成分分析法得到主成分,并按第一主成分作为整体业绩的度量,对上市公司进行排序,得到"好"公司和"坏"公司,进行两组公司之间的比较。考虑到各类业绩指标都是从某个方面表现了企业的经营业绩,而净资产收益率因为比较完整地体现了企业的经营业绩,一直作为主要的业绩指标。

根据上述分析,将与股票价格相关的各类业绩或价值度量用于我国的相关研究,将面临很多问题。为避免变量选择不当对研究的影响,本书选用当年净资产收益率 ROE 作为企业当年的业绩度量。附表 10-1 为本章研究变量表。

为检验董事会构成与企业经营业绩的假说,建立如下方程 10-1:

$$ROE = \beta_0 + \beta_1 INDEPBS + \beta_2 FIRBS + \beta_3 VOL \\ + \beta_4 GRO + \beta_5 DEBT + \beta_6 SIZE + \beta_7 CON + \varepsilon \quad (10\text{-}1)$$

当考虑到股权结构对董事会构成的影响时,董事会构成与企业经营业绩之间的关系可能会有所变化。Agrawal 和 Knoeber(1996)所作的研究显示,当将独立董事比例与公司业绩变量进行单变量回归时,两者之间呈现正相关关系,而考虑到独立董事的内生性并采用 2SLS 方法进行回归后,两者之间出现了显著的负相关关系。① 考虑到我国的特点,董事会构成也会受到公司业绩的影响,但更多影响来自股权结构,因此本书将股权结构作为董事会构成内生性的主要影响因素,采用 2SLS 方法进行进一步的回归。我们建立方程(10-2)、方程(10-3)作为董事会构成变量的估计方程,将估计值代入方程(10-1)进行进一步的回归,研究考虑内生性时董事会构成与公司业绩之间的关系:

$$INDEPBS = \beta_0 + \beta_1 STACTL + \beta_2 CURCTL \\ + \beta_3 SHRES + \varepsilon \quad (10\text{-}2)$$

$$FIRBS = \beta_0 + \beta_1 CORCTL + \beta_2 CURCTL + \beta_3 SHRES + \varepsilon \quad (10\text{-}3)$$

三、研究结果

前面的研究已经就相关变量给出了详细的变量数据描述,本节从相关性分析开始,给出 OLS 回归及 2SLS 回归的研究结果。

---

① 作者认为独立董事比例的内生性来自管理者所有权、外部大股东所有权、机构投资者所有权、CEO 任职年限、资产负债率等的影响。

（一）相关性分析

附表10-2是相关性分析结果。结果初步显示，以当年净资产收益率为度量的公司业绩指标，与当年的独立董事规模变量和第一大股东董事比例变量之间不存在相关关系。

相关分析结果同时显示，业绩指标与五个控制变量之间存在显著相关关系。其中与企业规模、资产负债率、经营变化程度以及企业成长性等四个控制变量的相关关系都在0.01水平上显著，与企业业务集中度变量的相关关系也在0.10水平上显著。

（二）OLS回归结果

附表10-3中列示了方程（10-1）的OLS回归结果，结果与现有的大多数研究一致，不论是单变量的OLS回归还是多元OLS回归，都没有发现第一大股东董事比例和独立董事比例与公司当年ROE之间存在显著的相关关系，假说1和假说2没有得到检验。但是结果显示，独立董事和第一大股东董事对公司业绩有不同的作用方向。

第一大股东董事与公司业绩之间不存在显著的相关关系，可能有以下原因。首先是因为第一大股东董事包括了来自国家股股东单位和其他股东单位的董事，不同股东因为性质、与上市公司关系以及持股比例的不同，对上市公司业绩有不同的影响动机和影响程度，彼此之间可能存在冲突，削弱了对于提高公司业绩的一致作用能力。其次是因为公司业绩与第一大股东董事比例之间可能存在相互影响。比如当业绩不好时，大股东可能出于改善业绩的目的派出更多的董事，也可能任命更多的内部董事以期提高业绩。上述两种行为分别表现为第一大股东董事比例的上升和下降。

独立董事与公司业绩之间不存在显著相关关系，也是因为受到一些因素的影响。首先是独立董事与公司业绩之间的相互影响。可能是由于业绩不好，大股东才希望聘请更多的独立董事，这时独立董事和公司业绩之间应该呈现负向关系；而聘请的独立董事可能的确帮助改善了公司业绩，这时公司业绩与独立董事规模之间应该呈现正向关系。其次，我国独立董事存在的时间并不长，很多上市公司聘请独立董事并不是出于自愿，独立董事对于业绩的改善作用没有得到一致的认同。尽管本书对独立董事规模变量进行了一定的认定限制，以克服法规的强制作用，但是正式法规颁布之前，相关信息就已经可以获得。因此尽管不少公司在正式法规出台之前聘请了一定数量的独立董事,但是这并不代表其看中的是独立董事对于改善公司业绩的作用。最后,本书的业绩变量为当年指标,考虑到独立董事对业绩的改善作用可能需要一定时间,独立董事规模可能与若干年后的业绩指标之间存在相关关系。

(三) 2SLS 回归结果

上述分析中第一大股东董事规模、独立董事规模与公司业绩之间的相互影响,可以利用 2SLS 方法加以克服。利用方程(10-2)和方程(10-3),得到第一大股东董事比例和独立董事比例的估计值,将估计值作为自变量,代入方程(10-1)中,这时公司业绩与董事会构成变量之间的相互影响得到克服。

2SLS 分析结果列示在附表 10-4 中,为方便比较,表中同时列出了 OLS 回归结果。可以看出考虑内生性后,前述 OLS 回归结果的确发生了变化:独立董事比例与 ROE 之间不显著的正相关关系转变为了显著的负相关关系,而第一大股东董事与 ROE 之间的不显著的负相关关系,在 2SLS 回归中没有发生变化。

本 章 小 结

本章研究公司业绩与董事会构成之间的关系,后者具体包括第一大股东董事比例和独立董事比例。OLS 回归显示上述两个董事会构成变量与公司业绩之间都不具有显著的关系,这与现有的研究结果是一致的。

因为公司决策与内部监督机构的构成与公司业绩之间存在相互影响,单纯的 OLS 回归可能导致不真实的结果。为此本书利用 2SLS 回归方法进行进一步的研究,以克服自变量与因变量之间的相互影响。2SLS 回归结果显示,克服构成变量与公司业绩之间的相互影响后,第一大股东董事比例与公司业绩之间仍然不具有显著关系,独立董事规模与公司业绩之间呈现显著的负相关关系,即在现有情况下,独立董事没有起到改善公司业绩的作用。

前面的研究成果已经显示,独立董事受到大股东的控制和影响。本节的结果进一步显示,这种影响对公司业绩产生了不利的影响。这似乎表明,现有股权结构下独立董事不能有效地履行职能,以对公司业绩的改善起到应有的推动作用。第一大股东董事代表了第一大股东的利益要求,其对非共享收益的追求对公司业绩产生了不利影响,表现为第一大股东董事与公司业绩之间呈负向相关关系。

本章附表

附表 10-1　研究变量表

变量名称	变量缩写	变量度量方式
独立董事规模	INDEPBS	不在上市公司领薪且 2001 年 7 月 31 日前开始任职的独立董事人数
第一大股东董事比例	FIRBS	在第一大股东单位任职的董事人数/董事会人数
国家股大股东	STACTL	哑变量,第一大股东为国家股持有者时为 1,否则为 0
法人股大股东	CORCTL	哑变量,第一大股东为法人股持有者时为 1,否则为 0
流通股大股东	CURCTL	哑变量,第一大股东为流通股持有者时为 1,否则为 0
股权制衡度	SHRES	第二至第五大股东持股比例和/第一大股东持股比例
业绩指标	ROE	年报中披露的净资产收益率
经营变化程度	VOL	(│2001 年利润总额 − 2000 年利润总额│ + │2000 年利润总额 − 1999 年利润总额│)/2
企业成长性	GRO	(2001 年资产总值 − 1999 年资产总值)/2
业务集中度	CON	2001 年主营业务利润总额/利润总额
资产负债率	DEBT	年报中披露的资产负债率
企业规模	SIZE	LN(资产总值)

附表 10-2　Pearson 相关系数分析结果

	净资产收益率 ROE	第一大股东董事比例 FIRBS	独立董事规模 INDEPBS	业务集中度 CON	企业规模 SIZE	资产负债率 DEBT	变化程度 VOL
第一大股东董事比例 FIRBS	-0.006 (0.899)	1.000					
独立董事规模 INDEPBS	0.021 (0.631)	-0.113** (0.025)	1.000				
业务集中度 CON	0.081 (0.066)	-0.102* (0.045)	-0.022 (0.620)	1.000			
企业规模 SIZE	0.140** (0.001)	0.191** (0.000)	0.102* (0.020)	-0.076 (0.087)	1.000		
资产负债率 DEBT	-0.242** (0.000)	-0.124* (0.014)	0.027 (0.548)	-0.106* (0.017)	-0.175** (0.000)	1.000	
变化程度 VOL	0.581** (0.000)	0.058 (0.254)	0.004 (0.922)	0.101* (0.022)	0.120** (0.006)	-0.149** (0.001)	1.000
成长性 GRO	0.194** (0.000)	-0.026 (0.613)	0.075 (0.088)	0.192** (0.000)	0.268** (0.000)	-0.224** (0.000)	0.187** (0.000)

注：(1) * $P<0.05$,双尾；** $P<0.01$,双尾。(2) 变量定义详见附表 9-1。

附表 10-3　假说 1 与假说 2 的 OLS 回归结果

解释变量			OLS 结果		
Constant	-6.440 (-1.003)	-70.178 (-0.659)	0.255 (0.078)	-73.095 (-0.687)	-70.344 (-0.660)
INDEPBS	64.392 (1.140)	90.209 (0.671)			26.897 (0.594)
FIRBS			-7.510 (-0.293)	-11.143 (-0.554)	-9.170 (-0.449)
VOL		0.0323 (15.703^a)		0.0323 (15.712^a)	0.0323 (15.685^a)
GRO		0.148 (0.0876)		0.163 (0.973)	0.151 (0.892)
CON		-0.0204 (-0.070)		-0.0265 (-0.091)	-0.0225 (-0.071)
DEBT		0.369 (3.999^a)		0.372 (4.044^a)	0.366 (3.949^a)
SIZE		2.641 (0.526)		3.076 (0.612)	2.853 (0.566)
R^2	0.003	0.406	0.001	0.406	0.407
Adj-R^2	—	0.397	—	0.397	0.396

注：(1) FIRBS = 在第一大股东单位任职的董事人数/董事会人数；(2) 其他与表 8-8 同。

附表 10-4　董事会构成与业绩的 2SLS 回归结果

解释变量	OLS 结果					2SLS 结果	
Constant	-6.440	-70.178	0.255	-73.095	-70.344	-72.471	147.49
	(-1.003)	(-0.659)	(0.078)	(-0.687)	(-0.660)	(-0.324)	(-0.925)
INDEPBS	64.392	90.209			26.897	-860.53	
	(1.140)	(0.671)			(0.594)	(-1.765^c)	
FIRBS			-7.510	-11.143	-9.170		-124.84
			(-0.293)	(-0.554)	(-0.449)		(-1.220)
VOL		0.0323		0.0323	0.0323	0.0331	0.033
		(15.703^a)		(15.712^a)	(15.685^a)	(11.124^a)	(7.229^a)
GRO		0.148		0.163	0.151	0.551	0.176
		(0.0876)		(0.973)	(0.892)	(0.598)	(0.109)
CON		-0.0204		-0.0265	-0.0225	-0.131	-0.489
		(-0.070)		(-0.091)	(-0.071)	(-0.311)	(-0.161)
DEBT		0.369		0.372	0.366	0.602	0.322
		(3.999^a)		(4.044^a)	(3.949^a)	(3.098^a)	(3.046^a)
SIZE		2.641		3.076	2.853	5.530	5.530
		(0.526)		(0.612)	(0.566)	(0.973)	(0.973)
R^2	0.003	0.406	0.001	0.406	0.407	0.255	0.135
Adj-R^2	—	0.397	—	0.397	0.396	0.243	0.121

注:(1) REBS = 在股东单位任职董事人数;(2) 其他与表 8-8 同。

第十一章

股东之间利益冲突与会计盈余信息含量

会计学的研究深受经济学研究成果的影响。当经济学在"公司两权分离"命题的指导下将"股东—经理人"之间的矛盾列为主要研究问题时,会计研究也步入了这样的轨道。

第一节 股东之间利益冲突与会计理论

一、会计信息在资本市场上的作用

会计信息作为对管理者进行控制的指标,由 Gjesdal(1981)将解决经理人员和股东之间的矛盾这类研究引入到了会计研究领域中。他第一个指出了会计信息不但为投资者做出投资决策有帮助(decision-making demand),同时对投资者控制他们自己选择的管理者也非常有用(stewardship demand)。这以后有不少相关的文献出现。[①] 以下简要提及几篇重要的文章。

Jensen 和 Murphy(1990)利用《福布斯》1974—1986 年间的混合横截面数据,研究 CEO 薪水加奖金与股东财富的变化以及与核心会计盈余的变化的关系,他们的研究发现了其中具有正的显著关系,也就是说,"业绩—报酬比率"对会计盈余的敏感性和对股东财富的敏感性是大体匹配的。

[①] Bushman, R. M, and Smith, A. J, 2001, Financial accounting information and corporate governance, *Journal of Accounting and Economics* 32, pp. 237—333. 这篇文章中综述了这个话题的大量文献。

Lambert 和 Larker（1987）利用《福布斯》1970—1984 年数据的研究发现，会计盈余在 CEO 的激励补偿计划中的作用有下降的趋势。

DeAngelo（1988）研究了会计信息在代理争斗中的作用。她用证据说明，外部分散的股东通常用会计盈余而不是股价来指责管理当局的低效率，而管理当局会利用会计准则许可的选择权来反映自己的业绩。DeAngelo 认为，在代理争斗中会计信息比股价更能反映管理当局的业绩，因为股价主要反映的是企业的未来。

这样一来，财务会计信息在资本市场上的基本作用一般认为就应该有两个：一是投资者或潜在的投资者、债权人等利用财务会计信息评估上市公司的市场价值和偿债能力，为其投资、信贷决策服务；二是股东或股东代表利用财务会计信息对经理人员进行业绩评价、行为诱导，激励管理者努力工作，减少道德风险。这两者产生的来源是所有权与经营权的分离。但对第一个作用是最佳的财务会计信息不一定对第二个作用是最佳的，因此，Scott（1999）认为，财务会计理论的基本问题就是如何协调财务会计信息的这两种不同作用。

财务会计信息的作用也决定了财务会计信息披露的内容。作为价值评估进而影响投资决策的第一种作用，引发了会计界关于历史成本会计和公允价值、现值会计等问题的争论；作为激励机制的第二种作用，有了会计政策选择、盈余管理等相关话题的研究。但有意思的是，实证研究的结果表明，这两种作用的"市场份额"是越来越小了。Brown 等（1999）的研究发现，从 1958—1996 年将近四十年的时间里，美国资本市场上财务会计信息的价值相关性（即财务会计信息对股价的解释能力）呈下降的趋势。Canibano 等（2002）发现在西欧市场也有同样的证据支持这一论点。从 Lambert 和 Larker（1987）开始，不断有人发现财务会计信息在高级管理人员的激励合同中的地位也在被削弱。在美国，高级管理人员的激励一般大致由三部分组成：薪金（约占 21%）、年度奖金（约占 27%）和期权计划（约占 52%）。[①]薪金一般是固定的，期权计划与股价联系在一起，只有年度奖金一般是由财务会计信息决定的。但随着年度业绩考评中加入了非财务信息，财务会计信息的"份额"进一步被压缩。但令人不解的是，世界各国却都在强调增强财务会计信息透明度（transparency）的重要性，特别是在受到金融危

---

① 资料来源：卡普兰、阿特金森著，吕长江主译：《高级管理会计》，东北财经大学出版社 1999 年版，第 694 页。

机或财务丑闻等事件影响的时候。这个像"谜"一样的现象说明了什么？财务会计信息是不是还有什么其他重要的作用没有被发掘出来？

我们认为，财务会计信息有一个非常重要的作用没有引起人们足够的重视，那就是它可以减少投资者之间的信息不对称，从而有效地降低集体决策成本。由此，财务会计信息在资本市场上的作用应该是三个，而不是人们通常认为的是两个。Bushman 等（2002）用图 11-1 说明财务会计信息的上述三种作用。

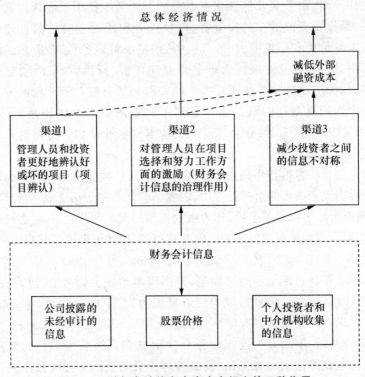

图 11-1　财务会计信息在资本市场上的三种作用

已有的实证研究表明，减少股东之间的信息不对称有利于减少股东的流动性风险。Amihud 和 Mendelson（2000）指出，公司股票的流动性影响公司的资本成本。流动性的主要组成部分是逆向选择成本，外在表现为买卖价差和市场的冲量（momentum）成本。公司事前对高质量财务会计信息及时披露的承诺，会减少处于信息劣势的投资者与具有信息优势的投资者在交易中损失的风险，因此吸引更多的资金进入资本市场，进而减少投资者的流动性风险(Diamond and Verrecchia, 1991; Leuz and Verrecchia, 2000)。一个流动性风险低的资本市场,有利于上市公司从事长期的、高投资回报的投资,包括技术创新,从而促进总体经济的增长。

一旦社会普遍认识到财务会计信息具有减低集体决策成本的作用,对财务会计信息应该披露的内容和侧重点就有了与以前不同的认识。在中国,由于控股股东主要通过关联交易、资产重组、非货币性交易等业务来从事掏空和扶持行为,而这种现象已经造成了严重的后果——中国资本市场吸引力的缺乏,即严重的流动性风险,因此,财务会计信息的披露重点之一是应该反映股东之间利益冲突——包括掏空和扶持行为。实际上,尽管人们在理论上还没有认清这一点,实务上已经开始这么做了。一个事实是,1992年财政部颁布《企业会计准则》以后,到1997年初一直没有具体准则出台。1997年初的"琼民源"事件后,财政部颁布的第一个具体会计准则是《关联方关系及其交易的披露》。以后又陆续披露了《债务重组》、《投资》、《非货币性交易》等一系列具体财务会计准则,这些准则的实施有助于降低集体决策成本。

二、会计准则的制定

财务会计信息具有降低集体决策成本的作用,我们可以通过观察会计准则的制定得到启示。由于股东之间利益的不一致,导致他们对财务会计信息的需求也不一致。在市场不完美的情况下,例如存在信息不对称的情况下,即使被控股股东控制了的经理人员提供信息以达到公司价值最大化为目标,其他中小股东和上市公司在信息生产的类型和数量上也绝不会达成一致意见。这意味着,中小股东在被控股股东的信息决策挫败后,可能求助于中心权力机构制定准则。因此,新准则的制定既要考虑决策有用性,又要顾及"经济后果",还要有助于减少股东之间的信息不对称,这就使会计准则的制定带上了政治色彩。实际上,准则制定者必须促成足够牢固的一致意见,才会使不喜欢新准则的利益集团依然会接受它,这就是Zeff(1978)所说到的"微妙的平衡"。Zeff(1978)认为以前财务会计信息对经理人员的"经济后果"没有给予足够的重视,而我们认为现在应该是同样认真地重视财务会计信息在减少股东之间利益冲突上的作用的时候了。

三、相关实证研究综述

经济学对股东之间利益冲突的研究必然要反映到会计研究的领域中

来。La Porta 等(1998)调查了非洲、亚洲、澳洲、欧洲、南美洲和北美洲的 49 个国家,把会计制度的质量作为一项法律对少数股权的保护措施来研究。他们用 CIFAR 指数作为会计质量的指标,得出股权集中度与 CIFAR 指标和法律对少数股东保护的指标同时是负相关的结论。Ball 等(2000)认为,普通法系的国家企业的会计盈余比成文法系的国家企业的会计盈余更有及时性(timeliness)。Fan 和 Wong (2003)研究了 7 个东南亚国家 977 个公司的股权结构和会计盈利的信息量(informativeness)的关系。研究表明:通过金字塔和交叉持股的方式形成的集中股权与少数股权产生了利益冲突,这种利益冲突导致少数股东不相信控股股东的会计盈利报告,而控股股东也不希望寻租活动泄露,这两个方面的原因致使会计盈利报告的信息量不多。

关于股东之间的利益冲突对会计盈余的影响,在我国还研究得很少。刘军霞(2002)研究了会计盈余和公司治理之间的关系,注意到,同时在内地和香港上市的公司,在两地的会计准则差异逐步缩小的情况下,公司年度报告的盈利仍然存在差异,且各个上市公司之间的这种差异不一样大。研究发现:董事会中独立非执行董事比例越高、境内外审计师均为国际"五大"的 A、H 股公司的净利润披露差异越小。关于其他公司治理特征,董事长与 CEO 两职分任、董事会开会次数较多以及同时在美国发行存托凭证(ADR)的公司,净利润披露差异较小,但是内部董事持股比例较高与国有股、法人股比例较高的公司,净利润披露差异较大。

第二节 会计盈余和股票收益

一、会计盈余的信息量

根据 Ball 等(2000)的定义,会计盈余的信息含量是指会计盈余反映上市公司经济盈余的多少。[①] 经济盈余一定是被股票的市场价格决定的"量",揭示的是市场对上市公司"真实"经营情况的认知。而会计盈余则

---

① Scott(1999)认为:"实质上,只有当信息能改变投资者的信念和行为时,它才是有用的信息。而且信息的有用程度可以通过其公布后所导致的价格变化程度来衡量。"他进一步指出:"这种把有用性等同于信息量,被称之为财务报告的信息观。"显然,Scott(1999)的定义与我们这里所说会计盈余的信息量是不同的概念。

是上市公司自己在年度报告中披露的盈利数据。

研究会计盈余的信息量问题不能仅简单地研究会计准则。Ball 等(2000)认为:

1. 大多数的会计实务都不是被会计准则决定的,因为实务比准则更具体;准则滞后于实务的创新;公司不会一成不变地执行准则。

2. 即使会计实务被会计准则所决定,遵守会计准则的情况依赖于各国对违规的处罚,而各国的处罚力度相差甚远,因此在国际会计的文献中研究会计准则本质上是不完全的,并存在潜在误导的可能性。

3. 影响财务报告数据的不但有会计准则,而且还有管理者的经营、融资和投资决策,譬如,在不景气的年度,管理者为了平滑利润,可以递延自主决定的费用(如 R&D 等)。

本章研究股东之间利益冲突对会计盈余信息量的影响。研究分两个步骤:本节首先研究会计盈余和股票收益的关系,其实质是要考察在中国的股票市场上会计盈余是否具有信息量。接着在下节的研究中把股东之间利益冲突因素考虑进去,看这些因素如何影响会计盈余的信息量。

二、研究假说

本研究中股票收益和会计报告期是同步的,即将同一个时段的股票收益和会计盈余进行 OLS 回归。为了避开上年会计盈余对股票收益的影响,我们将股票收益的初始时点选择为上年年度报告法定最后公布时间的一个月以后。

假说 1:在中国的股票市场上,会计盈余具有信息量。即会计盈余与股票收益是显著正相关的。

三、模型

Ball 等(2000)考察了 Basu(1997)研究会计稳健性时用的一个方程:

$$NI_{it} = \beta_{0j} + \beta_{1j}RD_{it} + \beta_{2j}R_{it} + \beta_{3j}R_{it}RD_{it} + \varepsilon_{it} \qquad (11\text{-}1)$$

其中 NI_{it} 是上市公司 t 年度的每股净利润除以年初股价($t-1$ 年度 5 月末的股票收盘价),即 EPS_t/P_{t-1}。

R_{it} 是年度的累计股票收益率,$R_{it} = \prod_{i=-6}^{5}(1+ERT_i)-1$。

(ERT_i 表示第 i 月的股票收益率,其中 ERT_{-6} 是从 $t-1$ 年度 6 月份的股票收益率,而 ERT_5 是则是 t 年度 5 月份的股票收益率。)

RD_{it} 是一个哑变量。当 $R_{it} \geqq 0$ 时,$RD_{it} = 1$;当 $R_{it} < 0$ 时,$RD_{it} = 0$。

方程(11-1)主要是说明股票市场上对"好消息"($R_{it} \geqq 0$)或"坏消息"($R_{it} < 0$)的反应情况,研究问题的因果关系和本文恰好相反,这里不予考虑。

Ball 等(2000)还提到方程(11-1)的一个逆方程:

$$R_{it} = \beta_{0j} + \beta_{1j}NI_{it} + \beta_{2j}\Delta NI_{it} + \varepsilon_{it} \qquad (11-2)$$

$$\Delta NI_{it} = EPS_t/P_t - EPS_{t-1}/P_{t-1}$$

在方程(11-2)中,会计盈余 NI_{it} 是解释变量,年度累计股票收益率 R_{it} 是因变量,与本研究相符,但方程(11-2)显得复杂了一些,把 ΔNI_{it} 放入公式中,刻画的关系虽然更准确,但对下一步把股东之间利益冲突考虑进来后的研究却不利。因此,本研究采用一个比方程(11-2)更简化的模型:

$$R_{it} = \beta_{0j} + \beta_{1j}NI_{it} + \varepsilon_{it} \qquad (11-3)$$

这样简化是有先例的。Fan 和 Wong(2003)在研究东南亚的相似问题时,就使用过公式(11-3)。

四、变量和数据

与上面一样,R_{it} 是年累计股票收益率,$R_{it} = \prod_{i=-6}^{5}(1 + ERT_i) - 1$,$ERT_i$ 表示第 i 月的股票收益率,其中 ERT_{-6} 表示 $t-1$ 年度 6 月份的股票收益率,而 ERT_5 是则是 t 年度 5 月份的股票收益率。根据这个定义,R_{it} 完全是被市场决定的一个数据。而之所以将时间选择为 $t-1$ 年度 6 月份到 t 年度 5 月份,这是因为上市公司年度报告是在年度结束的四个月内公告,为了避免将以前年度的盈余信息包含在当年的股票收益中,才将 $t-1$ 年度 6 月份到 t 年度 5 月份这段期间的购买并持有(buy-and-hold)收益率作为当期会计盈余对股价影响的替代变量。附表 11-1 列示了本章研究的主要变量。

本研究选择深、沪两市 2002 年的数据。因为中国上市公司从 2001 年起不再采用《股份制企业会计制度》,而启用《企业会计制度》,2000 年为准备年,2001 年为首次实施年。新会计制度的实施,使上市公司的会计数据发生了"突变",会计盈余和股票收益之间的关系发生扭曲。附表 11-2 是 2000—2002 年沪、深市场的描述性统计量。

从附表 11-2 可知,平均地讲,沪市 2001 年的每股收益(摊薄净利润)比 2000 年的相应数据减少了 53.76%,深市这一数据减少了 82.24%,因此会计数据因为实施新的《企业会计制度》而发生了突变。

五、OLS 回归结果

回归结果见附表 11-3，采用 SPSS10.0 进行计算。

从附表 11-3 可知，应用 2001 年深沪两市的数据的回归中，会计盈余变量的系数都不显著，应用深市 2001 的数据的回归中得出的调整的 R^2 是负数。应用 2000 年的数据的回归结果虽然符合公式(11-3)，截距项、会计盈余项都是显著的，但截距项的符号是正数，与 Fan 和 Wong（2003）的观察不符，可能上市公司为了来年实施新《企业会计制度》，采取了清产核资、清理往来账、清理"潜亏"等措施，导致会计盈余有了"异动"。为了剔除特殊事件的影响，我们将 2002 年作为研究样本。但 2000 年、2002 年的数据表明，假说 1 是成立的。

第三节 实证研究

按照 Ball 等（2000）的说法，会计盈余的信息量是指当期的会计盈余反映当期经济盈余的多少。当期会计盈余包含企业当期的经济盈余越多，说明会计盈余的信息量越高，反之则说明会计盈余的信息量越低。

一般认为会计盈余是经济盈余的滞后反映，如控股股东刚开始掏空或扶持上市公司时，譬如剥夺或送给上市公司的投资机会等，会计数据可能还无法立即反映出来；还有，虽然目前的会计制度允许计提"八项准备"，但除了坏账准备有一些客观的标准以外，其他各项计提并没有客观的标准，有掏空行为的上市公司可能不愿暴露那些减值的应收款项、长期投资等，而会计准则中不准反映增值的资产（譬如土地使用权等）也可能造成盈余信息的滞后。最后是会计的配比原则。现在的"配比原则"使企业对内投资，譬如职工培训、研究开发费用（R&D）的一部分等都被费用化，没有形成资产，也导致会计盈余与经济盈余的背离。但这种滞后的反映速度在不同的企业里是不一样的。我们要研究的是我们关心的变量——表示股东之间利益冲突的变量与会计盈余信息量之间的关系。

一、研究假说和模型

不少研究文献认为，控股股东的行为决定会计盈余信息量。在股权集中的股票市场上：

1. 控股股东的掏空行为使得会计盈余信息量不高。一方面是掏空行为不能马上反映到会计数据上来，如剥夺或送给上市公司的投资机会等；另一方面小股东也不相信公司的财务报告，从而导致交投清谈。

2. 信息的不透明是公司一个蓄意的战略，一方面可以防止将私有信息泄露给竞争者，另一方面可以避免公司所不希望的政治或社会监督。

Jensen 和 Meckling（1992），Christie、Joye 和 Watts（2002）认为，拥有私有知识和特殊人力资源的企业倾向于股权集中。Morck（1996）认为，有两个理由促使股权集中的公司比股权分散的公司更愿意从事政治游说活动：一个理由是决策权的集中使公司的经营处于比较神秘的状态。政治家需要神秘是为了保住廉洁的声誉，公司的经营活动也需要神秘，是不想鼓励竞争者的进入。另一个理由是与股权分散的公司雇用管理者来控制公司所不同的是，股权集中的公司希望能确保控制者的地位稳定，从而有利于与政府官员做交易。为了更好地和政府官员做交易，控股股东会紧紧地控制通向公众的信息流，由此降低了公司的透明度。在这样一个商业环境里，控股股东和小股东都会尽量少地将会计信息传送到公众之中，会计盈余的信息量大大降低。

在中国目前的商业环境中，上市公司一般都与政府保持密切的联系。具有国有股背景的企业自不必说，就是民营企业，甚至外资企业，也和政府有许多"默契"。这一点与东南亚家族企业的情况有些类似。因此有

假说 2：控股股东控制能力的强弱与会计盈余信息量的大小负相关。

假说 3：实际控制人的性质与会计盈余信息量的大小无关。

借鉴 Fan 和 Wong（2003）的研究，本章采用如下模型：

$$R_{it} = \beta_{0j} + \beta_{1j}\text{NI}_{it} + \beta_{2j}\text{ZINDEX}_{it} + \beta_{3j}\text{ULT}_{it}$$
$$+ \beta_{4j}\text{TQ}_{it} + \beta_{5j}\text{LEV}_{it} + \beta_{6j}\text{TAS}_{it} + \varepsilon_{it} \qquad (11\text{-}4)$$

二、变量和数据

首先定义研究变量。见附表 11-4 的研究变量表。

数据是 2002 年深沪两市的数据，为了剔除极端数据的影响，我们分别对因变量——年累计收益率（考虑分红）和解释变量——会计盈余进行升序排列，再分别去掉最大和最小的 1% 的样本，最终得到 921 个观察值。

三、OLS 回归结果

研究变量的描述性统计量见附表 11-5。

OLS 回归的结果见附表 11-6。

从附表 11-6 可知,解释变量 Z INDEX 的回归系数是负数,在 1% 的水平上显著。而解释变量 ULT 的回归系数是负数,但是不显著。因此,假说 2 和假说 3 是成立的。

附表 11-6 发现模型存在多重共线性,这是本模型的不足。我们将在下面的敏感性分析中考虑如何解决这个问题。为了检验异方差问题,我们用 Stata 软件做布罗斯—帕甘检验①,没有发现方程(11-4)有异方差。

四、敏感性分析

将上述关系中的 Z INDEX 用 H2_10 INDEX 代替,得到类似的结论。附表 11-7 是 OLS 回归结果(H2_10 INDEX 的定义是第二到第十大股东的 Herfindal 指数的对数乘以 NI_{it})。

从附表 11-7 中可知,用 H2_10 INDEX 代替 Z INDEX 后,其回归系数是负数,而且在 10% 的水平上显著。调整的 R^2 等于 0.067。ULT 变量回归系数为负,依然不显著。假说 2、假说 3 成立。

上述分析的一个严重不足是变量 NI_{it} 的 VIF 值超过了多重共线性判断标准的临界值 10。我们分析,导致这种情况的原因是模型中包括了不显著的解释变量 ULT。下面我们将解释变量 ULT 从模型中去掉,再做 OLS 回归,结果见附表 11-8 和附表 11-9。

从附表 11-8、附表 11-9 可知,将不显著的解释变量 ULT 从模型中去掉后,整个模型的拟合度(调整的 R^2)有所提高,同时各个变量的 VIF 值都在临界值 10 以内,多重共线性的问题得以解决,各个解释变量的符号和显著性没有实质性的改变。

我们也尝试将控股股东的持股比例乘以会计盈余后作为解释变量纳入模型,但这个变量和变量 NI_{it} 的相关性太大,将产生严重的多重共线性问题;同时在模型中它的符号虽然为负,但并不显著。由此我们认为,是控

---

① 输出结果如下:Breusch-Pagan/Cook-Weisberg test for heteroskedasticity
H0: Constant variance
Variables: fitted values of car
chi2(1) = 0.15
Prob > chi2 = 0.6970
一般认为 Prob > chi2 超过 0.1,就不能拒绝 H0。

股股东相对控制能力的强弱在会计盈余信息量这个问题上起关键作用:控股股东相对控制能力越强,会计盈余信息量越少。

本 章 小 结

会计学的研究必然受到经济学研究的影响。在会计理论上,把股东之间利益冲突考虑进来,首先是对会计的目标形成了冲击。除了"决策有用观"和"受托责任观",还应该加上一条"利益协调观"。有了利益协调观以后,给会计信息披露、会计控制目标等一系列问题都带来崭新的视角,为会计研究开辟了新的天地。

关于会计信息的产权理论应该说是刚刚兴起,这方面的实证研究文献不多。而研究股东之间利益冲突对会计信息影响的文献更是太少。这说明本章研究的内容可能是很初步的。本章的实证研究主要是关于股东之间利益冲突和会计盈余信息量之间的关系。主要解释变量借鉴了第四章的内容,因变量是股票的年累计收益率。研究结果表明,实际控制人的类别和控股股东的直接控制力与会计盈余信息量没有显著的关系,而表示控股股东相对控制力的替代变量——Z 指数和 H2_10 指数都分别与会计盈余信息量显著相关:控股股东相对控制力越强,会计盈余信息量越少;反之,其他中小股东的力量越大,会计盈余信息量越多。这个研究结果启示我们,在会计盈余信息量这个问题上,控股股东相对控制力起到了关键的作用。

把本章、第四章的实证结论和第二、三章的理论分析结合起来,我们是否可以得出一个有趣的结论:虽然股东的异质性是股东之间利益冲突的主要根源,但抑制这种冲突对公司造成严重伤害的手段却是适度借助这种利益冲突——公司中存在若干个力量对比相差不大的主要大股东,不时由于利益不同而产生意见分歧,这样的情况反而有助于提高公司的价值和增强会计盈余的信息量? 作出这样的结论需要十分小心。我们这里所说的要降低控股股东的相对控制能力,是在控股股东的相对控制能力太强、能有力控制管理者的情况下得出的结论。一旦控股股东的相对控制能力大大被削弱,这时应警惕代理成本的提高,防止"消长效应"的出现。

本章附表

附表 11-1　研究变量表

变量名称	变量缩写	变量度量方式
年累计收益率（考虑分红）	R_{it}	$R_{it} = \prod_{i=-6}^{5}(1+\text{ERT}_i) - 1$ ERT_i 表示第 i 月的股票收益率，其中 ERT_{-6} 是从 $t-1$ 年度 6 月份的股票收益率，而 ERT_5 是则是 t 年度 5 月份的股票收益率。
会计盈余	NI_{it}	$\text{NI}_{it} = \text{EPS}_t / P_{t-1}$ t 年度的每股净利润除以年初股价（$t-1$ 年度 5 月末的股票收盘价）

注：NI_{it} 以 EPS_t/P_{t-1} 计算，除以年初股价的主要作用是为了消除异方差。

附表 11-2　2000—2002 年沪、深市场的描述性统计量

变量名称	交易所	年度	均值	标准差	N
年累计收益率 R_{it}（考虑分红）	上海	2000	0.64722984243	0.54493156142	409
每股收益（摊薄净利润）/1999 年 5 月底的收盘价			1.6915688139E-02	2.6290686141E-02	409
年累计收益率 R_{it}（考虑分红）	上海	2001	0.245962326	0.339155501	455
每股收益（摊薄净利润）/2000 年 5 月底的收盘价			7.82102706E-03	2.04252262E-02	455
年累计收益率 R_{it}（考虑分红）	上海	2002	−0.306633168	0.121003223	558
每股收益（摊薄净利润）/1999 年 5 月底的收盘价			6.31866467E-03	2.07539347E-02	558
年累计收益率 R_{it}（考虑分红）	深圳	2000	0.668752398	0.594543072	387
每股收益（摊薄净利润）/1999 年 5 月底的收盘价			1.42190704E-02	3.60086088E-02	387
年累计收益率 R_{it}（考虑分红）	深圳	2001	0.196067839	0.277640374	441
每股收益（摊薄净利润）/2000 年 5 月底的收盘价			2.52463067E-03	3.44136931E-02	441
年累计收益率 R_{it}（考虑分红）	深圳	2002	−0.316509550	0.129102796	463
每股收益（摊薄净利润）/2000 年 5 月底的收盘价			4.87504720E-03	2.19681352E-02	463

附表 11-3　2000—2002 年沪、深市场盈余—收益 OLS 回归结果

	交易所	年度	R_{it}	VIF
(Constant)	上海	2000	0.588 *** (18.592)	
NI_t			3.495 *** (3.452)	1.000
调整的 R^2			0.026	
(Constant)	上海	2001	0.253 *** (14.864)	
NI_t			−0.900 (−1.156)	1.000
调整的 R^2			0.001	
(Constant)	上海	2002	−0.315 *** (−60.606)	
NI_t			1.393 *** (5.800)	1.000
调整的 R^2			0.055	
(Constant)	深圳	2000	0.627 *** (19.586)	
NI_t			2.909 *** (3.513)	1.000
调整的 R^2			0.029	
(Constant)	深圳	2001	0.196 *** (14.789)	
NI_t			−7.651E−02 (−0.199)	1.000
调整的 R^2			−0.002	
(Constant)	深圳	2002	−.324 *** (−54.520)	
NI_t			1.526 *** (5.773)	1.000
调整的 R^2			0.065	

注：(1) 回归方程为 $R_{it} = \alpha_0 + \alpha_1 NI_t + \varepsilon$；
(2) 表中报告了回归方程的估计系数、t-统计量（括号内）和调整的 R^2 的值；
(3) *、**、*** 分别表示在 10%、5%、1% 的水平显著。

附表 11-4　研究变量表

变量类型	变量名称	变量缩写	变量度量方式
因变量	年累计收益率（考虑分红）	R_{it}	$R_{it} = \prod_{i=-6}^{5}(1+\mathrm{ERT}_i) - 1$ ERT_i 表示第 i 月的股票收益率，其中 ERT_{-6} 是从 $t-1$ 年度 6 月份的股票收益率，而 ERT_5 是则是 t 年度 5 月份的股票收益率。
解释变量	会计盈余	NI_{it}	$\mathrm{NI}_{it} = \mathrm{EPS}_t / P_{t-1}$ t 年度的每股净利润除以年初股价（$t-1$ 年度 5 月末的股票收盘价）
解释变量	实际控制人哑变量乘以会计盈余	ULT	实际控制人哑变量乘以 NI_{it}
解释变量	Z 指数乘以会计盈余	Z INDEX	Z 指数乘以 NI_{it}
解释变量	资产负债率乘以会计盈余	LEV	资产负债率乘以 NI_{it}
解释变量	总资产乘以会计盈余	TAS	总资产乘以 NI_{it}
解释变量	TQ（非流通部分按市场价值计算）乘以会计盈余	TQ	TQ（非流通部分按市场价值计算）乘以 NI_{it}

附表 11-5　2002 年研究变量的描述性统计量

	均值	标准差	N
R_{it}	-0.30958006143	0.12370778976	921
NI_{it}	6.0126387540E-03	2.1108373036E-02	921
ULT	5.8289212671E-03	1.9233498236E-02	921
Z INDEX	0.25515783992	3.02393584795	921
LEV	1.0792400913E-03	1.8896919314E-02	921
TAS	26 619 570.79748666	82 392 290.7201271	921
TQ	6.9533054756E-03	5.5591038466E-02	921

附表 11-6　OLS 回归的结果

	R_{it}	VIF
NI_{it}	-1.281* (-3.631)	12.785
ULT	-0.441 (-0.820)	6.938
Z INDEX	-4.111E-03*** (-2.576)	1.508
LEV	-0.814** (-2.040)	3.689
TAS	1.647E-10** (2.528)	1.869
TQ	0.463*** (2.795)	5.495
INTERCEPT	-0.320*** (-74.976)	
观察个数	921	
调整的 R^2	0.072	

注：(1) *、**、*** 分别表示在 10%、5%、1% 的水平显著；
(2) 回归方程为 $R_{it} = \beta_{0j} + \beta_{1j}NI_{it} + \beta_{2j}ULT_{it} + \beta_{3j}ZINDEX_{it} + \beta_{4j}TQ_{it} + \beta_{5j}LEV_{it} + \beta_{6j}TAS_{it} + \varepsilon_{it}$；
(3) 表中报告了回归方程的估计系数、t-统计量（括号内）和调整的 R^2 的值。

附表 11-7　敏感性分析的 OLS 回归结果（1）

	R_{it}	VIF
NI_{it}	1.789** (2.263)	17.821
ULT	-0.258 (-0.472)	7.143
H2_10 INDEX	0.121* (1.784)	6.244
LEV	-0.717* (-1.809)	3.599
TAS	1.546E-10** (2.375)	1.853
TQ	0.358** (2.276)	4.895
INTERCEPT	-0.320*** (-74.532)	
观察个数	917	
调整的 R^2	0.067	

注：(1) *、**、*** 分别表示在 10%、5%、1% 的水平显著；
(2) 回归方程为 $R_{it} = \beta_{0j} + \beta_{1j}NI_{it} + \beta_{2j}ULT_{it} + \beta_{3j}H2\_10INDEX_{it} + \beta_{4j}TQ_{it} + \beta_{5j}LEV_{it} + \beta_{6j}TAS_{it} + \varepsilon_{it}$；
(3) 表中报告了回归方程的估计系数、t-统计量（括号内）和调整的 R^2 的值。

附表 11-8　敏感性分析的 OLS 回归结果（2）

	R_{it}	VIF
NI_{it}	0.864**	5.313
	(2.015)	
Z INDEX	-4.002E-03**	1.498
	(-2.518)	
观察个数	921	
调整的 R^2	0.072	

注：(1) 回归方程中全部解释变量在计算时都包括进去了，除了 NI_{it}、Z INDEX 以外，其他解释变量这里没有报告；
(2) 回归方程为 $R_{it} = \beta_{0j} + \beta_{1j}NI_{it} + \beta_{2j}Z\ INDEX_{it} + \beta_{3j}TQ_{it} + \beta_{4j}LEV_{it} + \beta_{5j}TAS_{it} + \varepsilon_{it}$；
(3) 表中报告了回归方程的估计系数、t-统计量（括号内）和调整的 R^2 的值；
(4) *、**、*** 分别表示在 10%、5%、1% 的水平上显著。

附表 11-9　敏感性分析的 OLS 回归结果（3）

	R_{it}	VIF
NI_{it}	1.538***	9.740
	(2.632)	
H2_10 INDEX	0.120*	6.239
	(1.773)	
观察个数	917	
调整的 R^2	0.068	

注：(1) 回归方程中全部解释变量在计算时都包括进去了，除了 NI_{it}、H2_10INDEX 以外，其他解释变量这里没有报告；
(2) 回归方程为 $R_{it} = \beta_{0j} + \beta_{1j}NI_{it} + \beta_{2j}H2\_10INDEX_{it} + \beta_{3j}TQ_{it} + \beta_{4j}LEV_{it} + \beta_{5j}TAS_{it} + \varepsilon_{it}$；
(3) 表中报告了回归方程的估计系数、t-统计量（括号内）和调整的 R^2 的值；
(4) *、**、*** 分别表示在 10%、5%、1% 的水平上显著。

第十二章

股东之间利益冲突与公司外部治理

2001年美国的"安然"事件以后,外部审计的独立性在美国也引起了质疑。其实,中国和英美国家一样,都是在外部审计独立性上存在问题,但形成机理是不一样的,因此解决的办法也完全不同。

第一节 股东之间利益冲突与外部审计

黄世忠(2003)认为:美国独立审计制度的漏洞存在内外两方面的原因。①

在企业内部,20世纪90年代首席财务官角色的转变是一个重要的因素。十多年前,大多数上市公司的首席财务官都拥有专业会计师资格,而到2001年只有20%的首席财务官拥有会计师执照,35%拥有MBA学位。会计师训练讲究的是对数字的尊敬,而MBA着重培养创造力。首席财务官逐渐脱离财务报告的角色,成为战略拟订的要角。他们在收购兼并中扮演越来越重要的角色,掌管上市公司的信息科技,设计复杂的金融工具,最重要的是,他们还要和投资人搞好关系。于是,首席财务官们逐渐甩开手里的账本,开始追求更有创意的融资和并购等"大事"。他们成为上市公司的代言人,不动声色地把财务分析师们的注意力引向季度收益概算上去——然后再设法使上市公司实现这些目标。

在企业的外部,战略目标发生错位,重心偏离审计业务,是导致"五大"审计失败频发的根本原因之一。现在的"五大"早已不是传统意义上的会计师事务所,从收入构成看,它们的主业已不再是证券市场急需的财

---

① 黄世忠:《会计数字游戏:美国十大财务舞弊案例剖析》,中国财政经济出版社2003年版,第338—375页。

务报表审计等鉴证业务，而是咨询等非鉴证业务。表12-1列示了2001年"五大"事务所的收入总额及其结构。剔除无法获得收入构成具体资料的德勤，其他"四大"审计及其他鉴证业务收入占收入总额的平均比例只有45.9%。

表12-1　"五大"2001年度收入构成　　　　　　（单位：亿美元）

公司	截止日	收入	收入构成
普华永道	2001-06-30	223	鉴证87，咨询67，税务服务44，公司融资14
德勤	2001-05-31	124	无资料
毕马威	2001-09-30	117	鉴证58，咨询15，税务和法律服务31，财务顾问12
安永	2001-06-30	99	鉴证56，税务和法律服务34，公司融资7
安达信	2001-08-31	93	鉴证43，咨询17，税务和法律服务30，公司融资4

同时从事鉴证业务和非鉴证业务，严重损害了外部审计的独立性。当会计师事务所的主要业务收入来自报酬丰厚的咨询业务时，要期望他们在对这些客户的财务报表进行审计时保持超然独立，显然是不切实际的。①

导致"五大"审计失败的另一个重要原因与"五大"审计模式的改变有

---

① 安然事件后，美国为强化监管，布什总统于2002年7月30日签发了《2002年萨班斯—奥克斯利法案》，其中的第201节规定：

"G：在执行审计业务的同时，提供如下非审计业务是非法的：(1)涉及被审计客户的会计记录及财务报表的簿记或其他业务；(2)设计及执行财务信息系统；(3)评估或估价业务、公正业务或出具实物捐赠报告书；(4)精算业务；(5)内部审计外部化业务；(6)代行使管理或人力资源职能；(7)作为客户的经纪人或经销商，投资顾问，或提供投资银行服务；(8)提供与审计无关的法律服务或专家服务；(9)任何委员会所规定的未被许可的业务。

H：事前需获许可的非审计业务——根据本法案的202(9)，只有事前得到发行证券公司审计委员会许可后，注册会计师事务所才可以执行如税务咨询等非审计业务，这些非审计业务不包括本法案201(g)所述(1)至(9)的业务。"

2000年5月，安永会计师事务所（Ernst & Young）将咨询业务出售给了欧洲电脑服务公司CapGemini。如今已经破产的安达信（Arthur Andersen）2000年8月将安盛咨询（Andersen Consulting）分拆。分拆出的安盛咨询更名后以埃森哲（Accenture）的名字挂牌上市。毕马威（KPMG）则于2001年2月通过首次公开募集股票将旗下毕马威管理咨询公司（KPMG Consulting Inc.）分拆上市。后来这家分拆出的公司更名为毕博（Bearingpoint Inc.）。美国最大的会计公司普华永道（PriceWaterhouse Coopers）于2002年将这一业务卖给了国际商业机器公司（IBM）。经过IBM公司的经营，目前该公司已经超过埃森哲，成为全球最大的咨询公司。德勤（Deloitte）、德勤咨询（Deloitte Consulting）与德勤全球公司（Deloitte Touche Tohmatsu）于2003年10月2日全部合并到"德勤"（Deloitte）名下。

四大会计师事务所还会继续提供一些新规定所允许的咨询服务。

《中国注册会计师法》第十五条规定："注册会计师可以承办会计咨询、会计服务业务。"目前还没有关于国内会计师事务所从事管理咨询业务的统计。根据网站浏览，几乎所有的会计师事务所的网站上，都会介绍自己的管理咨询业务。

关。20世纪90年代以来,"五大"特别是安达信的审计模式已经由制度基础模式逐步发展成风险导向模式。按照风险导向审计模式的逻辑,如果被审计单位经营失败的风险较低,即使被审计单位财务报表存在错报漏报的可能性,CPA卷入诉讼的几率也不会太高。在这种情况下,实施大规模费时费力、代价高昂的实质性测试显然是不符合成本与效益原则的。客观事实是,会计师事务所将大量的精力用于研究客户的行业风险和经营风险,而对审计意见进行直接支持的实质性测试越来越少。这种审计模式的嬗变,改变了传统的审计理念,有可能使审计从一门高尚职业(其精髓由专业判断和公众责任所组成)沦落为一种唯利是图的生意(其核心是风险和报酬的权衡与抉择)。

为分析中国资本市场上外部审计的独立性问题,我们借助于N&P模型。Nichols和Price(1976)运用交易理论分析了在审计人员与管理当局的冲突中,各自的力量对比,具体内容见图12-1。

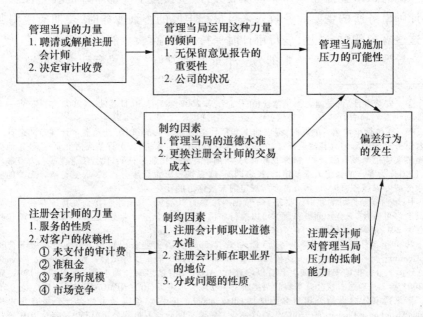

图12-1　N&P审计独立性评价模型

陈汉文主编:《证券市场与会计监管》,中国财政经济出版社2001年版,第648—668页。

从图12-1可知,注册会计师能否保持独立性,取决于管理当局施加压力的可能性以及注册会计师对管理当局压力的抵制能力两方面的因素。

在管理当局施加压力的可能性方面,有研究表明,我国审计市场具有会计师事务所数量多、规模小、行业集中度低的特点(陈信元,2000),由于会计师事务所数量发展过快,执业范围又相对集中在审计、资产评估等传统领域,而委托人对于事务所服务的需求并没有同步放大,就必然造成审计市场"僧多粥少"的局面。在这种买方市场的环境中,管理当局除对注册会计师有较大的选择权外,对审计收费也有很大的决定权。同时,无保留意见的审计报告对于上市及拟上市的公司都十分重要,这些因素增加了管理当局施加压力的倾向。另一方面,我国目前上市公司的许多行为还不够规范,上市公司为达到某种目的,会在关联方交易、非货币性交易、资产重组等方面进行一些不合理、不合规的非常操作。想获得注册会计师对这些非常操作的认可这一目的在很大程度上也增加了管理当局给注册会计师施加压力的倾向。

尽管中国证监会在1996年发布了《关于上市公司聘用、更换会计师事务所有关问题的通知》(以下简称《通知》),要求上市公司解聘或不再续聘会计师事务所应由股东大会作出决定。但在中国上市公司中,由于大股东能有效地控制股东大会、董事会和经营管理者,证券监管机构的这项监管措施几乎不起作用。一个支持性的证据是,我国上市公司更换会计师事务所的频率要明显高于国际水平。[①]

反过来,在买方市场中,审计业务在各事务所间的竞争十分激烈,即使发生拖欠审计费的情况,会计师事务所第二年照样对其进行审计,因为发展一个客户不容易,"低价揽客"在我国是普遍现象。同时,在我国,注册会计师事业还处于发展初期,尚没有培养出真正声名卓著的事务所,违反独立性所遭受的惩罚成本并不高,因此,短期的经济利益驱动往往更容易使事务所违背职业道德。另一方面,上市公司运作中出现了大量法律、制度、准则都不完善的经济业务,注册会计师一时很难找出适当的规范条文加以反驳。新兴业务的出现加上制度安排上的缺陷,使得上市公司能从容地实施"创造性会计",扭曲其真实的经济状况。

综上所述,英美等国外部审计的漏洞在于首席财务官角色的错位、会计师事务所非鉴证业务的大量开展和审计模式的改变。而我国外部审计

---

① 1997年,中国证券市场发生了29件更换会计师的事件。1998年是87件,1999年是50件,2000年是93件。参见李爽、吴溪:《审计师变更研究——中国证券市场的初步证据》,中国财政经济出版社2002年版,第137—146页。

失效的主要原因在于控股股东的力量太强,对其实施的制约措施不起作用。这个原因的背后是控股股东强烈的"圈钱意识"和对其他中小股东的利益侵害。根据 N&P 审计独立性评价模型,要使外部审计真正发挥公司治理作用,必须"两手抓"才能见到效果:一方面要大力培养和壮大注册会计师的力量,尽快对新兴的经济业务完善法律、制度和会计准则的规定,增强会计师事务所抵制上市公司压力的能力;另一方面要削弱大股东的控制力量,减少上市公司施加压力的可能性。

第二节 股东之间利益冲突与公司控制权市场

公司控制权市场(the market for corporate control)是指交易上市公司控制权的市场。在西方,主要的控制权交易方式有兼并、收购(M&A)、要约收购(tender offers)、委托书收购等。在西方国家由于没有产权基础方面的问题,因而在很早的时候控制权市场就得到了极大的发展。美国从 19 世纪末至今,共经历了五次比较大的并购浪潮,控制权市场十分活跃。但也应该看到,德、日等国和英、美等国由于所有权结构、法律体系不一样,在控制市场上表现的特点也不同:德、日的股东比较集中、稳定,市场上的兼并与收购不如英、美活跃,恶意收购很少发生。英、美等国则相反,控制市场交易活跃,兼并、收购频频,恶意收购已成为市场活动中的一个重要方式。

在西方的理论研究中,公司控制权的问题仍然被纳入委托-代理框架中,把通过市场机制来监督和控制代理人(主要是指公司管理者)作为研究公司控制权市场的主线。Manne(1965)在其开创性的文献中指出,公司控制权市场的存在大大削弱了所有权与经营权分离所产生的问题,保证了公司经理人之间的有效竞争,因为实证研究表明,在公司管理效率与该公司股票的市价之间存在高度的正相关,而这一实证结果的意义在于股价反映了公司股份中潜在的资本利得(potential capital gain):股价越低(相对于更有效管理时应有的价格),接管对那些相信自己可以更有效地管理公司的人越有吸引力,从成功的接管和绩效差的公司的新生中可能得到的利益将十分巨大。Shleifer 和 Vishny(1986)提出了一个由外部人积极参与监督和接管的机制。在一个股权分散的公司,任何一个小股东都没有动力去监督管理者,但一个大股东的出现却为这个"搭便车"问题提供了解决之道。在他们设计的模型中,大股东可以发动一次接管行动,在除去接管成本之后,还可以从接管行动所带来的公司政策变化而导致的股价上升中获利;或者由于大股东的存在,使得作为第三方的接管者行动起来更为便利。

然而,根据本书的观点,控制市场的存在却是为公司所有权成本的动态调整提供了途径。新控股股东给公司带来的绝不只是一个新的管理者,而很可能主要是带来新的技术、新的市场、新的管理等,从而控制权的易手降低了公司的制度成本。从美国的五次并购浪潮来看,第一次浪潮与第二次产业革命联系在一起,并购集中在重型制造业;第二次浪潮与陆地的运输革命,尤其是汽车工业的突飞猛进密不可分,并购开始向机器制造业、食品加工等更广泛的领域转移;第三次浪潮则与航空航天、核技术等领域的新技术革命非常密切,航空业在并购中占有了显著的份额;第四次和第五次浪潮与新技术革命——计算机技术及远程通讯技术的发展相吻合,并购从第二产业大量转向第三产业,并产生了大量的跨国并购。因此,从总体上看,趋势是技术革命、市场扩张带动经济发展,经济发展促进企业并购,企业并购反作用于经济发展。观察五次并购浪潮的过程,看不出主要是因为要对代理人实施市场监督而引发了企业并购,只能说并购的发生极可能带来管理者的更换,或者说管理者的更换仅仅是并购的一个伴生现象。并购的发生首先是企业所有权的调整,一些所有权合约可能现在成本不高了,企业把它转出去,成为市场交易合约,而新技术、新市场的出现使企业面临新的高成本市场交易合约,按照企业制度成本最小化的原则,需要把这些市场交易合约"内化"为企业所有权合约,这样并购的企业所有权理论的逻辑就此成立。

1993年9月,国务院颁布《股票发行与交易管理暂行条例》后不久,"宝延事件"就开创了中国上市公司收购的先河,从此以后控制权市场逐渐活跃起来,在2000年1—11月份就出现了103家上市公司控制权转移的收购案。我国控制权市场上常用的收购方式主要有:协议收购、无偿划拨、间接收购、二级市场收购、司法裁定。以2000年的数据为例,截止到当年11月份的103家控股权发生变化的上市公司中,通过协议转让控股权完成收购的有69家,通过无偿划转国有股实现上市控股权转移的有26家,通过司法程序裁定转让股权实现控股转移的有3家,通过抵债或直接并购上市公司的第一大股东而间接获得上市公司控制权的有4家,通过收购二级市场流通股而获得上市公司控制权的有1家。这些数据基本上反映了我国股权分置改革以前公司收购的状况。股权分置改革完成以后,在全流通时代,人们期待二级市场收购将逐渐成为并购的主流。

在目前国有股权一股独大的情况下,任何的协议股权转让收购行为都会和国有资产管理体制发生关系。中央政府牢牢控制住了转让过程中的两个关键点,即:(1)国有股权的转让必须有国资委的批文;(2)超过30%的股权转让,必须有中国证监会对全面协议收购的豁免。① 这两个关键点的存在表明中央政府在国有股转让中的重要地位,也说明国有股转让不完全是一个市场机制问题。

我国上市公司的控制权存在很高的溢价。唐宗明、蒋位(2002)研究了"大股东的侵害度",他们的研究选择了1999年到2001年间,沪、深两市88家上市公司共90项大宗国有股和法人股转让事件作为样本,分析股权的转让价格,发现样本公司的平均转让价格高于净资产价值近30%。通过对影响转让价格的因素进行多变量线性回归分析,发现随着转让股份比例的上升,转让价格也随之上升,并且在统计上显著;转让溢价高低与企业规模呈反向变动,并在统计上显著;企业获利能力与溢价高低呈反比,但没有发现在统计上显著。在国外的文献中,一般将大块股权转让的溢价现象称为"控制权的价值"。控制权的价值是否就是大股东的侵害度,我们认为值得商榷。叶康涛(2003)分析了我国上市公司非流通股转让交易中,控股股份与非控股股份在转让价格上的差异,对我国上市公司控制权的隐性收益进行了定量分析。分析结果表明,我国上市公司控制权的隐性收益水平约为流通股市价的3.6%,相当于非控股股东的非流通股转让价格的26%。研究还表明,控股股东对公司的控制力越强,则公司控制权的隐性收益便越高;而公司流通股市值和负债率越高,则公司控制权的隐性收益越低。

"壳"资源的出现,意味着我国上市公司再融资渠道具有一定的独占性,因此控制上市公司的大股东能够获得超过控制普通公司的收益。这是上市公司的大股东能够获得的潜在租金。加之缺乏有效的制约在位股东的手段(将在下节讨论),这些潜在的租金可变成现实的控制权收益。对"壳"资源的争夺导致任何具有融资资格的上市都可能成为并购的目标。相应地,控制权的争夺本应有的降低企业制度成本、降低股东之间利益冲突的作用难以发挥出来。公司控制权市场的事实表明,单纯从股权配置的角度来降低股东之间利益冲突还远远不够,公司外部治理的完善也处于非常关键的地位,下一节还将说明同样的道理。

---

① 由于新《证券法》在上市公司收购中引入了"比例收购"这一新概念,因此仅仅将可以免除触发全面收购的情况给予了协议收购,而要约收购将不能再获得要约收购豁免。

第三节 股东之间利益冲突与法律对中小股东权益的保护

根据同股同权的原则,中小股东在上市公司的表决权、分红权等自益权和共益权虽然按照法律在形式上是平等的,但实际上却处于弱势地位。

一般认为,中小股东的利益得不到很好保护的原因有以下几个方面:

第一,理智的冷漠(rational apathy)。理智的冷漠是指在股权分散的情况下,一个小股东为公司的重大事宜作出投票决定,需要付出相当的成本去获得必要的信息,对信息进行加工并作出决策。对小股东而言,为此付出的成本一般比其因投票而获得的利益要大,因此一个理智的股东会对积极行使投票权持冷漠的态度。

第二,"搭便车"问题。所谓搭便车(free-riding),是指存在众多分散、独立股东的情况下,对公司管理者的监督在相当程度上具有"公共产品"的特征。

第三,大股东和管理者从追求自身利益最大化的角度,漠视中小股东的利益。

因此,有效的股东权利保护机制,不仅要保证股东的各项权利得以实现,而且还应该平衡各股东的利益,并以此来实现法对公平、正义价值的追求。

La Porta 等(1998)在研究各国(地区)对中小股东的法律保护时,发展了一种以 8 个指标来衡量的考察办法(见表 12-2)。

这 8 个指标的主要内容为:(1) 投票权是否一股一票。如果一个国家(地区)的公司法或商法规定所有公司普通股每股有一份投票权,则该指标为 1;如存在无投票权股票,公司创立人一股有多个投票权,持股时间越长投票权越多等情况的,该指标为 0。(2) 通信投票权。允许股东将其对公司事务的投票邮寄给公司的为 1,否则为 0。(3) 无障碍出售权。法律禁止公司要求股东在股东大会前若干天不能出售其所持股票的为 1,否则为 0。(4) 累积投票权或比例代表权。法律允许股东累积投票选举董事,或者根据股权按比例委派董事的为 1,否则为 0。(5) 受压小股东机制。小股东有权挑战董事会或股东大会的决定,例如可以在法院对董事会的决定提出挑战,或者可以在反对某些公司重大决策时要求公司收购其股票的为

表 12-2 各国(地区)股东权利的比较

国家(地区)	一股一票	通信投票权	无阻碍出售权	累积或比例投票权	受压小股东机制	优先权	特别股东大会持股要求	对抗董事权
或法系								
澳大利亚	0	1	1	0	1	0	0.05	4
加拿大	0	1	1	1	1	1	0.05	5
中国香港	0	1	1	0	1	1	0.10	5
印度	0	0	1	0	1	1	0.10	5
马来西亚	1	0	1	0	1	1	0.10	4
新加坡	1	0	1	0	1	0	0.10	4
泰国	0	0	1	1	0	1	0.206	2
英国	0	1	1	0	1	1	0.10	5
美国	0	1	1	1	1	0	0.10	5
英国法系平均	0.17	0.39	1.00	0.28	0.94	0.44	0.09	4.00
巴西	1	0	1	0	1	0	0.05	3
埃及	0	0	1	0	0	1	0.10	2
法国	0	1	0	0	0	1	0.10	3
印度尼西亚	0	0	1	0	0	1	0.10	2
意大利	0	0	0	0	0	1	0.20	1
墨西哥	0	0	0	0	0	1	0.33	1
菲律宾	0	0	1	1	1	0	open	5
法国法系平均	0.29	0.05	0.57	0.29	0.29	0.62	0.15	2.33

(续表)

国家（地区）或法系	一股一票	通信投票权	无阻碍出售权	累积或比例投票权	受压小股东机制	优先权	特别股东大会持股要求	对抗董事权
奥地利	0	0	0	0	0	1	0.05	2
德国	0	0	0	0	0	1	0.05	1
日本	1	0	1	1	1	0	0.03	4
韩国	1	0	0	0	1	0	0.05	2
中国台湾	0	0	0	1	1	0	0.03	3
德国法系平均	0.33	0.00	0.17	0.33	0.50	0.33	0.05	2.33
丹麦	0	0	1	0	0	0	0.10	2
芬兰	0	0	1	0	0	1	0.10	3
挪威	1	1	1	0	0	1	0.10	4
瑞典	0	0	1	0	0	1	0.10	3
斯堪的纳维亚法系平均	0.00	0.25	1.00	0.00	0.00	0.75	0.10	3.00
全体样本	0.22	0.18	0.71	0.27	0.53	0.53	0.11	3.00
中国内地*	1	0	0	0	0	0	0	2

* 此处的分值是基于中国2006年新《公司法》、《证券法》生效之前的情况。

1，否则为 0；小股东一般指持股 10% 以下的股东。(6) 优先权。法律赋予股东优先购买新发股份的权利，这种权利只能经由股东投票加以取消，拥有此权为 1，否则为 0。(7) 召开特别股东大会的权利。提议召开特别股东大会的最低股份比例的情况。该比例一般在全世界介于 1%—33% 之间，若为 10% 以下，可得 1 分。(8) 对抗董事权。将上述 2—7 项权利归结为对抗董事权。由表 14-2 可知，普通法国家（地区）在股东权利保护方面做得最好，法国法系在股东权利保护方面做得最差。德国和斯堪的纳维亚国家居于中间。而根据孙永祥（2002）对中国数据的估计，中国法律的对抗董事权得分仅为 2 分，低于各个法系平均值及所有国家平均值。

一般认为，即使一国的法律条款设计对投资者保护的力度较弱，但该国的法律执行严格的话，一样能够在一定程度上起到保护投资者利益的作用。但是根据 La Porta 等（1998）的回归分析得出的结论却不支持这一结论。相反，对投资者法律保护完备的国家同样也是执法严格的国家，亦即普通法系国家（如英、美），执法质量要高于大陆法系国家（如德、日、法等国）。而法国在大陆法系国家中对投资者的保障是最弱的。Dyck 和 Zingale（2004）考察了 39 个国家 1990—2000 年 412 件控股股权的交易情况，发现控制权的价值在 -4%—65% 之间，平均 14%，并且高程度的法律保护条款和高质量的执法水平对应着较低的控股权价值。

La Porta 等（1997）发现，由于对小股东的利益保护较弱，德、法等大陆法系国家证券市场的相对规模要比英、美等普通法系国家小。以股市流通股本的市值占 GDP 的百分比来衡量，在大陆法系国家，法国是 23%，德国是 13%；在普通法系国家，美国是 58%，英国是 100%，差距明显。

在中国，为上市公司和证券市场的发展投入巨额资金的往往是中小股东（平均占中国上市公司股本总额的 35%[①]）。因此，从发展资本市场、吸引社会投资的角度，从降低股东之间利益冲突的角度，保护中国上市公司的中小股东的利益更为必要。从 2006 年 1 月 1 日起开始实施的新《公司法》和《证券法》，在健全中小股东权益的保护机制方面作出了努力。

知情权是股东自益权的重要组成部分，是股东监督和参与公司管理的基础条件。新《公司法》增加了股东对董事会决议和监事会决议的查询权和公司章程复制权，同时规定了股东查阅公司会计账簿的行使程序，当股

---

① 孙永祥：《公司治理结构：理论与实证研究》，上海三联出版社、上海人民出版社 2002 年版，第 53 页。

东的查询要求被公司拒绝时,股东可以请求人民法院要求公司提供查阅。对于股份有限公司,新《公司法》则增加规定了公司应当将董事会、监事会会议记录置备于公司,并且应当定期向股东披露董事、监事、高级管理人员从公司获取报酬的情况。

股东累积投票有助于中小股东将其代言人选入董事会、监事会,扩大中小股东的话语权,平衡中小股东与大股东之间的利益关系。新《公司法》规定,股东大会选举董事、监事,可以按照公司章程的规定或者股东大会的决议,实行累积投票制度。

新《公司法》规定,股份有限公司的单独或合计持有公司3%以上股份的股东拥有临时提案权,并且董事会仅负有及时通知和提交审议的义务,无权对该临时提案进行实质性审查并考虑是否提交股东大会,提案的合法性、适当性和关联性由提案股东负责。

表决权回避制度,又称表决权排除制度,是指某一股东与股东大会决议事项有利害关系时,该股东或其代理人不得就该事项行使表决权,防止大股东滥用表决权损害公司利益和小股东利益。新《公司法》规定,公司为公司股东或者实际控制人提供担保的,必须经股东大会决议。上述股东或者受实际控制人支配的股东,不得参加上述事项的表决。该项表决由出席会议的其他股东所持表决权的过半数通过。

新《公司法》还首次建立起异议股东评价补偿权制度,完善了公司股东退出机制。通俗地说,股东除具有"用手投票权"外,还可以拥有"用脚投票权",这对于流动性较差的有限责任公司的股权而言具有重大的意义。新《公司法》规定有限责任公司的股东对三种情形股东大会决议投反对票后可以请求公司按照合理的价格收购其股权,在无法在规定期限内与公司达成股权收购协议的情况下,可以在规定期限内向法院提起诉讼。这三种情形分别是:(1)公司连续五年不向股东分配利润,而该公司连续盈利,并且符合《公司法》规定的利润分配条件的;(2)公司合并、分立、转让主要财产的;(3)公司章程规定的营业期限届满或者章程规定的其他解散事由出现,股东会会议通过决议修改章程使公司存续的。

需要指出的是,该规定仅对有限责任公司适用。在股份有限公司中,股东因对股东大会作出的公司合并、分立决议持异议,有权要求公司收购其股份,但是并没有赋予股份有限公司的异议股东起诉权。

原《公司法》在公司解散的制度安排方面没有规定司法解散。新《公司法》规定了在公司经营管理发生严重困难,继续存续会使股东利益受到重大损失,通过其他途径不能解决时,持有公司全部股东表决权 10%以上的股东,可以请求人民法院解散公司。在公司实践中,公司股东之间无法共事合作而严重对立致使公司存在的价值完全毁灭的情况下,或者公司大股东滥用权力而中小股东无力制约的情况下,中小股东维护自身利益的其他手段失效,申请解散公司往往被没有法律依据为由判决驳回起诉。因此,新《公司法》明确将司法解散规定为公司解散的原因之一是非常必要的。

新《公司法》还在股东大会自行召集权、股东大会自行召集人顺位权、提起确认决议无效和要求撤销决议的诉讼权以及提起股东代表诉讼权等其他方面健全了中小股东权益的保护机制。

新《证券法》在保护中小股东权益方面也有许多新的规定。譬如强化了信息披露制度。首先,增加了披露公司实际控制人的规定。这将有助于投资者准确了解公司的实际控制情况,缓解信息不对称问题,保护中小投资者的权益。其次,将"公司涉嫌犯罪被司法机关立案调查,公司董事、监事、高管人员涉嫌犯罪被司法机关采取强制措施"增列为重大事件。最后,增加上市公司董事、监事、高级管理人员的信息披露义务和法律责任。新《证券法》不仅在法律的层次上强调了上述人员应当对上市公司所披露信息的真实、准确和完整负责,而且要求上市公司董事、高级管理人员对公司定期报告签署书面确认意见,要求监事会对董事会编制的公司定期报告进行审核并提出书面审核意见。

新《证券法》还明确证券违法行为的民事赔偿责任,打击违法犯罪行为。原《证券法》的"法律责任"一章中,涉及行政责任的有 30 余条,涉及刑事责任的 18 条,而民事责任仅有原则性的 2 条,对内幕交易和操纵市场这两类社会危害很大的违法行为的民事赔偿责任未作规定。有鉴于此,新《证券法》进一步补充和完善了法律责任,系统地确定了证券市场的民事赔偿责任体系,意在促成更为广泛和深入的投资者维权立法和行动,更大程度上为投资者的合法权利提供保障。

新《公司法》和《证券法》的立法意图能否得到实现,还有赖于执法。在中国,有时存在"有法不依"的情况。同时,相关配套法律和法规的出台也很重要。此外,中小股东权利的保护,还有赖于广大中小股东法律意识的增强。

本 章 小 结

本章指出了一个值得注意的事实,在中国和英美等国之间,同样的表象——譬如外部审计的独立性不强——的形成原因却大不相同。因此在解决中国企业的种种问题时,对西方的理论一定不能照搬照抄。

既然股东之间利益冲突如此重要,如何解决这一问题呢？第二章第二节探讨了公司所有权因素,本章主要讨论公司的三个外部因素——外部审计、控制权市场以及法律对中小股东权益的保护(关于产品竞争市场和金融市场等其他外部因素这里没有讨论,可参见其他相关文献)。控制权市场历来被认为是降低代理成本的手段,本章则认为降低代理成本只是控制权市场的一个附带作用。控制权的易手首先是控股股东的变化,首当其冲的是股东之间利益的调整。接着指出了中国控制权市场的两大制度背景——国有控股普遍和"壳"资源,由于这些背景,使控制权市场的公司治理作用有所下降。法律对中小股东权益的保护也能降低股东之间利益冲突。La Porta 等(1998)的研究从一个侧面说明了为什么英美等国的股票市场最活跃、规模最大的原因。公司控制权市场、法律对中小股东权益的保护,在制度设计上应该可以大大缓解股东之间的利益冲突,但在中国目前的制度背景下,其作用有限。由此可见,构建规范、有效的公司治理,需要科学合理地配置公司股权,更需要大力加快法制建设和市场机制培育的进程。

中国于 2006 年 1 月 1 日起实施的新《公司法》和《证券法》,在保护中小股东权益方面作出了许多新规定,从而使中国与法制健全国家的差距进一步缩小。

第十三章

股东之间利益冲突与公司治理的整合

在现实中有这样一种情形:公司的控股股东同时又是公司的管理者。譬如许多家族企业、高科技企业就是这样。在这种模型里,利用激励相容的分析框架,郑志刚(2005)探讨了内部和外部公司治理及其整合对降低股东之间利益冲突的作用,主要结论为:外部控制系统的存在,将使内部控制系统的监督功能加强,从而使公司治理机制整体形成对企业家道德风险行为的有效约束。当企业家与分散投资者所签订的合约满足企业家激励相容约束条件时,内部和外部控制系统表现为互补关系;否则,只有外部控制系统发挥作用,而不需要引入内部控制系统。这些结论可以给人某些启发。

第一节 模型框架

假定一个风险中性的企业家,自有的财富为 W,不足以独自完成一个投资额为 I 的项目($W<I$)。为了实施该项目,他必须向其他同样风险中性的分散投资者借贷 $I-W$。公司治理文献通常把处于控制地位的企业家称为控制性投资者(controlling investors),而把分散的投资者称为非控制性投资者[①](non-controlling investors)。我们假定,该项目成功时将产生 R 的收益,否则,收益为 0。如果企业家努力,项目成功的概率为 P_H;如果企业家偷懒(shirking),项目成功的概率仅为 $P_L = P_H - \Delta P$。而偷懒可以使企业家

---

① 如果该项目以股份公司形式组织项目实施,公司治理文献则把企业家称为控制性股东(大股东),而把分散的投资者称为非控制性股东(小股东)。见 Mikkelson 和 Ruback(1985)等。

获得 B 的私人利益。其中,$R,P_L,\Delta P,B>0$。上述假说意味着处于控制性地位的企业家面临着道德风险(moral hazard)的选择:他可以选择高的努力程度,也可以选择低的努力程度,以获得控制权的私人收益(private benefit of control)。企业家对控制权私人收益的追求构成投资者之间利益冲突的主要原因。①

假说 1:企业家和分散的投资者以出资额为限,承担有限责任(limited liability)。

我们假定企业家和分散的投资者签订如下合约:如果项目成功,企业家将获得 R_E 的收益。在有限责任的保护下,项目失败时,企业家获得的收益为 0。

博弈的时序如图 13-1 所示。

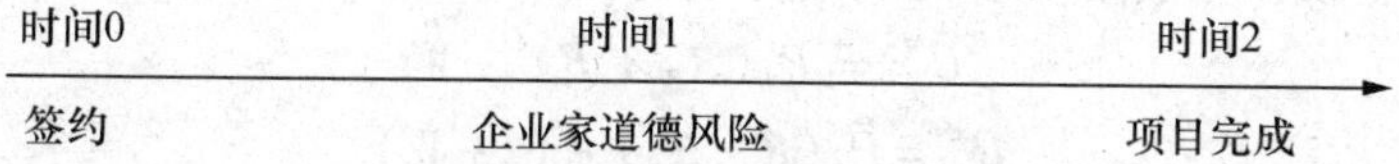

```
时间0              时间1              时间2
───────────────────────────────────────────►
签约            企业家道德风险        项目完成
```

图 13-1 博弈的时序

现在考虑在企业家的激励相容和融资成功条件约束下的项目实施的规划问题。使企业家激励相容(incentive compatibility),意味着当选择高的努力程度所获得的收益应不小于选择低的努力程度时的收益,从而使企业家有激励选择高的努力程度。我们把企业家的激励相容约束条件总结为:

$$\Delta P R_E \geqslant B \tag{13-1}$$

融资成功条件要求,项目实施所获得的可承兑收入必须大于分散投资者的投资额。公司治理文献(见 Tirole,2001 等)把 $P_H\left(R-\dfrac{B}{\Delta P}\right)$ 定义为可承兑收入(pledgeable income)。其含义是项目所创造的价值在扣除满足企业家激励相容约束条件最低收入后的剩余。融资成功条件同时也构成了分散投资者的参与约束。我们把融资成功所需满足的条件总结为:

$$P_H R - \dfrac{P_H}{\Delta P} B \geqslant I - W \tag{13-2}$$

---

① 控制权的私人收益 B 虽然在事前是企业家的私人信息,但在事后,它将构成项目净现值的重要组成部分。一方剩余的增加即意味着另一方剩余的减少。因而,控制性投资者对控制权私人收益的追求构成投资者之间利益冲突的主要原因。

当(13-1)和(13-2)式同时满足时,项目的净现值(NPV)为[①]:
$$U = P_H R - I \tag{13-3}$$
企业家和分散投资者的剩余分别为:
$$U_E = P_H R_E - W \tag{13-4}$$
和
$$U_D = P_H (R - R_E) - (I - W) \tag{13-5}$$

一种更为现实的情形是,企业家与分散的投资者签订的合约 R_E 仅仅使融资条件得到满足,但不满足企业家的激励相容约束条件,即虽然 $P_L(R - R_E) \geq I - W$,但 $R_E < \dfrac{B}{\Delta P}$。此时,企业家将选择道德风险行为,项目的净现值相应变为:
$$U^M = P_L(R + B) - I \tag{13-6}$$
企业家和分散投资者的剩余分别为:
$$U_E^M = P_L(R_E + B) - W \tag{13-7}$$
和
$$U_D^M = P_L(R - R_E) - (I - W) \tag{13-8}$$

一般地,我们有研究假说 2。

假说 2: $\qquad P_L(R + B) < P_H R$

假说 2 表明,企业家对控制权私人收益的追求(道德风险行为)不仅导致项目的净现值减少,使社会福利受到损失;同时也损害了分散投资者的利益,形成企业家与分散投资者利益的尖锐对立。

第二节 公司治理及其整合

一、存在外部治理的情形

一种对公司治理的简单划分是将其区分为内部控制系统和外部控制系统。所谓的内部控制系统(internal control systems)指的是利用一个公司现有的资源进行人为制度设计来降低企业制度成本的各种途径的总称,它通常包括董事会治理、大股东治理、激励合约设计、融资结构等;所谓的外部控制系统(external control systems)则指的是超出一个公司的资源规划范

[①] Tirole(2001)通过假定外部投资者选择盈亏平衡(break even),使外部投资者的剩余为 0,企业家成为唯一的剩余权力索取者,从而企业家的剩余与项目的净现值一致。与 Tirole 不同,本文强调了内部控制者和外部投资者的利益冲突,因而分散投资者和企业家成为共同的剩余权力索取者。剩余的划分取决于双方所签订的合约。

围,依靠市场自发或政府干预等实现的降低代理成本的各种途径的总称,它包括公司治理的政治法律途径、产品市场竞争、声誉激励和公司控制权市场等。

然而,现实中的公司治理不仅有赖于外部和内部控制机制的作用的有效发挥,在更多情形下,还需要同时借助不同机制的整合来实现降低企业制度成本的目的。首先考虑引入外部控制系统来降低企业制度成本的情形。这里的外部控制系统主要指公司控制权市场以及产品市场竞争等。按照公司治理文献,外部控制系统的作用集中体现在对控股股东真实绩效衡量的信息传递,从而在一定程度上减少控股股东的控制权私人收益。由于外部控制系统的存在,通常会在控股股东对其努力程度作出选择后,在项目完成前,使分散的投资者获得有关项目最终结果的信息。我们把引入外部控制系统时博弈的时序总结为图 13-2。

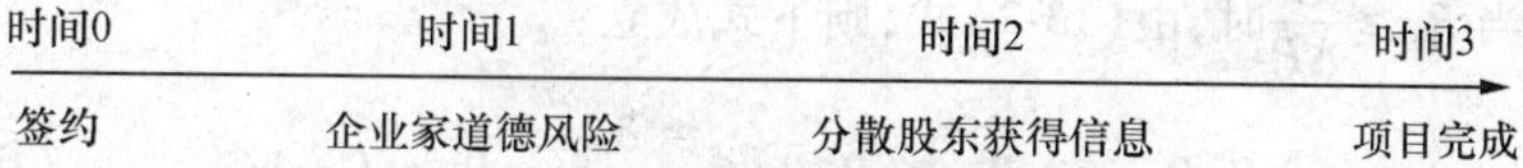

时间0	时间1	时间2	时间3
签约	企业家道德风险	分散股东获得信息	项目完成

图 13-2　存在外部控制系统时博弈的时序

假定外部控制系统基于企业家的努力程度可以发出两种信号,高或者低,分别记为 H 和 L。由于建立外部控制系统通常超过一个企业资源规划可以控制的范围,我们假定,分散的投资者可以无偿地观察和证实这些信号,因而,他们与企业家签订的合约既可以建立在外部控制系统所发出的信号上,同时也可以建立在项目实施最后的结果上。令 δ_{ij} 表示企业家的努力为 $i \in \{H,L\}$、外部控制系统发出的信号为 $j \in \{H,L\}$ 时的条件概率; v_j 为发出的信号为 j 时项目成功的概率。则对于所有的 i,有 $\delta_{iH} + \delta_{iL} = 1$,且 $P_H = \delta_{HH}v_H + \delta_{HL}v_L$ 和 $P_L = \delta_{LH}V_H + \delta_{LL}V_L$。进一步,我们有假说 3。

假说 3: 外部控制系统所传递的信号为项目实施最后结果的充足统计量(sufficient statistic)。

按照充足统计量定理(见 Holmstrom,1979),对企业家最优的补偿应该仅仅建立在对其努力程度进行推断的充足统计量上。具体到本文的分析框架,假说 3 意味着,作为充足统计量的信号一旦发出;项目实施的最后结果已超出企业家可以控制的范围,一个合理的合约不应该使企业家对他无法控制的冲击负责。因而,对企业家设计的最优的激励合约将仅仅建立在外部控制系统所发出的信号上。

由于获得 $j(i)$ 的信号而项目成功的概率 $v_j(v_i)$ 独立于企业家的努力程

度,我们设计如下的合约:对于风险中性且受到有限责任保护的企业家,当外部控制系统发出"高"的信号时,他将获得 R_E 的回报;当发出"低"的信号时,他获得的回报为 0。上述的合约意味着,企业家在"高"的信号时所获得的回报应足以诱使企业家去选择高的努力水平;而高的努力水平又把"高"的信号出现的概率从 δ_{LH} 提高到 δ_{HH},尽管这将意味着企业家不得不放弃控制权的私人收益 B。

现在考虑合约 R_E 需要满足的条件:

$$(\delta_{HH} - \delta_{LH})R_E \geq B \qquad (13\text{-}9)$$

此时,企业家的期望收益 $\delta_{HH}R_E \geq \dfrac{\delta_{HH}}{\delta_{HH} - \delta_{LH}} B \qquad (13\text{-}10)$

考虑到, $\dfrac{P_H}{\Delta P} = \dfrac{\delta_{HH}(v_H - v_L) + v_L}{(\delta_{HH} - \delta_{LH})(v_H - v_L)} > \dfrac{\delta_{HH}}{\delta_{HH} - \delta_{LH}} \qquad (13\text{-}11)$

当 $R_E \geq \dfrac{B}{\Delta P}$ 时,由(13-2)式,则下式成立:

$$P_H R - \delta_{HH} R_E \geq P_H R - \dfrac{\delta_{HH}}{\delta_{HH} - \delta_{LH}} B \geq I - W \qquad (13\text{-}12)$$

(13-12)式的含义是,当存在外部控制系统传递信号时,项目的净现值扣除企业家的期望收益(可承兑收入)足以补偿分散投资者的初始投资。它构成项目获得融资的充分必要条件。

我们把以上的分析总结为命题 1。

命题 1:当 $R_E \geq \dfrac{B}{\Delta P}$ 时,存在外部控制系统传递关于企业家努力程度的信号,使项目的可承兑收入提高,从而有助于项目得到融资。

命题 1 的直觉是在项目完成前,通过接受外部控制系统所发出的信号,分散的投资者获得有关企业家未来的绩效以及道德风险活动的信息,提高了对企业家绩效的衡量,从而在一定范围内降低了企业家道德风险的程度。

在进一步分析企业家存在道德风险行为的情形前,首先证明如下的引理 1。

引理 1:在上述分析框架下,存在信号传递的情形等价于不存在信号传递,但企业家具有一个较低的控制权私人收益的情形。

证明:充足统计量定理(见 Holmstrom,1979)已经证明,存在信号传递的情形等价于不存在信号传递,但代理人仅获得按照不同情形下的似然率的比率调整的私人收益的情形。具体到本文的分析框架,存在信号传递的

情形等价于不存在信号传递的情形,当且仅当企业家的控制权私人收益变为:

$$B_W = \frac{\delta_{HH}/(\delta_{HH} - \delta_{LH})}{P_H/(P_H - P_L)} B \quad (13\text{-}13)$$

其中,$\delta_{HH}/(\delta_{HH} - \delta_{LH})$ 和 $P_H/(P_H - P_L)$ 分别为存在和不存在信号传递时的似然率(likelihood ratio)。又由于 $\dfrac{\delta_{HH}/(\delta_{HH} - \delta_{LH})}{P_H/(P_H - P_L)} = \dfrac{\delta_{HH}(v_H - v_L)}{\delta_{HH}(v_H - v_L) + v_L} < 1$,因而,我们有 $B_W < B$。

证明完毕。

我们令 $\Pi = \dfrac{\delta_{HH}/(\delta_{HH} - \delta_{LH})}{P_H/(P_H - P_L)}$。则 $B_W = \Pi B$,其中,$0 < \Pi < 1$。

现在分析企业家存在道德风险行为的情形。由引理1,当 $R_E < \dfrac{B}{\Delta P}$ 时,企业家的剩余由(13-7)式等价为:

$$U_W^M = P_L(R_E + \Pi B) - I \quad (13\text{-}14)$$

由于建立外部控制系统通常超过一个企业资源规划可以控制的范围,外部控制系统所发出的信号被假定可以无偿地观察和证实,因而,对于分散的投资者,在引入外部控制系统后,制定与引入前相同的合约并不需要支付额外的成本。假定在存在和不存在信号传递的情形下,分散投资者与企业家签订相同的合约。比较相同的合约下,存在和不存在信号传递情形下项目的净现值和企业家的效用,我们有命题2。

命题2:当 $R_E < \dfrac{B}{\Delta P}$ 时,对于满足融资条件的相同合约 R_E,引入外部控制系统(传递信号),与不存在外部控制系统相比,将使企业家获得的剩余减少,分散投资者的剩余相应增加。

证明:假定分散投资者在引入外部控制系统前后,向企业家支付相同的报酬 R_E,且满足 $P_L(R - R_E) \geq I - W$。则对于相同的 R_E,比较(13-7)和(13-14)式,我们有 $U_M^W < U_M$。注意到,引入外部控制系统后,项目的净现值并未发生改变,因而,得到引入外部控制系统后,分散投资者的剩余增加的结论。证明完毕。

二、引入内部控制系统的情形

以上讨论了存在公司治理机制的外部控制系统的情形。我们看到,无论企业家是否存在道德风险行为,外部控制系统的存在,对于降低企业家的控制权私人收益、改善公司治理都发挥着重要作用。现实中的公司治理不仅存在外部控制系统,同时还存在内部控制系统。这里的内部控制系统可以理解为董事会治理、其他积极的大股东的治理(如果存在)等。① 与外部控制系统不同,它们通过支付一定的成本,对项目可能出现的好和坏的状态作出一定程度的区分,从而使项目好的状态出现的概率增大。存在内部控制系统的现实原因显然是,受融资成功约束条件影响的企业家激励相容约束条件通常得不到满足,从而企业家的道德风险问题依然存在。我们首先证明引理2。

引理2:当$R_E \geq \dfrac{B}{\Delta P}$时,项目的实施不需要引入内部控制系统。

证明:当$R_E \geq \dfrac{B}{\Delta P}$时,由假说2,我们有$P_H R_E > P_L(R_E + B)$。显然,在高的激励下,企业家将选择高的努力程度而放弃道德风险行为。因而,引入需要付出成本的内部控制系统不仅无用,而且没有必要。$R_E \geq \dfrac{B}{\Delta P}$同时构成给定合约下,企业家需要满足的激励相容约束条件。

对于引入内部控制系统的情形,由引理2,我们做出假说4。

假说4: $(\Delta P)R_E < B$

假说4构成引入内部控制系统的必要(但不充分)条件。现在我们考虑引入内部控制系统来对项目的实施进行监督,以降低代理成本的情形。假定存在如下的具有不确定性的监督技术(见 Shleifer and Vishny, 1986;Aghion and Tirole, 1997;Burkart, Gromb and Panunzi, 1998 等)。监督者以λ的概率可以识别项目出现坏的状态,而以$1-\lambda$的概率无法对状态作出区分。为了识别不同的状态,监督者将付出不可证实的努力成本,或者说努力的负效用$C(\lambda)$。其中,$0 \leq \lambda \leq 1$,$C(\lambda)$满足$C' > 0$,$C'' > 0$,$C'(0) = 0$,$C'(1) = \infty$。识别项目坏状态出现的概率λ在这里可以理解为监督者的监督强度。我们把引入内部控制系统时博弈的时序总结为图13-3。

---

① 本文所指的内部控制系统不包括激励合约的设计等传统意义上的内部控制系统,仅仅包括行为方式上类似(引入监督者)的董事会治理和大股东治理等,因而是狭义的内部控制系统。毕竟,企业(项目的实施)是一系列合约的组合(见 Alchian and Demsetz,1971;Jensen and Meckling, 1976 等),无论是否存在外部控制系统和狭义的内部控制系统,建立企业基本制度的合约设计总是存在的。

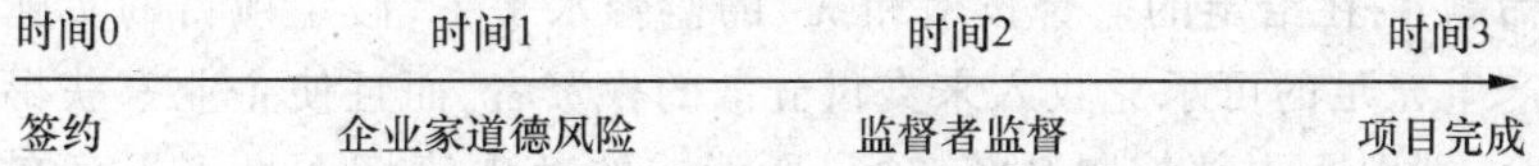

时间0	时间1	时间2	时间3
签约	企业家道德风险	监督者监督	项目完成

图 13-3　存在内部控制系统时博弈的时序

当引入内部控制系统对项目的实施进行监督时,分散投资者的效用为:

$$U_D^I = [\lambda P_H(R - R_E - R_M) + (1 - \lambda)P_L(R + B - R_E - R_M)] - (I - W - I_M) \quad (13\text{-}15)$$

其中,I_M 为分散投资者引入监督活动需要投入的资金,R_M 为监督活动所产生的总的收益,它的一部分用来补偿分散股东引入监督活动的投资,另一部分用来补偿监督者的努力。为了简化分析,我们假定,对于 $\forall \lambda \in (0,1)$,$I_M$ 和 R_M 满足

$$[\lambda P_H + (1 - \lambda)P_L]R_M - C(\lambda) = I_M \quad (13\text{-}16)$$

(13-16)式意味着存在大量的监督者愿意从事监督活动,但监督者没有得到任何租金,他所得到的净支付 $[\lambda P_H + (1 - \lambda)P_L]R_M - I_M$ 等于他实际付出的监督努力 $C(\lambda)$。

此时,项目的净现值变为:

$$U_I = [\lambda P_H R + (1 - \lambda)P_L(R + B)] - I - C(\lambda) \quad (13\text{-}17)$$

则最大化项目净现值的监督水平 λ^* 满足,

$$(\Delta P)R - P_L B = C'(\lambda^*) \quad (13\text{-}18)$$

由对 $C(\lambda)$ 的假设,我们有命题3。

命题3: 内部控制系统的监督水平 λ^* 将随着 ΔP 和 R 的增加而加强,随着 P_L 和 B 的减少而减弱。

证明: 对命题3的证明直接来自对(13-18)式的比较静态分析的结果。

假定,在 λ^* 的监督水平下,项目的实施将产生充足的可承兑收入来支付分散的投资者,并且使企业家获得非负的剩余(否则企业家将放弃从分散的投资者获得借贷)。即

$$\lambda^* P_H(R - R_E) + (1 - \lambda^*)P_L(R + B - R_E)$$
$$\geq I - W + C(\lambda^*) \quad (13\text{-}19)$$

且企业家的剩余:

$$U_E^I = \lambda^* P_H R_E + (1 - \lambda^*)[P_L(R_E + B)] - W \geq 0 \quad (13\text{-}20)$$

现在证明,引入内部控制系统项目所产生的净现值将不小于不引入内部控制系统所产生的净现值。它构成在项目实施中引入内部控制系统的充分条件。

命题 4：在给定的监督技术和 λ^* 的监督水平下，假定项目的实施不仅可以产生充足的可承兑收入来支付分散的投资者，而且使企业家获得非负的剩余，则引入内部控制系统，项目所形成的净现值将不小于不存在内部控制系统所形成的净现值。

证明：在 λ^* 的监督水平下，项目的净现值变为：

$$U_I = [\lambda^* P_H R + (1-\lambda^*) P_L (R+B)] - I - C(\lambda^*) \quad (13\text{-}21)$$

现在假定引入内部控制系统，项目所形成的净现值小于不存在内部控制系统所产生的净现值。因而，有

$$[\lambda^* P_H R + (1-\lambda^*) P_L (R+B)] - I - C(\lambda^*)$$
$$< P_L(R+B) - I \quad (13\text{-}22)$$

在不等式的两端同时减去 $[\lambda^* P_H + (1-\lambda^*) P_L] R_E$，我们得到：

$$\lambda^* P_H (R - R_E) + (1-\lambda^*) P_L (R + B - R_E) < P_L(R+B)$$
$$- [\lambda^* P_H + (1+\lambda^*) P_L] R_E + C(\lambda^*) \quad (13\text{-}23)$$

由存在大量的监督者愿意从事监督活动且监督者没有得到任何租金的假说，不失一般性，假定存在一个 R_E，同时满足

$$U_E^I = \lambda^* P_H R_E^* + (1-\lambda^*)[P_L(R_E^* + B)] - W \geq 0 \quad (13\text{-}24)$$

和

$$U_E^M = P_L(R_E^* + B) - W \geq 0 \quad (13\text{-}25)$$

且

$$P_L(R+B) - [\lambda^* P_H + (1+\lambda^*) P_L] R_E^* = I - W \quad (13\text{-}26)$$

选取 $R_E = R_E^*$，并把(13-26)式代入(13-23)式，我们得到，

$$\lambda^* P_H (R^* - R_E) + (1-\lambda^*) P_L (R^* + B - R_E)$$
$$< I - W + C(\lambda^*) \quad (13\text{-}27)$$

这与(13-19)式矛盾。因而假说错误，命题得证。

进一步比较存在和不存在内部控制系统两种情形下企业家的剩余和分散投资者的剩余，我们得到命题 5。

命题 5：存在内部控制系统（引入监督者）与不存在内部控制系统相比，将使企业家的剩余（从而道德风险行为）减少，而使分散投资者的剩余增加。

证明：由存在大量的监督者愿意从事监督活动且监督者没有得到任何租金的假说，我们假定存在一个 R_E，使得存在和不存在内部控制系统具有相同的项目净现值。即

$$[\lambda^* P_H R_E + (1-\lambda^*) P_L (R_E + B)] - C(\lambda^*)$$
$$= P_L(R_E + B) \quad (13\text{-}28)$$

把监督努力为最优时的(13-16)式代入(13-28)式,消去$C(\lambda^*)$,且等式两边同时减去$[\lambda^* P_H + (1-\lambda^*)P_L]R_E$,我们得到引入内部控制系统时分散投资者的剩余为,

$$U_D^I = [\lambda^* P_H(R - R_E - R_M) + (1-\lambda^*)P_L(R + B - R_E - R_M)]$$
$$\quad - (I - W - I_M)$$
$$= P_L(R + B) - [\lambda^* P_H + (1-\lambda^*)P_L]R_E - (I - W) \quad (13-29)$$

我们知道,当不存在内部控制系统时,分散投资者的剩余为:

$$U_D^M = P_L(R - R_E) - (I - W) \quad (13-8)$$

当且仅当 $P_L(R_E + B) - [\lambda^* P_H + (1-\lambda^*)P_L]R_E > 0 \quad (13-30)$

有$U_D^I > U_D^M$。(13-30)式的含义是引入内部控制系统前企业家的剩余要高于引入后的剩余。因而,得到企业家和分散投资者的剩余变化方向相反的结论。进一步,由(13-19)和(13-20)式,我们有,引入内部控制系统将使分散投资者剩余增加,而使企业家的剩余,从而道德风险行为减少。

命题5的直觉是,当企业家存在道德风险时,引入内部控制系统对其进行监督,将降低企业家道德风险的程度,从而使分散投资者的剩余增加。从一定意义上讲,引入内部控制系统构成了企业家向分散投资者所作出的一项承诺装置(commitment device),它的功能在于向外部投资者揭示,一个企业存在对企业家道德风险行为进行约束的制度上的保障,从而鼓励外部投资者进行投资。

命题4和命题5表明,内部控制系统如同外部控制系统一样,同样可以成为解决股东之间利益冲突问题的重要途径,尽管二者的作用机理存在显著的区别。与外部控制机制主要依靠信息的传递来揭示企业家的绩效和道德风险程度不同,内部控制系统则主要通过直接、积极的监督来降低企业家道德风险的程度。

第三节 内部和外部控制系统的整合

一个有意思的讨论是,同时存在公司治理机制的外部和内部控制系统对解决股东之间利益冲突问题的作用。如同前面指出的一样,现实中更多的是通过不同公司治理机制的整合来实现公司治理的目的。我们将在讨论存在内部控制系统的框架中同时引入外部控制系统,以此来讨论内部和

外部控制系统整合时对降低代理成本的作用以及两种控制系统相互之间的关系。需要指出的是,本章没有讨论存在外部控制系统的条件下内部控制系统内生决定的问题,而仅仅是在存在大量的监督者愿意从事监督活动且监督者没有得到任何租金的假说下,外生给定内部控制系统的存在,讨论内、外控制系统整合的问题。对内、外控制系统同时存在的假说很大程度上来自于对现实的考虑。

由引理2,我们仅考虑企业家的激励相容约束条件没有得到满足,企业家存在道德风险行为下,内部和外部控制系统整合的情形。

当同时存在内部和外部控制系统时,由引理1,项目的净现值等价于:

$$U_I = [\lambda P_H R + (1-\lambda) P_L (R + \Pi B)] - I - C(\lambda) \quad (13\text{-}31)$$

其中,$0 < \Pi < 1$。此时,最大化项目净现值的监督水平 $\lambda^\#$ 满足

$$(\Delta P)R - P_L \Pi B = C'(\lambda^\#) \quad (13\text{-}32)$$

与命题3的分析相类似,我们得到命题6。

命题6:同时存在内部和外部控制系统时,内部控制系统的监督水平 $\lambda^\#$ 将随着 ΔP、R 和 δ_{HH} 的增加而加强,随着 P_L、B 和 δ_{LH} 的减少而减弱。

证明:由 $\Pi = \dfrac{\delta_{HH}/(\delta_{HH} - \delta_{LH})}{P_H/(P_H - P_L)}$,我们有 $\dfrac{\partial \Pi}{\partial \delta_{HH}} < 0$ 和 $\dfrac{\partial \Pi}{\partial \delta_{LH}} > 0$。对(13-32)式进行比较静态分析,我们得到 $\dfrac{\partial \lambda^\#}{\partial \Delta P} > 0$,$\dfrac{\partial \lambda^\#}{\partial R} > 0$,$\dfrac{\partial \lambda^\#}{\partial \delta_{HH}} > 0$,$\dfrac{\partial \lambda^\#}{\partial P_L} < 0$,$\dfrac{\partial \lambda^\#}{\partial B} < 0$ 和 $\dfrac{\partial \lambda^\#}{\partial \delta_{LH}} < 0$。证明完毕。

在 $\lambda^\#$ 的监督水平下,项目的净现值相应变为:

$$U^I = [\lambda^\# P_H R + (1 - \lambda^\#) P_L (R + \Pi B)] - I - C(\lambda^\#) \quad (13\text{-}33)$$

比较存在与不存在外部控制系统时,内部控制系统的监督强度,我们有命题7。

命题7:当存在外部控制系统时,与不存在外部控制系统相比,内部控制系统将选择更强的监督强度。

证明:比较(13-16)和(13-32)式,由 $0 < \Pi < 1$,我们有 $C'(\lambda^*) < C'(\lambda^\#)$。进一步,由对 $C(\lambda)$ 性质的假说,我们得到 $\lambda^* < \lambda^\#$ 的结论。

命题7的直觉是,外部控制系统的信号传递功能,在一定程度上降低了企业家与内部控制系统之间的信息非对称,从而使内部控制系统的监督效率提高。命题7显然具有十分丰富的政策含义。一个可能的政策含义是,为了使内部控制系统对控制性投资者的监督更有效,我们需要依靠成

熟的外部控制系统的有效运作。在强调加强内部监督建设的同时,我们不应忽视包括公司控制权市场、产品市场竞争等在内的外部控制系统的建立和健全。Jensen(1993)在总结美国资本市场的成功经验时承认,尽管理论界对接管行为存在各种争议,但毫无疑问,接管市场的存在对于完善和提高公司的内部治理系统发挥了重要作用。正如在前面所提到的,外部控制系统的建设通常超过一个企业资源规划的范围,因而,政府应在建立和健全外部控制系统的问题上扮演重要角色。

比较同时存在内部和外部控制系统时与仅存在内部或外部控制系统时项目的净现值、企业家和分散投资者的剩余,我们有命题8。

命题8:如果项目的实施不仅可以产生充足的可承兑收入来支付分散的投资者,而且使企业家获得非负的剩余,则与仅存在内部(外部)控制系统时相比,同时存在外部和内部控制系统将使企业家的剩余进一步减少,分散投资者的剩余进一步增加。

证明:我们首先证明,如果项目的实施不仅可以产生充足的可承兑收入来支付分散的投资者,而且使企业家获得非负的剩余,则同时存在内部和外部控制系统项目所形成的净现值将不小于仅仅存在内部(外部)控制系统时所形成的净现值。

在 $\lambda^{\#}$ 的监督水平下,当同时存在内部和外部系统时,上述条件意味着

$$\lambda^{\#} P_H (R - R_E) + (1 - \lambda^{\#}) P_L (R + \Pi B - R_E)$$
$$\geq I - W + C(\lambda^{\#}) \qquad (13\text{-}34)$$

企业家的剩余:

$$U_E^D = \lambda^{\#} P_H R_E + (1 - \lambda^{\#})[P_L(R_E + \Pi B)] - W \geq 0 \qquad (13\text{-}35)$$

由 $\lambda^* < \lambda^{\#}$ 和 $0 < \Pi < 1$,与命题4的证明类似,我们可以得到:

$$[\lambda^{\#} P_H R + (1 - \lambda^{\#}) P_L(R + \Pi B)] - C(\lambda^{\#})$$
$$> [\lambda^* P_H R + (1 - \lambda^*) P_L(R + B)] - C(\lambda^*) \qquad (13\text{-}36)$$

(13-36)式意味着,同时存在内部和外部控制系统时项目所形成的净现值将不小于仅仅存在内部控制系统时所形成的净现值。

与命题5的证明相类似,我们进一步可以得到同时存在内部和外部控制系统时,企业家和分散投资者的剩余变化方向相反的结论。由(13-34)式和(13-35)式,我们得到,与仅存在内部控制系统时相比,同时存在外部和内部控制系统将使企业家的剩余进一步减少,分散投资者的剩余进一步增加。

类似地,我们可以证明与仅存在外部控制系统时相比,同时存在外部和内部控制系统将使企业家的剩余进一步减少,分散投资者的剩余进一步增加的结论。

命题8的直觉是,由于外部控制系统的存在,使内部控制系统的监督功能加强,从而使公司治理机制整体形成对企业家的道德风险行为的有效约束。我们看到,内部和外部控制系统的整合对企业家的约束超过了仅仅存在单一的公司治理机制时的约束,使控制系统整体的约束功能增强。显然,它为我们在公司治理实践中降低集体决策成本提供了重要的思路。即我们在设计公司治理机制时,不仅仅局限于不同控制系统的特定的功能,而是可以通过求助不同公司治理机制的整合来实现整体功能加强的目的。

总结以上对内部和外部控制系统整合的分析,来进一步讨论内部和外部控制系统的关系,我们有命题9。

命题9:内部和外部控制系统或者表现为互补关系,或者表现为只有外部控制系统发挥作用,而不需要引入内部控制系统。从一种关系向另一种关系的转变取决于企业家与分散投资者所签订的合约是否满足企业家激励相容约束条件。

证明:当$(\Delta P)R_E < B$时,企业家的激励相容约束条件没有得到满足,企业家将选择道德风险行为。由命题5和命题6,同时存在内部和外部控制系统不仅可以促使内部控制系统选择更强的监督强度,而且给定相同的合约,还可以使企业家的剩余进一步减少,分散投资者的剩余进一步增加。内部和外部控制系统在降低代理成本问题上作用的相互加强表明;二者存在互补关系。当$(\Delta P)R_E \geq B$时,企业家的激励相容约束条件得到满足,由引理2,项目的实施不需要引入内部控制系统;而由命题1,此时外部控制系统仍然发挥积极作用。

命题9表明公司治理机制的内部和外部控制系统不是简单的单调关系。这与公司治理文献对二者关系或者互补、或者替代的传统认识不同。

本 章 小 结

外部控制系统对于降低股东之间的利益冲突非常重要。

外部控制系统的建立不仅可以在一定程度上解决股东之间的利益冲突,同时,它的存在可以提高内部控制系统的监督效率,使代理成本和集体决策成本进一步降低。上述结论具有重要的政策含义。为了使内部控制系统对控制性投资者的监督更有效,我们需要依靠成熟的外部控制系统的有效运作。在强调加强内部监督建设的同时,我们不应忽视包括公司控制权市场、外部审计、法律保护以及产品竞争市场等在内的外部控制系统的建立和健全。政府在建立和健全外部控制系统的过程中应扮演重要角色。

第四篇
股权分置改革中的股东之间利益冲突

股权分置是特殊历史条件下的产物,解决这个问题曾激起全国范围内的大讨论。2005年注定要在中国证券发展史上留下厚重的一笔,因为股权分置改革的启动和顺利实施,使股价成为非流通股和流通股共同利益的一个基石,中国证券市场的发展从此掀开了新的一页。

在历史的长河里,13年的股权分置和两年的股权分置改革也许只是一瞬间,但对于研究股东之间利益冲突来说,却是宝贵的素材。

第十四章

股权分置下的 A 股市场

第一节 股权分置的起源

根据现有文献记载,最早系统地提出对国有大中型企业进行公司制改造思路的是两位年轻的经济学家吴稼祥、金立佐。他们在 1983 年写的《股份化:进一步改革的一种思路》一文中,对国有企业为什么要进行股份化改造、怎么进行改造作了比较全面的分析。但当时学术界对此表示反对或不理解,这种学术争论由于没有达成多数人的一致意见而没有得到领导的重视。1983 年,世界银行的中国经济考察团向中国政府递交,并在 1985 年公开发表了他们的考察报告《中国:长期发展的问题和方案》。报告提出,国有企业改革需要解决的根本问题在于建立国家和企业之间的恰当关系。报告认为可以将国有企业的财产划分为股份,分散给若干个不同的公有机构(政府、银行、养老金基金、保险公司、其他企业等)持有,这样,就可以将国有企业改组为以各种公有机构持股为主的公司制企业。世界银行的这份报告还以发达市场经济国家为例证说明,公司制度适用多种所有制形式。国际经济专家关于我国国有企业改组为现代公司的建议,在领导层中引起了较大的关注。当理论界和领导层还在讨论我国国有企业是否应该进行股份制公司化改革时,在 1984—1985 年间,一股兴办职工持股股份公司的潮流,已经自下而上地兴起了。

在经过几年的理论讨论和尝试以后,我国国有大中型企业"股份制试点"从 1986 年底全面开始。1986 年 9 月,北京大学厉以宁教授在《人民日报》上发表文章,全面论述了在国有企业中展开以实行股份制为主要形式的所有制改革的必要性,同时向党政领导提出了建立股份制企业的具体方案。国务院在 12 月发布了《关于深化企业改革增强企业活力的若干规定》。该规定指出:"各地可以选择少数有条件的全民所有制大中型企业,进行股份制试点。"接着各省、市,特别是上海、深圳、武汉、重庆等大城市相继选择了一些国有企业进行"股份制试点"。

国有企业进行公司化改造需要发展资本市场与之配套。1990年12月上海证券交易所成立,1991年7月深圳证券交易所成立,中国证券市场迅速发展起来。

证券市场成立之初,面临着"股份制是私有化,将导致国有资产流失"的政治争论和国有产权的清晰化尚未解决,流动后其收益归属难以解决等技术性难题,根据"摸着石头过河"的方针,提出了"国有存量股份不动,增量股份募集转让"的股权分置暂行模式。

对国有股和法人股的法律界定最早出现在1992年5月15日由国家体改委、国家计委、财政部、中国人民银行、国务院生产办联合发布的《股份制企业试点办法中》,该试点办法规定:"根据投资主体的不同,股权设置有四种形式:国有股、法人股、个人股、外资股。"其中,"国有股为有权代表国家投资的部门或机构以国有资产向公司投资形成的股份";"法人股为企业法人以其依法可支配的资产向公司投资形成的股份,或具有法人资格的事业单位和社会团体以国家允许用于经营的资产向公司投资形成的股份";"个人股为以个人合法财产向公司投资形成的股份"。国家体改委同时颁布的《股份有限公司规范意见》再次确认了《股份制企业试点办法》有关股权设置的基本内容,明确了国务院在国家股权管理中的核心地位。1994年3月原国家国有资产管理局下发的《股份制试点企业国有股权管理的实施意见》和1994年11月原国家国有资产管理局、国家体改委联合颁布的《股份有限公司国有股权管理暂行办法》对国有股权作了进一步的界定,将其划分为国家股和国有法人股。

但要找出非流通的依据,则存在许多困难。1992年,原国家国有资产管理局、国家体改委联合颁布的《股份制试点企业国有资产管理暂行规定》第十二条指出:"国有股权有偿转让给非国有经济成分时,须由国有资产管理部门审批或由国有资产管理部门报请政府批准。"该暂行规定还规定了国有股份转让的程序以及国家股权转让应符合的四个条件。1993年4月,国务院第112号令发布的《股票发行与交易管理暂行条例》第36条规定:"国家拥有的股份转让必须经国家有关部门批准,具体办法另行规定。"该条没有规定国家股不可转让,更没有规定法人股不能转让,但所谓的具体办法则一直没有出台。1992年中国证监会成立后,A股开始较大规模地在沪、深股市募集上市。证监会在审批企业上市过程中,要么是在批文中,要么是在企业的募集或上市的公告中,几乎都提到了"公司的国有股、国有法人股和法人股暂不流通"。这一点在中国证监会1993年公布的《关于公司申请公开发行股票的通知》中也被确立。1997年3月,原国家国有资产管理局、国家体改委联合颁布的《股份有限公司国有股股东行使股权行为规范意见》,对国有股份的转让对象和转让价格作出了规定,其中第十六条规定:"国有股股东可以依法将其持有的国有股份转让给境内、外法人和自然人。"第十七条规定:"转让股份的价格必须依据公司的每股净资产值、净资产收益率、实际投资价值(投资回报率)、近期市场价格以及合理的市盈率等因素来确定,但不得低于每股净资产值。"从这些规定来看,国有股在一定条件下可以协议转让(通常价格比市价低得多),但只能进行场外转让,不能上市流通;而流通股按市价挂牌交易。对于非流通股在配股中形成的增量,根据中国证监会《关于1996年上市公司配股工作的通知》的规定:"在国务院作出新的规定以前,国家拥有的未流通股份,以及这些股份的配股权和红股出让后,受让者由此增加的股份暂不上市流通。"由此,到2005年5月为止,股权分置的现象在中国证券市场上已经客观存在了13年。

截至2005年6月30日,我国共有1 391家上市公司。上市公司股本总额为7 510.03亿股,其中非流通股4 775.1亿股,占63.58%。在非流通股中,国家及国有法人股为3 474亿股,占非流通股的74%。显然,国有资本处于绝对主导地位。中国股权分置的情况见表14-1。

第二节 解决股权分置的必要性

长期以来,股权分置问题一直是困扰中国股市规范与发展的难题。非流通股和流通股的利益冲突我们在第一章已经有了大量的描述。造成这些现象的原因是非流通股和流通股的利益不一致,导致公司治理缺乏共同的利益基石,主要表现在:

(1) 非流通股的财富数量与股价变动无关,非流通股并不在意其机会主义的行为而导致的二级市场股价下跌和流通股的利益损失;

(2) 尽管非流通股与流通股取得同样数量股份的成本不同,但在派发股息、红利时,二者却享有相同的收益;

(3) 非流通股股东的利益关注点在于资产净值的增减,流通股股东的

表 14-1 股本结构情况统计表

时间	股份总数（亿股）	尚未流通股份（亿股）								已流通股份（亿股）			
		合计	发起人股	定向募集法人股	内部职工股	转配股	基金配售股份	战略投资者配售股份	其他未流通股	合计	境内上市人民币普通股	境内上市外资股	境外上市外资股
2004年6月	6 859.08	4 399.11	4 041.32	338.72	12.89	0.14	0.71	4.00	1.33	2 433.66	1 871.19	184.84	377.62
2004年7月	7 000.41	4 466.32	4 101.10	342.90	12.79	0.14	0.71	4.00	4.68	2 505.11	1 934.66	190.78	379.66
2004年8月	7 047.26	4 481.89	4 119.45	344.13	8.77	0.14	0.71	4.00	4.68	2 536.16	1 950.44	190.78	394.94
2004年9月	7 047.94	4 481.33	4 120.97	341.86	8.77	0.14	0.71	4.00	4.87	2 537.34	1 951.94	190.45	394.94
2004年10月	7 134.98	4 537.76	4 174.90	344.06	8.97	0.14	0.52	4.00	5.16	2 567.89	1 984.84	197.01	386.04
2004年11月	7 142.60	4 542.17	4 179.12	343.48	8.97	0.14	0.52	4.00	5.95	2 571.09	1 988.04	197.01	386.04
2004年12月	7 149.43	4 542.91	4 177.54	345.03	8.94	0.14	0.52	4.00	6.75	2 577.19	1 992.54	197.01	387.64
2005年1月	7 151.96	4 541.51	4 177.54	345.03	7.91	0.14	0.52	4.00	6.38	2 580.09	1 995.44	197.01	387.64
2005年2月	7 225.57	4 588.93	4 220.62	346.52	7.91	0.14	0.52	4.00	9.22	2 606.28	2 006.45	188.98	410.85
2005年3月	7 235.59	4 623.32	4 245.23	348.81	7.91	0.14	0.52	4.00	16.71	2 612.56	2 012.73	188.98	410.85
2005年4月	7 299.43	4 652.95	4 265.32	360.92	7.02	0.14	0.52	4.00	15.04	2 646.77	2 037.05	196.38	413.34
2005年5月	7 466.30	4 791.83	4 389.56	378.36	6.89	0.14	0.52	0.00	16.36	2 674.76	2 047.44	213.99	413.34
2005年6月	7 510.03	4 775.10	4 277.90	475.66	5.33	0.00	0.07	0.00	16.15	2 734.93	2 110.57	211.14	413.22

资料来源：中国证券监督管理委员会，统计信息。

利益关注点在于二级市场的股价波动,客观上形成了非流通股东和流通股东的"利益分置"。

股权分置也给中国股市带来了种种负面效应。首先,扭曲了证券市场定价机制。股权分置格局下,股票定价除包含公司基本面因素外,还包括三分之二股份暂不上市流通的预期。三分之二股份不能上市流通,客观上导致单一上市公司流通股本规模相对较小,股市投机性强,股价波动较大和定价机制扭曲。其次,影响证券市场预期的稳定。庞大数量"暂不流通"的非流通股,像悬在中国股市头上的"达摩克利斯之剑",不知道哪天会掉下来。再次,不利于上市公司的购并重组。以国有股份为主的非流通股转让市场是一个参与者有限的协议定价市场,交易机制不透明,价格发现不充分,严重影响了国有资产的顺畅流转和估值水平。最后,国有股、法人股的不流通,不利于国有资产管理体制改革的深化,对非流通股也是一种利益的侵害。国有股权不能实现市场化的动态估值,形不成对企业强化内部管理和增强资产增值能力的激励机制。

在实证研究方面,几乎所有相关的研究都是在股权分置的背景下得出的结论。专门针对股权分置这种所谓的"股权二元结构"也不少,下面作一个简单的综述。

过度融资是 A 股市场的一个引人注目的现象。赵涛等(2005)通过研究控股股东在上市公司融资决策方面的利润函数,应用比较静态分析的方法,得出由于非流通股股价低于流通股股价,即使新发行的融资并不会在未来带来任何新的现金流,控股股东仅仅出于通过掏空上市公司资产的目的,也会造成上市公司过度地进行股权融资,上市公司过度债权融资的原因也与此类似,过度融资由此产生。赵文关键的结论是:股权分置下的过度融资规模要大于不存在股权分置下的过度融资规模。

再融资也是一个观察股权分置情况下股东之间利益冲突的一个窗口。李康等(2003)用大样本研究了股权再融资对不同类型股权的影响。根据他们对 2000—2001 年 308 家配股和增发公司上市公告日前 60 天至上市日后 60 天的考察,非流通股东无论是否参与配股或增发都能获得每股净资产的大幅增加。在配股的条件下,如果非流通股参与配股,将获得平均 28.22% 的每股净资产增长,如果放弃配股,则获得 33.06% 的每股净资产增长,在增发的条件下,非流通股享受每股净资产增长率高达 72.20%。而对流通股则不同:在增发条件下流通股不论是否参与增发,都有不同程度的损失,参与增发损失 1.37%,不参与增发损失 5.97%;在配股的方式下,如流通股参与配股,则可以获得3.85%的超额收益,不参与配股的流通股,则有3.7%的超额损失。王汀汀(2004)研究了1998年至2001年增发公司增发公告公布后短期内的超额收益率,结果显示均显著为负。作者认为,增发流通股将产生以下两个影响:第一,增发了新的流通权,使上市公司获得发行流通权的收益,这部分收益为包括非流通股在内的所有股东所共享,为非流通股带来了额外的好处。第二,稀释了现有流通股的流通权,使其流通权价值下降。因此增发对非流通股有利,对现有流通股则不利。徐浩萍(2005)打破了在再融资中流通股的所失来自非流通股的所得这样的隐含假定,她的研究表明,在再融资实施过程中,流通股市场价值和非流通股账面价值增长分别为5%和19%,非常不平衡。但从长期看,尽管融资样本的非流通股账面价值增长率在融资后仍然高于控制样本,但与融资前相比,这一优势显著减弱了。

现金股利分配、关联方借款和再融资一样,也与股权分置有密切关系。何卫东(2004)用了一个很有意思的概念——"流动性价差"来研究这个问题。作者认为,在股权分置的情况下,流通股的持有者具有"选择出售或继续持有该股份的权利",这一权利就是所谓的"卖出"期权。流通股的价值等于股票的"真实"价值和相应的"卖出"期权价值之和。同样,在股权分置的情况下,拥有控制权的非流通股的价值等于股票的"真实"价值和相应的"控制权"价值之和。流通性价差被定义为流通股的价值与非流通股的价值之差。通过研究,作者得出三个结论:(1)现金股利分配和非流通股持股比例的交互作用与流通性价差之间显著负相关,这说明当非流通股的比例较高时,现金股利分配将成为非流通股东"剥削"流通股东的手段;(2)关联方借款数额和控制权结构的交互作用与流通性价差之间显著负相关。这说明属于同一企业集团的上市公司之间或上市公司与母公司之间的关联方借款较多时,投资者认为它是拥有控制权的非流通股"剥削"流通股东的手段;(3)再融资行为(配股和增发)与流动性价差显著负相关,这说明投资者认为上市公司实施再融资将导致流通股利益受损。

有鉴于此,不少学者呼吁进行股权分置改革。吴晓求(2004)分析了股权流动性分裂的八大危害,并指出要使中国资本市场有一个公平的、可预期的制度基础,以形成一个具有良好流动性的市场化平台,唯一的出路就是推进股权的流动性变革,构造一个全流通的市场和利益取向一致的股权结构。应展宇(2004)认为,正是由于在股权分裂所导致的不同股东利益倾轧的背景中,才形成了"中国股利之谜",即股利支付意愿整体偏低,且众多高盈利公司即便成长前景很低也不愿意派发股利;宁可让公司业绩下降,众多公司也愿意选择以送股方式派发股利;派发股利的公司股利支付水平极低等。李雯(2004)认为,股权分裂内在地导致了各类股东之间利益的分离,从而各利益主体的行为发生了扭曲,这种扭曲的行为造成了广大流通股股东利益的损失,影响了股票市场的稳定性,使资本市场整合资源的功能难以发挥。因此,中国股市要想进入健康发展的轨道,就必须解决股权分裂问题,实现股票的全流通。

当然,不能将中国股市的一切问题都归结为股权分置。李黎等(2004)认为,股市的健康发展与股权分置制度弱相关,与上市公司质量强相关。作者举出了两个例子:一个是国内股市的例子。如图14-1所示,在1992年之前我国股市并没有股权分置的现象,这意味着目前股市中有几只全流通的股票,即从未受到股权分置问题困扰的股票。这几只股票就是通常被称为"三无板块"的方正科技(原延中实业)、爱使股份、飞乐音响、申华控股(原申华股份)以及ST兴业(原兴业房产)。按照主流的观点,如果不存在股权分置这一"根本"的制度缺陷,那么相对而言,上市公司的基本面应该良好,相应的股价表现也应该让人满意。但令人失望的是,这些不受股权分置问题羁绊的上市公司长期以来并没有体现出明显的制度优势,其经营业绩和股价表现差强人意。与之形成鲜明对照的是,就在股市这几年的漫漫熊途中,盐田港、深赤湾、上海机场、中集集团等股权分置问题明显的上市公司业绩却始终保持优良稳定,股价上涨势头明显,长期为机构投资者所重仓持有。另一个是香港股市的例子。据统计,香港可流通股比例尚不足49%,虽然高于内地股市的35%,却远远低于欧美股市90%左右的平均水平。可是,国际投资者从未把香港很低的流通股比例视作潜在威胁,担心私人和机构持有股有朝一日突然上市会导致股市消化不良,他们也不会仅仅因此而改变自己的投资决定和组合结构。① 较低的流通股比例并未影响到香港股市的平稳健康发展。②

一些政要也表达了类似的看法。③ 全国人大副委员长成思危认为,当前股市最紧急的问题是提高上市公司的质量。国务院发展研究中心副主任李剑阁(原中国证监会副主席)认为,把目前中国股市问题归结在股权

---

① 高潮生,《定量研究:重解中国股市》,《财经》2005年第5期。
② 更有说服力的是,在香港股市中有明显实行股权分置的股票,这就是内地国企在香港上市的H股。但是,这并没有妨碍香港股市成为世界上最健康和富有效率的股市之一。
③ 李幛喆:《中国股市发展报告2005年》,中国财政经济出版社2006年版。

分置上,并没有找到根本矛盾所在。股权分置问题根本不可能在短时间内用简单的办法解决。况且即使在法规上明确"全流通",也不可能实质性地改变股权分置的事实。

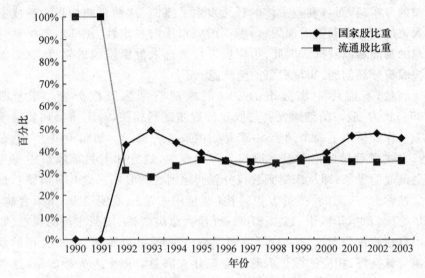

图 14-1　上市公司历年股本变动情况(1990—2003)

因此,不能把股权分置问题说成是中国股市的"万恶之源",但股权分置确是中国股市的一大制度缺陷,是阻碍我国证券市场健康发展的一个大问题。解决股权分置问题势在必行。

第三节　从国有股减持到 A 股含权

一、我国解决股权分置问题的历史进程回顾

1. 第一阶段:国有股减持

1999 年 9 月 22 日,中国共产党第十五届四次全体会议通过《关于国有企业改革和发展若干问题的决定》,明确提出"在不影响国家控股的前提下,适当减持部分国有股"。上市公司开始向国有股股东回购并注销股权,例如,1999 年 11 月,申能股份和云天化分别用现金 25.1 亿元和 5.66 亿元回购并注销了公司国有法人股 10 亿股和 2 亿股。

1999 年 11 月,管理层实施"国有股配售"政策,采用"净资产之上、十

倍市盈率之下"方案。1999年12月2日,国有股配售试点启动,中国证监会确定冀东水泥、华一投资、惠天热电、陆家嘴、中国嘉陵、天津港、富龙热力、成商集团、黔轮胎、太极集团10家单位为国有股配售预选单位,国有股按照一定价格向流通股股东配售。1999年12月,中国嘉陵比例配售试点减持中国嘉陵国家股股权,向社会公众股股东10配0.361股,配售总额10 000万股,配售价4.5元,2000年1月11日上市流通。

2001年6月12日,国务院正式发布《减持国有股筹集社会保障资金管理暂行办法》,该办法的核心是第五条:国有股减持主要采取国有股存量发行的方式。凡国家拥有股份的股份有限公司(包括在境外上市的公司)向公共投资者首次发行和增发股票时,均应按融资额的10%出售国有股;股份有限公司设立未满3年的,拟出售的国有股通过划拨方式转由全国社会保障基金理事会持有,并由其委托该公司在公开募股时一次或分次出售。国有股存量出售收入,全部上缴全国社会保障基金。该办法最受争议的是第六条,即"减持国有股原则上采取市场定价方式",把市价减持和首发、增发"捆绑"起来。此次尝试遭到了市场的强烈抵制。

郑江淮(2002)认为2001年国有股减持试点之所以失败,其根源在于公众投资者在现行上市公司股权结构和治理结构中对股权价值的低水平预期。因而,他指出要实现国有股减持必须使政府和公众投资者之间实现激励相容,即政府要让利于投资者。这也是目前理论界的流行观点。李涛(2002)在回答了国有股权在混合所有制公司中的作用以及国有股权比重应如何调整的问题后,指出政府减持国有股不能"一刀切",而应以公司业绩为依据,首先在上市后业绩较差的公司进行减持。

2. 第二阶段:全流通方案讨论

2001年10月22日晚,管理层宣布暂停在新股首发和增发中执行国有股减持政策。2001年11月,中国证监会设立规划委,向社会征集解决国有股减持问题的办法;2002年6月24日,国务院发文,停止执行在股票市场减持国有股。

从2001年底开始到2005年,一场历时近四年的全流通大讨论在中国展开。政府官员、专家学者、广大股民以及对此感兴趣的各方人士,通过各种形式提方案、发表意见,参加到全流通的大讨论中来。中国证监会规划委共征求到4 000多份国有股流通的建议。

3. 第三阶段:股权分置改革试点

2003年11月,证监会主席尚福林公开发表观点说:"中国股市存在股权分置问题。"由此,学界、市场逐步采用了"股权分置"这个说法。2004年2月,国务院发布《国务院关于推进资本市场改革开放和稳定发展的若干意见》("国九条"),承认中国股市存在股权分置问题,提出积极稳妥解决的方针,并强调"在解决这一问题时要尊重市场规律,有利于市场的稳定和发展,切实保护投资者特别是公众投资者的合法权益"。2005年4月13日,中国证监会负责人表示,现在具备启动解决股权分置问题试点的条件。2005年4月29日,证监会宣布启动股权分置试点工作,提出"试点先行,协调推进,分步解决"的操作思路。

二、我国股权分置改革进展情况

股权分置改革分试点和全面铺开两个阶段进行。

经国务院批准,2005年4月29日,中国证监会发布《关于上市公司股权分置改革试点有关问题的通知》,标志着股权分置改革试点正式启动。从2005年5月至8月,共有46家上市公司作为试点公司完成了股权分置改革,为股权分置改革的全面铺开作了有益的探索。

2005年8月23日,以财政部、国务院国资委、中国人民银行、中国证监会和商务部五部委联合发布《关于上市公司股权分置改革的指导意见》为标志,股权分置改革进入全面铺开阶段。截至2006年1月22日,共计19批452家上市公司正在进行或已经完成了股权分置改革,已宣布进行股改的上市公司总市值占A股全部上市公司总市值的41.5%左右,流通市值占全部A股上市公司流通市值的48%左右。

应该说,我国股权分置改革工作已经取得了决定性的进展,主要表现在以下三方面的突破:

第一,确认了A股含权。

A股含权是股权分置改革理论的基石。因为如果A股不含权,即与非流通股同股同权,那么,股权分置的提法就没有意义,所谓改革也就成了无的放矢。A股含权的认知自2001年国有股市价减持叫停后已经逐步成为学界、业界和市场的共识。在此共识上,通过政策引导和试点实践,通过利益相关方自己的行为和选择,以对价方式确认了流通A股与非流通股不是同权,而是含权的经济现实。确认A股含权,通过支付对价的形式理清流通股、非流通股之间过去没有定义清楚的产权关系,这样就纠正了中国股市一个最大的制度缺陷,打破了制约股市发展的瓶颈,使证券市场的长期健康发展有了一个坚实的基础和平台。

第二，通过"统一组织、分散决策、分类表决"，找到了解决含权或对价问题的途径。

承认A股含权，只是确立了正确的方向，还需要解决路径的问题。长期以来，即使在A股含权共识的基础上，人们对是采用统一行政决策还是市场化分散决策来解决问题仍然存在尖锐的分歧和争论。股权分置改革试点，采取了"统一组织、分散决策"的方法，监管部门只制定和维护规则、程序，不制定和规定具体的含权系数和对价水平，让各个试点企业的两类股东自己进行协商对话，最后用分类表决的方式来达成妥协或一致。这种方式的最大好处，就是可以具体情况具体分析，适应上市公司千差万别的具体情况。试点的实践充分说明，统一组织、分散决策、分类表决的方式适合了我们的国情，得到两类股东的普遍认可，是可以走通的解决股权分置问题的途径。

第三，利用技术创新提高投票率，增进了改革的合法性基础。

过低的参与度和投票率不仅会为投机操纵敞开大门，而且会大大降低改革的可信度甚至合法性。试点中通过使用交易系统投票，使广大社会公众股东的投票率平均维持在50%以上，不仅大大增强了表决结果的合法性和说服力，也为广泛吸纳社会公众投资者参与上市公司决策找到了一条效率高、成本低的有效途径，是试点中的一大创造和亮点。

本 章 小 结

中国的证券市场是在邓小平"不要争论姓资姓社"和"大胆试"的思想指导下建立和发展起来的。在当时那样的政治氛围中，创建证券市场需要巨大的政治勇气，因此对历史不能苛刻。13年后，当应该为解决股权分置而采取行动的时候，同样需要巨大的勇气。

对于股权分置的弊端，大家看得非常清楚，解决这个问题是迟早的。但什么时候是解决这个问题的恰当时机，人们的看法却相差甚远。因为股权分置问题牵涉面太广，解决它是一个有相当难度的课题，不仅存在很大的经济风险，甚至存在一定的政治风险。2001年国有股减持的失败以及之后长达四年的熊市，足以说明这一点。

值得庆幸的是，股权分置改革总体来讲进展顺利，但历时一年多的股权分置改革值得回味，为我们提供了一个难得的观察股东之间利益冲突的机会。

第十五章

股权分置改革

我国股权分置改革采用的分散决策方式,使得在单个上市公司的层面上,股权分置改革成为两类股东之间的博弈,改革结果主要依赖于两类股东谈判力量的对比。从法律意义上讲,协商过程中非流通股股东向流通股股东出让的部分利益,是非流通股股东为获取流通权所支付的对价。

第一节 股改方案和对价

一、对价

"对价"一词虽然是通过股权分置改革才进入中国股民的视野,但并非我国首创,而是一个自17世纪初就存在至今的法律术语。对价又称"约因",英文名称为"consideration",在词源上解释为"Something promised, given, or done that has the effect of making an agreement a legally enforceable contract"。对价原本是英美合同法规定的效力原则,其本意是"为换取另一个人对某事的允诺,而付出的不一定是金钱的代价",或简称为"购买某种允诺的代价"。支付对价是法律双方形成一项合同(盖印合同[1]除外)的必要条件。我们都知道,合同是双方之间达成的一种允诺,但合同效力的法理基础其实是源于"对价"。英美各国法律认为:"没有对价的许诺只是一件礼物;而为对价所作出的许诺则已构成一项合同。"[2]没有对价就没有

---

[1] 根据英美通行的判例法,盖印合同又称为契据合同或书面要式合同,是指必须采取书面形式并且必须履行签名、盖章和正式交付手续的合同。盖印合同即使没有对价,也可以强制执行,而简单合同中如果没有对价则不发生法律效力。

[2] 针对"对价"的定义,最早的法律出处来源于1875年的"居里诉米沙"案,该案首次将对价定义为"一方得到权利、利益、利润或好处,或者另一方抑制一定行为,承受损害,损失或责任"。

合同(盖印合同除外)。

对价从法律上看是一种等价有偿的允诺关系,而从经济学的角度说,对价就是冲突双方未处于帕累托最优状况时实现帕累托改进的条件。在平等个体之间法律关系冲突的情况下,效率的解决只能通过平等个体之间的妥协来解决。在协调平等主体之间相互冲突的法律关系过程中,只要满足对价、自由让渡并给予及时补偿而不使任何一方损失的条件,就能实现从非帕累托最优到帕累托改进的效率。对价概念是我国在解决国家股减持、全流通和股权分置问题上的重要理论突破,它是集四年股市辩论之大成,既摒弃了照搬西方、双股市价并轨的观点,又吸收了补偿和双向补偿提法的合理内核,是用法律术语对股权分置改革思路的规范概括。

对价问题产生在2003年股权分置理论提出之后。股权分置理论认为,中国A股公司的流通股与非流通股的产权界定不清,同股异权,需要在非流通股恢复流通时重新理清扭曲的产权关系,这就产生了对价问题。对价是体现保护流通股股东利益的一个核心指标,它实际上是成功提出股权分置具体方案的关键所在。在试点方案的推出表决过程中,非流通股股东和流通股股东之间就具体方案进行充分讨价还价,从而推出双方均认可的试点方案,最终达到均衡。对价的理论基础就是所谓的股权分置溢价,每家公司的改革方案必须由公司的非流通股股东和流通股股东就对价进行讨价还价,最终达成协议,而对价的实现,必须由非流通股股东向流通股股东交出一部分利益。

从经济学理论上说,对价的前提是:其一,在股权分置下,流通股、非流通股产权界定混乱,形成了对社会公众投资者的误导和制度歧视,不公平地强化了他们的弱势地位;其二,在股权重新合一时,非流通股是受益者,流通股股东是受损者。因此,对价是消除制度缺陷、平衡两类股东利益的形式和工具。同时,招股说明书的瑕疵、误导和法律责任,同一上市公司的普通股多年来以高低悬殊常达几倍的价格进行交易造成的对市场规则和价格统一认同预期的完全破坏,以及社会公众投资人被排斥于低价转让、只能以高价入市的制度歧视和身份歧视,是这两类股份重新合一时必须理清产权和支付对价的法律依据。

因此,支付对价的理论基础和法律依据是特定历史条件下的制度缺陷。这种制度缺陷形成了对社会公众投资者系统性的误导和歧视。对价是信息披露缺陷和误导的法律责任人、潜在受益者同时又是纠正制度缺陷的实际受益人与利益受损者达成和解的制度性解决方式。

从上述对价理论出发,在股权分置改革中,支付对价、恢复流通权是所有上市公司非流通股股东的义务和权利。

二、在股权分置改革中采用的对价方法和案例

将实际中被采用的对价加以归纳,主要有市盈率相对估值法、超额市盈率法、权益价值不变法、市净率法等四种。

(一)市盈率相对估值法

1. 对价方法介绍

基本思路:参考境外成熟市场情况,估计股权分置改革后股票的合理市盈率和合理股价,将股价差额部分换算为对价补偿给流通股股东。计算模型为:

(1)改革后理论价格=改革后公司股票合理市盈率×每股收益

(2)对价总价值=(流通股市价-改革后股票理论价格)×流通股股份数

(3)流通股每股获付比例=对价总价值÷改革后股票理论价格÷流通股股数

参数说明:改革后公司股票合理市盈率一般取发达国家或地区的同行业平均市盈率作为参考,如美国或欧洲、中国香港地区等;每股收益一般取经审计的上年报表数据或当年预测数据。

适用性分析:采用这种方法的前提是公司所处行业易于划分,能够找到适当的可比样本,且市盈率差距在可接受的范围内。此外,由于全球不同的成熟市场之间的市盈率可能差距较大,在选取参考取值时可能带有一定的主观性,需找到充分的理论依据。

作为一种基本的对价安排价值确定方法,市盈率相对估值法是上市公司股权分置改革应用最多的一种测算方法。

2. 案例分析(江铃汽车)

方案要点:

以股权分置改革实施登记日在册全体流通A股股东获得江铃集团及其他非流通股股东送出的现金为对价安排,送出现金总额为14 229.60万元,其中12 712.56万元由所有非流通股股东按比例承担,其余1 517.04万元由江铃集团单独承担,这样流通A股股东每10股获送现金数量为12.10元。

定价依据:境外成熟资本市场上主要汽车厂商上市公司市盈率区间为 8.4 倍至 17.95 倍,平均市盈率为 13 倍。考虑到中国汽车行业在规模、技术等方面与国际汽车行业的差距,江铃汽车在 A 股市场全流通环境下的 A 股股票市盈率比较国际有规模的大型汽车类上市公司应该有一定折价;保守估计,江铃汽车在 A 股市场全流通情况下的 A 股股票理论市盈率水平为 8 倍。

江铃汽车近三年平均每股收益 = $(0.52 + 0.45 + 0.49/3 \times 4)/3 = 0.54$ 元/股(2005 年数据为前三季度每股收益的简单加权平均)

(1) 全流通后 A 股的理论股价 = 理论市盈率倍数 × 每股收益 = $8 \times 0.54 = 4.32$ 元/股

(2) 流通权价值 = (流通 A 股股东持股成本 - 全流通后 A 股的理论股价) × 流通 A 股数量 = $(5.46 - 4.32) \times 11\,760 = 13\,406.40$ 万元

方案评价:非流通股股东愿意执行对价的现金金额总计为 14 229.60 万元,高于经测算的流通股东应得的现金对价 13 406.40 万元。

(二) 超额市盈率法

1. 对价方法介绍

基本思路:以 A 股发行市盈率超过成熟市场发行的市盈率倍数作为计算流通权价值的参考,按照流通权价值对流通股股东进行补偿。计算模型为:

(1) 超额市盈率 = A 股发行市盈率 - 成熟市场发行市盈率

(2) 对价总价值 = 超额市盈率 × 每股收益 × 流通股股数

(3) 流通股每股获付比例 = 对价总价值 ÷ 改革前流通股市价 ÷ 流通股股数

适用性分析:与前两种方法不同,超额市盈率法是一种历史成本补偿方法。由于二级市场的交易行为,有可能导致补偿主体的错位。因此,该种方法更适用于上市时间较短、价格波动幅度较小的公司。

2. 案例分析(三一重工)

本次方案要点为:非流通股股东按照每 10 股流通股送 3.5 股并派 8 元,送股后总股本不变,派现现金来自非流通股股东而非上市公司。非流通股东承诺只有在同时满足两个条件时,才可挂牌交易出售所持有的非流通股股份:一是自三一重工股权分置改革方案实施后的第一个交易日起满 24 个月以上;二是自股权分置改革方案实施后,任一连续 5 个交易日公司二级

市场股票收盘价格达到 19 元以上(含 19 元)。

定价出发点：以超额市盈率倍数测算流通权对价的方案，主要思路类似于在非股权分置条件下模拟新发一次股票。将股票发行市盈率超出完全市场发行的市盈率倍数作为一个计算流通权价值的参考，其超额市盈率部分即可视为流通权价值。

方案评价：三一重工的方案是静态地看流通权的价值，形式上是历史补偿，但也仅对首次公开发行这一时点进行补偿，是对发行时流通股股东所持有流通股的流通权价值的补偿。因此，如果从补偿的角度来看，接受补偿的主体是错位的；对于流通股股东来说，历史价值能否补偿缺乏充分依据，补偿是否能保证方案实施后其所持有的市值不受损失也不确定。三一重工在征求流通股意见后对方案进行了调整，增加对价支付及提高承诺条件，显示了对流通股利益的考虑。

（三）权益价值不变法

1. 对价方法介绍

基本思路：股权分置改革的实施不应使改革前后流通股和非流通股两类股东持有股份的理论市场价值减少，特别是保证流通股股东持有股份的市场价值在方案实施后不会减少。计算模型为：

（1）公司价值 = 改革前流通股市价 × 流通股股数 + 非流通股每股价值 × 非流通股股数

（2）改革后股票理论价格 = 公司价值 ÷ 总股份数

（3）对价总价值 =（流通股市价 − 改革后股票理论价格）× 流通股股数

（4）流通股每股获付比例 = 对价总价值 ÷ 改革后股票理论价格 ÷ 流通股股数

参数说明：非流通股的定价一般取每股净资产，也有部分公司在每股净资产的基础上给予一定溢价，但溢价系数的选取可能会受到质疑；流通股的定价一般取公告股权分置改革之日前三十个交易日的平均价格。

适用性分析：采用这种方法计算出的对价水平与公司市净率直接相关，因此一些市净率偏高的公司采用这种方法将导致对价水平偏高。同时，一些股价接近或低于每股净资产的公司也无法通过这种方式计算对价。

2. 案例分析(紫江企业)

方案要点:非流通股东按照每10股流通股送3股,换取非流通股的流通权,送股后总股本不变。非流通股东承诺12个月内不交易转让股份,并承诺随后的12个月内出售股份不超过公司总股数的4%,36个月内不超出10%。出售股份价格不低于2005年4月29日前30交易日收盘价平均价格的110%,即3.08元。

定价出发点:方案实施不应使两类股东持有股份的理论市场价值总额减少,特别是要保证流通股股东持有股份的市场价值在方案实施后不会减少。因此,采用以计算方案实施后的理论市场价格来倒推流通权对价的定价方式,将非流通股的流通权价值定义为非流通股东持有的股份按理论交易价格计算的市值与按净资产计量的价值之间的差额。

方案评价:影响流通权价值的几个重要的价格变量包括每股净资产和方案公告前的交易均价。每股净资产值越低或交易均价越高(实际上是二者之间的差额越大),按照上述测算方法计算的非流通股股东向流通股股东支付的股数越多。这意味着按照该方案,市场交易价格走高时,非流通股股东获得流通权的代价越高。由于对非流通股而言,净资产与价值并非完全一致,方案定价中认为非流通股的价值为每股净资产并据此测算理论市场价格并非完全合理。

(四)市净率法

1. 对价方法介绍

基本思路:本公司所有非流通股股东以公司市净率指标向全体流通股股东支付对价。计算模型为:

$$市净率 = 股票价格 \div 每股净资产$$

适用性分析:对于银行、证券公司等金融机构,投资者更关注的往往是其资产的抗风险能力和持续稳定的获利能力,而市净率法比较适合于对以金融资产为主要运营对象的金融企业的估值。这也是国际上对银行、证券公司等金融机构的估值普遍采用的方法。

2. 案例分析(中信证券)

方案要点:公司所有非流通股股东向全体流通股股东,按每10股流通股获付3.2股的比例支付对价。对价支付完成后本公司的每股净资产、每股收益、股份总数均维持不变。

定价出发点:中信证券的股改方案选择国外成熟市场的证券类上市公

司作为参照对象。经综合考察英国、美国、法国、德国、意大利、加拿大、瑞士、日本等境外成熟市场中证券公司的市净率，根据统计测算，2005年6月17日其平均市净率水平为2.17倍。

方案评价：国际资本市场通常采用市净率法对金融、证券类公司进行价值评估。随着中信证券股权分置问题的解决，公司股权结构的体制性问题得到了解决，资本市场对公司价值评判的标准也将与国际标准趋于一致。中信证券此次实施股权分置改革将促进公司形成多层次的监督和约束机制以及有效的激励机制，进一步改善公司的治理结构。

三、对价在股权分置改革中的表现形式

对价在股权分置改革实施中，有送股、派送现金、权证、缩股、资产置换、承诺保证、多种复合等不同的具体表现形式。

（一）送股形式

送股形式主要包括非流通股持有者向流通股股东送股、非流通股股东向全体股东送股、上市公司以资本公积金转增股本三种方法。其中，以第一种方法，即非流通股持有者向流通股股东送股最为常见。截至2006年1月22日，上海与深圳两个证券市场上合计共有370家上市公司选择了这种形式的对价方案，占452家股改企业全体的81.86%。代表企业有：上海汽车于2005年9月12日在股权分置改革说明书中公布，"非流通股股东向流通股股东每10股送3.4股"；泰达股份于股改方案中宣布，"非流通股东向流通股东每10股送3.0股"。

在B股和H股方面，截至2006年1月22日，已经有在深圳证券交易所上市的32家B股企业、5家H股企业参与了本次股权分置改革，其中大部分企业选择了由非流通股持有者单独向流通A股股东送股的对价方案，B股与H股流通股股东的持股权益并无变化，既不向其他流通股股东送出股份也不接受非流通股股东的股份赠送。B股与H股流通股股东所持有的股本数量在股改前后保持不变。含B股股改企业的对价方案代表有：上海永久于2005年10月10日公布的股权分置改革说明书中宣布，"非流通股东向A股流通股东每10股送5股"；京东方于2005年10月16日公布的股权分置改革说明书中宣布，"非流通股东向A股流通股东每10股送3.5股"。含H股股改企业的对价方案代表有：2006年1月5日宣布股改的马钢股份采取"流通股股东每10股获付3股"的送股形式支付对价；中

兴通讯于2005年11月13日宣布,"流通股股东每10股获送2.3股"。

因为上述B股与H股股改企业的流通股股东中只有A股股东的股本变化受到了对价方案的影响,因此,从本质上与单纯只含有A股流通股的股改企业并无不同,所以上述沪市、深市和B股、H股企业的对价方案都可以归为同一类,即均采取送股形式的股改企业。

第二种送股形式,上市公司向全体股东送股。两市合计共有5家企业选择了这种形式的对价方案,占452家股改企业的1.11%,属少数。代表企业有民生银行。民生银行于2005年10月份在再次修改过的对价方案中宣布,"向全体股东每10股转增1.55股,非流通股东向流通股东每10股送3.47416股(按转增前股本),流通股东每10股实得5.02416股";2005年11月27日宣布参与股改的长征电器,在对价方案中承诺,"上市公司向全体股东每10股转增1.3809股,非流通股东向流通股东每10股送2.8股(流通股东实得4.5676股)"。因为上述5家企业的对价方案中,股份送出方虽然是上市公司,股份接收方虽然是包括流通股与非流通股在内的所有股权持有者,但因为它们均在股权分置对价方案中给出了明确的流通股股东收益股份数额,可以获得可靠的非流通股股东支付份额,所以与第一种送股形式在分类上并无本质上的差别,同属于送股形式的对价方案。

第三种送股形式,上市公司以资本公积金转增股本。两市合计共有6家企业选择了这种形式的对价方案,占全部452家股改企业的1.33%,属少数。代表企业有:中宝股份于2005年12月22日公布的股权分置对价方案中宣布,"以资本公积金转增,每10股转5股,相当于每10股获2.4股对价";银河科技于2005年10月31日公布的股权分置对价方案中宣布,"上市公司以资本公积金向全体股东每10股转增3.5股(流通股东实得6.21股)";成霖股份于2005年9月18日宣布的股权分置对价方案中宣布,"以资本公积金转增股本,转增比例为每10股转增股本1.1331股;其中1.1331股为自身转增股数,3.34股为非流通股股东支付的对价"。采取这种对价方案的全部6家股改企业都在公布基本方案的同时,宣布了流通股股东实际获得的送股份额,因此,与前述单纯的非流通股持有者向流通股股东送股、上市公司向全体股东送股的方式并没有本质的不同。

将上述三种送股方式统一作为"送股形式",共有381家股改企业选择了送股形式的对价方案,占全部452家股改企业的84.29%。其中,沪市企业共224家,深市企业共157家,分别占送股形式股改企业的58.79%

和 41.42%。

(二) 派送现金形式

派送现金是本次股改企业对价方案的另一项创新。深圳与上海证券交易所采取派送现金形式的股改企业共有两家,分别是海螺水泥与江铃汽车。海螺水泥于 2006 年 1 月 5 日初次公布的股改对价方案中宣布,"非流通股东向 A 股流通股东每 10 股送 9.00 元现金对价";江铃汽车于 2005 年 12 月 5 日宣布的股改预案中宣布,"非流通股东向流通 A 股股东每 10 股送现金 12.10 元"。

(三) 权证形式

权证形式是在国资委于 2005 年 12 月份发布"鼓励其他形式的股权分置对价方案"之后部分股改企业创造的一项新措施。按照定义,权证是发行人与持有者之间的一种契约。持有权证的人在约定的时间有权以约定的价格购买或卖出股票或其他形式的标的资产。权证的持有者有权利而无义务,其实质就是一种期权。

按权利行使方式划分,权证又可以分为认购权证和认沽[①](售)权证。认购权证持有人有权按约定价格在特定期限内或到期日向发行人买入标的证券,认沽权证持有人则有权卖出标的证券。认购权证的价值随相关资产价格上升而上升,认沽权证的价值则随相关资产价格下降而下降。

在我们收集到的股权分置改革样本中,采用权证形式支付对价的上市企业共有三家,占 452 家股改企业的 0.66%,且认购权证与认沽权证两种期权都有涉及。万科于 2005 年 10 月 10 日公布股改预案,宣布"非流通股东向 A 股流通股东每 10 股派发 7 份存续期 9 个月、行权价 3.59 元的百慕大式认沽权证";武钢股份于 2005 年 9 月 26 日修改股改预案,宣布"非流通股东向流通股东每 10 股送 2.5 股,派发 2.5 份存续期 12 个月、行权价 3.13 元的欧式认沽权证,派发 2.5 份存续期 12 个月、行权价 2.9 元的欧式认购权证";华菱管线于 2006 年 1 月 23 日宣布的对价方案,确定对价方式为,"非流通股东向流通股东每 10 股派发 7.19206 份存续期 24 个月、行权

---

① 考察字源,"沽"字既有买入的意思也有卖出的意思。"买"的意思多用于买酒,出自《论语·乡党》"沽酒市脯";"卖、出售"的意思同"酤",出自《论语·子罕》"有美玉于斯,韫匵而藏诸? 求善贾而沽诸?"

价4.90元的欧式认沽权证"。此外,白云机场公布的股改对价方案中还涉及了美式认沽权证。

无论是买入方向的认购权证还是卖出方向的认沽权证,资本市场上流行的权证类型都有欧式、美式和百慕大式三种类型。在股权分置改革方案中这三种类型的权证全部都涉及了。这三种权证的主要区别在于行权(包括买入标的资产或卖出标的资产)期间的不同。欧式权证只能在到期日行权,美式权证可以在存续期的任何时间行权,百慕大式权证正如其名字暗示的,是介于欧式权证与美式权证之间的一种权证,其行权时间安排比欧式权证灵活但要比美示权证受限制。标准的百慕大式权证通常都在权证上市日和到期日之间多设定一个行权日,后来,百慕大权证的含义扩展为权证可以在事先指定的存续期内的若干个交易日行权。因为百慕大权证给予权证持有人更多的行权日选择,所以其价格比同等条款的欧式权证要高,但又低于同等条款的美式权证。

股改企业对价方案中涉及的万科权证属于扩展意义下的百慕大权证。[①]

(四) 缩股形式

缩股形式是在国有资产减持争论中就曾提出过的一种股改做法,但在本次的股权分置改革中并没有成为对价方案的主流。

根据通行的定义,缩股就是选择一个时点,按照事先预定的缩股率进行股份收缩,缩股后重新进行股权登记,缩股后的非流通股可以进行流通。缩股率=每股流通股的某时点收盘价(或一定时期加权平均价)/每股净资产;非流通股经过缩股后的数量=非流通股数量/缩股率;缩股后的可流通股数量=原流通股数量+非流通股缩股后的数量。[②]

在我们的样本收集中,采用缩股形式支付对价的股改企业在深市与沪市各有3家,共占全体452家股改企业的1.33%。代表企业有:泰豪科技于2005年9月21日公布的股改预案中宣布"全体非流通股股东以其持有的非流通股股份按照1:0.70的比例单向缩股";广州浪奇于2005年11月9日公布的股改预案中宣布"非流通股份按照1:0.61的缩股比例单向缩

---

① 资料来源:2005年12月15日《上海证券报》,《何为百慕大式权证》,联合证券交易所,杨戈。

② 《为什么有些上市公司股改采用缩股的方式?》,《北京青年报》,2006年4月3日。

股"。

(五)资产置换(重组)形式

资产置换(重组)形式并不是为了本次的股权分置改革而独创的方法。本次股改过程中采取资产置换(重组)形式对价方案的股改企业有一家。2005年12月4日,沪市股改企业ST安信在股权分置改革方案中宣布"非流通股股东决定将股权分置改革与资产重组相结合,通过资产置换,注入优质资产,置出不良资产"。这种形式的对价方案事实上很难度量其对价数额和对流通股股东与非流通股持有者的影响。

(六)承诺保证形式

这是本次股权分置改革中另一种新出现的对价方式,表现为股改公司承诺若公司流通股股票在股改对价方案实施后下降一定幅度,公司负责补偿或赎回,或寻找其他单位承诺对原股份加以支持。采用这种对价方案的股改企业在沪市、深市各有一家,分别是:大冶特钢于2005年10月31日宣布,"湖北新冶钢有限公司承诺赋予流通股股东在股权分置改革方案实施之日起第十二个月最后一个交易日当日结束后登记在册的全体股东,有权将其持有的全部无限售条件的流通股,在之后三十日内的任何一个交易日内,以每股3.70元的价格出售给湖北新冶钢有限公司";同期公布对价方案的ST中西宣布"上药集团向中西药业注入现金人民币3.5亿元和上海远东制药机械总厂权益性资产,接替申华控股为中西药业借款所承担的连带担保责任和其他义务。五家非流通股股东向上药集团支付其持有公司股份的30%"。

采用这种股改对价方案的企业很难衡量出流通股股东真正从本次股改中获得的补偿数额,具有较大的不确定性。

(七)复合型

除了上述送股、派送现金、权证类、缩股、资产置换(重组)、承诺保证六种形式之外,股权分置改革中还有不少企业采用了将上述六种形式组合在一起的方法支付对价,我们归类为复合型。采取复合型作为对价支付手段的股改企业沪市与深市各有18家,共计36家企业,占全部452家股改企业的7.36%。复合型对价方案的具体方法见表15-1。

表 15-1 复合型对价方案详细列表

	复合型种类	沪市	深市①	合计
1	送股+现金	9	9	18
2	送股+权证类②	5	3	8
3	送股+现金+欧式认沽权证	0	1	1
4	缩股+送股+送现金	0	1	1
5	送股+承诺保证	1	0	1
6	送股+资产置换③	3	4	7
合计④		18	18	36

注：① 对深市股改企业的统计包含中小板企业；
② 权证类别包括：欧式权证、美式权证和百慕大式权证等，认购与认沽两种方向均存在；
③ 资产置换类别包括：资产置换、注资和资产重组等；
④ 该统计结果包括自2005年9月12日全面股改第一批企业至2006年1月22日全面股改第19批的企业。

可以看出，送股形式基本都是复合型对价中的主要构成部分。复合型企业的代表性企业有：

（1）送股+现金：宇通汽车于2006年2月6日宣布，"非流通股股东向流通股股东每10股送0.2股和现金5.3元"；

（2）送股+权证类：新钢钒于2005年9月26日宣布，"上市公司向全体股东每10股转增3股，非流通股股东向流通股股东每10股送1.5385股（实得5股），派发2份存续期18个月、行权价4.62元的欧式认沽权证"；

（3）送股+现金+欧式认沽权证：盐田港宣布，"非流通股股东向流通股股东每10股送1股和现金7.6元，派发3份存续期24个月、行权价7.88元的欧式认购权证"；

（4）缩股+送股+送现金：东莞控股于2005年11月2日宣布，"1∶0.8的缩股比例进行缩股，非流通股股东向流通股股东每10股送2股和4.3592元现金"；

（5）送股+承诺保证：宁夏恒力于2006年1月11日宣布，"公司以截至2005年9月30日对伊斯兰国际信托投资有限公司长期投资账面价值18 000万元为对价，以2.671元为每股价格，按非流通股股东的持股比例向其共计回购67 390 490股非流通股股份，并将回购股份予以注销，并向流通A股股东每10股转增1股"；

（6）送股+资产置换：隧道股份于2005年11月9日宣布，"公司本次股权分置改革拟与重大资产重组相结合,非流通股股东向流通股股东每10股送2.5股"。

根据我们上述对价方案的描述,可以将自2005年4月份至2006年1月22日的股权分置改革企业对价方案总结在表15-2中。

表15-2 股改企业对价方案的种类统计

	沪市(家)	深市(家)①	小计(家)
送股形式			
向非流通股股东送股	221	149	370
向全体股东送股	1	4	5
以资本公积金转增股本	2	4	6
小计:	224	157	381
其他形式			
派送现金	1	1	2
权证类②	1	2	3
缩股	3	3	6
资产置换③	1	0	1
承诺保证	1	1	2
复合型	18	18	36
小计:	25	25	50
尚未发布对价方案的企业④:			21
合计⑤:	249	182	452

注:① 对深市股改企业的统计包含中小板企业;
② 权证类别包括:欧式权证、美式权证和百慕大式权证等;认购与认沽两种方式均存在;
③ 资产置换类别包括:资产置换、注资和资产重组等;
④ 尚未发布对价方案的企业类别中含4家未找到相关股改信息的企业;
⑤ 该统计结果包括自2005年9月12日全面股改第1批企业至2006年1月22日全面股改第19批的企业。

汇集上述七种类型的对价方案,无论哪种类型的对价方案,公司支付的水平都有所不同。针对送股形式的对价方案,可以发现如表15-3的对价水平分布:无论是沪市股改企业还是深市股改企业,送股份额主体部分都集中在2.0至4.0(含)区间内。

表15-3 股改企业的送股对价方案统计[①]

股改企业数量 送股份额	沪市企业		深市企业	
	区间内企业数量	所占百分比	区间内企业数量	所占百分比
1.0以下（含）	4	1.79%	0	0.00%
1.0—1.5[②]	3	1.34%	1	0.65%
1.5—2.0	10	4.46%	5	3.23%
2.0—2.5	45	20.09%	25	16.13%
2.5—3.0	114	50.89%	86	55.48%
3.0—3.5	31	13.84%	20	12.9%
3.5—4.0	10	4.46%	4	2.58%
4.0—4.5	1	0.45%	2	1.29%
4.5—5.0	5	2.23%	2	1.29%
5.0—5.5	0	0.00%	2	1.29%
5.5—6.0	0	0.00%	1	0.65%
6.0以上	1	0.45%	7	4.52%
合计[③]（家）	224	100%	155	100%

注：① 本送股对价方案针对的是沪市、深市两个证券市场上股改企业首次公布自己对价方案时宣布支付的对价水平；送股计量单位为每10股流通股获付的股份数额。

② 送股份额的统计区间为前开后闭；1.0—1.5表示，每持有10股流通股股东获付大于1.0小于等于1.5股送股份额。

③ 该统计结果包括自2005年9月12日全面股改第1批企业至2006年1月22日全面股改第19批的企业；深市企业的统计涉及两家股改企业基本信息的缺失，实际采用股改方案的两市企业总数应该为381家。

第二节 激烈的利益博弈

一、对价方案的具体决定过程及利益相关者

企业对价方案的具体决定过程以及各个阶段涉及的主要利益相关者，见图15-1。

粗线表示的是一个股改公司从提出、讨论到执行都比较顺利的股权分置改革实际流程。其中，涉及的重要环节有四个阶段——发布股东会议通知、先后两次停牌复牌以及修改对价方案（如有），图中用阴影背景表示；涉及的利益相关者包括非流通股股东、流通股股东、公司董事会、国有资产

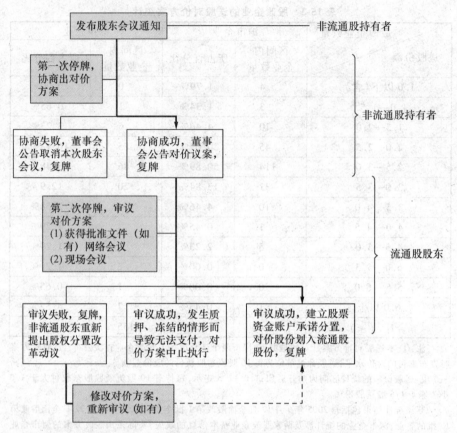

图 15-1　对价方案的具体决定过程及利益相关者

监督管理部门。

从对价方案的制订、反复修改乃至最终执行流程中,我们似乎可以更清楚地看到这样一个博弈的过程:

在第一个阶段中,主要活动是提出一个基本的对价方案。根据《上市公司股权分置改革操作指引》,"股权分置改革方案由公司的非流通股股东提出",因此,这一阶段主要的参与者和利益相关者主要是非流通股持有者。在这个阶段中非流通股持有者可以根据自己的意向、股改公司的经营业绩、财务状况和现金流量以及其他基本面的信息提出自己愿意接受的对价水平。

在第二个阶段中,主要活动是利用最多 10 天的停牌时间,由非流通股持有者与主要流通股股东进行充分的协商,确定出一个双方基本都可以接受的对价方案。

在第三个阶段中,主要活动是公司确定相关股东会议的股权登记日,召开相关股东网络会议对提出的初步方案进行表决,召开现场股东大会进行审议,确认最初的股权分置改革对价方案是否能够被流通股股东接受。按照《上市公司股权分置改革管理办法》,"公司股权分置改革方案需参加相关股东会议表决的股东所持表决权的 2/3 以上通过,并经参加相关股东会议表决的流通股股东所持表决权的 2/3 以上通过"。可以看出,在这样一个过程中,主要利益相关者是具有表决权的流通股股东。纵观上节我们收集到样本的 381 家股改企业,股权结构中平均 62.4781% 左右的股份为非流通股,占有 2/3 的绝对优势,他们不会对自己提出的对价方案投反对票;因此,如果在这一阶段中最初的股权分置改革方案没有通过,需要调整、修改,那一定是因为流通股股东不同意。可以说,最初对价方案是否通过、有无修改、修改的幅度有多大,基本都是由流通股股东的谈判能力、与非流通股持有人的讨价还价能力决定的。

我们因此希望能够了解公司股权结构,尤其是流通股股东的构成情况与企业的对价方案之间的关联性。中国流通股股东的构成情况中,主要可以区分为券商、基金等机构持有者和个人散户。其中,各种券商、基金等机构持股人的力量比较集中、谈判能力相对个人散户而言较强。另外,根据《上市公司股权分置改革管理办法》中的规定,"若股东不能参加相关股东会议进行表决,则有效的相关股东会议决议对全体股东都有效,并不因某位股东不参会、放弃投票或投反对票而对其免除"。就出席相关股东会议而言,券商和基金等持股人有精力、有必要出席的机会相比个人散户而言也要大得多。

黄珂(2006)的研究指出:基金持股比例越高,股改公司越有可能修改对价方案,提出更高的对价水平。这个结论回答了我们关心的问题。

二、中小股东否决股改方案

股权分置改革过程中股东之间利益冲突的突出表现之一就是中小股东否决股改方案。我们观察到在 2005 年有清华同方、科达机电、金丰投资、深纺织和三爱富等 5 个上市公司的股改方案被中小股东否决。

第一个被中小股东否决股改方案的是清华同方。2005 年 5 月 10 日,清华同方公布了股权分置改革方案。流通股股东实际获得每 10 股转增 10 股。6 月 10 日,清华同方召开 2005 年第一次临时股东大会,审议清华同方的股权分置方案,现场投票及网络投票数据汇总结果显示,流通股股东共计参加投票 8 934 万股,其中赞成 5 531 万股,反对 3 303 万股,弃权 100 万股,赞成比率为 61.91%,未达到 2/3 法定标准。方案被否决。

面对方案被否决,清华同方董事长为此声明说,由于规则限制,方案未通过,有可能由此引起公司股价下跌,造成全体流通股股东的利益损失,我们对此深感不安。

6 月 13 日清华同方复牌,股价低开为 8.8 元,随即探到 8.65 元接近跌停价 8.64 元。此时股民非常担心股价会继续下跌。之后清华同方的股价开始翻红,一路飙升,最高到 10.50 元,接近涨停价 10.56 元。最后该股收盘为 10.02 元。收盘强势上涨 4.38%。接着该股价再接再厉,第二天曾拉高到 11 元,显示中小股民对否定清华同方方案的支持度。

科达机电的方案是 10 送 3 的对价。11 月 18 日,科达机电投票表决股改方案。结果赞成率为 62.95%,未达到"经参加表决的流通股股东所持有效表决权的三分之二以上通过"的最低标准,因此该方案失败。

这是继清华同方之后,第二家未通过股改投票表决的公司,也是全面股改以来首家方案被否决的公司。

11 月 28 日,金丰投资召开了股改 A 股市场相关股东会议。在著名作家周梅森的强烈反对以及将所持有的 70.2472 万股投反对票的带领下,赞成该公司股改方案的比例仅有 59.0734%,该方案被否决。

12 月 5 日,深纺织发公告称,该公司 12 月 2 日股改方案表决结果未通过。参加表决的前十名流通 A 股股东持股量约 433 万股全部反对,参加表决的 608 位流通股股东所持 1 305 万股股份中,投赞成票的比例只有 22.33%。尽管深纺织的方案高达 10 送 4 股的对价,但深纺织流通股股东投票赞成的比例却创出了新低。

12 月 15 日,三爱富股改方案被否决。三爱富股改方案为 10 送 2.5 股,与以往四家遭遇"滑铁卢"公司不同,三爱富属于首家由于基金反对而未获通过的公司,而且基金和 QFII 在这一问题上也站到了对立面,最终只有 44.69% 的流通股股东赞成股改方案。

三、流通股股东最后一次行使分类表决权

与少数几家被否决股改方案的公司相比,大多数参与股改的公司其股改方案虽然在股东大会上获得通过,但最后一次行使分类表决权的流通股股东们有哪些表现呢?《中国证券报》2005 年 12 月 9 日刊发了记者李良

题为《双赢较量下的悲壮——参与股改现场投票股东心态录》,该文以作者参加二十多家公司股改投票的所见所闻为素材,生动描述了在激烈利益博弈中广大中小股东复杂、微妙的心态。

  股权分置改革对流通股股东利益的影响之大,在中国证券市场前所未有,流通股股东与非流通股股东之间的较量自然在所难免。为了这次较量,平常颇有些冷清的股东大会现场,忽然间就变得人声鼎沸,许多流通股股东从四面八方赶来,在现场和大股东代表或者上市公司高管面对面地进行交锋。在记者所参加的二十多家上市公司审议股改方案的股东大会中,记者粗略统计了一下,平均每场股东大会都有100位以上的流通股股东参加,多的甚至在200位以上。而在每家股东大会中,都有流通股股东主动要求发言,最多的一家有17位流通股股东登台发言,时间长达两个小时以上,一些流通股股东要"大干一场"的心情可见一斑。

  这是一场有准备的较量。在股东大会上,大部分登台发言的流通股股东或者有发言稿,或者带有材料,每一个问题都是有备而来。有的流通股股东搬出上市公司历次再融资的数据,有的流通股股东仔细测算了大股东的持股成本和流通股股东的持股成本,有的流通股股东则把对上市公司基本面的疑虑一一摆出来,一个又一个质疑直指大股东主导的对价方案。不仅如此,一些流通股股东还按照清算历史的方法,明确提出了自己计算的对价方案。

  这场较量的火药味甚浓。在许多公司的股东大会上,一些流通股股东提出的问题非常尖锐,所采取的行动也火爆异常。某上市公司的股东大会上,一位流通股股东高举"大字报"绕场一周后,将该"大字报"贴在主席台的后墙上,号召现场股东们投反对票;而在另一家公司的股东大会上,又是这位流通股股东,用激烈言辞逼迫公司派来的保安们退出了股东大会现场。不仅如此,流通股股东们对自己现场投票的权益也非常看重。在某上市公司股东大会上,由于该公司提供的表决票没有条形码,也未盖公司公章,流通股股东们一致决定暂不投票,现场僵持了近二十分钟,最终在公司答应盖公章后投票才得以顺利进行。

  尽管这些流通股股东们在现场将这种较量几乎发挥到极致,但他们毕竟代表不了所有流通股股东的意愿,而最终较量的结果,往往是以大股东的胜出而告终,这使得他们的慷慨激昂多少有一点"悲壮"的色彩。而在股东大会中,记者还看到了另外一种"悲壮":尽管心里万分不愿意,一些流通股股东在最后关头还是选择投了赞成票,那种欲舍还休、欲罢不能的感觉让人不忍。

面对着这场关乎切身利益的改革,很多参与现场投票的流通股股东态度有些"暧昧"。记者不止一次地在上市公司股东大会投票前问一些流通股股东的投票意向,得到的回答基本上是"再看看":再看看股东大会上大股东的表态,再看看上市公司的说法,再看看有没有人出来发言质疑,最主要的是,再看看别人投的是什么票!而这些"再看看"的流通股股东均向记者表示,他们是非常渴望大家统一意见投反对票的,但是自己并不知道别人想法,所以不愿意贸然作出决定。这在无形之间形成了流通股股东互相猜忌的局面。而正是这种充满猜忌的较量,让很多流通股股东在情况不明朗的状态下,最后关头放弃了自己的立场。一位流通股股东在最终决定投赞成票后向记者表示:"你看看,那些发言的都是一些持股数量小的,我就是投了反对票又有什么用?干脆投赞成票吧。"虽然心不甘情不愿,却最后在投票箱里放进了一纸赞成票,这些流通股股东的表现的确给人一点"悲壮"的感觉。

股改电子投票丑闻也从一个侧面反映了利益博弈的激烈。

2005年10月13日,长沙的投资者周忠臣发现他投反对票遭到阻挠。10月28日,股民呼叫中心接到投资者王先生对中信证券股份有限公司的投诉。王先生发现有两次投票记录,第一次是他自己所投的反对票,但第二次投票记录则变成了赞同票(并非本人所投)。他怀疑证券公司存在作弊行为。G博汇的一位小股东11月7日向《第一财经》记者反映,在开始网络投票前夕,公司一位叫曲庆海的工作人员对他说,如果在股改表决中他投赞成票,那么就可以按照每股3分钱的比例获得一笔报酬。11月10日《华西都市报》报道:股民钟旭来信反映,某上市公司为了股改方案能过关,竟通过营业部暗示股东,只要投赞成票,就有礼品相赠。之后,媒体又相继爆出西山煤电、郑州煤电等公司的"投票门"黑幕。

11月16日,中国证监会召集各证券经营机构在京开会,对于存在的少数投票操作不规范的问题,会议进一步重申要加强纪律,严肃管理。各相关机构和当事人要严格按照相关规定开展业务,严禁买卖投票权和从事其他违反规定的活动。对于任何违反投票程序规定、扰乱改革秩序的行为,证监会将予以严厉查处。11月28日起,深交所完善了交易系统网络投票回报查询,投资者自即日起可以方便地查询在交易网络投票的结果。在管理层采取上述措施后,媒体上关于电子投票的丑闻报道少了许多。

四、大股东在股改中的态度

　　三一重工董事长梁稳根的"拱食论"也许能代表一部分民营控股股东对股改的态度。作为股权分置的首批试点公司，三一重工2005年5月10日率先公布了股改方案：由非流通股东向流通股东每10股赠送3股并补偿8元现金。而投资者希望大股东作出进一步让步。"股改最大的好处是解决了大股东经营者的动力问题。"梁稳根在阐述这一观点时比喻："一头大猪带着一群小猪，墙上挂着一桶猪食，如果大猪不把猪食拱下来，小猪一点没得吃。现在大猪将猪食拱下来了，小猪就开始闹意见，这怎么行？"这个比喻旋即引起公司流通股股东的不满。梁事后表示，该比喻不甚恰当，并代表"大猪"向大家道歉。

　　由于非流通股中绝大部分是国有股，因此，国务院国资委在股改中的态度引人注目。2005年4月14日，国资委主任李荣融表示，证监会认为解决股权分置条件已经成熟，国资委也认为有条件试点。5月11日，在全国国有企业改制和产权转让工作会上，李荣融表示，在解决股权分置改革的过程中，要特别注意保护中小股东的利益，这是改革的关键。国资委作为非流通股股东代表，在改革过程中要注意平稳推进，这点各级国资委必须牢牢把握。9月23日，媒体刊登了国资委产权局股权处助理调研员曹录波就国务院国资委《关于上市公司股权分置改革中国有股股权管理有关问题的通知》（即246号文）有关问题发表的看法。他提出确定对价水平六原则引起一些争论。

　　然而，向来被视为对股改持慎重态度的国务院国资委，2005年12月12日由主任李荣融高调打破沉默，强调国资委不但不是股改阻力，并将于2006年2月底前完成大部分国企股改。李荣融在"2005年中国企业领袖年会"中指出，国资委除支持具备条件的国有大型企业透过规范改制，实现境内外上市外，也将继续支持和引导国有大中型上市公司积极推进股改。李荣融对于目前国有控股上市公司的股改情况表示满意，并且对于2006年2月底之前完成大部分上市国企股改、2006年2月底前完成股改上市公司市值超过50%表示乐观。据《联合早报》观察，尽管内地上市国企股市值占沪深两股市总市值的三分之二，但国企股的股改动作相对较慢，如第二批18家中仅8家为国企股、第三批13家中仅5家国企股。国企股低于民企股的现象，直到12月11日公布的第十三批名单才遭到打破，这一批的12家股改企业中有10家是国企股。

其他一些大股东对股改的态度也值得注意。2005年11月7日，宏达股份董事会表示，由于宏达股份的第四大股东成都宏昌化工建材商贸公司对本次股权分置方案持有异议，不愿意执行每10股获付2.3股的对价安排，因此，宏达股份的第一大股东宏达发展有限公司决定以协议转让方式受让其持有的股份。11月28日，TCL发公告称，前TCL集团常务董事、副总裁吴士宏不同意参加股改，拟将其持有的1 008万股自然人股转让。这是股改开始后我们观察到的两起大股东拒绝股改立即撤退的事情。

第三节 股权分置改革对利益相关者的影响分析

一、对非流通股股东的影响

（一）有利于解决大股东与流通股股东激励不相容问题

在股权分置情况下，上市公司非流通股股东无法分享二级市场股票价格上升带来的资本增值，存在与流通股股东激励不相容问题，上市公司控股股东往往利用优势地位，通过关联交易输送利益，追求融资最大化而不是全体股东财富最大化。流通股股东由于"人微言轻"，只有"用脚投票"，导致股票不断下跌，从长远来看，双方的利益均受到损害。股权分置前提下，资本市场没有对大股东形成自我约束机制。股权分置改革后，大股东和小股东持有的股份具有相同的定价机制，市场价格波动对全体股东的财富都构成影响。如果大股东在市场上过度融资，导致股价下跌，自身的财富损失有可能使他得不偿失。因此，市场可以对公司融资形成有效的约束，抑制公司融资冲动，从而监管部门对公司融资的审批程序大大简化，放松监管就有了基础，灵活的发行审核制度才可以推行。上市公司的控股股东只有积极推进股权分置改革，才能真正获得资本市场的便利。

（二）有利于国有资产不断增值

股权分置改革方案实施后，非流通股将转变为流通股，并按照中国证监会《关于上市公司股权分置改革试点有关问题的通知》（证监发[2005]32号），在一定锁定期满后可以上市交易，改变目前一对一签署股份转让协议以及报批后方能处置的过程，增加了国有资产的流动性。

在股权分置的情况下,国有资产的定价基础为每股净资产,对于绩优公司来说,每股净资产不能充分反映公司股票的内在价值,比如国酒茅台的巨大的无形资产价值就不能在每股净资产中得到反映,但二级市场股票价格将反映这一品牌溢价。对于绩优公司来说,有可能出现越减持,股票越升值的情况。如根据《亚洲经济时报》2005年1月7日的报道,思捷(HK330)连续三年成为港股升幅最大的蓝筹股,虽然主席邢李原五次减持,但仍无碍于股价上升,股价在过去一年有82%的升幅,其市值在一年内增加254亿元。邢李原本人也通过屡次减持跻身世界富豪排行榜。从国际市场看,大股东的套现往往采取的是机构投资者之间的配售方式,套现的价格实际上主要取决于未来的盈利能力,这就把流通股股东之间的利益统一起来。对于大股东来说,股权分置试点之后,控制权带来的溢价会凸现出来。

二、对上市公司的影响

(一)有利于进一步健全法人治理结构

在股权分置情况下,非流通股股东和流通股股东存在不相容的利益诉求,使公司治理缺乏共同的利益基础。虽然股权分置问题的解决并不必然导致法人治理结构的健全,但没有股权分置问题的解决,法人治理结构就永远不可能健全。本次股权分置改革为公司的持续发展带来了新的历史机遇,有利于公司法人治理的进一步规范运作。

(二)有利于树立股东财富最大化的财务管理目标

在成熟的资本市场中,上市公司应该根据投资机会,合理利用包括股权、债权以及混合资本工具进行融资,促使加权平均融资成本最低,股价最高,从而实现股东财富最大化的理财目标。

(三)有利于加强对高管人员的激励和约束机制

解决股权分置可以有效推行高管人员持股计划,使高管人员利益与股东利益趋于一致。此外,还可以形成有效的外部监督机制,即股票下跌将增加公司被收购的可能性,从而促使高管人员搞好公司经营管理。

(四)有利于开展收购兼并

解决股权分置有利于形成股票价格发现机制,市场对上市公司和经营管理能力的评价由公司净资产转化为市价总值和盈利能力。公司可以灵活利用换股合并、换股收购、现金收购等手段在资本市场开展收购兼并,实施资本运作。优质上市公司可以用股份作为支付手段,迅速扩张自身在市场的影响力和支配力,获得更大成长空间。

(五)对公司财务状况的影响

股改方案实施后,公司资产、负债、股东权益不会受到影响,各项财务指标也基本不会产生改变。对于可能产生的股价波动,由于公司主营业务突出、业绩稳定增长,并且实际在解决过程中涉及的对价相对较小,因此可以判断对公司财务状况的影响极其有限。这种影响加上公司未来三年的经营业绩的预期对于方案获批并取得投资者支持至关重要。

三、对流通股股东的影响

(一)股权分置改革解决了中小股东权利保护的一个重大机制问题

解决股权分置问题带来的最大好处就是改变公司股东之间的利益机制。目前市场过度监管的根本原因在于大股东和小股东利益不一致,流通股股东关心股市不关心经营,大股东关心经营而不关心股市,二者缺乏共同的利益基础。解决股权分置,和大股东利益捆在一起就是对中小股东权益最大的保护。如果股权分置不解决,无论多么严厉的监管,也无法杜绝大股东的利益输送。

股权分置解决之后,因为并购重组活动会趋于活跃,中小流通股股东可以享受到并购带来的溢价;新股发行会逐步形成市场化的自我约束机制,在市场低迷时,自然会抑制新股上市的步伐;大股东和经营层也必须更为关注股价,这不仅因为股价下跌的最大受损者是大股东自己,还因为股价的持续下跌会带来并购的压力。

(二)促使流通股东真正关注上市公司投资价值

在股权分置的对价谈判过程中,价值投资理念真实地凸现出来,流通股股东与非流通股股东基于共同利益开始尝试投资理念的重构。显然,控股的非流通股股东要想获得更高的流通溢价,很大程度上取决于公司未来的经营状况而不是过往的持股成本等因素;对于原来的流通股股东来说,对于自身权利的高度关注和积极参与,也使得其股东意识得到强调。因此，对价谈判的过程，实际上变成了双方共同确定公司价值的路演过程。如果说，在原来的股权分置条件下的路演，还很难真正关注公司的投资价值的话，那么，此次对价谈判过程，可以说是公司的流通股股东与非流通股股东寻求对于公司价值的共同认识的再一次的路演过程。

市场上流通股股东片面强调当期一次性补偿是不正确的，特别是对于一些发展前景良好的公司，大股东参加股权分置改革的目的不是为了获得减持套现的机会，而是为了理顺股东利益机制，促进资本市场的制度变革，以获得资本运作的便利。在这种情况下，对价水平如果超过了大股东可以接受的水平时，大股东就会失去对股改的积极性，股改的进程就会被迟滞，大股东侵害中小股东利益的机制就会长期存在。所以，从长远来看，股权分置改革对于流通股股东而言，其重要性也不在于一次性的补偿，流通股股东是否持有股票参加股改，重要的仍然在于公司是否具有良好的发展前景。

本 章 小 结

股权分置改革的实质是解决非流通股和流通股两类股东之间的利益冲突。由于历史的原因，非流通股股东在持股成本、股票的流动性等方面与流通股股东存在较大差异，由此衍生出在股票估值、公司再融资、管理层激励等许多方面的利益冲突，造成中国股市完全不能反映中国欣欣向荣的经济建设成就，不能成为经济的"晴雨表"，长此以往，必然造成股市功能的丧失。从深、沪股市的创立到2005年股权分置改革前的13年，中国股市吃够了非流通股和流通股两类股东之间利益冲突的苦头。

通过非流通股股东向流通股股东支付对价的方法，在"统一组织、分散决策、分类表决"的过程中，经过利益双方激烈的利益博弈，股权分置改革总体进展顺利。但应该清醒地看到，根据A股含权的理论，通过非流通股股东向流通股股东支付对价的方法使中国股市成为全流通的股市，解决的是两类股东合约在"量"方面的差异。按照Hansmann(1996)的说法，股东与公司的交易有"质"和"量"两个方面的差异，"量"方面的差异只要合理计量，利益容易平衡（从股权分置改革的过程来看，其实找到平衡利益的"度"也不是一个轻而易举的任务）；而"质"方面的差异，则导致股东之间的利益冲突难以化解。按照我们自己的观点，只要存在非共享收益，股东就是异质的。从这个意义上讲,股权分置改革化解了股东之间部分的利益冲突,没有也不可能从根本上解决中国上市公司股东之间利益冲突的问题。在全流通时代,股东之间的利益冲突依然存在,因为股东的异质性依然存在,只是表现的方式将随着公司内外部治理结构的变化而有所不同罢了。

认识到股权分置改革并没有完全消除股东之间利益冲突这点非常重要,它说明对股东之间利益冲突的研究远没有完结,只是到了一个新的阶段,前面的路还很长,任重而道远。

结束语

一、研究结论与启示

中国从 1984 年将经济改革的重点从农村转移到城市以后,国有企业改革一直是重头戏。当 1993 年底提出建立现代企业制度时,一度自认为找到了解决国有企业改革问题的良方:产权清晰、权责明确、政企分开、管理科学。十多年过去以后发现,建立现代企业制度的道路并不平坦,在股市各种"事件"的冲击下,迷茫常常浮现,争论持续不断。人们逐渐认识到:英美等国的理论和成功实践,搬到中国来常常"水土不服"。

本书对此进行考察的研究结论是,导致这种情况的一个重要原因是企业的制度本身和制度环境存在很大的差别。英美等国的企业股权高度分散,中国多数企业是一股独大。与以机构投资者为主的美国模式、以银行为主的德国模式、以法人交叉持股为主的日本模式以及以家族为主的东南亚模式相比,中国上市公司的股权结构有所不同,国家是最重要的股东。在市场机制的发育方面,会计师事务所的力量还很弱,控制权市场由于一些复杂的原因还没有很好地运转起来。在法律基础建设方面,法律对中小股东权益的保护还很不够。所有的因素综合到一起,使得股份制企业民主决策、超常规模发展、股权易于转让等长处没有充分地发挥出来,但一些不再专心经营企业业务,而专门从事所谓的"资本经营",通过剥夺中小股东而牟取私利的利益集团却找到了施展拳脚的好地方。

因此我们有必要将关注的重点从英美等国主流经济学家重点讨论的股东与管理者之间利益冲突,转移到更能体现中国企业主要矛盾的股东之间利益冲突上来。近年来随着全球经济一体化的进程加快,前苏联、东欧经济的转型以及东南亚经济的繁荣与危机、中国经济的突出成就等,英美等国的学者也注意到了世界上大多数国家的企业制度背景和他们国家的情况明显地不同,于是有了 Hansmann(1996)的企业所有权理论,有了 Shleifer 和 Vishny(1997)著名的《公司治理调查》的文章,有了 La Porta 等(1999)对 27 个国家和地区 1995 年底规模最大的 20 家上市公司和中等规模的 10 家上市公司的股权状况的分析和断言:企业中心的代理问题是限制控股股东对小股东的剥夺,而不是防止职业经理人员建造自己的帝国。因此,本书研究的主题——股东之间利益冲突具有很强的理论和现实意义。

我们以股东之间利益冲突为主线,从什么是导致股东异质性的经济学原理入手,在理论和实际两个方面对中国企业的制度本身和制度背景进行了比较广泛和系统的研究。主要结论现归纳如下:

第一,股东异质性的经济根源是剩余收益的分配过程中股东存在的非共享收益。非共享收益的获取方式不同,股东对企业的控制方式就会有不同。

第二,股东与管理者的利益冲突受股东之间利益冲突的支配。认识到这一点,不但可以丰富对管理者行为的了解,也能加深对企业制度成本的认识。"增强效应"说明在股东之间利益冲突很大的情况下,企业的代理成本也不可避免地将增加。这表明管理者的机会主义行为在很大程度上与股东利益的异质性密切相关。"消长效应"是指股东的利益比较一致,但在法制不健全和市场机制发育不成熟的情况下,股东的股权安排在企业中起着重要作用。如果控股股东能有效地控制管理者,代理成本较低,但它侵害其他中小股东的可能性将增加。如果股权高度分散,这种情况下大股东侵害其他股东利益的可能性较小,此时代理成本可能较高。

第三,具有国有股背景的公司实际控制人比具有自然人背景的实际控制人在对公司价值的贡献上为负数,说明其协调上市公司股东之间利益冲突方面的效果更差,"增强效应"依然明显。控股股东的行为不但与外部因素——法律对中小股东的保护有关,而且与内部因素——直接控制能力(持股比例)、相对控制能力(Z 指数)、企业的"核心盈余"有关。

研究表明,哑变量表示的具有国有股背景的第一类实际控制人对公司价值的影响显著为负,说明作为控制公司控股股东的利益主体,具有第一类实际控制人的上市公司企业成本比较高。直接控制能力产生的掏空行为呈 U 型形状,即随着持股比例的上升,控股股东掏空公司的能力上升,动机下降;而随着持股比例的下降,控股股东掏空公司的动机上升,但是能力下降。相对控制能力与控股股东的掏空行为呈正比,即相对控制能力越强,控股股东掏空公司的可能性就越大;反之,其他中小股东的力量越大,控股股东掏空公司的可能性就越小。

企业的核心盈余也是控股股东行为的一大诱因。当企业的核心盈余太大或太小时,会诱发控股股东大量的掏空行为,而当核心盈余位于一个适当的区间时,控股股东会产生大量的扶持行为。由于信息的不对称、市场机制的不成熟和法律对中小股东保护的不力,中小股东很难察觉和预计控股股东的真实意图,因此控股股东的行为直接和公司的价值联系在一起,即掏空时公司价值下降,扶持时公司价值上升。

第四,基于股东性质对公司董事会、监事会构成的实证检验,发现第一大股东分别为国家股股东和法人股股东时,影响有所不同。

相对第一大股东为法人股股东而言,国家股为第一大股东时,上市公司董事会中的内部董事和监事规模更大,而独立董事规模更小;同时,尽管第一大股东拥有更大的股权上的优势,但这种优势没有在董事会构成上得到体现,第一大股东与其他股东委任的董事比例差异更小。总体来看,第一大股东为国家股股东时,其对董事会的直接控制更弱,表现为董事会中内部董事和其他股东委任董事的规模都比第一大股东为法人股股东时大;而直接来自国家股股东单位的董事规模则比第一大股东为法人股股东时小,即直接利益代表更少。

而第一大股东为法人股股东时,上述情况有所不同。这时上市公司有更少的内部董事和监事、更多的独立董事;同时,尽管这时第一大股东股权优势小于第一大股东为国家股股东的情况,但是第一大股东保持了在董事会中的控制,表现为第一大股东委任董事比例与其他股东委任董事比例差异更大,即相对其他大股东而言,来自第一大股东单位的董事更多,而且更有可能任命董事长。

第五,股东之间的相对力量对比即股权制衡度,也是显著影响董事会监事会构成的因素。随着大股东之间制衡能力即股权制衡度的提高,董事会中有更多的独立董事以及更明显的两职分离状态;同时,第一大股东对董事会的直接控制受到抑制,其委任董事的比例有所下降,表现为与其他大股东委任董事比例之间的差异缩小。

第六,上市公司会计盈余的信息量与实际控制人的性质无关,与控股股东的控制能力有关。会计盈余的信息量与实际控制人的哑变量虽然符号为负,但并不显著,不能得出哪一类实际控制人的上市公司具有更高的会计信息量的结论。但控股股东的控制能力对会计盈余的信息量的影响非常显著。与直接控制能力——持股比例比较,相对控制能力对会计信息量的影响更显著。控制能力越强,会计的信息量越低。

第七,有别于英美等国股东与管理层利益冲突在公司治理中的显著地位,股东之间利益冲突在中国企业的公司治理中具有举足轻重的作用。正是基于这个差别,我们发现,类似的经济现象形成的经济学机理大不相同,医治的措施也应该"对症下药"。盲目照抄的结果是越治越遭。因为没有找准病因,开出的药方肯定难以治好病。

上述研究结果,对中国目前的企业改革和资本市场建设具有以下几点启示:

第一,中国目前的国有资产战略性重组、国有集团公司子公司的股权多元化应该从"科学配置产权"入手,而不要一哄而上地去海外上市,盲目地引进战略投资者或在利益驱动下全面铺开MBO。上市公司、有限责任公司、职工持股和管理者收购等企业形式,都具有自己不同的股权特点,应根据企业的发展情况,认真辨别企业各种交易合约的成本,努力做到用较低的所有权成本代替较高的市场交易成本。市场交易成本要从搜寻成本、谈判成本和执行成本三个方面权衡,而所有权成本要从代理成本、集体决策成本和风险承担成本三个方面整体考量,不能轻易忽略任何一项。在分工细致、流程复杂的大型企业里实施MBO或职工持股,应特别小心股东之间利益冲突。

第二,鉴于具有国有股背景的实际控制人比自然人背景的实际控制人对公司价值有更多的负面影响,因此对国有资产应该继续执行"有进有退"的方针,减持国有股,将国有资产从竞争性的行业退出。为抑制控股股东的掏空行为和增加会计盈余的信息量,主要应减少控股股东的相对控制能力。可以考虑在上市公司信息披露准则中,加上必须披露在前十大股东中,第一大股东(加上一致行动人的持股比例)与其他大股东(加上一致行动人的持股比例)持股比例之和的比例倍数的要求。

第三,目前我国公司治理改革以董事会构成的变革为突破口,但是现有的股权模式对董事会构成存在显著影响,单纯的董事会构成的变革可能难以发挥显著或理想的作用。尽管相关法律的颁布已经大大推动了董事会构成的变革,但是这种变革并没有打破大股东对董事会的作用。大股东渴望从上市公司获取非共享收益,因此其对董事会的控制会导致对其他股东利益的忽视或损害,关注大股东的影响是我们公司治理面临的主要问题,而这种关注应该体现在董事会构成的变革中。

第四,股东之间的利益冲突并非完全是坏事,股东彼此之间的力量需要达到一种"微妙的平衡"。当大股东与小股东的力量对比极为悬殊时,解决大股东对小股东利益的侵占问题需要法律的健全,在良好的法律环境中,高比例股权对于大股东而言不能带来额外收益,大股东有分散股权的需求;另外,良好的股东权益保护体系使小股东更愿意投资于上市公司,有利于大股东分散股权行为的完成(Shleifer and Vishny,1986)。而当企业内部有与大股东力量形成相对抗衡的集团时,控制性股东的上述侵害行为就会通过董事会的构成变化受到一定的抑制。其一,在董事会中会形成大股东之间的竞争,容易形成股东间的相互制约。其二,大股东之间由竞争而发展起来的合作可以提高监督的效率,减少代理成本,矫正不利于公司发展的行为。当决策是在一定范围内形成时,决策效率和质量都会有所提高,减少经营失败的几率。其三,有利于提高公司会计盈余的信息量。

第五,改变国家股股东以间接控制为主的董事会控制模式。间接控制是指股东通过对内部董事的任命完成控制,但是这种控制的有效实施需要一系列其他制度的配合。首先,作为股东应该存在明确的控制动机,国家股的真正所有者是国家,而国家作为一个抽象的实体,只能通过国有资产监督管理委员会、财政局以及其他主管部门等代理人行使股东权利,这些代理人既不是投资的受益人又不受产权约束,其行为的合理性并不会影响其自身的利益,因此不能保证他们会真正从国有资产的利益出发实施控制。另外,应该使具体行为人具有明确的行为约束。国家股股东对董事的任命很多是出于行政管理的需要,很大一部分是由上级主管部门任命或决定的。[①] 董事会中存在强大的行政力量和"关键人"作用,但上述力量与实际经营效益不一定存在必然的联系,因此被任命的董事本身也缺乏以效益为标准的行为约束。国家股股东有寄希望于监事会控制的倾向,但是《公司法》只授予了监事会财务监督职能,缺乏必要的执行职能与手段,监事会事后控制的本质也决定了其作用是有限的。

第六,应该尽快改变非单一监督主体的董事会模式。由监事会和独立董事共同承担监督职能,不仅增加了制度成本,而且带来了效率损失。监督职能有效完成的关键,取决于监督主体的独立性以及能够有效获取信息的能力,从目前情况看,独立董事在独立性上比监事会有优势,监事会具有获取信息的优势,但是受到人员专业背景的影响。保留一部分监事作为常设机构专事为独立董事提供必要的信息,并将其与独立董事一起作为独立机构,也许是一种选择。

---

① 中国企业家调查系统(1998)在对全国范围的股份有限公司进行的调查显示,在有效样本371家股份公司中,董事长的产生"与上级有关的"占39.5%,而其中国有改组公司这一比例更是高达45%。

第七，为了降低中国上市公司股东之间利益冲突给企业带来的危害，要大力加快法制建设和市场机制培育的进程。市场经济就是法制经济，要尽快修改和完善《宪法》、《民法》、《刑法》、《投资基金法》、《破产法》以及与新《公司法》、《证券法》配套的相关法律法规，健全中国的法制体系，切实加强对中小股东权益的法律保护。在控制权市场方面，要尽快出台上市公司国有股转让的规定，规范和方便国有控股权的转让。公司上市制度早日真正实现"核准制"，使对待"壳"资源的态度逐渐理性，使"壳"资源从卖方市场向平衡化方向转移，市场定价趋于合理。在外部独立审计方面，要加强会计师事务所抗衡大股东控制下的管理当局的能力，包括扩大会计师事务所的规模，提高注册会计师的职业道德，培养一大批有名望的注册会计师，对分歧较大的问题尽快出台会计准则或审计准则，增加注册会计师说服管理当局的力量。在产品市场上，加大反垄断的力度，拆分垄断企业，打破各种地区保护和行业垄断。完善上市公司管理层股权激励制度，实现企业家的内部激励相容。金融市场改革的重要性就不赘述了。

由此可见，要降低企业中股东之间利益冲突的集体决策成本进而降低企业制度成本，除了合理配置企业股权外，企业经营的法制环境和市场环境也非常重要。这是一个系统工程。

二、创新性与未来进一步研究

本书的创新之处主要有以下几个方面：

第一，通过剩余收益的分配过程的分析，提出了股东异质性的根源在于股东存在的非共享收益。这个发现对 Hansmann 关于股东与企业的交易存在"质"的不同的论断给出了一个生动、形象的解释，是一个有创意的补充。

第二，通过对代理成本与集体决策成本两个概念的比较分析，提出了"增强效应"和"消长效应"的新观点。应用这些观点对中国经济中的许多现象进行了重新审视，发现具有很强的解释和预测能力。这些观点的提出，丰富了对管理者行为的了解，加深了对企业制度成本的认识。

第三，系统研究了股东之间的利益冲突与中国上市公司价值的关系。首先为控股股东的掏空和扶持行为建立了新的数学模型。接着应用2000—2002年的数据证实了这些模型的有效性。本文对控股股东的性质按实际控制人的性质来划分，对解决困扰我国学术界多年来不能将国有股和自然人股分开的难题提出了新的途径。本书关于公司业绩是控股股东行为诱因的观点,有关数学模型的建立和实证结果的成立,都是具有一定开拓性的工作。

第四,从大股东性质和股权制衡度两个层面,系统地研究了股东之间利益冲突对我国上市公司董事会、监事会构成的影响。目前与股权结构和董事会相关的研究越来越多,比如股权结构对公司业绩的影响、股权结构对公司债务结构的影响以及董事会构成对公司业绩的影响等等,但是股东之间利益冲突与董事会构成两者之间关系的研究却很少见,这首先是因为人们广泛接受了董事会是股东利益代表的观点,董事会与股东以及股东群体之间的关系一直缺乏必要的理论基础。另外,既有的研究也产生了一定的影响。现有的研究基本来自英、美,这两个国家的股权结构都具有分散性的特点,其发达的资本市场,使得形成了以资本市场评价为标准的比较一致的"股东利益"概念,并以此作为研究股东和管理者之间的利益冲突的前提。因此英美国家关于股权结构和董事会构成的研究,更加关注其对以公司业绩或市场价值度量的股东利益的影响,以及董事会成员是否能够有效履行诸如经营者报酬计划、解聘不合格经营者等重要职能。而在其他国家,股权结构的复杂性和资本市场的发达程度,都影响到一致的"股东"以及"股东利益"概念的形成,研究的前提也应该相应发生变化。①

第五,初步探讨了股东之间利益冲突对会计理论和研究的冲击。研究了股东之间的利益冲突与上市公司会计盈余信息量的关系,指出了影响会计盈余信息量的非会计准则因素的一个重要方面。

第六,针对我国和英美国家不同的企业制度和企业制度背景,合理地解释了大量困扰我国经济、金融和管理界的经济现象,为解决这些问题打下了理论基础。

进一步的研究可以从多个方向上展开。

在理论方面,发展如何更具体地辨别和计量各种市场交易合约与所有权合约成本的方法和模型,是十分有意义的,这会使科学配置股权的应用

---

① 近几年一些英美学者开始关注英美以外的股权结构,出现了一些关注不同股权控制的研究,比如针对控制性股东行为、股东股权与股东控制权(投票权)分离的研究(Shleifer and Vishny, 1997; La Porta et al., 1998; D. Wolfenzon, 1998; L. Bebchuk, 1999)。这些研究提供了丰富的证据,揭示了不同性质股东的利益获取方式以及行为方式的不同,以及彼此之间的可能存在的利益冲突。相信这些研究将为实证研究提供必要的理论基础,股权结构对董事会构成的影响的研究也会在此基础上有进一步的发展。

更具有操作性。

在实证研究方面,还需要进一步的实证分析来直接验证"增强效应"和"消长效应"。这里关键是要找到恰当的替代变量和好的试验机会。股东之间利益冲突主要还局限在控股股东行为的静态描述,没有动态、互动地研究,控股股东多期的行为研究基于非常简单的假说之上,存在着很宽的改进空间。

参考文献

中文部分

1. 〔法〕布罗代尔:《15 至 18 世纪的物质文明、经济和资本主义》(第 2 卷),三联书店 1993 年版,第 471 页。
2. 〔美〕理查·M. 斯坦恩伯格著,倪卫红等译:《公司治理和董事会》,石油工业出版社 2002 年版。
3. 陈鸣初:"虚弱的'清欠风暴'",《经济月刊》2006 年第 4 期。
4. 蔡鄂生、王立彦、窦洪权:《银行公司治理与控制》,经济科学出版社 2003 年版。
5. 陈汉文主笔:《证券市场与会计监管》,中国财政经济出版社 2001 年版,第 648—668 页。
6. 陈湘永、张剑文、张伟文:《我国上市公司"内部人控制"研究》,《管理世界》2000 年第 4 期。
7. 成思危:《诊断与治疗:揭示中国的股票市场》,经济科学出版社 2002 年版,第 410 页。
8. 陈晓、邹风:《股权特征与董事会结构关系的实证研究》,2003 年工作论文。
9. 陈晓、江东:《股权多元化、公司业绩和行业竞争性》,《经济研究》2000 年第 8 期。
10. 陈小悦、徐晓东:《股权结构、企业绩效与投资者利益保护》,《经济研究》2001 年第 11 期。
11. 陈郁:《所有权、控制权与激励——代理经济学文选》,上海三联书店、上海人民出版社 1998 年版,第 5 页。
12. 陈征宇、沙俊涛、李树华:《员工持股制度在上市公司中的应用》,《上市公司》1999 年第 4 期。
13. 段亚林:《论大股东股权滥用及实例》,经济管理出版社 2001 年版。
14. 段毅才等:《现代公司董事会》,中国社会科学出版社 1995 年版。
15. 费方域:《企业的产权分析》,上海三联书店、上海人民出版社 1998 年版,第 164—173 页。
16. 谷祺、于东智:《公司治理、董事会行为与经营绩效》,《财经问题研究》2001 年第 4 期。
17. 高晨、王斌:《股东—管理者的利益冲突与公司价值》,《会计研究》1998 年第 12 期。
18. 高明华:《公司治理:理论演进与实证分析——兼论中国公司治理改革》,经济科学出版社 2001 年版。

19. 何卫东:《非流通股东"自利"行为、流动性价差和流通股东的利益保护》,深圳证券交易所综合研究所研究报告,深证综研字第 0094 号,2004 年。
20. 何竣:《上市公司治理结构的实证分析》,《经济研究》1998 年第 5 期。
21. 何孝星:《关于独立董事制度与监事会制度优劣比较及制度安排》,《证券时报》2001 年 10 月 18 日。
22. 〔美〕哈特:《企业、合同和财务结构》,上海人民出版社 1998 年版,第 24 页。
23. 〔德〕汉司·豪斯赫尔:《近代经济史》,商务印书馆 1987 年版,第 150 页。
24. 黄坷:《股权分置改革企业对价方案的决定基础——从财务基础角度的探讨》,北京大学 2006 年硕士学位论文。
25. 黄来纪:《公司董事制度构成论》,上海社会科学出版社 2000 年版。
26. 黄世忠:《会计数字游戏:美国十大财务舞弊案例剖析》,中国财政经济出版社 2003 年版,第 338—375 页。
27. 黄苗子:《董事制度探微》,上海社会科学院出版社 2000 年版。
28. 康荣平、柯银斌:《企业多元化经营》,经济科学出版社 1999 年版。
29. 〔美〕卡普兰、阿特金森著,吕长江主译:《高级管理会计》,东北财经大学出版社 1999 年版,第 694 页。
30. 〔美〕凯斯特:《银行在公司董事会中的作用:美国与日本和德国的比较》,载周小川等著:《企业改革:模式选择与配套设计》,中国经济出版社 1994 年版。
31. 雷光勇、王立彦:《投资秩序与利益相关者审计》,《审计研究》2006 年第 1 期。
32. 刘军霞:《A 股、H 股会计信息双重报告与公司治理特征——对中国上市公司的研究》,北京大学 2002 年博士论文。
33. 刘伟:《"迎接知识经济时代,决胜 2000 年"系列讲座之一》,光盘版,中央广播电视大学音像出版社 1999 年版。
34. 刘伟:为高明华《公司治理:理论演进与实证分析——兼论中国公司治理改革》所做序二,经济科学出版社 2001 年版。
35. 廖理主编:《公司治理与独立董事最新案例》,中国计划出版社 2002 年版。
36. 卢文彬、朱红军:《IPO 公司经营业绩变动和股权结构研究》,《财经研究》2001 年第 7 期。
37. 〔美〕拉尔夫·D.沃德著,黄海霞译:《新世纪董事会——公司董事的新角色》,上海交通大学出版社 2002 年版。
38. 卢晓平、雷玲昊:《股市对中国经济发展作用明显》,《上海证券报》2003 年 11 月 7 日。此文报道了美国耶鲁大学金融系教授陈志武在 2003 年 11 月 6 日举行的"中国企业高峰会"上的讲话。
39. 刘力、李文德:《中国股市股票首次公开发行首日超额收益研究》,《中国会计与财务研究》,第 2 卷,2000 年第 4 期。
40. 刘芍佳、孙霈、刘乃全:《终极产权论、股权结构及公司绩效》,《经济研究》2003 年第 4 期。

41. 李学峰、李向前：《股权结构与股市稳定性——对中国股市非稳定性的分析》，《南开经济研究》2001 年第 2 期。
42. 梁能主编：《公司治理结构：中国的实践与美国的经验》，中国人民大学出版社 2000 年版。
43. 李爽、吴溪：《审计师变更研究——中国证券市场的初步证据》，中国财政经济出版社 2002 年版，第 137—146 页。
44. 李爽、吴溪：《盈余管理、审计意见与监事会态度——评监事会在我国公司治理中的作用》，2002 年工作论文。
45. 郎咸平：《家族企业敛财秘笈》，《新财富》2001 年第 1 期。
46. 林毅夫、谭国富：《政策负担、责任归属和预算软约束》，《美国经济评论》1999 年第 89 卷第 2 期。
47. 林毅夫、蔡昉、李周：《充分信息与国有企业改革》，上海三联书店、上海人民出版社 1997 年版，第 68—84 页。
48. 李康等：《配股和增发的相关者利益分析和政策研究》，《经济研究》2003 年第 3 期。
49. 李雯：《股东利益与股东行为：基于股权分裂的分析》，《中国软科学》2004 年第 12 期。
50. 李黎、张羽：《解决股权分置：一个金融政治经济学的视角》，《重庆社会科学》2005 年第 10 期。
51. 李涛：《混合所有制中的国有股权——论国有股减持的理论基础》，《经济研究》2002 年第 8 期。
52. 李维安主编：《中国公司治理原则与国际比较》，中国财政经济出版社 2001 年版。
53. 柳经纬等：《上市公司关联交易的法律问题研究》，上海财经大学出版社 2001 年版，第 35 页。
54. 鲁克：《慷慨担保究竟为哪般？——沪市上市公司 2002 年担保现象分析》，《上市公司》2003 年第 5 期。
55. 〔法〕鲁道夫·希法亭：《金融资本》，商务印书馆 1994 年版，第 107 页。
56. 梅慎实：《现代公司法人治理结构规范运作论》，中国法制出版社 2001 年版，第 179 页。
57. 梅慎实：《现代公司机关权力构造论》，中国政法大学出版社 1997 年版。
58. 〔美〕玛格丽特·M. 布莱尔：《所有权与控制——面向 21 世纪的公司治理探索》，中国社会科学出版社 1999 年版。
59. 〔日〕奥村宏：《股份制何处去》，中国计划出版社 1996 年版，第 92—96 页。
60. 〔日〕青木昌彦（Masahiko Aoki）提交给 1994 年 8 月 23—25 日在北京举行的"中国经济体制的下一步改革"国际研讨会的论文：《对内部人控制的控制：转轨经济中公司治理的若干问题》（打印稿）。

61. 〔日〕青木昌彦(Masahiko Aoki):《比较制度分析》,上海远东出版社 2001 年版。
62. 〔日〕青木昌彦、〔美〕钱颖一主编:《转轨经济中的公司治理结构——内部人控制和银行的作用》,中国经济出版社 1995 年版。
63. 〔美〕钱颖一:《企业的治理结构改革和融资结构改革》,《改革》1995 年第 1 期。
64. 芮明杰主编:《管理学:现代的观点》,上海人民出版社 1999 年版。
65. 苏为东、黄明:《实施 MBO 公司面面观》,《上海证券报》2003 年 5 月 16 日。
66. 施东晖:《股权结构、公司治理与绩效表现》,《世界经济》2000 年第 12 期。
67. 孙犁:《家族经营》,中国经济出版社 1996 年版,第 149—150 页。
68. 孙铮、姜秀华、任强:《治理结构与公司业绩的相关性研究》,《财经研究》2001 年第 2 期。
69. 孙永祥、黄祖群:《上市公司的股权结构与绩效》,《经济研究》1999 年第 12 期。
70. 孙永祥:《所有权、融资结构与公司治理机制》,《经济研究》2001 年第 1 期。
71. 孙永祥:《公司治理结构:理论与实证研究》,上海三联出版社、上海人民出版社 2002 年版,第 53 页。
72. 项兵:"迎接知识经济时代,决胜 2000 年"系列讲座之一光盘版中央广播电视大学音像出版社 1999 年版。
73. 田志龙:《我国股份公司治理结构的一些基本特征研究》,《管理世界》1997 年第 2 期。
74. 田志龙:《经营者监督与鼓励——公司治理的理论与实践》,中国发展出版社 1999 年版,第 85 页。
75. 〔美〕J. M. 伍德里奇:《计量经济学导论——现代观点》,中国人民大学出版社 2003 年版。
76. 唐宗明、蒋位:《中国上市公司大股东侵害度实证分析》,《经济研究》2002 年第 4 期。
77. 王婧:《上市公司决策与内部监督机构内生性研究》,北京大学 2003 年博士学位论文,第 11—13 页。
78. 王华:《国有企业成本行为实证研究》,载于《中国会计与财务发展——回顾与前瞻》,牛津大学出版社 1999 年版,第 106 页。
79. 王巍主编:《2003 年中国并购报告》,人民邮电出版社 2003 年版,第 332 页。
80. 王汀汀:《二元股权结构下的流通权价值》,北京大学 2004 年博士学位论文。
81. 黄世忠:《会计数字游戏:美国十大财务舞弊案例剖析》,中国财政经济出版社 2003 年版,第 338—375 页。
82. 王斌:《股权结构论》,中国财政经济出版社 2001 年版。
83. 王彬:《公司的控制权结构》,复旦大学出版社 1999 年版。
84. 王立彦、刘军霞:《A-H 股公司财务信息差异与治理特征》,《中国证券业研究》创刊号,2003 年第 1 期,第 20—35 页。

85. 王立彦、刘军霞:《A-H 股双重报告差异与公司治理》,北京大学出版社 2004 年版。
86. 王立彦、刘向前:《IPO 与非法定公司所得税优惠》,《经济学(季刊)》2004 年第 3 卷第 2 期。
87. 王立彦、王婧:《内部监控双轨制与公司财务信息质量保障》,《审计研究》2002 年第 6 期。
88. 王立彦、赵瑜纲:《公司上市与公司治理成效》,《经济科学》2000 年第 4 期。
89. 王中杰:《上市公司董事会治理蓝皮书:现状、问题及思考》,中国经济出版社 2002 年版。
90. 魏刚:《独立董事与上市公司经营业绩》,2002 年工作论文。
91. 吴敬琏(2001),在 2001 年 5 月 30 日召开的"中国上市公司治理研讨会"上的讲话。
92. 吴敬琏:《现代公司与企业改革》,天津人民出版社 1994 年版,第 10 页。
93. 万国华:《证券法前沿问题研究》,天津人民出版社 2002 年版。
94. 吴晓求:《中国资本市场:股权分裂与流动性变革》,中国人民大学出版社 2004 年版。
95. 〔美〕小艾尔弗雷德·D. 钱德勒:《看得见的手——美国企业的管理革命》,商务印书馆 1987 年版。
96. 徐霄:《上市公司图谋曲线"MBO"》,《上海证券报》2003 年 8 月 28 日。
97. 徐浩萍:《股权再融资价值效应:二元股权结构下的研究》,北京大学 2005 年博士学位论文。
98. 许小年、王燕(1999),《中国上市公司的所有权结构与公司治理》,《公司治理结构:中国的实践与美国的经验》(文集),中国人民大学出版社 2000 年版,第 105—127 页。
99. 徐晓东、陈小悦:《第一大股东对公司治理、企业业绩的影响分析》,《经济研究》2003 年第 2 期。
100. 薛建峰:《所有权结构、公司治理与公司业绩》,2001 年工作论文。
101. 谢德仁:《企业剩余索取权分享安排与剩余计量》,上海三联书店、上海人民出版社 2001 年版。
102. 夏冬林、过欣欣:《我国上市公司董事会效能状况研究》,《当代财经》2002 年第 7 期。
103. 熊海滨:《股东行为与股东产权——公司治理中的股东与股权》,中国城市出版社 2002 年版,第 243 页。
104. 徐浩萍、王立彦:《控制权收益的股权再融资信号探析》,《经济理论与经济管理》2006 年第 8 期。
105. 杨华:《公司控制权市场的微观基础和宏观调控》,中国人民大学出版社 2002 年版,第 39—40 页。
106. 杨瑞龙主编:《当代主流企业理论与企业管理》,安徽大学出版社 1999 年版。

107. 〔英〕亚当·斯密:《国富论》,华夏出版社 1776 年版。
108. 〔匈〕亚诺什·科尔内:《短缺经济学》(上、下卷),经济科学出版社 1986 年版。
109. 于东智:《董事会行为、治理效率与公司绩效——基于中国上市公司的实证分析》,《管理世界》2001 年第 2 期。
110. 姚兴涛:《机构投资者的交易需求》,《资本市场》2000 年第 10 期。
111. 约瑟夫·拉菲尔·布来西:《美国的雇员所有制》,载海南改革发展研究院编:《职工持股与股份合作制》(文集),民主与建设出版社 1996 年版,第 132 页。
112. 叶康涛:《公司控制权的隐性收益——来自中国非流通股市场转让的研究》,《经济科学》2003 年第 5 期。
113. 应展宇:《股权分裂、激励问题与股利政策——中国股利之谜及其成因分析》,《管理世界》2004 年第 7 期。
114. 赵增耀:《股权结构与公司治理》,《经济管理》2001 年第 16 期。
115. 张弘:《我国上市公司资金占用的现状及特征研究》,《上市公司》2003 年第 5 期。
116. 张红军:《中国上市公司股权结构与公司绩效的理论及实证分析》,《经济科学》2000 年第 4 期。
117. 朱红军:《我国上市公司高管人员更换的现状分析》,《管理世界》2002 年第 5 期。
118. 钟朋荣:《上市公司问题出在大股东一股独大》,《经济参考报》2002 年 5 月 29 日。
119. 周其仁:《市场里的企业:一个人力资本与非人力资本的特别合约》,《经济研究》1996 年第 6 期。
120. 张维迎:《企业的企业家——契约理论》,上海三联书店、上海人民出版社 1995 年版,第 10—37 页。
121. 张维迎:《所有制、治理结构及委托-代理关系》,《经济研究》1996 年第 9 期。
122. 张维迎:《博弈论与信息经济学》,上海三联书店、上海人民出版社 1996 年版。
123. 张维迎:《产权安排与企业内部的权力斗争》,《经济研究》2000 年第 6 期。
124. 张民安:《现代英美董事法律地位研究》,法律出版社 2000 年版。
125. 朱武祥、张帆:《公司上市前后经营业绩变化的经验分析》,《世界经济》2001 年第 11 期。
126. 朱武祥:《一股独大与股权多元化》,《上市公司》2001 年第 10 期。
127. 朱羿锟:《公司控制权配置论——制度与效率分析》,经济管理出版社 2001 年版。
128. 朱凯、田尚清、杨中益:《公司治理与 IPO 抑价》,《中国会计评论》2006 年第 4 卷第 2 期。
129. 张文彤:《SPSS 统计分析教程》,北京希望电子出版社 2002 年版,第 86 页。
130. 支晓强:《管理者持股与业绩关系的理论分析》,《财经科学》2003 年第 4 期,第 6 页。
131. 周业安:《金融抑制对中国企业融资能力影响的实证研究》,《经济研究》1999 年第 2 期。

132. 邹进文:《公司理论变迁研究》,湖南人民出版社 2000 年版。
133. 赵涛等(2005),《股权分置背景下的隧道效应与过度融资》,深圳证券交易所第七届会员单位与基金公司获奖研究成果。
134. 郑江淮:《国有股减持中的代理冲突、股权价值与路径依赖》,《管理世界》2002 年第 1 期。
135. 郑志刚:《投资者之间的利益冲突和公司治理机制的整合》,北京大学 2003 年博士学位论文。
136. 1993 年 11 月 14 日中国共产党第十四届中央委员会第三次全体会议通过的《中共中央关于建立社会主义市场经济体制若干问题的决定》。
137. 2003 年 10 月 14 日中国共产党第十六届中央委员会第三次全体会议通过的《中共中央关于完善社会主义市场经济体制若干问题的决定》。
138. 2005 年 10 月 27 日第十届全国人民代表大会常务委员会第十八次会议修订、2006 年 1 月 1 日开始实施的《中华人民共和国公司法》、《中华人民共和国证券法》。

英文部分

1. Agrawal, A., and C. Knoeber, 2001, "Do some outsider directors play a political role?", *Journal of Law and Economics* 44, pp. 179—198.
2. Agrawal, A., and C. R. Knoeber, 1996, "Firm performance and mechanisms to control agency problems between managers and shareholders," *Journal of Financial and Quantitative Analysis* 31, pp. 377—397.
3. Aghion, P., and J. Tirole, 1997, "Formal and Real Authority in Organizations," *Journal of Political Economy* 105, pp. 1—29.
4. Alchian, A. A., and H. Demsetz, 1972, "Production, Information Cost and Economic Organization," *American Economic Review* 62(5), pp. 777—795.
5. Amihud, Y., and H. Mendelson, 2000, "The Liquidity Route to Lower Cost of Capital," *Journal of Applied Corporate Finance*, pp. 675—698.
6. Arthur, N., 2001, "Board composition as the outcome of an internal bargaining process: empirical evidence," *Journal of Corporate Finance* 7, pp. 307—340.
7. Ang, J. S., R. A. Cole, and J. W. Lin, February 2000, "Agency cost and ownership structure," *Journal of Finance* 55, pp. 81—106.
8. Backman, M., 1999, *Asian Eclipse: Exposing the Dark Side of Business in Asia*, Singapore: John Wiley & Sons (Asia) Pte. Ltd.
9. Bai, C. E., Q. Liu, J. Lu, F. Song, and J. x. Zhang, 2004, "Corporate Governance and Market Valuation in China," *Journal of Comparative Economics* 32, pp. 599—616.
10. Ball R., S. P. Kothari, and A. Robin, 2000, "The Effect of International Institutional Factors on Properties of Accounting Earnings," *Journal of Accounting and Economic* 29,

pp. 1—51.
11. Bamber, L. S., 1986, "The information content of annual earnings releases: a trading volume approach," *Journal of Accounting Research* 24, pp. 40—56.
12. Barclay, M. J, and C. G. Holderness, 1989, "Private benefits from control of public corporations," *Journal of Financial economics* 25, pp. 371—395.
13. Basu, S., 1997, "The conservatism principle and the asymmetric timeliness of earnings," *Journal of Accounting & Economics* 24, pp. 3—37.
14. Bathala, C., and R. P. Rao, 1995, "The determinants of board composition: an agency perspective," *Managerial and Decision Economics* 16, pp. 59—69.
15. Baysinger, B. D., and H. N. Butler, 1985, "Corporate governance and the board of directors: performance effects of changes in board composition," *Journal of Law, Economics, and Organizations* 1, pp. 101—124.
16. Beasley, M. S., 1996, "An empirical analysis of the relation between the board of director composition and financial statement fraud," *The Accounting Review* 71 (4), pp. 443—465.
17. Bebchuk, L., 1999, "A rent-protection theory of corporate ownership and control," Cambridge, Mass: National Bureau of Economic Research, working paper No. 7203.
18. Bebchuk, L. A., and M. J. Roe, 1999, "A theory of path dependence in corporate governance and ownership," *Stanford Law Review* 52, pp. 127—144.
19. Beck, T., R. Levine, and N. Loayza, 2000, "The balance of power in close corporations," *Journal of Financial Economics* 58, pp. 113—140.
20. Benjamin, E., Hermalin, and S. Michael, 1998, "Endogenously chosen boards of directors and their monitoring of the CEO," *American Economic Review* 88, pp. 96—118.
21. Berle, A., and G. Means, 1932, *The Modern Corporation and Private Property*, New York: McMillan Publishing Company.
22. Blair, M., 1995, *Ownership and control: Rethinking corporate governance for the 21 century*, Washington D. C.: the Brookings Institution.
23. Bhagat, S., and B. Black, 1997, *Board composition and firm performance: The uneasy case for majority-independent boards*, New York: Columbia University.
24. Booth, J. R., and D. N. Deli, 1996, "Factors affecting the number of outside directorship held by CEOs," *Journal of Financial Economics* 40, pp. 81—104.
25. Borokhovich, K. A., R. Parrino, and T. Trapani, 1996, "Outside directors and CEO selection," *Journal of Financial and Qualitative Analysis* 31, pp. 337—355.
26. Brickley, J. A., and C. M. James, 1987, "The takeover market, corporate board composition, and ownership structure: the case of banking," *Journal of Law and Economics* 30, pp. 161—181.

27. Brickley, A. James, J. L. Cole, and G. A. Jarrell, 1987, "The leadership structure of the corporation: separating the positions of CEO and chairman of the board," *Journal of Corporate Finance* 3, pp. 189—220.
28. Brickley, J. A., J. L. Coles, and G. Jarrell, 1997, "Leadership structure: separating the CEO and chairman of the board," *Journal of Financial Economics* 3, pp. 189—220.
29. Brickley, J. R. Lease, and C. Smith, 1988, "Ownership structure and voting on antitakeover amendments," *Journal of Financial Economics* 20, pp. 267—292.
30. Brickley, J. A., J. L. Coles, and G. Jarrell, 1997, "Leadership structure: separating the CEO and chairman of the board," *Journal of Corporate Finance* 3, pp. 189—220.
31. Brown, William, M. Maloney, 1992, "Acquisition performance and corporate board composition," *Journal of Corporate Finance* 4.
32. Brown, S., K. Lo, and T. Lys, 1999, "Use of R^2 in Accounting research: Measuring Changes in Value Relevance Over the Last Four Decades," *Journal of Accounting and Economics* 28, pp. 83—115.
33. Burkart, M., D. Gromb, and F. Panunzi, 1998, "Why Higher Takeover Premia Protect Minority Shareholders," *Journal of Political Economy* 106, pp. 172—204.
34. Bushman, R. M, and A. J. Smith, 2003, "Transparency, Financial accounting information, and corporate governance," *FRBNY Economic Policy Review* 9, pp. 65—87.
35. Byrd, J., A. Hickman, 1992, "Do outside directors monitor managers? Evidence from tender overbids," *Journal of Financial Economics* 32 (4), pp. 195—221.
36. Canibano, L., M. Garcia-Ayuso, and J. A. Rueda, 2002, "Is accounting information loosing relevance? some answers from European countries," working paper, University of Seville.
37. Chung, K. H., and S. W. Pruitt, 1994, "A simple approximation of Tobin's q," *Financial Management* 23, pp. 70—74.
38. Christie, A. A., M. P. Joye, and R. L. Watts, 2003, "Decentralization of the firm: theory and evidence," *Journal of Corporate Finance* 9, pp. 3—36.
39. Chen, Z. W., and X. Peng, 2002, "The illiquidity discount in China," working paper, International Center for Financial Research, New Haven: Yale University.
40. Chen, D. H., J. Fan, and T. J. Wong, 2002, "Do politicians jeopardize professionalism? decentralization and the structure of Chinese corporate boards," working paper, Department of Accounting, Hong Kong University of Science and Technology.
41. Claessens, S., S. Djankov, and G. Pohl, 1997, "Ownership and corporate governance: evidence from the Czech Republic," Washington D. C.: World Bank Policy Research Paper No. 1737.
42. Claessens, S., S. Djankov, and L. Lang, 2000, "The separation of ownership and con-

trol in east Asian corporations," *Journal of Financial Economics* 58, pp. 81—112.
43. Coase, R., 1937, "The nature of the firm," *Economics* 4, pp. 386—405.
44. Coase, R. H, 1960, "The problem of social cost," *Journal of Law and Economics* 3(1), pp. 1—44.
45. Cochran, P. P., and S. L. Wartick, 1988, *Corporate Governance: A Literature Review*, USA Financial Executives Research Foundation, pp. 4—5.
46. Coffee, J., 2000, "Convergence and its critics: what are the preconditions to the separation of ownership and control?," *Journal of International Economic Law* 3(2), pp. 303—329.
47. Conyon, M., G. Paul, and M. Stephen, 1995, "Taking care of business: executive compensation in the United Kingdom," *Economic Journal* 105, pp. 704—714.
48. Core, J. E., W. R. Guay, and D. F. Larcker, 2003, "Executive equity compensation and incentives: a survey," *Economic Policy Review* 9, pp. 27—50.
49. Cotter, J., A. Shivdasani, and M. Zenner, 1997, "Do independent directors enhance target shareholder wealth during tender?", *Journal of Financial Economics* 43, pp. 195—218.
50. DeAngelo, L. E., 1988, "Managerial competition, Information Costs, and Corporate Governance: The Use of Accounting Performance Measures in Proxy Contests," *Journal of Accounting and Economics* 10, pp. 3—36.
51. Denis, D. J., and A. Sarin, 1999, "Ownership and board structures in publicly traded corporation," *Journal of Financial Economics* 52, pp. 187—223.
52. Denis, D. K., 2001, "Twenty-five years of corporate governance research and counting," *Review of Financial Economics* 10, pp. 191—212.
53. Denis, D. J., and Denis, 1994, "Majority owner-managers and organizational efficiency," *Journal of Corporate Finance* 2, pp. 91—118.
54. Denis. D., K. Diane, and S. Atulya, 1997, "Agency problems, equity ownership, and corporate diversification," *Journal of Finance* 52, pp. 135—167.
55. Demsetz, H., 1983, "The structure of ownership and the theory of the firm," *Journal of Law and Economics* 16, pp. 375—390.
56. Demsetz, H., and K. Lehn, 1985, "The structure of corporation: causes and consequences", *Journal of Political Economy* 93, pp. 1155—1177.
57. Diamond, D., and R. Verrecchia, 1991, "Disclosure, liquidity, and the cost of capital," *Journal of Finance* 46, pp. 1325—1359.
58. Dyck, A., and L. Zingale, 2004, "The private benefits of control: an international comparition," *Journal of Finance* 59, pp. 537—600.
59. Fan, J. P. H, and T. J. Wong, 2002, "Corporate ownership structure and the informativeness of accounting earnings in east Asia," *Journal of Accounting and Economics* 33,

pp. 401—425.
60. Fan, J., and T. Wong, 2003, "*Earnings management and tunneling through related party transaction: evidence from Chinese corporate group*," working paper.
61. Faccico, M., and L. Lang, 2002, "The separation of ownership and control: An analysis of ultimate ownership in Western European corporations," *Journal of Financial Economics* 65, pp. 365—395.
62. Fama, E. F., 1980, "Agency problems and the theory of the firm," *Journal of Political Economy* 88, pp. 288—307.
63. Fama, E., and M. Jensen, 1983, "Agency problems and residual claims," *Journal of Law and Economics* 26, pp. 327—349.
64. Fosberg, R. H, 1989, "Outside directors and managerial monitoring," *Akron Business and Economic Review* 20, pp. 24—32.
65. Franks, J. R and C. Mayer, 1994, "Corporate control: a synthesis of the international evidence," working paper, London Business School.
66. Friedman, E., S. Johnson, and T. Mitton, 2003, "Propping and tunnelling," *Journal of Comparative Economics* 31, pp. 732—750
67. Goergen, M., and L. Renneboog, 2001, "Investment policy, internal financing and ownership concentration in the UK," *Journal of Corporate Finance* 7, pp. 257—284.
68. Gul, F. A., 1999, "Growth opportunities, capital structure and dividend policies in Japan," *Journal of Corporate Finance* 5, pp. 141—168.
69. Gul, F. A., 1999, "Government share ownership, investment opportunity set and corporate policy choices in China," *Pacific-Basin Finance Journal* 7, pp. 157—172.
70. Gilson, S., 1990, "Bankruptcy, boards, banks, and blockholders, evidence on changes in corporate ownership and control when firms default," *Journal of Financial Economics* 27, pp. 355—387.
71. Gjesdal, F., 1981, "Accounting for Stewardship," *Journal of Accounting Research* 19, pp. 208—231.
72. Goodstein, J., K. Gautam, and W. Boeker, 1994, "The effects references of board size and diversity on strategic change," *Strategic Management Journal* 15, pp. 241—250.
73. Griffith, J. M., 1999, "CEO ownership and firm value," *Managerial and Decision Economics* 20, pp. 1—8.
74. Grossman, S., and O. Hart, 1998, "One share-one vote and the market for corporate control," *Journal of Financial Economics* 20, pp. 175—202.
75. Gugler, K., 1998, "Corporate ownership structure in Austria," *Pacific-Basin Finance Journal* 25, pp. 285—307.
76. Hair, J. F., R. E. Anderson, R. L. Tatham, and W. C. Black, 1995, *Multivariate Data*

Analysis with Readings, 4th edition, New Jersey: Prentice Hall.
77. Hall, K., 1997, "Reciprocally interlocking boards of directors and executive compensation," Journal of Financial and Quantitative Analysis 32, pp. 331—334.
78. Hansmann, H., 1988, "Ownership of the Firm," Journal of Law, Economics, and Organization 4, pp. 267—304.
79. Hansmann, H., and R. Kraakman, 2000, "The essential role of organizational Law," Yale Law Journal 110, pp. 387—440.
80. Harman, H. H., 1976, Modern Factor Analysis, Chicago: University of Chicago Press.
81. Hart, O., and B. Holmstrom, 1987, The Theory of Contracts, Cambridge U. K: Cambridge University Press.
82. Hart, O., 1988, "Incomplete contracts and the theory of the firm," Journal of Law, Economics and Organization 4, pp. 119—139.
83. Hart, O., 1995, Firm, Contracts and Financial Structure, Oxford: Oxford University Press.
84. Hernalin, B. E., and M. S. Weisbach, 1988, "The determinants of board composition," Rand Journal of Economics 19, pp. 589—606.
85. Hermalin, B. E., and M. S. Weisbach, 2003, "Boards of directors as an endogenously determined institution: a survey of the economic literature," Economic Policy Review 9, pp. 7—26.
86. Hermalin B. E., and M. S. Weisbach, 1991, "The effect of board composition and direct incentives on firm performance," Financial Management 20, pp. 101—112.
87. Hermalin, B. E., and M. S. Weisbach, 1997, "Endogenously chosen boards of directors and their monitoring of the CEO," American Economic Review 88, pp. 96—118.
88. Hermalin, B., and M. S. Weisbach, 1988, "The determinants of board composition," Journal of Economics 19, pp. 589—606.
89. Himmelberg, C. P., R. G. Hubbard, and D. Palia, 1999, "Understanding the determinants of managerial ownership and the link between ownership and performance," Journal of Financial Econimics 53, pp. 353—384.
90. Hirshleifer, D., and A. Thakor, 1994, "Managerial performance, boards of directors and takeover bidding," Journal of Corporate Finance 1, pp. 63—90.
91. Hooghiemstra, R., and J. Vanmanen, 2002, "Supervisory directors and ethical dilemmas: exit or voice?" European Management Journal 20, pp. 1—9.
92. Holderness, C., and D. Sheehan, 2003, "A survey of blockholders and corporate control," Economic Policy Review 9, pp. 51—64.
93. Holderness, C., and D. Sheehan, 1988, "The role of majority shareholders in publicly held companies," Journal of Financial Economics 20, pp. 317—346.

94. Holmstrome, B., 1979, "Moral hazard and observability," *Bell Journal of Economics* 10, pp. 74—91.
95. Hull, R. M., and J. Mazachek, 2001, "Junior-for-senior announcements: a study of the role of inside ownership," *Review of Financial Economics* 10, pp. 213—225.
96. Jensen, M., and K. Murphy, 1990, "Performance pay and top management incentives," *Journal of Political Economy* 98, pp. 225—264.
97. Jensen, M., and W. Meckling, 1992, "Specific and general knowledge, and organizational structure," *Contract Economics*, Oxford: Basil Blackwell, pp. 251—274.
98. Jensen, M., and M. Meckling, 1976, "The theory of the firm: managerial behavior, agence costs, and ownship structure," *Journal of Financial Economics* 3, pp. 305—360.
99. Jensen, M. C., 1993, "The modern industrial revolution, exit, and the failure of internal control systems," *Journal of Finance* 48, pp. 831—880.
100. Jensen, M. C., 1986, "Agency costs of free cash flow, corporate finance, and takeovers," *American Economic Review* 76, pp. 323—329.
101. Jensen, M. C., 1989, "Eclipse of the public corporation," *Harvard Business Review* 67, pp. 60—70.
102. Jensen, M. C., and J. B. Warner, 1988, "The distribution of power among corporate managers, shareholders and directors," *Journal of Financial Economics* 20, pp. 3—24.
103. John, K., and L. W. Senbet, 1998, "Corporate governance and board effectiveness," *Journal of Banking and Finance* 22, pp. 371—403.
104. Joneson, S., P. Boone, A. Breach, and E. Friedman, 2000, "Corporate governance in the Asian financial crsis," *Journal of Financial Economics* 58, pp. 145—148.
105. Johnson, S., R. La Porta, F. Lopez-de-Silanes, and A. Shleifer, 2000, "Tunneling," *American Economic Review* 90, pp. 22—27.
106. Kang, J. K., and R. M. Stulz, 2000, "Do banking shocks affect borrowing firm performance? an analysis of the Japanese experience," *Journal of Business* 73, pp. 1—23.
107. Karpoff, J. M., 1998, "The impact of shareholder activism on target companies: a survey of empirical findings," University of Washington, Washington, DC, working paper.
108. Kaplan, S., and B. Minton, 1994, "Appointments of outsiders to Japanese boards: determinants and implications for managers," *Journal of Financial Economics* 36, pp. 225—228.
109. Kaplan S., and Reishus D., 1990: "Ourside directorships and corpotate performance," *Journal of Financial Economics* 27, pp. 389—410.
110. Karpoff, J. M, 1998, "Does shareholder activism work? A survey of empirical find-

ings," University of Washington, Washington, DC, working paper.

111. Kini,O., W. Kracaw, and S. Mian, 1995, "Corporate takeovers, firm performance, and board composition," *Journal of Corporate Finance* 1, pp. 384—412.

112. Klein,A., 1998, "Firm performance and board committee structure," *Journal of Law and Economics* 41, pp. 275—303.

113. Klein,A., and J. Rosenfeld, 1988, "Targeted share repurchase and top management changes," *Journal of Financial Economics* 20, pp. 493—506.

114. Kole,S. R., and J. H. Mulherin, 1997, "The government as a shareholder: a case from the United States," *Journal of Law and Economics* 40, pp. 1—22.

115. Kosnik,R. D., 1987, "Greenmail: A study of board performance in corporate governance," *Administrative Science Quarterly* 32, pp. 163—185.

116. Knight,F. H, 1921, *Risk,Uncertainty and Profit*, New York: Sentry Press.

117. Kotz,D. M., 1978, *Bank Control of Large Corporations in the United States*, Berkeley, CA: University of California Press.

118. Kunt,D., Asli, and V. Maksimovic, 1998, "Law, finance and firm growth," *Journal of Finance* 53, pp. 2107—2137.

119. Lambert,R. A., and D. F. Larker, 1987, "An analysis of the use of accounting and market measures of performance in executive compensation contracts," *Journal of Accounting Research* 25, pp. 85—125.

120. Lambert,R., D. Larcjer, and R. Verrechia, 1991, "Portfolio considerations in valuing executive compensation," *Journal of Accounting Research* 29, pp. 129—149.

121. LaPorta,R., Lopez-de-Silanes, A. Shlefer,and R. W. Vishny, 1997, "Legal Determinants of External Finance," *Journal of Finance* 52, pp. 1131—1150.

122. LaPorta,R., Lopez-de-Silanes, A. Shlefer, and R. W. Vishny, 1998, "Law and Finance," *Journal of Political Economy* 106, pp. 1113—1155.

123. LaPorta,R., Lopez-de-Silanes, A. Shlefer,and R. W. Vishny, 2002, "Investor protection and corporate valuation," *Journal of Finance* 3, pp. 1147—1171.

124. LaPorta,R., Lopez-de-Silanes, A. Shlefer,and R. W. Vishny, 2000, "Corporate Valuation around the world," working paper, Harvard University.

125. Lang,L. H. P., and R. M. Stulz, 1994, "Tobin's Q, corporate diversification, and firm performance," *Journal of Financial Economics* 102, pp. 1248—1280.

126. Leland,H., and D. Pyle, 1977,"Information asymmetries,Financial Structure and Financial Intermediation," *Journal of Finance* 22, pp. 371—381.

127. Leuz,C., and R. Verrecchia, 2000,"The economic consequences of increased disclosure," *Journal of Accounting Research* 38, pp. 92—124.

128. Lee,C., S. Rosenstein, N. Rangan, and W. N. Davidson III, 1992, "Board composi-

tion and shareholder wealth: the case of management buyouts," *Financial Management* 21 (1), pp. 58—72.

129. Lewellen, W., C. Loderer, and K. Martin, 1987, "Executive compensation contracts and executive incentive problems: an empirical analysis," *Journal of Accounting and Economics* 9, pp. 287—310.

130. Manne, N., 1965, "Mergers and the market for corporate control," *Journal of political Economy* 73, pp. 110—120.

131. Mace, M., 1986, *Directors, Myth, and Reality*, Boston: Harvard Business School Press.

132. Mak, Y. T., and Li. Yuan, 2001, "Determinants of corporate ownership and board structure: evidence from Singapore," *Journal of Corporate Finance* 7, pp. 235—256.

133. Maddala, G. S., 1991, "A perspective on the use of limited-dependent and qualitative variables models in accounting research," *The Accounting Review* 66, pp. 788—807.

134. Mayers, D., A. Shivdasani, and C. W. Smith, 1997, "Board composition in the life insurance industry," *Journal of Business* 70(1), pp. 33—62.

135. McConnell, J., and H. Servaes, 1990, "Additional evidence on equity ownership and corporate value," *Journal of Financial Economics* 27, pp. 595—612.

136. Mikkelson, W. H., and R. S. Ruback, 1985, "An empirical analysis of the interfirm equity investment process," *Journal of Financial Economics* 14, pp. 523—553.

137. Mikkelson, W. H., and M. M. Partch, 1989, "Managers' voting rights and corporate control," *Journal of Financial Economics* 25, pp. 263—290.

138. Mitchell, M. L., and J. H. Mulherin, 1996, "The impact of industry shocks on activity," *Journal of Financial Economics* 41, pp. 193—229.

139. Monahan, S. C., J. W. Meyer, and W. R. Scott, 1994, "Employee training: the expansion of organizational citizenship," *Institutional environments and organizations*, Thousand Oaks, CA: SAGE Publications.

140. Morck, R., A. Shleifer, and R. Vishny, 1988, "Management ownership and Market valuation: an empirical analysis," *Journal of Financial Economics* 20, pp. 293—315.

141. Morck, R., 1996, "On the economics of concentrated ownership," *Canadian Business Law Journal* 26, pp. 63—75.

142. Morck, R., and M. Nakamura, 1999, "Banks and corporate control in Japan," *Journal of Finance* 54, pp. 319—339.

143. Nicodano, G., and A. Sembenelli, 2004, "Private benefits, block transaction premiums, and ownership structure," *International Review of Financial Analysis* 13(2), pp. 227—244.

144. Noe, T. H., and M. J. Rebello, 1996, "Asymmetric Information, Managerial Opportun-

ism, Financing, and Payout Policies," *Journal of Finance* 51, pp. 637—660.

145. O'Sullivan, N., and P. Wong, 1998, "Internal versus external control: and analysis of board composition and ownership in UK takeovers," *Journal of Management and Governance* 2, pp. 17—35.

146. Ofek, E., and D. Yemack, 2000, "Taking stock: equity-based compensation and the evolution of managerial ownership," *Journal of Finance* 3, pp. 1367—1384.

147. Park, S., and M. Rozeff, 1996, "*The role of outside shareholders, outside boards, and management entrenchment in CEO selection,*" Buffalo, NY.

148. Perlitz, M., and F. Swger, 1994, "Regarding the particular role of universal banks in German corporate governance," working paper, Germany: University of Mannheim.

149. Prowse, S. D., 1990, "Institutional investment patterns and corporate financial behavior in the U.S and Japan," *Journal of Financial Economics* 27, pp. 43—66.

150. Prowse, S. D., 1994, "The structure of corporate ownership in Japan," *Journal of Finance* 47, pp. 1121—1141.

151. Pistor, K., M. Raiser, and S. Geifer, 2000, "Law and finance in transition economies," *Economics of Transition* 8(2), pp. 325—368.

152. Pound, J., 1988, "Proxy contest and the efficiency of shareholder oversight," *Journal of Financial Economics* 20, pp. 237—265.

153. Prevost, A. K., R. P. Rao, and M. Hossain, 2002, "Determinants of board composition in New Zealand: a simultaneous equations approach," *Journal of Empirical Finance* 9, pp. 373—397.

154. Rediker, J. Kenneth, and Anju Seth, 2000, "Boards of Directors and Substitu—159 Factors Affecting New Zealand Boards of Directors," *Journal of Business* 47. ("Boards of Directors and Substitution Effects of Alternative Governance Mechanisms," *Strategic Management Journal*, Vol. 16, 85—99, 1995.)

155. Rosenstein, S., and J. G. Wyatt, 1990, "Outside directors, board independence, and shareholder wealth," *Journal of Financial Economics* 26, pp. 175—191.

156. Rosenstein, S., and J. G. Wyatt, 1997, "Inside directors, board effectiveness, and shareholder wealth," *Journal of Financial Economics* 44, pp. 229—250.

157. Ritter, J., and I. Welch, 2002, "A review of IPO activity, pricing, and allocations," *Journal of Finance* 57, pp. 1795—1828.

158. Roe, M., 1994, *Strong Manager, Weak Owner—The Political Roots of American Corporate Finance*, Princeton N. J: Princeton University Press.

159. Roe, M. J., 2000, "Political foundations for separating ownership from corporate control," *Stanford Law Review* 53, pp. 539—606.

160. Scott, W. R., 1999, *Financial Accounting Theory*, Ontario: Prentice-Hall,

Canada Inc.

161. Shleifer, A., and R. Vishny, 1986, "Large shareholders and corporate control," *Journal of Political Economy* 94, pp. 1343—1366.
162. Shleifer, A., and R. Vishny, 1997, "A survey of corporate governance," *Journal of Finance* 52, pp. 737—783.
163. Smith, C. W., and R. L. Wstts, 1992, "The investment opportunity set and corporate financing, dividend and compensation policies," *Journal of Financial Economics* 32, pp. 263—292.
164. Summers, S. L., and J. T. Sweeney, 1998, "Fraudulently misstated financial statements and insider trading: an empirical analysis," *The Accounting Review* 73, pp. 131—146.
165. Stone, M., and J. Rasp, 1991, "Tradeoffs in the choice between Logistic and OLS for accounting choice studies," *The Accounting Review* 66, pp. 170—197.
166. Simon, P., and W. Ruigrok, 2000, "Hiding behind the flag? prospects for change in German corporate governance," *European Management Journal* 18, pp. 420—430.
167. Shivdasani, A., 1993, "Board composition, ownership structure and hostile takeovers," *Journal of Accounting and Economics* 16, pp. 1—3.
168. Stephen, D. P., 1992, "The structure of corporate ownership in Japan," *Journal of Finance* 47, pp. 1121—1140.
169. Tian, L., 2002, "Government shareholding and the value China's modern firms," Working Paper, London Business School.
170. Tirole, J., 2001, "Corporate governance," *Econometrica* 69, pp. 1—35.
171. Vance, S. C., 1968, *The Corporate Director: A Critical Evaluation*, Homewood, Illinois: Dow Jones-Irwin Inc.
172. Vichnair, D., K. Hickman, and K. C. Carnes, 1993, "A note on audit committee independence: evidence from the NYSE on 'gray' area directors," *Accounting Horizons* 7, pp. 55—57.
173. Van der Elst, 2000, *The Equity Markets, Ownership Structures and Control: Towards an International Harmonization*, Oxford: Oxford University Press.
174. Vafaes, N., and E. Theodorou, 1998, "The relationship between board structure and firm performance in the UK," *British Accounting Review* 30, pp. 383—407.
175. Warner, J. B., R. L. Watts, and K. H. Wruck, 1988, "Stock prices and top management changes," *Journal of Financial Economics* 20, pp. 461—492.
176. Warther, V. A., 1998, "Board effectiveness and board dissent: A model of the board's relationship to management and shareholders," *Journal of Corporate Finance* 4, pp. 53—70.

177. White, H., 1980, "A heteroskedasticity-consistent covariance matrix estimator and a direct test for heteroskedasticity," *Econometrica* 48, pp. 817—838.
178. Weisbach, M., 1988, "Outside directors and CEO turnover," *Journal of Financial Economics* 20, pp. 431—460.
179. Wenger, E., and C. Kaserer, 1998, *The German system of corporate governance: A model which should not be imitated*, Washington DC, USA: The Johns Hopkins University.
180. Whisler, T., 1984, *Rules of the Game*, Homewood, Illinois: Dow Jones-Irwin Inc.
181. Williamson, O. E., 1983, "Organizational form, residual claimants, and corporate control," *Journal of Law and Economics* 26, pp. 431—460.
182. Weinstein, D., and Y. Yafeh, 1998, "On the costs of a bank-centered financial system," *Journal of Finance* 52, pp. 841—857.
183. Williamson, O. E., 1975, *The Economic Institutions of Capitalism*, New York: Free Press.
184. Wolfenzon, D., 1998, *A Theory of Pyramidal Structures*, Cambridge, MA: Harvard University.
185. Yermack, D., 1996, "Higher market valuation of companies with a small board of directors," *Journal of Financial Economics* 40, pp. 185—211.
186. Zahra, A. Shaker, and Pearce II, A. Hohm, 1989, "Board of directors and singh, management-board relation-corporate financial performance: a review and integrative ships, takeover risk, and the adoption of golden parachutes," *Journal of Management* 15, pp. 291—334.
187. Zeff, S. A., 1978, "The rise of economic consequences," *The Journal of Accountacy* (December), pp. 56—63.
188. Zingales, L., 1994, "The value of the voting right: a study of the milan stock exchange," *The Review of Financial Studies* 7, pp. 125—148.